Dietz Berlin / Theorie

Amy E. Wendling

Karl Marx über Technologie und Entfremdung

Aus dem Englischen von Dorothea Schmidt

Dietz Berlin

Bibliografische Informationen der Deutschen Nationalbibliothek.
Die Deutsche Nationalbibliothek verzeichnet diese Publikation in der Deutschen Nationalbibliografie; detaillierte bibliografische Daten sind im Internet über http://dnb.dnb.de abrufbar.

Gefördert von der Rosa-Luxemburg-Stiftung

Erstmals veröffentlicht in englischer Sprache unter dem Titel »Karl Marx on Technology and Alienation« von A. Wendling, Auflage: 1, © Palgrave Macmillan, eine Abteilung von Macmillan Publishers Limited, 2009.
Diese Ausgabe wurde übersetzt und veröffentlicht unter Lizenz von Springer Nature Limited. Springer Nature Limited übernimmt keine Verantwortung und kann nicht haftbar gemacht werden für die Richtigkeit der Übersetzung.

1. Auflage 2022

Franz-Mehring-Platz 1, 10243 Berlin

Gestaltung: Andreas Homann
Lektorat: TEXT-ARBEIT/Stephan Lahrem
Druck und Bindung: Interpress Budapest
Printed in Hungary
ISBN 978-3-320-02389-8

AMY E. WENDLING ist Professorin für Philosophie am College of Arts and Science der Creighton University in Omaha, Nebraska (USA). Ihre Arbeits- und Forschungsschwerpunkte sind die politische Philosophie, die Sozialphilosophie und die Geschichte der westlichen Philosophie, insbesondere des 19. Jahrhunderts.

DOROTHEA SCHMIDT ist em. Professorin für Wirtschafts- und Sozialgeschichte an der Hochschule für Wirtschaft und Recht Berlin; Mitglied der PROKLA-Redaktion; 2019 erschien ihr Buch »›Die Kraft der deutschen Erde‹. Das Bier im Nationalsozialismus und die Hauptvereinigung der deutschen Brauwirtschaft in Berlin-Schöneberg«.

Inhalt

Vorwort zur deutschen Ausgabe

Während die Corona-Pandemie über den gesamten Globus hinweg wütet, blicke ich auf diese Arbeit aus der Perspektive von 15 Jahren weiteren Nachdenkens (von mir und anderen) über Marx, Wissenschaft, Geschlecht, *race*, Technologie und Entfremdung zurück. Mein Verständnis von Marx ist vor allem befördert worden durch die Lektüre der Arbeiten von Kevin Anderson, Chris Arthur, William Roberts, Marcello Musto, Martha Gimenez, Kohei Saito, Nick Dyer-Witherford, Michael Heinrich und, immer wieder, Sean Sayers und Andrew Feenberg. Moishe Postone, ohne dessen Neuinterpretation von Marx diese Arbeit nicht möglich gewesen wäre, war in den letzten zwei Jahren nicht mehr da. Rolf Hecker diente mir viele Male als kundiger Führer durch Berlin und zu detaillierten Aspekten von Marx' Texten. Von Yuemei Yuan erfuhr ich, dass Marx' Manuskripte von 1861 bis 1863 nicht nur im Westen, sondern auch in China von Interesse sind.

Während dieser 15 Jahre haben mir mein Kollege Patrick Murray und meine Kollegin Jeanne Schuler großzügig ihre ebenfalls an Marx geschulten Gedanken und Bücher zur Verfügung gestellt. Wenn die »Jenaer Realphilosophie« nicht in der Universitätsbibliothek zu finden war, konnte ich einfach in ihre Büros gehen und sie darum bitten, sie mir auszuleihen. Wenn ich Harry Bravermans »Labor and Monopoly Capital« nachschlagen musste, waren die weithin zitierten Stellen bereits markiert. Wenn ich eine erinnerte Passage im zweiten Band des Kapitals nicht finden konnte, brauchte ich sie nur zu fragen.

Mein ursprüngliches Buch war nicht ohne Mängel. Wie Kohei Saito anmerkte, gab es einen Fehler in der englischen Übersetzung von Ludwig Büchner aus dem Jahr 1920, und ich habe den Fehler in der Originalausgabe dieses Buches reproduziert.[1] Der Fehler suggeriert eine fiktive textliche Verbindung zwischen Marx und Büchner. Außerdem hat mich einer der vielen wunderbaren Rezensenten auf die schmal geratene Darstellung der Geschlechterverhältnisse im Rahmen der Zunftarbeit in der Originalausgabe des Buches aufmerksam gemacht. Beide Fehler habe ich in dieser Neuauflage korrigiert.

1 Ludwig Büchner: Force and Matter or Principles of the Natural Order of the Universe. With a System of Morality Based Thereon, New York 1920.

Dennoch hat das Buch dem kritischen Blick der Rezensenten, der neuen Forschung und den 15 Jahren, die dazwischen liegen, in vielen Punkten standgehalten. Während Saitos ausgezeichnete Arbeit diese Darstellung von Marx' Beziehung zu den wissenschaftlichen Materialisten infrage stellt und nahelegt, dass dessen metabolischer Naturbegriff nicht auf ihnen beruht,[2] bleibt es richtig, dass Marx' Naturbegriff zunehmend metabolisch ist. Marx' Wertschätzung der sozialen und politischen Implikationen modernster wissenschaftlicher Praktiken, der Chemie und am Ende seines Lebens sogar der Solarenergie, bleibt nachhaltig.[3]

Was die Entfremdung betrifft, so bleibe ich bei der Behauptung, dass sie ein durchgängiges Thema in Marx' Werk ist, auch wenn das Vokabular der Entfremdung in seinem späteren Werk zurückgeht. Im Gegensatz zu Michael Heinrich ziehe ich es vor, hierin eher ein Integrieren der Entfremdung als ein Abgehen davon zu sehen. Aber das wird von einer Philosophin, die in der hegelschen Tradition ausgebildet wurde, nicht überraschen. Auch jenseits von Marx und vor ihm ist Entfremdung als Konzept ein grundlegendes Thema im westlichen Denken. Wie ich in einem Vortrag von Robert Pippin lernte, hat Luther den griechischen Begriff Kenosis mit Entäußerung übersetzt, ein bereits im Griechischen sehr reicher Begriff, bevor er ins Christentum übernommen wurde.

Im Buch schlage ich einen eigenen Weg durch die Interpretation von Marx ein, indem ich anhand seiner Kategorie der Maschinerie die Hauptthemen seiner Schriften von den ersten bis zu den letzten zu entschlüsseln versuche. Und selbst wenn Maschinerie der Begriff ist, den Marx am häufigsten anführt, ist die abstraktere Kategorie Technologie bereits im »Kapital« in Gebrauch.

In der Korrespondenz mit dem Anthropologen Guido Frison bin ich zu der Überzeugung gelangt, dass der Begriff Technologie viel genauer untersucht werden müsste, insbesondere in seiner Beziehung zur Technik. Mit Technik hebt Frison die physisch einverleibten Elemente hervor, die erforderlich sind, um bestimmte Gegenstände gebrauchen zu können. Einige Beispiele wären die Geschicklichkeit eines Geigers; die Arbeitsgewohnheiten, einschließlich der Zeiteinteilung, eines Maschinenbauers; oder die Fertigkeit eines Keramikers, die Temperatur der Kühlfläche auf ein Grad genau von Hand zu bestimmen. Wir könnten sogar die Lese- und Schreibfähigkeit in Betracht ziehen, gedacht als die Aufmerksamkeitsspanne, die erforderlich ist, um lange philosophische Texte zu lesen und zu verarbeiten. Technologie dagegen ist immer eine Abstraktion von solchen einverleibten Fähigkeiten. Marx' Übernahme des Konzepts stammt aus den Lektüren Johann von Poppes und Johann Beckmanns,

2 Kohei Saito: Karl Marx's Ecosocialism. Capital, Nature, and the Unfinished Critique of Political Economy, New York 2017, S. 65.

3 Marcello Musto: The Last Years of Karl Marx. An Intellectual Biography, Redwood City (CA) 2020.

deren eigene Bemühungen um Kategorisierung und Abstraktion sich aus ihrer Beschäftigung mit Linnaeus' Versuchen um die Kategorisierung der natürlichen Welt ableiten.[4] Diese Einsicht erfordert möglicherweise eine erneute Betrachtung der Unterschiede zwischen Marx' und Heideggers Gebrauch des Technikbegriffs in diesem Buch, die zu umfangreich wäre, um sie als Korrektur der ursprünglichen Arbeit vorzunehmen.

Da die technologische Schnittstelle mit unserer Welt zunehmend von Bildschirmen und insbesondere von den kleinen Bildschirmen tragbarer Geräte dominiert wird, zeigt sich in der Technologie erneut die politische Multivalenz, die dieses Buch reichlich dokumentiert. Bildschirme können für emanzipatorische Zwecke eingesetzt werden, sie können aber auch Entfremdung verfestigen und verstärken. Ich verweise die Leserinnen und Leser auf die sehr gute Arbeit von Galit Wellner über das Mobiltelefon, die mein eigenes Verständnis der durch kleine Bildschirme aufgeworfenen Fragen geprägt hat.[5]

Schließlich ist die Behandlung des kapitalistischen Humanismus in diesem Buch von bleibender Dringlichkeit, da die Krisen des Rassismus und des Sexismus, die unter anderen von Charles Mills, Shannon Winnubst und Kate Manne trefflich dokumentiert wurden,[6] weiterhin weite Kreise belasten, die behaupten, sie überwunden zu haben. Marx' anhaltendes Engagement für die Gleichheit der Menschen zeigt, dass er sensibel für das war, was unter der vordergründig neutralen Oberfläche des Liberalismus lag; vor ihm war schon Hegel skeptisch gewesen, ob der Gesellschaftsvertrag wirklich in der Lage sein würde, die in ihm enthaltenen Versprechen zu erfüllen. Während wir vor den Abgründen des liberalen politischen Modells stehen, ist Marx von bleibender Relevanz.

Das ursprüngliche Buch wäre ohne Daniel Conway, dessen feiner Verstand meinen eigenen geprägt hat, nicht möglich gewesen. Und meine Arbeit in den seit der Erstausgabe verstrichenen Jahren wäre nicht möglich gewesen ohne die Liebe und die guten Ideen meiner Frau, der Bildhauerin Jess Benjamin. Meine Freunde und Freundinnen Anne Ozar, Ashley Hall, Adrian Duran und Alexandra Cardon lieferten ebenfalls wunderbare persönliche Unterstützung, redaktionelle Hilfe und durchdachte Vorschläge aus den Bereichen Moraltheorie, Theologie und Kunstgeschichte.

4 Guido Frison: Linnaeus, Beckmann, Marx and the foundation of technology. Between natural and social sciences. A hypothesis of an ideal type, in: Technology and Culture 2–3/1993, S. 139–160; Amy Wendling: Technology and Science, in: Marcello Musto (Hrsg.): The Marx Revival. Key Concepts and New Interpretations, Cambridge 2020, S. 363–375.

5 Galit Wellner: A Postphenomenological Inquiry of Cell Phones. Genealogies, Meanings, and Becoming, Idaho Falls (ID) 2015.

6 Charles Mills: The Racial Contract, Ithaca/London 1997; Shannon Winnubst: Way Too Cool. Selling out Race & Ethics, New York 2015; Kate Manne: Down Girl – The Logic of Misogyny, Oxford 2017.

Einleitung

Traditionell wird das Thema Entfremdung den frühen Arbeiten von Marx zugeordnet, doch blieb es für ihn sein Leben lang wichtig, modellierte und formte seine Einsichten, selbst wenn er den Begriff nicht ausdrücklich anführte. In seinen späten Schriften erschließt sich der Stellenwert von Entfremdung nur bei sorgfältiger Lektüre. Der Kapitalismus entwickelt sich, und mit ihm die Entfremdung.

In diesem Buch gehe ich der Geschichte des Begriffs Entfremdung nach, so wie er sich im modernen Denken herausgebildet hat, von Marx verfeinert und an nachfolgende Generationen tradiert wurde. Er hat seinen modernen Ursprung in den Texten von Hegel, Rousseau, Locke, Smith und Feuerbach und erfuhr eine bedeutsame Weiterentwicklung durch Marx. Am Ende von Marx' Umformungen des Begriffs stand eine vehemente Anklage nicht nur der Lebenswirklichkeiten im Kapitalismus, sondern auch der charakteristischen Denkformen in den entfremdeten Welten des entstehenden wie des entwickelten Kapitalismus – das heißt, Marx erklärte die philosophischen Konzepte, die Hegel, Rousseau, Locke, Smith und Feuerbach zugänglich waren, als Produkte der kapitalistischen Welt. Im »Kapital« zeigte Marx außerdem, wie die wissenschaftlichen, technologischen und philosophischen Ideen seiner eigenen Welt durch die entfremdeten Normen des Kapitalismus geformt worden waren.[1]

Marx war der Überzeugung, Hegels politische Philosophie zeige die Widersprüche der gesellschaftlichen Welt des entstehenden Kapitalismus auf, ohne sie allerdings – indem er eine Antinomie zwischen Staat und bürgerlicher Gesellschaft behauptete – zu lösen. Diese Antinomie lässt die Illusion fortleben, die bürgerliche Gesellschaft sei die Sphäre der Menschen als Naturwesen, und nicht von jeher politisch bestimmt. Darüber hinaus ist mit dieser Illusion die Vorstellung verbunden, die »Natur des Menschen« entspreche einem individualisierten Homo oeconomicus, der ontologisch durch Arbeit und das Eigeninteresse am Tausch

1 Wie in meiner Untersuchung der Bedeutung von freier Zeit in Marx' System zu sehen sein wird, ist es schwierig zu sagen, ob er selbst dieser Form der eingehenden marxistischen Überprüfung standhalten würde oder ob einige seiner Begriffe nicht gleichermaßen von kapitalistischer Begrifflichkeit beeinflusst sind.

dieser Arbeit auf dem Markt bestimmt sei. Wenn die menschliche Natur wesenhaft auf Arbeit ausgerichtet ist, wird es unmöglich, sich Formen von Subjektivität vorzustellen, die nicht durch Arbeit in der äußeren Welt entstanden sind. Das zeigt sich in Hegels Dialektik von Herr und Knecht, bei der der Herr verkrüppelt und unterentwickelt bleibt, weil er nicht imstande ist, sich in der Welt durch Arbeit zu behaupten.

Rousseau, Locke und Smith haben diese Illusion allesamt geteilt, indem sie ihren jeweiligen Gesellschaftsvertrag auf Grundlage der »Natur des Menschen« aufbauten. Bei einem extremen Verständnis des Begriffs Entfremdung werden selbst die gesellschaftlichen Merkmale der kapitalistischen Welt der »natürlichen« Welt der bürgerlichen Gesellschaft zugeschrieben. Auf diese Art brauchen Menschen keinerlei Verantwortung für ihr gesellschaftliches und politisches Leben zu übernehmen, da dessen Ausprägungen als natürlich gelten. Und selbst wenn Feuerbach menschliche Entfremdung im Reich der Theologie aufzeigte, so versäumte er es, die Entfremdung im weltlichen Reich der Ökonomie infrage zu stellen, insbesondere hinsichtlich der Übertragung menschlicher Eigenarten im sozialen und politischen Leben auf die menschliche Natur und die natürliche Umwelt.

Von daher ist es nicht erstaunlich, dass Marx anfing, die Naturwissenschaften zu studieren. Diese sehen es als ihre primäre Aufgabe an, die natürliche Welt zu beschreiben, darunter auch die menschliche Natur. Zu Marx' Zeit wurde die Wissenschaft zu dem neuen Feld, auf dem darüber gestritten wurde, wem die politische Macht zukommt, endgültige Aussagen über die Natur des Menschen zu treffen. In unseren Zeiten ist diese Auseinandersetzung noch einmal intensiver geworden.

Marx bot einen eigenen Zugang zu diesen Fragen an, indem er zwischen einem wissenschaftlichen »Ist«- und einem »Soll«-Zustand unterschied. Es gibt eine menschliche Natur, wie sie sich im Kapitalismus ausdrückt und in ihm auftritt, und es gibt eine menschliche Natur, wie sie sich in einer kommunistischen Produktionsweise ausdrücken und dort auftreten würde. Marx verlangte nicht nur anzuerkennen, dass der Kapitalismus ein falsches Bild der menschlichen Natur zeichne, sondern dass diese selbst durch Klasse, Geschichte und die Umstände der Welt, in der sie geformt wird, bestimmt wird.

Die Welt, in der Marx lebte und forschte, ist für immer durch die Maschinen verändert worden, die in der Produktion eingeführt wurden, insbesondere durch eine davon: die Dampfmaschine. In Marx' späteren Arbeiten tritt das Thema Entfremdung in Verbindung mit seinem Verständnis von Technik auf. Entfremdung, so seine These, werde durch den Einsatz von Maschinen noch gesteigert. Da sie automatisch alle anspruchsvollen Teile der Arbeiten übernehmen, ließen sie die Tätigkeit der Proletarier trostlos und repetitiv werden. Zugleich zeigte Marx, dass die Arbeiter die Technologie der Dampfmaschine als eine gefährliche Konkurrenz betrachten. Sie revoltieren gegen sie – das heißt gegen die Produktionsmittel – und zerstören sie. Indem sie das tun, zerstören sie auch die Möglichkeit, die menschliche Arbeit abzuschaffen, die durch diese Maschinen ins Leben gerufen wurde. Diese Revolten sind mit einem falschen Bewusstsein verbunden, durch das die Arbeiterin oder der Arbeiter sich selbst beschneidet, indem sie Technologien zerstören, die den realen akkumulierten Reichtum der industriellen Gesellschaft darstellen. Wenn die Arbeiterschaft gegen die Produktionsmittel revoltiert, entfremdet sie sich von den Werkzeugen der materiellen Produktion und missversteht sich selbst, unterminiert die Produktion von großem Reichtum, weist die akkumulierte Wissenschaft zurück und damit das Unterscheidungsmerkmal dafür, wie die menschliche Spezies natürlichen Mangel immer mehr überwindet.

Marx verstand auch, dass die Technologie der Dampfkraft die Art und Weise verändert, wie menschliche Körperlichleit konstruiert, erfahren und dargestellt wird. Im Zeitalter der Dampfmaschine wird sie mit mechanischer Körperlichkeit verglichen und menschliche Arbeit als energetische Konversion beschrieben. Die energetischen Begriffe unterminieren das ältere hegelsche Konzept von Arbeit, in dem der Geist als eine qualitativ von der Natur unterschiedene Kraft diese formt und prägt. Die Wissenschaft von der Energie unterminiert außerdem alle qualitativen Unterschiede zwischen Tier, Mensch und Maschine.[2]

In diesem Buch zeichne ich den Pfad nach, den Marx bei seinen Untersuchungen zu Wissenschaft und Technik zusammen mit seinem vertieften Verständnis von kapitalistischer Entfremdung eingeschlagen hat. Am Schluss dieser Entwicklung scheint er eine Sicht auf die menschliche Natur und die Arbeit vertreten zu haben, die mit seinen früheren humanistischen Konzepten nicht vereinbar ist. Der humanistische Marx vertrat eine Vorstellung der menschlichen Natur, die den Begriff Geist oder Wesen einschloss, wodurch menschliches Sein als eine Kraft im Unterschied zur Welt der Natur gesehen wurde, als Kraft, die Natur humanisieren und vergeistigen kann. Demgegenüber folgte der wissenschaftliche Marx einer Vorstellung von menschlicher Natur, die der Welt der Natur völlig assimiliert ist und deren Aktivität nicht zu unterscheiden ist von – sowie auch austauschbar ist mit – derjenigen von Maschinen, Tieren und der Natur selbst.

Ich gehe den Konsequenzen nach, die sich aus Marx' Übernahme des wissenschaftlich-materialistischen Konzepts der menschlichen Körper-

2 Aus diesem Grund unterminiert die Energiewissenschaft das, was Bruno Latour die klare Dichotomie zwischen Natur und Mensch genannt hat, eine Dichotomie, die die früheren Versionen des modernen Projekts des Wissens charakterisiert hat; vgl. Bruno Latour: Wir sind nie modern gewesen. Versuch einer symmetrischen Anthropologie, Berlin 1995.

lichkeit für seine Analysen von Arbeit, Revolution und Entfremdung ergeben. Formgebende menschliche Arbeit wird auf bloße Arbeitskraft reduziert, auf einen Punkt der Umwandlung von Energie. Revolution wird zu einem Akt von struktureller Unvermeidlichkeit und folgt nicht mehr einem politischen Willen, wobei diese Unvermeidlichkeit so stark ist, dass die Bedeutung eines menschlichen politischen Willens völlig ausgelöscht wird. Entfremdung, die auf einer humanistischen Auffassung des Verlusts von Wesenhaftigkeit beruht, wird schließlich aus zweierlei Gründen zu einem leeren Begriff, der nichts mehr erklärt. Erstens gibt es im menschlichen Wesen nichts, was es noch verlieren könnte. Zweitens gibt es außerhalb der Normen der entfremdeten Welt keine verlässliche Position, von der aus Entfremdung diagnostiziert, geschweige denn überwunden werden könnte.

Bevor man zu dem Schluss kommt, Marx habe sein Konzept der Entfremdung aufgegeben, sollte man sich aber an die wichtigsten Argumentationslinien seiner Ideologiekritik erinnern. Ihm zufolge sind Begriffe Resultate materieller Bedingungen. Insofern verband er Vorstellungen der wissenschaftlichen Materialisten – vor allem diejenige der Reduzierung des menschlichen Körpers auf eine thermodynamische Maschine – mit der Struktur des Kapitalismus selbst, insbesondere mit dessen Anforderung, alles müsse in Bezug auf seinen Wert für die Produktion quantifizierbar sein.

Ihren reifsten Ausdruck haben die Überlegungen von Marx zur Kritik der Entfremdung im »Kapital« gefunden, einem Werk, das wir angesichts seiner Komplexität erst angefangen haben zu verstehen. Er bemühte sich in ihm darum, die spezifischen Lebensformen von kapitalistischer Entfremdung aus den Normen heraus zu erklären, die durch diese hervorgebracht worden waren: das heißt also in einer Umgebung, in der Entfremdung so schlagend und real geworden ist, dass sie als Begriff und analytisches Konzept verschwunden ist. Gegenüber dem Frühwerk verweist die Methode auf eine sehr viel weiter entwickelte Begrifflichkeit von Entfremdung. Diese ist so umfassend, dass sie alle Konzepte, die für das Funktionieren der kapitalistischen Welt nicht angemessen sind, verdeckt.

Marx versuchte im »Kapital« also, innerhalb des begrifflichen Rahmens zu bleiben, den die kapitalistische Welt zu ihrer eigenen Erklärung zur Verfügung stellt. Deshalb müssen die Formulierungen, die er anbietet, auch allein in Bezug auf die kapitalistische Welt verstanden werden. Es ist die kapitalistische Welt, die Arbeit auf Arbeitskraft reduziert, die Welt, die Revolution aus dem menschlichen Handeln ausschließt, die Welt, die Entfremdung nicht mehr denkbar macht, weil es keine menschliche Wesenhaftigkeit mehr gibt, die zu verlieren wäre.

Der Kapitalismus verunglimpft und zersetzt den Vorrang des Menschlichen ideologisch wie materiell. Menschen werden zu einer kalkulierbaren

Ressource genau wie alle anderen in der Wirtschaft. Innerhalb dieser Wirtschaft sind sämtliche Ressourcen dem Tauschwert unterworfen und müssen daher wechselseitig kalkulierbar sein. Damit das möglich ist, erfolgt im Rahmen der kapitalistischen Begrifflichkeit eine ontologische Nivellierung. Kräfte, die sich bislang in ihrer Art unterschieden, werden nunmehr gleichgesetzt. Menschliche Kraft muss quantifizierbar und austauschbar sein. Mit seiner stolzen Missachtung von Begrifflichkeit, Metaphysik und Teleologie, soweit diese die menschliche Wahrnehmung wissenschaftlicher Fakten formen, bieten der wissenschaftliche Materialismus und seine empirizistischen wie positivistischen Gefährten einen derartigen Rahmen an.

Nachdem die Manuskripte von 1844 entdeckt und die »Grundrisse« nach Stalins Tod 1953 veröffentlicht worden waren, wurden in der Marx-Forschung gelegentlich eine humanistische und eine wissenschaftliche Periode unterschieden.[3] Die wissenschaftliche Periode umfasst Arbeiten ab 1861, insbesondere das »Kapital«, und diesen Werken wurde vorgeworfen, sie vernachlässigten das Problem des menschlichen Willens gegenüber der materialistischen Determiniertheit. Ich bin dagegen der Ansicht, dass der berüchtigte Bruch zwischen einem humanistischen und einem strukturalistischen, wissenschaftlichen Marx weniger ein Bruch in dessen Werk ist, sondern vielmehr einen Kommentar zu den unterschiedlichen Vorstellungswelten vor dem Kapitalismus und im Kapitalismus darstellt. Nicht Marx, sondern der Kapitalismus selbst hat den vorherigen begrifflichen Bezugsrahmen beschädigt.

Insofern hat Marx kein Problem damit, scheinbar widersprüchliche humanistische und wissenschaftliche Konzepte zu verwenden, sondern sieht sich vielmehr einem breiten interpretativen Rahmen verbunden, um zu zeigen, wie wissenschaftliche Konzepte durch kapitalistische Ideologie geprägt werden. Er entschied sich dafür, in seinem Text den Übergang von der vorkapitalistischen zur kapitalistischen Welt widerzuspiegeln, sodass wir unsere Welt als historisch entstandene und nicht als natürlich gegebene sehen. Indem sich Marx kritisch innerhalb des Kapitalismus positionierte, versuchte er es zu vermeiden, sich unkritisch in den Denksystemen zu verstricken, die dieser hervorgebracht hat. Diese Strategie ist möglicherweise allzu subtil, da sie eine Lektüre erfordert, bei der das »Kapital« und seine Begriffe nicht für bare Münze genommen, sondern als Antwort auf die kapitalistische Welt verstanden werden.

Die Fragen, die Marx' Methode im »Kapital« aufwirft, sind irritierend. Was ist die Wirklichkeit von Entfremdung und wie wird diese Wirklichkeit uns vermittelt? Wenn es so ist, dass wir als Entfremdete innerhalb der Normen der kapitalistischen Begrifflichkeit verbleiben, fehlen uns

3 Louis Althusser: Für Marx, Frankfurt a.M. 1968.

dann nicht jegliche Ressourcen, um diese Normen zu kritisieren? Müssen wir uns damit begnügen, darauf hinzuweisen, dass Arbeiter, damit sie arbeiten können, sich auch ernähren müssen, oder können wir immer noch einfordern, es müsse einen innewohnenden Wert menschlicher Aktivität geben, der nicht dem Diktat der Instrumentalität unterworfen wird? Warum könnte es umgekehrt im Interesse des Kapitalismus sein, unsere Entfremdung gar nicht vor uns zu verbergen, sondern sie uns in wissenschaftlicher Form zu zeigen? Indem wir sie als einen natürlichen und unvermeidlichen Teil der menschlichen Existenz akzeptieren, werden unsere widerständigen Energien so gestaltet und neutralisiert, dass sie in dieser Form für das Geschäft des Kapitalismus keine ernsthafte Bedrohung mehr darstellen. Solange die Normen des Kapitalismus als Merkmale der natürlichen Welt erscheinen, brauchen menschliche Wesen keine gesellschaftliche und politische Verantwortung für sie zu übernehmen. Ein Symptom dafür ist auch hier die Art und Weise, wie gesellschaftliche und politische Probleme immer mehr durch wissenschaftliche Diskurse aufgesaugt, gelöst und reguliert werden.

In seinen frühen Werken schien Marx nahezulegen, der Kapitalismus könnte unwissentlich kritische Energien und Perspektiven produzieren und insofern auch Kräfte entfesseln, die jenseits seiner Kontrolle blieben: Im »Kommunistischen Manifest« wird das Bild eines Produktionssystems entworfen, das seine eigenen Totengräber hervorbringt – darunter Denker wie Marx. Im »Kapital« dagegen zeichnet er ein Porträt des Kapitalismus als totalisierende Abschließung der realen Welt, das durch eine derart einfache Lösung infrage gestellt würde.

Ist der Kapitalismus tatsächlich hegemonial? Die Hermeneutik des späten Marx führt zu einem klassischen Zirkel. Wären wir in die kapitalistische Entfremdung und somit auch in deren Ideologie vollständig eingeschlossen, dann wäre auch Marx außerstande, über die Genesis seiner eigenen und anderer Kritiken der kapitalistischen Produktionsweise Rechenschaft abzulegen. Um zu einer angemessenen Einschätzung des Kapitalismus zu kommen, müssen wir festhalten, dass kapitalistische Begrifflichkeit nicht besonders kohärent ist oder sogar, dass der Kapitalismus ausdrücklich widersprüchliche Denkweisen ermöglicht. Ein Beispiel dafür ist die Art, wie ein tieferes Verständnis des Energiehaushalts des menschlichen Körpers ebenso gut dazu verwendet werden kann, um Arbeiter auszubeuten wie um sie gegen Ausbeutung zu verteidigen.

Marx hat im »Kapital« für sich in Anspruch genommen, er habe nichtkapitalistische Begriffe eliminiert und innerhalb dieser begrifflichen Abschließung eine Darstellung der kapitalistischen Produktionsweise wie auch ihrer Überwindung vorgelegt. Dennoch bezog er sich immer wieder auf die Existenz eines authentischen Wesens des Menschen, das in der wissenschaftlichen Weltsicht des Kapitalismus ausgelöscht worden sei. Insbesondere rief er den Terminus »menschlich« auf, für die Charakterisierung von Arbeit, für das freie Spiel der Fantasie jenseits der materialistischen Determiniertheit ebenso wie für die Anstiftung zur moralischen Entrüstung, Darüber hinaus sprach er den »Gebrauchswert« an, den inhärenten Wert einer Sache, der zum regulierenden Ideal des Tausches dient. Der Kapitalismus und seine materialistische Ideologie setzen alles daran, die Sinnhaftigkeit dieser Begriffe zu eliminieren, da offenbar alles in Bezug auf alles andere quantifiziert werden kann. Doch Marx scheint sie nicht beseitigt zu haben, selbst wenn er für sich in Anspruch nahm, dies für alle Sinnhaftigkeit getan zu haben, die dem Kapitalismus nicht entspricht.

Von daher ist man versucht, Marx dafür zu kritisieren, dass er einen nostalgischen und antiquierten Humanismus wieder aufgenommen hat, der klassischen und feudalen Perioden entstammt, ein Humanismus, der auf der Vorstellung eines authentischen Wesens der Menschen beruht, das in der Moderne durch die kapitalistische Welt verloren gegangen ist. Im »Kapital« scheint Marx sich auf ein historisch entwurzeltes, feudales oder gar klassisches Verständnis vom Wesen des Menschen zu beziehen, das somit als Kontrastfolie für dessen degradiertes Wesen im Kapitalismus dient. Insofern wäre sein Befund der Kritik ausgesetzt, die heutzutage von feministischer und postkolonialer Seite am Begriff des menschlichen Wesens vorgetragen wird, indem dieser als charakteristisch für klassische, mittelalterliche und moderne Philosophien dekonstruiert wurde: als ein Begriff, der mit einem sexistischen Stammbaum in die Welt gekommen und zudem seit dem Mittelalter rassistisch konnotiert ist.[4]

Wäre diese Form des anachronistischen Humanismus charakteristisch für das Denken von Marx, dann wäre seine Vision einer unentfremdeten Arbeit eine Aufforderung, zur Reinheit von verloren gegangenen historischen Wesenhaftigkeiten zurückzukehren. Sein Denken wäre eine Abart der Romantik. Insofern es durch Themen wie Reinheit und deren politischer Konsequenz – einer Revolution zur Beendigung aller Revolutionen und zur Wiederherstellung des verloren gegangenen menschlichen Wesens – geprägt wäre, könnte man Marx sogar als Reaktionär

4 Die Genealogie des Begriffs des Humanen im Zusammenhang mit spätmittelalterlichen und frühmodernen Ängsten in Bezug auf Sexualität, »Rasse« und Tiernatur, die sich in der späteren Periode des Kolonialismus fortsetzten, wurde untersucht bei Donna J. Haraway: Primate Visions. Gender, Race, and Nature in the World of Modern Science, New York 1989; Cornel West: A genealogy of modern racism, in: Philomena Essed/David Theo Goldberg (Hrsg.): Race: Critical Theories, Malden (MA) 2002, S. 90–112; Stephen Jay Gould: American polygeny and craniometry before Darwin: Blacks and Indians as separate, inferior species, in: Sandra Harding (Hrsg.): The Racial Economy of Science, Indianapolis 1993, S. 84–115; Giorgio Agamben: Das Offene. Der Mensch und das Tier, Frankfurt a.M. 2003; Georges Bataille: Das theoretische Werk I: Die Aufhebung der Ökonomie, München 1975; ders.: Theorie der Religion, Berlin 1997; Richard Dyer: White, New York 1997; Claude Lévi-Strauss: Das Ende des Totemismus, Frankfurt a.M. 1965; ders.: Die elementaren Strukturen der Verwandtschaft, Frankfurt a.M. 1981; Michel Foucault: Die Ordnung der Dinge. Eine Archäologie der Humanwissenschaften, Frankfurt a.M. 1966.

betrachten. Es wäre ihm Nostalgie anzukreiden und sogar eine gefährliche Nostalgie, nämlich ein Konzept des Menschlichen, das in einer Welt der Ungleichheit entstanden und durch deren Normen geprägt war.

Doch wenn wir Marx sorgfältig lesen, sehen wir, dass er weder eine derartige unkritische Sehnsucht nach den Eigenarten der vorkapitalistischen Welt noch nach deren Formen von Humanität hegte. Wenn er ein Kritiker des Kapitalismus war, so gab er gleichzeitig nie die Überzeugung auf, dass die bürgerlichen Revolutionen emanzipatorische Verbesserungen der menschlichen Existenz und große Schritte vorwärts waren, die größtmöglichen Schritte »*innerhalb* der bisherigen Weltordnung«, selbst wenn sie nicht die »letzte Form der menschlichen Emanzipation« darstellten.[5] Ebenso wenig verwirft Marx die Vorstellung, dass jegliche Natur, auch die menschliche Natur, wesentlich historisch geformt ist: durch materielle Bedingungen und die daraus resultierenden Möglichkeiten menschlichen Wissens und menschlicher Handlungen.[6]

Das führt mich zu folgender Interpretation von Marx' Humanismus. Möglicherweise sind dessen reaktionäre und romantische Merkmale ebenso wie der wissenschaftliche Materialismus, mit dem sie allzu gern kontrastiert werden, auch Produkte der kapitalistischen Welt und nicht einfach Importe aus den Erklärungssystemen früherer und überholter Weltsichten. So gesehen ist es nicht Marx, sondern der Kapitalismus, der eine reaktionäre und romantische humanistische Nostalgie gegenüber der feudalen Welt produziert, und er tut dies im Kontrast zum wissenschaftlichen Diskurs, den er ebenfalls freisetzt. Aus diesem Grund ist der romantische Humanismus des 19. Jahrhunderts nicht einfach ein überlebtes Denksystem, das einer früheren historischen Periode angehört, sondern eines der verleugneten Produkte des Kapitalismus selbst. Wie Marx mit diesem Humanismus ebenso wie mit dem wissenschaftlichen Materialismus verfährt, ist somit eine *performance*: eine *performance*, bei der gezeigt werden soll, dass der Kapitalismus sich über seine eigenen Aktivitäten keine Rechenschaft ablegen kann, ohne sich auf die Konzepte des Humanismus zu beziehen, die er angeblich verbannt hat.

Kapitalistischer Humanismus ist ein Beispiel dafür, was die feministische Philosophin Donna Haraway im Anschluss an Chela Sandoval eine »oppositionelle Ideologie« genannt hat. Eine solche erscheint in reinster Form lediglich als mythologischer Gegensatz zu einer gegebenen modernen Wirklichkeit. Haraway schrieb über den Ökofeminismus des 20. Jahr-

5 Die Zitate stammen aus: Karl Marx: Zur Judenfrage, in: ders./Friedrich Engels: Werke [MEW], Berlin 1956 ff., Bd. 1, S. 347–377, hier S. 356; Hervorhebung bei Marx. Ich werde mich mit diesen Äußerungen im ersten Kapitel noch einmal genauer beschäftigen. In der »Kritik am Gothaer Programm« hat Marx sich ebenfalls ausdrücklich gegen Allianzen zwischen Sozialisten und feudalen Reaktionären gewandt.

6 Zu einer sorgfältigen und schlüssigen Entwicklung dieses Arguments vgl. Sean Sayers: Marxism and Human Nature, New York 1998.

hunderts und seine Hervorhebung des Organischen: »Allerdings können ihre symbolischen Systeme sowie die verwandten Positionierungen des Ökofeminismus und des feministischen Heidentums, die gesättigt sind mit Organizismen, nur als dem späten zwanzigsten Jahrhundert angepasste, oppositionelle Ideologien verstanden werden, um einen Begriff von Sandoval zu benutzen. Diese Positionen würden schlicht alle die befremden, die nicht mit den Maschinen und dem Bewusstsein des Spätkapitalismus beschäftigt sind.«[7]

Wenn wir diese Einsicht auf eine vorhergehende historische Periode beziehen, hieße das, dass die symbolischen Systeme des romantischen Humanismus, ergänzt durch Anklänge an die feudale und klassische Periode und das Modell der landwirtschaftlichen Arbeit, nur als oppositionelle Ideologien verstanden werden können, die in die Mitte des 19. Jahrhunderts passen. Sie würden jeden verwirren, der sich nicht mit Maschinen, Änderungen der Arbeit und der Natur und dem daraus resultierenden Bewusstsein des frühen Kapitalismus beschäftigt hat. Der wissenschaftliche Materialismus und der Romantizismus wirken in diesem Bewusstsein ebenso wie in der kapitalistischen Produktionsweise zusammen.[8]

Kulturelle Ideale sind für ihre Komplexität berüchtigt. Haraway und Sandoval sind nicht allein mit der Überlegung, dass es innerhalb einer Kultur mindestens zwei Typen von Idealen gibt: expressive und oppositionelle. Expressive Ideale erfassen eine grundlegende Wahrheit über die Wirkungsweise einer Kultur. Dagegen benennen oppositionelle Ideale, was einer Kultur wesentlich fehlt und was man sich wünscht, dass sie es hätte. Die oppositionellen Ideale werden als eine Art Wunscherfüllung entworfen, oftmals als Antwort auf die expressiven Ideale und als Kontrast zu ihnen. So wie ich das 19. Jahrhundert sehe, sind der wissenschaftliche Materialismus dort ein expressives, der romantische und reaktionäre kapitalistische Humanismus ein oppositionelles Ideal.[9]

In späteren Kapiteln dieses Buches werde ich mich den Problemen der eng gefassten Normen des kapitalistischen Humanismus zuwenden, insbesondere seinem Ausschluss von Frauen, nicht-weißen und jüdischen Menschen. Marx' eigener Humanismus hat eine gewisse kritische Überprüfung und Revision erfahren, aber im Unterschied zu seinen

7 Donna Haraway: Ein Manifest für Cyborgs, in: dies.: Die Neuerfindung der Natur. Primaten, Cyborgs und Frauen, Frankfurt a.M. 1995, S. 62.

8 Die kämpferische Symbiose von wissenschaftlichen und romantischen literarischen Kulturen hat sich nach dem 19. Jahrhundert noch eine Weile fortgesetzt. Eine der bekanntesten Diagnosen dazu stammt von Charles Percy Snow: Die zwei Kulturen. Literarische und naturwissenschaftliche Intelligenz, Stuttgart 1967. Es handelt sich um einen der Grundlagentexte für Wissenschaftsstudien.

9 Vgl. dazu die lesenswerte Abhandlung über die Freundschaft im alten Griechenland bei Richard White (Love's Philosophy, New York 2001), insbesondere die Diskussion bei Aristoteles und anderen Autoren, ob diese ein expressives oder oppositionelles Ideal in der griechischen Kultur darstellt.

philosophischen Vorläufern hat er zumindest versucht, in dem Konzept der befreiten Menschheit, auf dem er bestand, Frauen und Menschen mit »rassischer« Zuschreibung aus dem US-amerikanischen Süden einzubeziehen. Der Humanismus des Kommunismus beruht demnach auf einem erweiterten Begriff dessen, was menschlich ist, und ist nicht mit dem reaktionären kapitalistischen Humanismus gleichzusetzen.

Marx hat seine Vision einer befreiten Gesellschaft innerhalb einer Gesellschaft des 19. Jahrhunderts entworfen, die immer wieder mit Patriarchalismus auf die bürgerlichen Revolutionen reagiert hat. Vor diesem Hintergrund erscheint sie extrem zukunftsorientiert und möglicherweise noch bedeutungsvoller für unsere Zeit als für die seine. Das Werk von Marx hat einen schlechten Ruf, wenn es in Verbindung gebracht wird mit politischen Entwicklungen des 20. Jahrhunderts ebenso wie mit dem, was der »kommunistische Zusammenbruch« genannt wird, gleichwohl erweist es sich als weiterhin – und möglicherweise zunehmend – relevant für das 21. Jahrhundert angesichts von Problemen der Globalisierung, der Umweltzerstörungen und der Bedingungen von bezahlter wie unbezahlter Arbeit.

Im »Kapital« untersuchte Marx kapitalistische Wissenschaft und kapitalistischen Humanismus unter strategischen wie kritischen Gesichtspunkten und zeigte dabei die Widersprüche der expressiven und oppositionellen Ideale in der kapitalistischen Welt auf. Vor diesem Hintergrund wird seine Theorie der maschinellen Technologie, wie ich sie in diesem Band vorstelle, verständlich. Zweifellos war Marx beunruhigt über die Formen des Arbeitens und ihre Wirkung auf den menschlichen Körper, freigesetzte Kräfte, die in der modernen technischen Welt entstanden sind; gleichzeitig ging er davon aus, dass diese auch in der kommunistischen Periode der modernen Industrie und zur Veredelung der gesamten menschlichen Gesellschaft gültig sein würden. Insofern sah er in der Zerstörung von Maschinen, zu der unter anderem die Ludditen aufgerufen hatten, eine romantisch inspirierte Form des falschen Bewusstseins. Das kapitalistische Leben stellt einen Schritt in Richtung Freiheit dar, selbst wenn es noch voller Falschheit ist.

So gesehen zielt das Denken von Marx in keiner Weise auf eine Wiederkehr der Normen feudaler Arbeit. Das heißt aber nicht, dass seine Vorstellungen nicht beeinflusst worden wären von diesen Normen und vor allem vom Modell des selbstständigen Handwerkers mit seinem Werkzeug, der ihm als Prototyp der Facharbeit gilt. Marx' Darstellung von kapitalistischer Wissenschaft und kapitalistischem Humanismus hat eine bewusste und eine unbewusste Seite – bewusst erfolgt sie dann, wenn er zeigen möchte, wie die Normen der Energiewissenschaft den Einsatz von Fabrikarbeit vorantreiben oder wie virulent und reaktionär die Überreste der feudalen Welt im Kapitalismus erscheinen; unbewusst, wenn die Verortung seines Denkens im Kapitalismus dazu führt, seine Gedankenwelt zu prägen und zu bestimmen. Im einen wie im anderen Fall müssen wir verstehen, dass Marx' Verständnis von Wissenschaft und Humanismus Teil seiner Darstellung des Kapitalismus und dessen Widersprüche sind. Er selbst hätte nicht für sich beansprucht, sein Denken sei völlig frei von den historischen Prägungen der Zeit, in der es entstand, und er würde sich darauf verlassen haben, dass seine Interpreten darauf hingewiesen hätten, wenn das passiert wäre. Wir können uns glücklich schätzen, wenn zeitgenössische oder auch künftige Leser oder Leserinnen sich die Mühe machten, in ähnlicher Weise blinde Flecken in unserem eigenen Denken ausfindig zu machen.

Aus diesem Grund müssen wir uns Marx, vor allem wenn wir sein Spätwerk lesen, mit der gleichen Umsicht nähern, mit der wir Kierkegaard oder Nietzsche lesen. Marx konnte nicht einfach die Wahrheit des Kapitalismus studieren. Er unternahm vielmehr eine strategische Intervention in der Welt, die er vorfand und die er immanent kritisieren wollte, und dies in dem Bewusstsein, dass er nur innerhalb der Begrifflichkeiten arbeiten konnte, die für diese Welt charakteristisch waren. Wenn Marx' Denken uns im »Kapital« sowohl die kapitalistische Wissenschaft als auch den kapitalistischen Humanismus vor Augen führt, dann ist dies ein Zeichen für seine immanente Kritik an der kapitalistischen Produktionsweise. Es ist auch die endgültige Form seines eigenen Denkens in seiner eigentlichsten philosophischen Form.

Marx zeigt auf diese Art, dass rhetorische Flexibilität ein wesentlicher Gesichtspunkt für politische Überlegungen ist. Im »Kapital« hat er sich dafür entschieden, die bürgerliche Welt des Kapitalismus von innen her und mit dem charakteristischen begrifflichen Vokabular dieser Welt zu kritisieren. Dies ist nicht die endgültige Form emanzipatorischer Begrifflichkeit, also eines Begriffsapparats, der in Richtung menschlicher Befreiung weisen würde. Das zentrale Beispiel für eine solche emanzipatorische Begrifflichkeit wird in diesem Buch ein Begriff von Aktivität sein, der nicht auf Arbeit reduziert und auf Arbeit bezogen ist. Marx' Werk stellt insofern eine Etappe auf dem Weg zu einer vollständigen emanzipatorischen Begrifflichkeit dar. Wenn er diese auch flüchtig erblickt, gehört sie doch nicht zu der Welt, mit der er rechnen und innerhalb derer er argumentieren muss.

Trotz dieser begrifflichen Beschränkungen im »Kapital« ist Marx mit Sicherheit nicht jemand, der im menschlichen Sein nichts als einen Tauschwert sehen möchte, und dies in einem krisenanfälligen System. Unter dem Deckmantel eines politisch passenden Arguments für andere Perspektiven als solche, die im Kapitalismus zur Verfügung stehen, würde dies seinen Überzeugungen Gewalt antun. Ein zutiefst philosophischer Marx erscheint in den Bruchstellen und Zwischenräumen des »Kapital«:

in den Verweisen auf die Lehre von Aristoteles über den Vorrang des Menschlichen und der zerstörerischen Lebensweise einer Gesellschaft, die allzu sehr von wirtschaftlichen Erwägungen angetrieben ist, in der Kritik am Tauschwert, und in einer Sichtweise auf Arbeit, bei der menschliche Fantasie betont und beschrieben wird, was diese im Einzelnen ausmacht. Diese philosophischen Erwägungen gehören nicht zum kapitalistischen Kalkül. Das bedeutet aber nicht, dass sie in Marx' Spätwerk keine Rolle spielen. In diesem geht es vor allem darum, zu zeigen, dass sie in einer Welt, die vom Tauschwert dominiert wird, nicht in Erscheinung treten können. Die Wissenspraktiken dieser Welt, einschließlich bestimmter Formen der Wissenschaft, drohen diese philosophischen Konzepte zu eliminieren, dennoch verfolgen sie Marx in seinem Spätwerk ebenso wie sie in der kapitalistischen Welt herumspuken.

Wenn Marx im »Kapital« das Konzept der Energiewissenschaft strategisch mobilisierte, sollte man nicht daraus schließen, dass er jegliche Wissenschaft als kapitalistisch ansah, und ebenso wenig, dass er sämtliche Konzepte, die ideologisch durch kapitalistische Vorstellungen der Quantifizierung von Ressourcen geprägt wurden, als kapitalistisch ansah. Denn für ihn musste Wissenschaft nicht positivistisch oder empirisch sein. Tatsächlich ist sie für ihn am allermeisten »wissenschaftlich«, wenn sie Annahmen zu empirischen oder positivistischen Methodologien infrage stellt. Dementsprechend müssen auch Technologien nicht zwangsläufig kapitalistische Technologien sein, die auf Kosten von Menschen der Arbeiterklasse und der Natur entwickelt wurden und dazu dienen sollten, diese Klasse zu unterdrücken und den Profit zu maximieren. Anders gesagt, stellen Wissenschaft und Technik potenziell befreiende Kräfte dar, die mit dem erweiterten, aber immer noch als solchem erkennbaren humanistischen Projekt des Widerstands gegen den Kapitalismus verbunden sind. Um dies klar zu erkennen, müssen wir uns außerhalb des »Kapital« umsehen, insbesondere in Marx' früheren Arbeiten.

Für Marx ist Wissenschaft weder positivistisch noch empirisch, da er sich Hegels Begriff davon anschloss und somit auch dessen Aufmerksamkeit für die Bedeutung der zur Verfügung stehenden Konzepte für wissenschaftliches Forschen. Indem er Hegels Überlegungen historisierte, legte Marx eine Genealogie der Begrifflichkeit wissenschaftlichen Forschens vor und erkannte deren Prägung durch die kapitalistische Welt.[10]

Wenn Marx für sich in Anspruch nahm, das »Kapital« sei ein wissenschaftliches Werk, so meinte er das in zweifacher Hinsicht. Das »Kapital« sei wissenschaftlich im engeren Sinn, da er darin nachweisen könne, dass die Nutzung von Ressourcen durch das kapitalistische System nach quantifizierbaren Kriterien nicht nachhaltig sei: So zeige etwa der Fall

10 Vgl. dazu Patrick Murray: Marx's Theory of Scientific Knowledge, Atlantic Highlands (NJ) 1988.

der Profitrate, dass der Profit nicht in der Lage sei, sich auf einem zunehmend höheren Niveau zu stabilisieren, wenn das kapitalistische System sich weiter entwickle. Aber das »Kapital« sei auch wissenschaftlich in einem weiteren Sinn, da es die Begriffe identifiziere, mit dem die Welt des Kapitalismus, einschließlich dessen Wissenschaft, operiert. Das sind die Abstraktionen von: Ware, Lohnarbeit, Wert, der individualisierte Homo oeconomicus, die von diesen Konstruktionen vorausgesetzten Tauschsysteme und schließlich eine medizinische Vorstellung von Physiologie, bei der Menschen, Tiere und Maschinen zu einem einzigen Modell anverwandelt werden.

Marx lehnte die endgültige Quantifizierung der menschlichen Erfahrung ab, die mit diesen Begriffen einherging. Daher wollte er Wissenschaft im weiteren Sinn dazu heranziehen, um zu zeigen, wie Wissenschaft im engeren Sinn das Funktionieren des Kapitalismus unterstütze. Er war der Überzeugung, dass dies die bessere Wissenschaft sei und dass es zu den erweiterten Aufgaben der Wissenschaft gehöre, die Herkünfte der Begriffe, mit denen sie arbeitet, aufzuzeigen. Wissenschaft im engeren Sinn habe es versäumt, ihre eigenen begrifflichen Voraussetzungen zu analysieren. Insofern leide sie unter einer entfremdeten Epistemologie. In diesem Gedanken von Marx klingt bereits ein Thema an, das später in der interdisziplinär angelegten Wissenschaftstheorie von Thomas Kuhn ebenso wie in der feministischen Wissenschafts- und Technikphilosophie von Donna Haraway für das 20. Jahrhundert vertieft worden ist.

Das weitere und das engere Wissenschaftsverständnis von Marx sind mit analogen Überlegungen zu Technik verbunden. Er war einer der ersten modernen Denker, für den Technik einen abstrakteren Oberbegriff darstellte, der eine Fülle von Anwendungen abdeckte, und nicht lediglich ein Platzhalter für eine Klasse von Objekten, die man Maschinen nannte, war. Für Marx gibt es Technik im engeren Sinn, so wie sie sich in der kapitalistischen Welt entfaltet, und Technik im weiteren Sinn als ein Mittel, die menschlichen Fähigkeiten zu vergrößern und machtvoller werden zu lassen. In einer Welt, die vom Tauschwert beherrscht wird, sind auch Menschen und Maschinen austauschbar, und beide sind dem abstrakten Kalkül ihres quantifizierbaren Werts unterworfen. In so einer Welt sind Menschen weniger wert als Maschinen, weil ihre energetische Kraft vergleichsweise dürftig ist.

In einer Welt, in der der Vorrang der menschlichen Person wiederhergestellt sein würde, würde sich Technik niemals in diese Richtung entwickeln, dafür möglicherweise in Richtungen, die wir uns heutzutage noch gar nicht vorstellen können. Die Technik würde zu einem bescheidenen materiellen Wohlstand führen, die menschlichen Formen der Kommunikation verändern und verbessern sowie die Körperlichkeit des Menschen stärken, aber niemals würde sie die Widersprüche produzieren, die der

Kapitalismus verschärft hat.[11] Durch diese Widersprüche wurden Arbeitskräfte in einen Gegensatz zu ihren eigenen Produktionsinstrumenten gebracht und die Suche nach einer fairen Beteiligung an den materiellen Ressourcen und einer sinnvollen Tätigkeit wurde zu einem Kampf zwischen Menschen und Maschinen.

In Marx' Überlegungen zu Wissenschaft und Technik ebenso wie zu der daraus folgenden Politik wird die Ambivalenz seines Denkens in Bezug auf jenes der Aufklärung deutlich. Zweifellos übernahm er deren Vorstellungen von Rationalität und wissenschaftlichem wie politischem Fortschritt in ihrer Überlegenheit gegenüber früheren mittelalterlichen Konzepten. Dagegen konnte er nicht akzeptieren, dass sie – einschließlich der ihnen entsprechenden Formen von Wissenschaft, Technologie und Politik – auf ihre bürgerliche Begrifflichkeit, die sie hervorgebracht hatte, beschränkt bleiben sollte. In dieser Form erfolgt individuelle Befreiung auf Kosten der Gesellschaft insgesamt. Wissenschaftliche Rationalität wird in einigen Bereichen zulasten derjenigen in anderen entwickelt, und Wissenschaft wird in eine enge Methodologie eingezwängt, deren kulturelle Prägung ausgeblendet bleibt. Technik schließlich wird dazu weiterentwickelt, um Profite und Wert zu maximieren, und nicht, um die materiellen Bedingungen aller zu verbessern.

Für Marx ist eine Gesellschaft nur so frei, wie es die am wenigsten freien Mitglieder dieser Gesellschaft sind, und das Gesellschaftliche in ihr misst sich an kommunitaristischen Standards, nicht jedoch an solchen einzelner herausragender Persönlichkeiten, die sie hervorbringt. Dies wirft die Frage auf, inwieweit das Bekenntnis der Aufklärung zu Rationalität sowie zu wissenschaftlichem, technischem und politischem Fortschritt ohne die Konstruktion des ökonomischen Individuums, die dabei im Mittelpunkt steht, aufrechterhalten werden kann. Marx war der Überzeugung, dass das möglich ist. Insofern kommt das Denken der Aufklärung bei ihm zu seiner letzten Blüte und erfährt gleichzeitig seine schärfste Kritik.

11 In Detroit gibt es bei General Motors einen Raum, der »rubber room« genannt wird, was Assoziationen an eine Gummizelle hervorruft, also an einen Raum, in dem man verrückt werden kann. Er dient als Aufenthaltsraum für Arbeitskräfte, die durch Mechanisierung freigesetzt wurden und dort ihre Stunden bis zu dem Zeitpunkt absitzen sollen, an dem ihr Rentenanspruch fällig wird. Hier liegt ein Beispiel für diese Widersprüche vor. Die meisten empfinden eine derartige Form von »Freizeit« als enorme Belastung und sehnen sich danach, ihre frühere Arbeit zurückzubekommen. Tom Adams war jemand, der diese »leere« Zeit dazu nutzte, ein Promotionsstudium aufzunehmen und eine Dissertation zur Geschichte der Arbeit zu schreiben; vgl. dazu Jeffrey McCracken: Detroit's symbol of dysfunction. Paying employees not to work, in: The Wall Street Journal, 1.3.2006.

1 —— Der Begriff der Entfremdung bei Karl Marx[1]

Anders als in den 1840er- und 1850er-Jahren nutzte Marx den Begriff Entfremdung in seinen späteren Jahren, und insbesondere im »Kapital«, nicht mehr. In seinem Bemühen, Entfremdung als zentrale Erfahrung von Subjekten im Kapitalismus neu zu definieren und zu konfigurieren, erweiterte er ihn mithilfe der Begriffe Warenfetischismus und Maschinenarbeit. Im Zuge dieser Erweiterung wurde der Begriff Entfremdung zu einem, der eine Welt betraf, die einzig durch ökonomische Erwägungen bestimmt ist. Die illusionären Vorstellungen, die mit kapitalistischer Produktion verbunden sind, bestimmen auch die mögliche Bandbreite des menschlichen Denkens. Dennoch sind Warenfetischismus und Maschinenarbeit keine wirklich neuen Begrifflichkeiten, sondern die Weiterentwicklung des Diskurses auf einem neuen Terrain, in einer anderen Welt als der, die in der bürgerlichen politischen Theorie beschrieben wird. Auf dem neuen Terrain führte Marx als Kontrapunkt zur bedingungslosen Anbetung der Arbeit, wie sie für diese Theorie typisch ist, ein klassisches philosophisches Thema wieder ein: die Vorstellung von gesellschaftlicher und individueller Krankheit, die aus Ungleichgewichten des Wirtschaftslebens folgt.

Wenn Marx das Thema Entfremdung auf die Themen Warenfetischismus und Maschinenarbeit ausdehnte, dann griff er damit seine Kritik der zivilen bzw. bürgerlichen Gesellschaft und ihrer Tauschregeln auf, einschließlich der Regeln, die entfremdete Arbeit und entfremdete Güterproduktion bestimmen. Er übernahm den Begriff Entfremdung, so wie ihn Hegel und Locke benutzt hatten, um die bürgerliche Gesellschaft darzustellen, oder er übernahm deren Ideen auch, um sie als Teil der entfremdeten herrschenden Ideen mit ihrer speziellen Genealogie zu demaskieren. Gleichzeitig bleibt Marx' Theorie der Revolution der Struktur der bürgerlichen Gesellschaft und der Behauptung ihrer Privilegien verpflichtet, einschließlich der Arbeitsrechte, dies im Gegensatz zur alten feudalen Gesellschaft. Ich werde in diesem Kapitel zeigen, wie seine Theorie der Entfremdung sich nicht nur in Richtung Fetischismus entwickelt, sondern auch die verlockende Perspektive eines Endes müh-

1 Eine frühere Version dieses Kapitels findet sich in dem Aufsatz »The Dignity of Labor? A Marxist Challenge to Traditional Marxism«, in: International Studies in Philosophy 2/2006, S. 181–196.

seliger menschlicher Arbeit entwirft, das durch den angesammelten wissenschaftlichen und technologischen Reichtum möglich wird. Ich werde auch zeigen, welche Elemente von Marx' Denken über die bürgerliche Inwertsetzung der Arbeit hinausreichen und welche ihr verhaftet bleiben.

I Vergegenständlichung, Entäußerung und Entfremdung: Marx' hegelianisches Erbe

Marx begann seine Analyse und Neudefinition der Begriffe Vergegenständlichung, Entäußerung und Entfremdung in den »Ökonomisch-philosophischen Manuskripten aus dem Jahre 1844« und setzte sie in den »Grundrissen« von 1857/58 fort. Insbesondere machte er einen Unterschied zwischen Vergegenständlichung auf der einen Seite und Entäußerung/Entfremdung auf der anderen. Wenngleich er auf diese Unterscheidung im »Kapital« nicht wieder zurückkam, ist sein reifes Werk nur vor diesem Hintergrund verständlich, vor allem wenn es um seine Einschätzung der gesellschaftlichen Produktivität von Wissenschaft und Technologie geht.

Die von Marx getroffene Unterscheidung zwischen Vergegenständlichung und Entäußerung/Entfremdung rührt daher, dass er die Bedeutung dieser Begriffe auf kapitalistische Verhältnisse von Produktion und Verteilung bezieht. Diese Unterscheidung wird von zunehmender Wichtigkeit, da Entäußerung/Entfremdung zur spezifischen historischen Struktur wird, die der ontologischen menschlichen Vergegenständlichung durch kapitalistische Produktion als totalisierende Gesamtheit aufgedrückt wird. Beim frühen Marx vergegenständlicht sich der Mensch, der die Welt bearbeitet, in seiner Wesenheit, indem er in der Natur seinen Abdruck hinterlässt. Arbeit ist eine Form der Selbst-Vergegenständlichung. Wir werden sehen, wie diese Eigenart in der kapitalistischen Produktionsweise beschnitten wird, die Arbeit entfremdet, Aktivitäten verkrüppelt und Menschlichkeit in diesem Sinn eliminiert werden.

Tatsächlich wird Marx' Gesamtprojekt dazu führen, dass seine Sicht auf Arbeit sich umkehrt. Arbeit ist nun nicht mehr der Modus, durch den Menschen sich verwirklichen, sondern sie wird zur entfremdeten Arbeit, zu einer Verpflichtung, die es in der kommunistischen Produktionsweise zu minimieren – wenn auch nicht gänzlich abzuschaffen – gilt. Aufgrund der Entfremdung, die produktiver Aktivität eigen ist, wird Freiheit in ihrem hegelianischen Sinn umgekehrt. Freiheit wird für das Subjekt nicht länger durch Arbeit erreicht, sondern deren Potenzial wird in der von Arbeit freien Zeit verwirklicht.

Für den frühen Marx stellt Vergegenständlichung das grundlegende Merkmal aller lebendigen menschlichen Aktivität dar. Sie umgreift das Zusammenführen von menschlicher Kraft mit passiver Materie, die nach ihrer Art als völlig unterschiedlich betrachtet werden. Bei diesem Prozess reproduzieren Menschen Natur und entlocken ihr die ihr innewohnende Rationalität. Wir stellen Gegenstände her, die menschlich geprägt sind, und die Tatsache, dass sie nicht unmittelbar nutzbar sind, ist das Kennzeichen für »bewusste Lebenstätigkeit«. Auch das Tier produziert, »während der Mensch selbst frei vom physischen Bedürfnis produziert und erst wahrhaft produziert in der Freiheit von demselben; es produziert nur sich selbst, während der Mensch die ganze Natur reproduziert«, und zwar »nach den Gesetzen der Schönheit«; darüber hinaus gehört die menschliche Vergegenständlichung nicht unmittelbar zum »physischen Leib« des Produzenten; hinzu kommen die Dimensionen von Zeit und Raum, sodass schließlich »der Mensch frei seinem Produkt gegenübertritt«.[2]

Diese Vergegenständlichung ist für Marx keine Sache des Individuums, sondern der Gesellschaft, ein Sachverhalt, für den er den Begriff »Gattungswesen« wählt: »Eben in der Bearbeitung der gegenständlichen Welt bewährt sich der Mensch daher erst wirklich als ein *Gattungswesen*. Diese Produktion ist *sein* werktätiges Gattungsleben. Durch sie erscheint die Natur als sein Werk und seine Wirklichkeit [...] indem er [...] sich selbst daher in einer von ihm geschaffnen Welt anschaut.«[3] Es ist nicht die individuelle Vergegenständlichung, die auf diese Art die Welt verändert, sondern es sind die Veränderungen durch die gesamte Gattung, die zu einer fortschreitenden Humanisierung und Vergeistigung der natürlichen Welt führen. Ich erkenne mich selbst nicht nur in meinen eigenen Schöpfungen, sondern auch in denen meiner Mitmenschen, deren Vergegenständlichungen den gleichen menschlichen Geist ausdrücken. Was ich in meiner Eigenschaft als Gattungswesen bin, weiß ich nur insoweit, als ich in die soziale Welt der menschlichen Vergegenständlichung integriert bin.

In einer Situation, an deren Ausgangspunkt eine ungleiche Verteilung der Früchte und Werkzeuge der Produktion steht, wird diese Vergegenständlichung entfremdet. Die Produkte sind nicht länger dazu da, dass sich ihr Produzent daran erfreut, und noch weniger kann er über sie nachdenken:

> »Der Gegenstand, den die Arbeit produziert, ihr Produkt, tritt ihm als ein *fremdes Wesen*, als eine von dem Produzenten *unabhängige Macht* gegenüber. Das Produkt der Arbeit ist die Arbeit, die sich in einem Gegenstand fixiert, sachlich gemacht hat, es ist die *Vergegenständlichung* der Arbeit [...] Diese Verwirklichung der Arbeit erscheint in dem nationalökonomischen Zustand als *Entwirklichung* des Arbeiters, die Vergegenständlichung als *Verlust und Knechtschaft des Gegenstandes*, die Aneignung als *Entfremdung*, als *Entäußerung*.«[4]

2 Karl Marx: Ökonomisch-philosophische Manuskripte, in: MEW, Bd. 40, S. 465–588, hier S. 517.

3 Ebd.; Hervorhebung im Original.

4 Ebd., S. 511–512; Hervorhebung im Original.

Angesichts der Gegebenheiten der politischen Ökonomie müssen Arbeiterinnen und Arbeiter arbeiten, um zu leben, müssen den Notwendigkeiten des physischen Lebens genügen, indem sie ihre Arbeitskraft verkaufen. Im Gegenzug können sie sich das Produkt ihrer Arbeit nicht aneignen, sondern lediglich Geld, das sie für etwas anderes eintauschen können. Innerhalb einer derartigen Entfremdung richten sich die positiven Seiten der menschlichen Vergegenständlichung, insbesondere die Eigenheit, dass das Produkt von den Körpern der Arbeitskräfte nicht unmittelbar assimiliert wird, gegen diese Körper.

Doch die Veränderung geht noch tiefer. Marx hebt hervor: »[...] die Entfremdung zeigt sich nicht nur im Resultat, sondern im *Akt der Produktion,* innerhalb der *produzierenden Tätigkeit* selbst.«[5] Diese Entfremdung ist die Veränderung der Vergegenständlichung von Lebensaktivitäten. Aus der schöpferischen Erfüllung menschlicher Aktivitäten wird eine verhasste und verabscheute Plackerei, die Menschen nur deshalb auf sich nehmen, damit sie ihre physischen Bedürfnisse befriedigen können. Es geht dabei nicht allein um die Ungleichheit der Verteilung von Mitteln und Resultaten der Produktion, sondern um die Produktionsweise insgesamt sowie die Art und Weise menschlichen Handelns, die sie einfordert.

Marx' Unterscheidung von Vergegenständlichung und Entäußerung/Entfremdung entwickelte sich in den folgenden Jahren dahingehend, dass er der Beschreibung von Entfremdung zunehmende Aufmerksamkeit schenkte, und zwar nicht allein als Merkmal der kapitalistischen Verteilung, sondern als Merkmal des Lebens im Kapitalismus insgesamt. Es geht nicht nur darum, dass Arbeiter und Arbeiterinnen kein gerechtes Äquivalent für die vergegenständlichte Arbeit erhalten, die sie geleistet haben, sondern auch darum, dass diese Aktivität keine der Selbstverwirklichung ist, die unabhängig von den physischen Bedürfnissen unternommen würde. Man beachte Marx' Formulierung dazu in den »Grundrissen«:

> »Der Ton wird gelegt nicht auf das *Vergegenständlichtsein*, sondern das *Entfremdet-*, Entäußert-, Veräußertsein – das Nicht-dem-Arbeiter-, sondern den personifizierten Produktionsbedingungen-, i.e. dem-Kapital-Zugehören, der ungeheuren [ver]gegenständlichten Macht, die die gesellschaftliche Arbeit selbst sich als eins ihrer Momente gegenübergestellt hat. Soweit auf dem Standpunkt des Kapitals und der Lohnarbeit die Erzeugung dieses gegenständlichen Leibes der Tätigkeit im Gegensatz zum unmittelbaren Arbeitsvermögen geschieht – dieser Prozess der Vergegenständlichung in fact als Prozess der Entäußerung vom Standpunkt der Arbeit aus oder der Aneignung fremder Arbeit

5 Ebd., S. 514; Hervorhebung im Original.

> vom Standpunkt des Kapitals aus erscheint –, ist diese Verdrehung und Verkehrung eine *wirkliche*, keine bloß *gemeinte*, bloß in der Vorstellung der Arbeiter und Kapitalisten existierende. Aber offenbar ist dieser Verkehrungsprozess bloß *historische* Notwendigkeit, [...] aber keineswegs eine *absolute* Notwendigkeit der Produktion [...].«[6]

Das bedeutet also, dass in der für den Kapitalismus charakteristischen Produktionsweise der Schwerpunkt nicht auf der Produktion als Vergegenständlichung, sondern auf der Produktion als entfremdeter menschlicher Arbeit liegt. In der politischen Ökonomie wird diese, unabhängig von der Geschichte, als absolute Notwendigkeit der Produktion hingestellt und vonseiten der Arbeiterschaft wie des Kapitals als solche anerkannt. Im »Kapital« sollte Marx später schreiben: »Im Fortgang der kapitalistischen Produktion entwickelt sich eine Arbeiterklasse, die aus Erziehung, Tradition, Gewohnheit die Anforderungen jener Produktionsweise als selbstverständliche Naturgesetze anerkennt.«[7]

Marx' Charakterisierung von Entfremdung hat sich seit den Manuskripten von 1844 entwickelt. Bei entfremdeter Arbeit ist die Vergegenständlichung »ungeheuerlich« geworden: ein vielsagendes Attribut, das Marx später öfters heranzieht, wenn es um entfremdete Arbeitsbedingungen geht. Die Entfremdung wird also nicht mehr im isolierten Objekt lokalisiert, ebenso wenig in der Verteilung der Produkte und Werkzeuge, sondern in der Gesamtheit der »personifizierten Bedingungen der Produktion«. In diesen sind Arbeiterinnen und Arbeiter, wie noch zu sehen sein wird, auf mehreren Ebenen entfremdet: (1) von den Produkten ihrer Arbeit, (2) von den Produktionsmitteln (d.h. von den Werkzeugen und Instrumenten, mit deren Hilfe die Produktion erfolgt) und (3) vom Prozess der Vergegenständlichung selbst, da sie erfahren, dass ihre aktive Lebenspraxis sich selbst verkrüppelt, missbraucht und unterminiert.[8]

In dem folgenden Abschnitt schildert Marx, wie der Übergang zum Kapitalismus einen Irrtum entstehen ließ, der sich zunehmend verfestigt hat: dass jegliche Vergegenständlichung die Form annehmen müsse, wie dies historisch durch die Entfremdung erfolgte.[9] Das ist ein verständ-

6 Karl Marx: Grundrisse der Kritik der politischen Ökonomie, in: MEW, Bd. 42, S. 722; Hervorhebung im Original. Jon Elster führt diese Passage in einem anderen Kontext als »definitive« Evidenz dafür an, dass »die Entstehung des Kommunismus [...] nicht allein ›Resultat‹ der kapitalistischen Entfremdung, sondern auch, ›inhärenter Zweck des gesamten Prozesses‹« ist (Making Sense of Marx, Cambridge 1985, S. 113).

7 Karl Marx: Das Kapital. Erster Band, in: MEW, Bd. 23, S. 765.

8 In den »Ökonomisch-philosophischen Manuskripten« wird die spätere Unterscheidung der zwei Formen von Entfremdung bereits angedeutet, wenn es heißt, dass »der Arbeiter der notwendigsten Gegenstände, nicht nur des Lebens, sondern auch der Arbeitsgegenstände, beraubt ist« (MEW, Bd. 40, S. 512).

9 Georg Lukács hatte zu seiner Zeit weder Zugang zu den »Ökonomisch-philosophischen Manuskripten« noch zu den »Grundrissen«. Von daher missdeutete er die Begriffe Vergegenständlichung und Entfremdung in »Geschichte und Klassenbewußtsein. Studien über marxistische Dialektik« (Berlin 1923). Die Vermischung der Begriffe hat zu der Fehlinterpretation geführt,

licher Irrtum, weil die Gesamtheit der Produktion in solch einem Maß verdreht und umgestülpt wurde, dass deren menschliche schöpferische Essenz nicht mehr erkennbar ist. Die Vergegenständlichung ist in diesem Sinn vielmehr unter verkrusteten Begriffen begraben, die jegliche menschliche Aktivität als Arbeit bezeichnen und jegliche menschliche Arbeit als Leiden, das Menschen allein deshalb auf sich nehmen, um zu überleben. Marx möchte die Annahme, dass dies gegeben und natürlich sei, entlarven, damit eine Welt vorstellbar wird, in der Dinge nach verschiedenen Verteilungsprinzipien hinsichtlich der Vergünstigungen und der Produktionsmittel funktionieren und in der menschlichen Tätigkeit außerhalb des eisernen Käfigs schwerer Arbeit gesehen werden kann. In dieser Welt wäre die Aktivität des Produzierens nicht länger entfremdet und man könnte sich wieder der Vergegenständlichung zuwenden.

Dieses Verständnis und diese Entwicklung der »Entfremdung« sind einzigartig bei Marx, wenngleich sie sich bei Hegel angedeutet finden. So vermerkte Jean Hyppolite zu Hegels »Phänomenologie des Geistes«: »Der Begriff *Entfremdung* ist stärker als der Begriff *Entäußerung*. Er besagt nicht nur, dass das natürliche Selbst sich selbst aufgibt, sich entfremdet, sondern auch, dass es sich selbst gegenüber *fremd* wird.«[10] Das bedeutet, dass der Unterschied, den Marx zwischen Vergegenständlichung und Entfremdung macht, in gewisser Weise bereits in Hegels »Phänomenologie« angelegt ist, selbst wenn es diesem dabei wohl eher um den Unterschied zwischen Entäußerung und Entfremdung ging und nicht so sehr um denjenigen zwischen Vergegenständlichung und Entäußerung/Entfremdung, wie es bei Marx der Fall ist, wenn er sich diese Begriffe aneignet. Wir haben bei den Zitaten aus den »Grundrissen« gesehen, dass er beide nutzt und synthetisiert, sodass es schwierig ist zu sagen, wie er sich zu der Abgrenzung innerhalb von Hegels Begrifflichkeit verhält.

Wenngleich sich in Hegels Vokabular sowohl die Begriffe »Vergegenständlichung« als auch »Entäußerung« und »Entfremdung« finden, so sind sie bei seinen Ausführungen oftmals miteinander verbunden. In der »Phänomenologie« sind Vergegenständlichung und Entfremdung sogar austauschbar, um die Zyklen von Externalisierung und Wiederkehr zu bezeichnen, denen in einem dialektischen Prozess erstens das Bewusstsein (später das Selbstbewusstsein) gegenüber der Natur und der menschlichen Gemeinschaft und zweitens der Geist gegenüber der Gesellschaft unterworfen sind. In diesem Rahmen ist die Wiederkehr des Geistes unvermeidlich und hängt auch nicht von gesellschaftlicher Verteilung oder Produktion ab. Was entfremdet wird, kehrt notgedrungen zurück und ist angereichert durch den Inhalt seines Gegenpols; es ist nur

Marx habe den Arbeitsbegriff ontologisch, nicht jedoch historisch spezifisch in Bezug auf den Kapitalismus verwendet. Doch gerade das wollte er infrage stellen und bekämpfen.

10 Jean Hyppolite: Genesis and Structure of Hegel's Phenomenology of Spirit, Chicago 1979, S. 385.

eine Frage von mehr oder weniger Zeit, gegenüber deren Abstraktionen der Geist letztlich gleichgültig ist. Im Vorwort schreibt Hegel:

> »Der Geist wird aber Gegenstand, denn er ist diese Bewegung, *sich* ein *anderes*, d.h. *Gegenstand seines Selbsts* zu werden, und dieses Anderssein aufzuheben. Und die Erfahrung wird eben diese Bewegung genannt, worin das Unmittelbare, das Unerfahrne, d.h. das Abstrakte, es sei des sinnlichen Seins oder des nur gedachten Einfachen, sich entfremdet, und dann aus dieser Entfremdung zu sich zurückgeht.«[11]

Marx setzte die Begriffe Vergegenständlichung und Entfremdung nicht als untereinander austauschbar ein. Er entwickelte das Konzept Entäußerung/Entfremdung und reservierte es für einen ganz spezifischen Zweck, nämlich ihn als eine historisch spezifische gesellschaftliche Form der Produktion zu erfassen, was auf die Bedeutung von Produktion insgesamt zurückstrahlte. Indem er Hegels Begriffe in diesen ökonomischen Bezugsrahmen stellte, veränderte Marx sie. Deshalb vertrat Shlomo Avineri, anders als Marx habe Hegel keinen von Vergegenständlichung unterschiedenen Begriff von Entäußerung/Entfremdung gehabt. Der Grund dafür liegt Avineri zufolge darin, dass es in Hegels Denken keine Vorstellung der Verteilung von Arbeit innerhalb des kapitalistischen Systems gegeben habe.[12]

Dies mag Hegels Verwendung der Begriffe in der »Phänomenologie« korrekt beschreiben, dabei wird aber übersehen, in welcher Weise dieser in den »Grundlinien der Philosophie des Rechts« den Begriff Entfremdung anführt, wenn er beschreibt, wie Arbeit in historischen Systemen wie der Sklaverei oder der mittelalterlichen Leibeigenschaft abgepresst wurde. In diesem Buch scheint Hegel gar die Unterscheidung, die Marx später trifft, vorwegzunehmen oder zumindest die Anfänge dieser Unterscheidung, wie sie in der Verteilung begründet ist. In der »Philosophie des Rechts« verwendet Hegel einen Begriff von Entäußerung/Entfremdung, der auf Eigentum beruht und in dem die vergegenständlichte Essenz der menschlichen Selbst-Vermittlung einen Gegensatz zwischen den menschlichen Möglichkeiten und deren tatsächlichem Ausdruck in der Welt vorantreibt. Ebenso wie Marx verortet Hegel diesen Gegensatz in historischen Formen von Arbeit, bei denen die Produkte des Produzenten von jemand anderem angeeignet werden als von demjenigen, der sie

11 Georg Wilhelm Friedrich Hegel: Phänomenologie des Geistes [1807], Hamburg 1999, S. 29; Hervorhebungen im Original.

12 Shlomo Avineri: The Social and Political Thought of Karl Marx, Cambridge 1968, S. 97. Avineri gehört zu dem gemäßigtem Strang des Marxismus, der das historische und theoretische Studium von Marx nach Stalins Tod wiederbelebte; vgl dazu Leszek Kolakowski: Die Hauptströmungen des Marxismus, Bd. 3, München/Zürich 1981, S. 537. In meiner Marx-Interpretation habe ich einige Beobachtungen von Avineri übernommen.

produziert hat. Im selben Abschnitt kritisiert er auch den »Aberglauben«, ähnlich wie Marx dies später mit den »Mystifizierungen« des Bewusstseins machen wird. Die entscheidende Passage in der »Philosophie des Rechts« ist folgende:

> »Dass das, was der Geist seinem Begriffe nach oder *an sich* ist, auch im Dasein und für sich sei [...] – diese Idee ist selbst sein Begriff [...] In eben diesem Begriffe, *nur durch sich selbst* und als *unendliche Rückkehr in sich* aus der natürlichen Unmittelbarkeit seines Daseins das zu sein, was er ist, liegt die Möglichkeit des Gegensatzes zwischen dem, was er nur *an sich* und nicht auch *für sich* ist, sowie umgekehrt zwischen dem, was er nur *für sich, nicht an sich* ist [...] – und hierin die *Möglichkeit der Entäußerung der Persönlichkeit* und seines substantiellen Seins [...] Beispiele von Entäußerung der Persönlichkeit sind die Sklaverei, Leibeigenschaft, Unfähigkeit Eigentum zu besitzen, die Unfreiheit desselben usf.; Entäußerung der intelligenten Vernünftigkeit, Moralität, Sittlichkeit, Religion kommt vor im Aberglauben, in der anderen eingeräumten Autorität und Vollmacht, mir, was ich für Handlungen begehen solle [...] zu bestimmen und vorzuschreiben.«[13]

Marx widmete der Analyse von Hegels »Philosophie des Rechts« mehr als 130 Seiten, aber an keiner Stelle ging er auf diese Passage ein. Das ist insofern bemerkenswert, als es uns etwas sagt über das Verhältnis der beiden Denker in Marx' frühen Jahren. Als junger Autor hob er hervor, was er an Hegel kritisierenswert fand, ging aber darüber hinweg, was er von ihm aufgenommen oder übernommen hat.

Gleichwohl gibt es auch einen tatsächlichen Unterschied bei der Frage, wie beide das Verhältnis der Begriffe Entäußerung/Entfremdung zwischen der Persönlichkeit und dem substanziellen Sein auflösen. Hegel zeigt sich optimistischer als Marx hinsichtlich der Möglichkeit, Entäußerung/Entfremdung zu überwinden. Während Marx hierzu die gesellschaftliche und politische Ebene heranzieht, löst Hegel das Begriffspaar metaphysisch auf, da diese Form der Externalisierung phänomenologisch unangemessen und letztlich unmöglich ist. Das Äußerliche kann Hegel zufolge niemals äußerlich bleiben und wird gegebenenfalls degradiert, unauthentisch oder bleibt unerfüllt:

> »Das Recht an solches Unveräußerliche ist unverjährbar, denn der Akt, wodurch ich von meiner Persönlichkeit und substanziellem Wesen Besitz nehme, mich zu einem Rechts- und Zurechnungsfähigen, Moralischen, Religiösen mache, entnimmt diese Bestimmungen eben

13 Georg Wilhelm Friedrich Hegel: Grundlinien der Philosophie des Rechts [1820], Hamburg 1999, S. 72–73; Hervorhebungen im Original.

> der Äußerlichkeit, die allein ihnen die Fähigkeit gab, im Besitz eines anderen zu sein. Mit diesem Aufheben der Äußerlichkeit fällt die Zeitbestimmung und alle Gründe weg, die aus meinem früheren Konsens oder Gefallenlassen genommen werden können. Diese Rückkehr meiner in mich selbst, wodurch ich mich als Idee, als rechtliche und moralische Person existierend mache, hebt das bisherige Verhältnis und das Unrecht auf, das Ich und der andere meinem Begriff und Vernunft angetan hat, die unendliche Existenz des Selbstbewusstseins als ein Äußerliches behandeln [zu] lassen und behandelt zu haben. – Diese Rückkehr in mich deckt den Widerspruch auf, anderen meine Rechtsfähigkeit, Sittlichkeit, Religiosität in Besitz gegeben zu haben [...].«[14]

Wenn Marx die Begriffe Entäußerung/Entfremdung im historisch-spezifischen Sinn der kapitalistischen Produktion redefiniert, dann läuft das darauf hinaus, dass das Selbst nicht länger auf Basis des Konzepts der menschlichen Vergegenständlichung vorausgesetzt werden kann. Die Entfremdung des substanziellen Seins wird vielmehr andauern, solange sie nicht politisch korrigiert wurde; das heißt also, dass der unauthentische Ausdruck des Geistes sehr viel hartnäckiger überleben wird, als Hegel das annimmt. Insofern unterscheidet sich Marx' spezieller Gebrauch von »Entfremdung« von Hegel aber lediglich hinsichtlich des Ausmaßes seiner Ausdehnung und der Art, wie Entäußerung/Entfremdung überwunden werden kann, eine Veränderung, die der Kritik von Marx an Hegel in den frühen 1840er-Jahren entspricht. Damals hatte Marx bekanntlich Erkenntnisse für sich beansprucht, die von einer praktischen und materiellen, nicht aber von einer idealen Welt ausgingen.

In einem weiteren Sinn ließ Marx jedoch niemals die Struktur hinter sich, die bei Hegel die unvermeidliche Rückkehr der Begriffe Entäußerung/Entfremdung charakterisiert. Trotz der historischen Enttäuschungen, die kommunistische Bewegungen in Deutschland, Frankreich und England in der Mitte des 19. Jahrhunderts erlitten hatten, blieb Marx bei seiner Prognose einer politischen Revolution, durch die Entfremdung – so wie er sie historisch redefiniert hatte – zu einer Vergegenständlichung führen würde, die ihre Monstrosität überwunden hätte. Entfremdung ende mit der Revolution, angereichert durch die Akkumulation des materiellen Reichtums, der im Zuge der monströsen Herrschaft der Entfremdung angehäuft worden sei. Aufgrund dieser Akkumulation sei die Gesellschaft vor und nach diesem Übergang sozial und ökonomisch auf eine neue politische Konfiguration vorbereitet. Einschließlich seiner Theorien der kapitalistischen Krisen durch den Fall der Profitrate (ein Thema, zu dem ich im 3. Kapitel bei der Diskussion über Maschinen

14 Ebd., S. 31.

zurückkommen werde) ist Marx' gesamtes Werk vor diesem Hintergrund zu verstehen, also mit seinem hartnäckigen Glauben an die Revolution und damit verbunden an die Möglichkeit, dass Politik die Gesellschaft korrigieren kann.

Die Revolution vermag nicht allein, die Tätigkeit der Arbeiter wiederherzustellen, sondern auch die Essenz der menschlichen Gattung als solche und somit deren Möglichkeit, frei zu produzieren, sodass freie Produzenten in einer nicht-entfremdeten Lebenspraxis agieren. Die Revolution stellt also die Vergegenständlichung ebenso wieder her wie das, was den Menschen durch den Verlust der Vergegenständlichung weggenommen worden ist: den Geist (d.h. die Persönlichkeit). Das Ergebnis wird eine Vorstellung von menschlicher Tätigkeit oder Produktion, die durch die entfremdeten Konstruktionen »Mühe« und »Arbeit« nicht mehr begrenzt sind. Marx' Aufruf zur Revolution geht also über die Kritik an der Verteilung hinaus und zielt auf die Produktionsweise. Es geht nicht nur darum, dass das Reich der Politik dem ökonomischen Substrat schließlich entspricht, vielmehr fordert sie dieses als entfremdet und entfremdend heraus.

Auf der politischen Ebene bedeutet das, dass Marx die kommunistische Revolution von den vorhergehenden bürgerlichen Revolutionen abgrenzen musste. Die einfacheren Wege dazu *waren*, dass das Reich der Politik zu einem adäquaten Ausdruck für das ökonomische Substrat wurde, indem eine Theorie des Eigentums und des Rechts aufgeboten wurde, die auf Arbeit basierte. In »Der achtzehnte Brumaire des Louis Bonaparte« von 1851 verteidigt Marx die Unvermeidlichkeit der kommunistischen Revolution und kontrastiert sie mit den bürgerlichen Revolutionen, die ihr vorangingen:

> »Bürgerliche Revolutionen, wie die des achtzehnten Jahrhunderts, stürmen rascher von Erfolg zu Erfolg, ihre dramatischen Effekte überbieten sich, Menschen und Dinge scheinen in Feuerbrillanten gefasst, die Ekstase ist der Geist jedes Tages; aber sie sind kurzlebig, bald haben sie ihren Höhepunkt erreicht, und ein langer Katzenjammer erfasst die Gesellschaft, ehe sie die Resultate ihrer Drang- und Sturmperiode nüchtern sich aneignen lernt. Proletarische Revolutionen dagegen, wie die des neunzehnten Jahrhunderts, kritisieren beständig sich selbst, unterbrechen sich fortwährend in ihrem eignen Lauf, kommen auf das scheinbar Vollbrachte zurück, um es wieder von Neuem anzufangen, verhöhnen grausam-gründlich die Halbheiten, Schwächen und Erbärmlichkeiten ihrer ersten Versuche, scheinen ihren Gegner nur niederzuwerfen, damit er neue Kräfte aus der Erde sauge und sich riesenhafter ihnen gegenüber wieder aufrichte, schrecken stets von Neuem zurück vor der unbestimmten Ungeheuerlichkeit ihrer eige-

> nen Zwecke, bis die Situation geschaffen ist, die jede Umkehr unmöglich macht, und die Verhältnisse selbst rufen: Hic Rhodus, hic salta! Hier ist die Rose, hier tanze!«[15]

Das Zitat »Hic Rhodus, hic salta!« hat Marx der Vorrede von Hegels »Grundlinien der Philosophie des Rechts« entnommen und es ironisch gewendet. Hegel verstand es als Aufforderung, die Gegenwart zu genießen und darin das Universale zu erkennen. Die vernünftige Struktur der Gegenwart zu erkennen versöhnt den Philosophen mit der Aktualität und verhindert, dass eine Philosophie meinen könnte, sie »gehe über ihre gegenwärtige Welt hinaus«. Hegel forderte insbesondere, sie solle »am entferntesten davon sein, einen *Staat, wie er sein soll*, konstruieren zu sollen«.[16] Wenn Marx diesen Ausruf übernahm, so bedeutete er ihm im Gegensatz dazu gerade einen solchen zur Transzendenz und Neukonstruktion. Anders als der Quietismus, der sich bei Hegel hier ausdrückt, vertritt er die revolutionäre Überwindung der Gegenwart für eine bessere Zukunft. Die Philosophie kann sich nicht mit spekulativen Diagnosen begnügen, sondern muss eine aktive Rolle bei Veränderungen spielen. Hierbei folgte Marx eher dem französischen als dem deutschen Modell der Aufklärung.[17]

Doch die ursprüngliche Absicht von Hegels Ausruf bestätigt sich auf einer anderen Ebene. Marx anerkennt in den wiederkehrenden gesellschaftlichen Brüchen der Revolutionen des 19. Jahrhunderts eine rationale Universalität. Wenngleich er ganz sicher nicht meinte, wir sollten die kapitalistische Gegenwart genießen, einschließlich der barbarischen Kinderarbeit und betrügerischer restaurativer Regierungen, so räumte er ein, dass wir durch diese Phase gehen müssen. Man kann die Erklärung des älteren Marx für die harte Periode der Entfremdung als Theodizee sehen: ein notwendiges Übel, wenn eine Situation entsteht, die eine »Rückkehr unmöglich macht« und die sich nicht mehr von der Erreichung »ihrer großartigen Ziele abbringen lässt«, sondern einen apokalyptischen Übergang erzwingen wird.[18]

Die proletarische Revolution muss sich auch in ihrer Art von den vorhergehenden bürgerlichen Revolutionen, die ein grober Entwurf für sie

15 Karl Marx: Der achtzehnte Brumaire des Louis Bonaparte, in: MEW, Bd. 8, S. 111–207, hier S. 118. Der Ausruf »Hic Rhodus, hic salta« gehörte zu Marx' Lieblingsformeln in seinen späten Jahren; vgl. dazu auch ihre Wiederkehr im »Kapital« am Ende des Abschnitts zur Verwandlung von Geld in Kapital und unmittelbar vor dem Abschnitt, in dem es um den Kauf und Verkauf von Arbeitskraft geht; vgl. Marx: Kapital I, MEW, Bd. 23, S. 850, Fn. 54.

16 Hegel: Grundlinien der Philosophie des Rechts, S. 15–16.

17 Stathis Kouvelakis: Philosophy and Revolution: From Kant to Marx, New York 2003, S. 12–15.

18 Vgl. zu diesem Thema eingehender Jon Elster: Making Sense of Marx; ders.: Explaining Technical Change. A Case Study in the Philosophy of Science, Cambridge 1983. Hier liegt Elsters größtes Verdienst, während er ansonsten Marx' Kritik am System der Produktion mit einer Kritik an der Verteilung verwechselt. Kouvelakis schreibt die Idee der Theodizee nicht Marx, sondern Engels zu; vgl. Kouvelakis: Philosophy, S. 334.

waren, unterscheiden. Diese Revolutionen hatten die politische Sphäre unberührt gelassen – es gab weder einen dauerhaften Übergang zur Demokratie noch ein allgemeines Wahlrecht. Historisch hat die Bourgeoisie immer Kompromisse zugunsten eines oberflächlichen Republikanismus geschlossen, bei dem die Form der absolutistischen Regierung beibehalten wurde, selbst wenn sie dessen Inhalt zunehmend leugnete. Das erhellt sich durch Marx' Verständnis der Französischen Revolution, die er als einen unvollständigen und ekstatischen Vorläufer ansah. Diese Sichtweise erscheint angesichts der historischen Rückschläge durch Restaurationsbestrebungen sowie die Erneuerung aristokratischer Privilegien und Ideale im Lauf des 19. Jahrhunderts schlüssig und sie prägt den gesamten »Achtzehnten Brumaire«. Darüber hinaus stützten bürgerliche Revolutionen ihre Kritik an der politischen Sphäre auf die ökonomische Sphäre und begründeten eine Spaltung zwischen Staat und bürgerlicher Gesellschaft, die in der Folge nicht mehr angerührt wurde und die Marx als unvollendete und unvollständige Antinomie kritisierte.[19]

Marx' reife Philosophie enthält mehr als diese teleologischen Schemata Hegels, wenn es um die Entfremdung und die Rolle der vernünftigen Universalität in der Wirklichkeit geht, die nach der kommunistischen Revolution in Erscheinung treten wird. In der historischen Periode der Entfremdung werden die Ressourcen aufgehäuft, die eine zukünftige, von der Arbeit befreite Gesellschaft für ihren Lebensunterhalt benötigen wird. Darüber hinaus hält Marx an Hegels dialektischer Methode fest. Während er die »Grundrisse« und das »Kapital« plante, las er erneut Hegels »Wissenschaft der Logik«.[20]

In seinen philosophisch anthropologischen Schriften der 1840er- und frühen 1850er-Jahre breitete Marx eine materialistische »Phänomenologie« aus, im »Kapital« dagegen eine materialistische »Logik«, in der die entfremdeten Kategorien der politischen Ökonomie isoliert werden, und er zeigte, wie sie sich wechselseitig ineinander verändern, angefangen von der inneren Dynamik der Ware. Dieses Vorgehen kann das Verständnis des »Kapital« erschweren, da die Darstellung von der Annahme getragen wird, dass wir uns mittendrin in der kapitalistischen Produktionsweise befinden und somit in die entfremdete Welt eingeschlossen sind.

19 Eine faszinierende Untersuchung des Verhältnisses von bürgerlicher Gesellschaft und politischem Staat findet sich bei Reinhart Koselleck (Kritik und Krise. Eine Studie zur Pathogenese der bürgerlichen Welt, Frankfurt a.M. 1973). Dort wird auch gezeigt, wie populäre und intellektuelle Vorurteile zugunsten der bürgerlichen Gesellschaft bestanden, die auf Kosten der legitimen, wenn auch gewaltsamen Ansprüche des politischen Staats gingen. Koselleck stützt sich dabei auf Hobbes' Begriff von Souveränität.

20 Das extrem hohe Abstraktionsniveau im »Kapital« wird häufig mit dem Einfluss von Hegels »Logik« erklärt. Einige Anmerkungen dazu finden sich in dem unveröffentlichten Notizheft (International Institute of Social History, Karl Marx – Manuskripte, B_96, S. 131–134); vgl. dazu auch Hiroshi Uchida: Marx's »Grundrisse« and Hegels »Logik«, London 1988; Moishe Postone: Zeit, Arbeit und gesellschaftliche Herrschaft – Eine neue Interpretation der kritischen Theorie von Marx, Freiburg 2003.

In seinem berühmten Nachwort zur zweiten Auflage der deutschen Ausgabe des »Kapital« von 1872 erwähnt Marx ausdrücklich, dass er methodologisch bei Hegel in der Schuld steht:

> »Die mystifizierende Seite der hegelschen Dialektik habe ich vor beinah 30 Jahren, zu einer Zeit kritisiert, wo sie noch Tagesmode war. Aber grade als ich den ersten Band des ›Kapital‹ ausarbeitete, gefiel sich das verdrießliche, anmaßliche und mittelmäßige Epigonentum, welches jetzt im gebildeten Deutschland das große Wort führt, darin, Hegel zu behandeln, wie der brave Moses Mendelssohn zu Lessings Zeit den Spinoza behandelt hat, nämlich als ›toten Hund‹. Ich bekannte mich daher offen als Schüler jenes großen Denkers, und kokettierte sogar hier und da im Kapitel über die Werttheorie mit der ihm eigentümlichen Ausdrucksweise. *Die Mystifikation, welche die Dialektik in Hegels Händen erleidet, verhindert in keiner Weise, dass er ihre allgemeinen Bewegungsformen zuerst in umfassender und bewusster Weise dargestellt hat.* Sie steht bei ihm auf dem Kopf. Man muss sie umstülpen, um den rationellen Kern in der mystischen Hülle zu entdecken.«[21]

Es wird zu sehen sein, dass Marx sowohl in seinen politischen als auch in seinen eher ökonomisch ausgerichteten Schriften Hegel mithilfe von dessen eigenen Methoden hinter sich gelassen hat. Er hat ihn mit ebendiesen Methoden kritisiert und gezeigt, dass seine Konzepte Ergebnis der bürgerlichen Historizität und Begrifflichkeit waren. Die Philosophie ist nicht länger ausgenommen von der begrenzten historischen Welt, die sie beschreibt. Über die praktischen Erfordernisse, durch die sich diese Welt aufbaut, ist sie im Kern ihres begrifflichen Lebens darin eingetaucht.

II Andere Ursprünge von »Entfremdung« und »Vergegenständlichung«

Wenn Marx von »Entfremdung« und »Vergegenständlichung« spricht, dann bezieht er sich dabei nicht allein auf Hegel. In seiner Verwendung dieser Begriffe nutzt er eine große Bandbreite philosophischer Quellen. Einige davon – wie Aristoteles, Rousseau und Adam Smith – hatten erheblichen Einfluss auf Hegel. Andere – wie Feuerbach – waren umgekehrt von Hegel beeinflusst. Marx kannte sie von seiner philosophischen Ausbildung her alle gut.

21 Marx: Kapital I, MEW, Bd. 23, S. 74; Hervorhebung A.W. Die Bedeutung dieser Passage ist umstritten, je nachdem, ob man Marx als Vertreter der dialektischen Methode sieht oder ob man ihm einen oberflächlichen Flirt mit Hegels Ausdrucksweise zuschreibt, und auch abhängig davon, inwieweit man eine Unterscheidung zwischen diesen beiden Interpretationen für legitim hält. Das Zitat findet sich daher sowohl in Texten, in denen die Verbindungen zwischen Marx und Hegels betont werden, wie auch in solchen, in denen der Abstand zwischen ihnen hervorgehoben wird. Zu letzterer Auffassung vgl. Michael Hardt/Antonio Negri: Empire. Die neue Weltordnung, Frankfurt a.M. 2002.

Auf der Grundlage dieses historischen und begrifflichen Erbes erarbeitete Marx ein Konzept von Entfremdung, in dem die ökonomische Welt und die Sphäre des Tauschs angesprochen werden, eine Art geistiger Krankheit benannt und diese mit Ungleichgewichten in der Wirtschaftswelt verbunden wird.[22] Diese Thematik findet sich bereits bei Aristoteles.

In der Antike findet sich der bedeutsamste Verweis auf »Entfremdung« bei Aristoteles, bei dem sie als Ungleichgewicht in der Organisation der Hauswirtschaft gesehen wurde, wie ich im folgenden Abschnitt erläutern werde. In modernen Zeiten bezieht sich das Konzept auf Rousseau und den allgemeinen Willen sowie auf Adam Smith, der den Begriff auf der ökonomischen Ebene ansiedelt und damit jegliche Form des Austauschs benennt. Was dagegen den Begriff »Vergegenständlichung« betrifft, so hat Marx ihn in erster Linie von der theologischen Anthropologie Feuerbachs übernommen, der sich seinerseits auf Hegels Begriff des »objektiven Geistes« bezieht. Wenn Marx sowohl von »Entfremdung« als auch von »Vergegenständlichung« spricht, bietet er uns eine Synthese der von diesen Denkern in der Geschichte der Philosophie behandelten Dimensionen an und greift außerdem Hegels weiter oben dargestellte Überlegungen auf. Es ist sinnvoll, sich diesen Ansätzen zuzuwenden, um den Hintergrund zu verstehen, vor dem Marx die aristotelische Verbindung von Tausch und geistiger Erkrankung entwickelt und erweitert hat.

Aristoteles: Entfremdung und das gute Leben

Um Entfremdung im Kapitalismus zu untersuchen, zitierte Marx zunächst aus der »Nikomachischen Ethik« (Buch V) und der »Politik« (Buch I) von Aristoteles. Außerdem ging er, worauf später noch zurückzukommen sein wird, dessen Traum von selbsttätigen Werkzeugen nach. Aus diesen Texten entnahm er zwei wichtige Ideen: erstens die Definition von Gerechtigkeit als gerechtem Tausch, zweitens den Gebrauch als dem eigentlichen Zweck des Tauschs. Wenn der Tausch den Gebrauch aus den Augen verliert, dann wird er monströs und unnatürlich. Die Definition von Gerechtigkeit begründet Marx' Konzept von Entfremdung, da es auf

22 Bei meiner Untersuchung von »Entfremdung« in der Geschichte der Philosophie stehe ich in der Schuld von Alfred Oppolzer (Entfremdung und Industriearbeit, Köln 1974). Anders als er verzichte ich aber darauf, Augustinus und die römischen Stoiker Cicero und Seneca einzubeziehen, selbst wenn der Stoizismus für Marx wichtig war. Üblicherweise wird die Bedeutung der Stoiker darin gesehen, dass sie platonische Appelle gegen das Philosophieren im Austausch gegen Geld und Bequemlichkeit wiederholen und die Demokratie preisen. Augustinus' Theorie über den Götzendienst, die er in »Vom Gottesstaat« ausführt, veranschaulicht die entfremdete Anbetung von falschen Göttern, trägt aber darüber hinaus nichts zu den späteren strukturellen Erwägungen von Marx in Bezug auf den Warenfetischismus bei. Dieser selbst hat den ursprünglichen Plan aufgegeben, seine Dissertation zu einer größeren dreiteiligen Arbeit auszubauen, in der der Zyklus der epikuräischen, stoischen und skeptischen Philosophie im Verhältnis zur griechischen Spekulation ausführlich behandelt werden sollte; vgl. Kouvelakis: Philosophy, S. 237. Marx kehrte zu den irdischen Anforderungen des Tages zurück und so wende auch ich mich lieber der Frage zu, wie sich sein Denken zu Entfremdung und Vergegenständlichung entwickelte, als zu untersuchen, wo es herkam und welche Verbindungen er zu den Stoikern und zu Augustinus hatte.

Ungleichheiten der Verteilung beruht: zunächst auf Ungleichheiten des Eigentums und dann auf Ungleichheiten bei der Verfügung über Werkzeuge, mithilfe derer solches Eigentum entsteht und befestigt wird. Die Vermittlung über Werkzeuge wird für Marx besonders wichtig, da sie ihm ermöglicht, mit dem Konzept der Entfremdung die gesamte Produktionsweise, die Art der sich in ihr entfaltenden Tätigkeiten und daher den Begriff Arbeit zu bestimmen.

In der »Ethik« definierte Aristoteles das »Gerechte« als »die Mitte zwischen Gewinn und Schaden [...], so, dass man das Gleiche nachher hat, wie man es zuvor hatte«; um dieses Gleiche zu messen, bedarf es eines gemeinsamen Maßstabs: »Es muss also ein einheitliches Maß geben. [...] Dieses macht alles kommensurabel.«[23] Für Aristoteles ist dieser Maßstab der Bedarf, der aufgrund menschlicher Konvention in Geld ausgedrückt ist.

Marx pries die Entdeckung von Aristoteles, dass ein universales menschliches Äquivalent nötig sei. Aber er beeilte sich auch, diesen Standard zu korrigieren, als er den Text im »Kapital« zitierte, denn im Kapitalismus werden alle Güter durch die abstrakte Menge an menschlicher Arbeit gemessen, die in ihnen verkörpert ist. Aristoteles, so rief Marx in Erinnerung, konnte keinen Begriff von abstrakter Arbeit haben, denn in seiner Gesellschaft war nicht alle Arbeit von gleicher Qualität. Das aber konnte er

> »nicht aus der Wertform selbst herauslesen, weil die griechische Gesellschaft auf der Sklavenarbeit beruhte, daher die Ungleichheit der Menschen und ihrer Arbeitskräfte zur Naturbasis hatte. Das Geheimnis des Wertausdrucks, die Gleichheit und gleiche Gültigkeit aller Arbeiten, weil und insofern sie menschliche Arbeit überhaupt sind, kann nur entziffert werden, sobald der Begriff der menschlichen Gleichheit bereits die Festigkeit eines Volksvorurteils besitzt. Das ist aber erst möglich in einer Gesellschaft, worin die Warenform die allgemeine Form des Arbeitsprodukts, also auch das Verhältnis der Menschen zueinander als Warenbesitzer das herrschende gesellschaftliche Verhältnis ist.«[24]

Marx führte hier das Thema ein, das er später als »Warenfetischismus« weiterentwickeln sollte. Wir sehen außerdem, dass er die bürgerliche Vorstellung von menschlicher Gleichheit dadurch erklärt, dass menschliche Arbeit gehandelt werden kann.

Wenn der Tausch für Aristoteles auch eine Grundlage für menschliche Gemeinschaften bildet, so ist er für ihn zweifellos nicht die vorrangige

23 Aristoteles: Die Nikomachische Ethik, München 1972, 1132b20.

24 Marx: Kapital I, MEW, Bd. 23, S. 60.

oder einzige Motivation für deren Entstehen, das für ihn ausschließlich auf menschlichen Bedürfnissen beruht.[25] Im Kapitalismus wird dagegen jegliche menschliche Vergemeinschaftung darüber vermittelt, dass Arbeit sich in Waren ausdrückt, die auf Märkten gehandelt werden. Wenn das stattfindet, dann identifizieren sich Menschen ausschließlich darüber, welche Art von Arbeit sie ausüben und solcherart verkaufen, oder, in späteren Stadien, was sie im Kauf erwerben und welche Waren sie besitzen oder vorweisen können.

Das zweite Thema, das Marx von Aristoteles übernahm, ist die Tendenz des Tausches, seine eigenen Grenzen im menschlichen Leben zu überschreiten. In der »Politik« schreibt Aristoteles:

> »Jedes Stück Besitz lässt eine zweifache Weise des Gebrauchs zu; bei beiden Formen wird (der Gegenstand) als solcher benutzt, jedoch nicht in gleicher Weise als solcher, sondern die eine benutzt den Gegenstand (seiner Funktion) entsprechend, die andere nicht – ich meine z.B., dass man einen Schuh trägt oder ihn zum Tausch verwendet: beides sind Möglichkeiten, einen Schuh zu gebrauchen, denn wer einem anderen, der einen Schuh benötigt, diesen im Tausch gegen Geld oder Nahrung übereignet, gebraucht den Schuh als Schuh, aber nicht zu der ihm eigenen Verwendung, denn Schuhe sind ursprünglich nicht zum Zweck des Tausches hergestellt worden.«[26]

Diese Unterscheidung kann man mit Aristoteles auch so interpretieren, dass der falsche Gebrauch der Schuhe dann gegeben ist, wenn er nicht ihrem ursprünglichen Zweck entspricht, für den sie hergestellt wurden: die Füße zu schützen oder mit ihnen zu gehen. Diese Unterscheidung begründet Aristoteles' Verurteilung des Handels und der daraus erwachsenden Illusionen über die Hauswirtschaft:

> »(Dieser Handel mit jeder Art von Gütern) begann ursprünglich damit, dass Menschen naturgemäß Tausch betrieben, weil sie einige Güter in größerer, andere in geringerer Menge, als (für ihre Bedürfnisse) ausreichten, besaßen. Daraus geht auch hervor, dass die Erwerbsweise durch Handel nicht (mehr) von Natur ist. Denn (um die naturgemäße Versorgung mit lebensnotwendigen Dingen sicherzustellen), waren sie gezwungen, so viel zu tauschen, bis sie hinreichend besaßen.«[27]

Aristoteles beschreibt dann die »gewinnsüchtige Erwerbskunst«, für die es beim Streben nach Reichtum keine Grenze gibt, und ihr Gegenbild:

25 Aristoteles: Nikomachische Ethik, 1133a7–18.

26 Aristoteles: Politik, Hamburg 2019, S. 25.

27 Ebd., S. 25–26.

> »Eine Begrenzung gibt es dagegen bei der Erwerbskunst, die in den Bereich der Haushaltsführung fällt: denn *solchen* [unbegrenzten *Reichtum* zu gewinnen] ist nicht die Aufgabe der Ökonomik. Deswegen entsteht auch von diesem Standpunkt her der Eindruck, *jedem Reichtum* müsse eine Grenze gesetzt sein, in Wirklichkeit tritt aber, wie wir beobachten, das Gegenteil ein: alle, die sich gewinnbringender Tätigkeit verschreiben, versuchen Geld bis ins Unendliche zu vermehren. Ursache dafür ist die enge Verwandtschaft [beider Formen von Erwerbskunst]: denn ihre Anwendung richtet sich auf die gleichen Gegenstände und überschneiet sich somit: sie nutzen die gleiche Art von Besitz, aber nicht in der gleichen Weise, sondern bei der einen liegt der Zweck [der Nutzung] außerhalb [des Besitzerwerbs], bei der anderen ist dagegen seine Vermehrung der Zweck der Erwerbstätigkeit. Daher meinen einige, dies sei die Aufgabe der Ökonomik und halten beharrlich an der Auffassung fest, man müsse das Vermögen an Geld entweder im Umfang bewahren oder bis zum Unendlichen steigern. Diese Einstellung ist darin begründet, dass Menschen mit ihrem ganzen Eifer dem bloßen Leben dienen, aber nicht dem vollkommenen Leben.«[28]

Der Einfluss des von Aristoteles aufgezeigten Unterschieds auf Marx ist seit den »Grundrissen« überdeutlich: Er bildet die Grundlage für den Unterschied von Gebrauchs- und Tauschwert, der sein ganzes Werk durchzieht und auf den ich immer wieder zurückkommen werde.

Der Tauschwert ist eine vom Gebrauchswert abzugrenzende Größe, die dauerhaft eine entfremdete und unzulängliche Art und Weise der Objektbeziehung bleiben wird. Ebenso wird die Grenzenlosigkeit der Kapitalzirkulation für Marx ein Gegenstand der Kritik sein, worauf später seine Vorhersage einer systemischen Krise zielt. Wenn wir Marx' Unterscheidung von Entfremdung und Vergegenständlichung auf Aristoteles rückbeziehen, wird ersichtlich, dass die erste Art der Beziehung zum materiellen Objekt, der Verwendungszweck, das Resultat einer Vergegenständlichung ist, die zweite dagegen, in der das Ziel der Tausch ist, der Entfremdung Tür und Tor öffnet.

Rousseau: Entfremdung und der allgemeine Wille

Das Konzept der Entfremdung basiert auch auf der Theorie des Gesellschaftsvertrags, und seine politische Bestimmung wird deutlich, wenn man sich dessen Begründung klarmacht. Der wichtigste Begriff von Rousseaus »Gesellschaftsvertrag« von 1762 ist der »allgemeine Wille«. Dieser bedingt »das gänzliche Aufgehen jedes Gesellschaftsgliedes mit allen sei-

28 Ebd., S. 28; Hervorhebungen im Original.

nen Rechten in der Gesamtheit«.[29] Rousseau nannte dieses »Aufgehen« den Gesellschaftsvertrag und erläuterte es wie folgt:

»Man gesteht zu, dass durch den Gesellschaftsvertrag jeder von seiner Macht, seinem Vermögen und seiner Freiheit nur den Teil veräußert, den das Gemeinwesen nötig hat; aber man muss auch zugestehen, dass das Staatsoberhaupt allein die Notwendigkeit des abzutretenden Teils bestimmen darf.«[30] Diese Veräußerung bzw. Entfremdung wird belohnt: »Während sich endlich jeder allen übergibt, übergibt er sich damit niemandem, und da man über jeden Gesellschaftsgenossen das nämliche Recht erwirbt, das man ihm über sich gewährt, so *gewinnt man für alles, was man verliert*, Ersatz und mehr Kraft, das zu bewahren, was man hat.«[31] Bei Rousseau ist die politische Entfremdung mit den wirtschaftlichen Dimensionen von Gewinn und Verlust oder der Verteilung von Gütern verbunden und sie appelliert an rationales Entscheiden der wirtschaftlichen Akteure statt an Zwang ihnen gegenüber, auch wenn der Souverän derjenige bleibt, der Urteile darüber fällt, was wichtig ist. Alles kann entfremdet werden, aber nicht alles auf einmal.

Das Thema der geistigen Krankheit, bei Rousseau »Verrücktheit«, erscheint als das Zeichen der Ungleichgewichte beim Tausch, diesmal nicht als Ungleichgewichte von Gütern, sondern von politischen Rechten. Rousseau betonte die Gewinne, die sich der Entfremdung zugunsten des allgemeinen Willens verdanken, um seine Form der Enteignung von Grotius abzugrenzen, dem es um die Rechtfertigung des absolutistischen göttlichen Rechts ging.[32] Er bezog sich folgendermaßen auf ihn: »Wenn ein Einzelner, sagt Grotius, seine Freiheit veräußert und sich zum Sklaven eines Herrn machen kann, weshalb sollte dann nicht auch ein ganzes Volk die seinige veräußern und sich einem Könige unterwerfen können?«[33] Für Rousseau aber kann Freiheit von Natur aus nicht entfremdet werden oder zumindest nicht ohne Bezug auf ein höheres Äquivalent, das eine Vergrößerung der eigenen Freiheit darstellt. Um Grotius herauszufordern, definiert Rousseau: »Veräußern heißt verschenken

29 Jean-Jacques Rousseau: Der Gesellschaftsvertrag [1762], Berlin 2016, S. 15. (Im französischen Original ist anstelle des »Aufgehens« von »aliénation« die Rede – also von »Entfremdung« – so auch in der englischen Übersetzung; Anm. der Übersetzerin). Die Bedeutung von Rousseau für die Philosophie von Kant, Hegel und Marx kann kaum überschätzt werden. Hegels Begriff der bürgerlichen Gesellschaft ist dazu gedacht, die Auseinandersetzung zwischen dem allgemeinen Willen im Sinn von Rousseau und dem Willen der Einzelnen zu vermitteln. Bei Kant ist der Einfluss von Rousseau nicht nur in den politischen, sondern auch in den kritischen Schriften zu sehen. Die aufgespaltene Subjektivität bei Kant, bei deren Streit zwischen den Gesetzen der Vernunft und den Affekten, ist ein Widerhall der Kluft, die sich bei Rousseau zwischen dem allgemeinen Willen und dem Willen der Einzelnen auftut, und zwar sowohl in der Moral wie in der Politik.

30 Ebd., S. 27.

31 Ebd., S. 16; Hervorhebung A.W.

32 Grotius war fast ein Zeitgenosse von Thomas Hobbes, verfasste seine Schriften mehr in Holland und Paris als in England, befasste sich aber auch mit dem grauenhaften Bürgerkrieg. Er vertrat eine konservative Version des Naturrechts.

33 Ebd., S. 10.

oder verkaufen.«[34] Selbst ein Mensch, der sich zum Sklaven eines andern macht, »verkauft sich wenigstens für seinen Unterhalt« und sein Handeln erscheint verständlicher als das des Subjekts bei Grotius, das von seinem König weder einen Unterhalt noch eine Befriedung mit feindlichen Nachbarvölkern bekommt. Diese Art von Entfremdung muss das Volk, das sich ihr unterwirft, für «ein Volk von Verrückten halten: Verrücktheit verleiht kein Recht«.[35]

Der Unterschied liegt also darin, was derjenige, der die Entfremdung vollzieht, für die Entfremdung seiner[36] Macht im Gegenzug bekommt. Rousseau splittete Entfremdung hier in einen rationalen und einen irrationalen Gebrauch seitens der politischen Philosophie auf. Wenn die Philosophie von einem ökonomisch kalkulierenden Akteur ausgeht, dann kann sie nicht annehmen, dass dieser irrational oder gegen sein eigenes Interesse handeln würde. Für Rousseau erfüllt nur eine rationale öffentliche Souveränität, die im Sinn des allgemeinen Willens handelt, die Voraussetzung, dass die Menschen dazu gebracht werden, den Naturzustand zu verlassen und Vereinbarungen zu schließen. Ihr erstes Gesetz dafür würde darin bestehen, den wechselseitigen Erhalt zu garantieren. Anders als die absolutistischen Rechtfertigungen von Hobbes und Grotius, die auf dem Recht des Stärkeren basieren (und insofern überhaupt kein Recht waren, sondern ein System der andauernden Usurpation), vertrat Rousseau den Anspruch, dass »jede menschliche Macht zugunsten der Regierten eingesetzt« ist.[37] Alles andere sei einfach irrational.

Die vorrangige Aufgabe der Gesetzgebung ist in einer solchen Gesellschaft, Freiheit und Gleichheit zu verteidigen. Rousseau meinte, grundlegende natürliche Unterschiede würden in der Übereinkunft über den allgemeinen Willen korrigiert; insofern sind Menschen gleich durch die Situation, die der Gesellschaftsvertrag festgeschrieben hat. Allerdings können Ungleichheiten der Klassen die Freiheit bedrohen, daher gelte, »dass ferner kein Staatsbürger so reich sein darf, um sich einen andern kaufen zu können, noch so arm, um sich verkaufen zu müssen. [...] Was der Verfassung eines Staates wirkliche Festigkeit und Daurhaftigkeit verleiht, ist eine derartige Beobachtung aller Rücksichten [...].«[38]

Ähnlich wie die Freundschaft in der Antike wird auch Entfremdung freiwillig eingegangen und zwischen Individuen angemessen ausgeglichen, wenn diese einigermaßen gleich sind hinsichtlich ihres Reichtums und ihres sozialen Ansehens. Rousseau sieht also das Problem voraus,

34 Ebd. Im französischen Original ist von »aliéner», also »entfremden« die Rede, was in der deutschen Ausgabe mit »veräußern« übersetzt wurde (Anm. der Übersetzerin).

35 Ebd.

36 Die männliche Form ist angemessen, wenn es um Vertragstheorie geht; vgl. dazu Carole Pateman: The Sexual Contract, Cambridge 1988.

37 Rousseau: Gesellschaftsvertrag, S. 7.

38 Ebd., S. 44–45.

das Klassenverhältnisse für den liberalen Staat darstellen werden. Im Gegensatz dazu konnte er nicht voraussehen, wie ein ideologisches Herrschaftskonstrukt dadurch entstehen konnte, dass man die ökonomischen Akteure als politisch Kalkulierende hinstellte.

John Locke und Adam Smith: Vergegenständlichung, Entfremdung, Eigentum und Werkzeuge

In John Lockes Eigentumstheorie ist Eigentum etwas, was ich herstelle, indem ich meine Arbeit mit einer natürlichen Substanz vermische, die niemandes Eigentum ist. Diese Herstellung ist in einem ursprünglicheren Eigentum begründet, dem Eigentum am eigenen Körper. Er schreibt:

> »Wenn die Erde und alle niederen Lebewesen wohl allen Menschen gemeinsam eignen, so hat doch jeder Mensch ein *Eigentum* an seiner eigenen Person. Über seine Person hat niemand ein Recht als nur er allein. Die *Arbeit* seines Körpers und das Werk seiner Hände, so können wir sagen, sind im eigentlichen Sinne sein. Was immer er also jenem Zustand entrückt, den die Natur vorgesehen und in dem sie es belassen hat, hat er mit seiner *Arbeit* gemischt und hat ihm etwas hinzugefügt, was sein eigen ist – folglich zu seinem *Eigentum* gemacht. Da er es jenem Zustand des gemeinsamen Besitzes enthoben, in den es die Natur gesetzt hat, hat er ihm durch seine *Arbeit* etwas hinzugefügt, was das gemeinsame Recht der anderen Menschen ausschließt.«[39]

Wenn ich meine Arbeit im Sinn von Locke mit etwas anderem vermische, dann entfremde ich sie mir nicht, sondern ich vergegenständliche sie zu meinem eigenen Gebrauch. Diese Vergegenständlichung hat ihr eigenes Recht und prägt sich für immer in das Material ein, das jemand als sein eigenes bearbeitet. Das grundsätzliche Recht der Aneignung kann nicht veräußert werden. Für Locke beginnt die Möglichkeit der Entfremdung mit dem Tausch dieser vergegenständlichten Arbeit und der Möglichkeit, dass dieses grundsätzliche Recht nicht respektiert werden könnte.

Locke übernahm die koloniale Konstruktion, wonach die Weite des amerikanischen Landes herrenlos und nicht bebaut war. In den kulturellen Vorstellungen, die in Europa und auch in England zur Zeit von Locke verbreitet waren, stellten die beiden Amerikas ein gütiges Geschenk der Natur dar. Während der verschiedenen Wellen der Kolonisierung wurde daraus die Formel der Aneignung von Eigentum abgeleitet, aus der sich der Mythos einer herrenlosen, gegebenen und natürlichen Substanz ergab.

Gleichwohl war Locke insofern revolutionär, als er die Tätigkeit des Arbeitens als etwas bezeichnete, was Eigentum begründet – man halte

39 John Locke: Über die Regierung [1690], Stuttgart 1981, S. 24.

sich nur vor Augen, was dies für eine klassische Sklavenhaltergesellschaft bedeutete. Noch relevanter erscheint die Aussage für eine feudale Gesellschaft, für die Eigentum die Antithese zur Arbeit bedeutet, nicht jedoch deren Ergebnis! Das arbeitende Subjekt von Locke fordert die feudale Gesellschaft heraus, in der die Idee zurückgewiesen wird, Arbeit würde Eigentum begründen, da Eigentum in so einer Gesellschaft über Vererbung weitergegeben wird. Teile des lockeschen philosophischen Projekts zielen darauf ab, feudale Beziehungen als »künstlich« und das arbeitende Subjekt als »natürlich« zu charakterisieren. Locke bemühte sich darum, die Zuschreibung von Macht, die traditionellerweise mit der Ausübung oder Nichtausübung von Arbeit verbunden ist, umzukehren. Insofern ist es ein Kennzeichen bürgerlicher politischer Philosophie wie derjenigen von Locke, Eigentum als die natürliche Belohnung von Arbeit anzusehen.

In »Der Wohlstand der Nationen« übernahm Adam Smith Lockes Vorstellung von der natürlichen Entstehung des Eigentums. Die Konventionen darüber, wie Eigentum begründet wird, beunruhigten ihn nicht, wohl aber die abstraktere Frage, wie Arbeit entlohnt wird. Er verortete sie in erster Linie in der Natur:

> »Der Ertrag der Arbeit ist die natürliche Vergütung oder der Lohn der Arbeit. Ursprünglich, vor der Landnahme und der Ansammlung von Kapital, gehört dem Arbeiter der ganze Ertrag der Arbeit. Er muss weder mit einem Grundbesitzer noch mit einem Unternehmer teilen.«[40]

Allerdings stellte Smith das Szenario des natürlichen Arbeitslohns infrage, wenn es um die Gegenstände geht, die produziert werden. Das Land und die Werkzeuge, die diesen natürlichen Lohn bestimmen, waren nicht gegeben, und der ursprüngliche Zustand »konnte nur so lange andauern, wie der Boden frei und Kapital noch nicht angesammelt war [...] Sobald der Boden privates Eigentum wird, verlangt der Grundherr einen Teil von fast allen Erträgnissen, die der Arbeiter durch Anbau oder Sammeln darauf erzielen kann.«[41] Die Konvention des Privateigentums wirft ein neues Problem für die Theoretisierung der Rolle der Arbeit bei der Entstehung des Eigentums auf: Woher kommt dieses, wenn das, was bearbeitet wird, nicht eine herrenlose Gabe der Natur ist, sondern jemandes Eigentum aufgrund früherer Ansprüche oder Konventionen? Inwiefern ist das Produkt meiner Arbeit dann immer noch mein eigen?

Das Werkzeug oder die Werkzeuge, die mit meiner Arbeit vermischt werden, gelten bei Locke ebenfalls als gegeben, oder besser gesagt, sie bleiben unberücksichtigt. Werkzeuge sind weder genau ein Teil des Körpers

40 Adam Smith: Der Wohlstand der Nationen, München 1974, S. 56.

41 Ebd., S. 57.

desjenigen, der sie mit seiner Arbeit vermischt, noch sind sie inmitten anderer herrenloser natürlicher Substanzen zu finden. Man könnte sich eine Entstehungsgeschichte vorstellen, bei der das Werkzeug zuerst das eine, dann das andere ist: die Hand als Teil des Körpers und ein Stock oder ein Stein als Teil der natürlichen Umwelt. Das Eigentum an Werkzeugen würde dann genauso entstehen wie irgendein anderes Eigentum: das Bearbeiten des Stocks oder des Steins durch die menschliche Hand. Aber historisch waren menschliche Werkzeuge zur Zeit von Locke und Smith bereits sehr viel weiterentwickelt. Und die Auseinandersetzung darüber, wem die Werkzeuge der Arbeit gehören, wurde im Frühkapitalismus entscheidend – in einer Produktionsweise, bei der die Werkzeuge zunehmend den Manufakturunternehmern und nicht mehr den Arbeitern gehörten.

Deshalb setzte Smith seine Kritik an Lockes Szenario fort, indem er argumentierte: »Aber dieser ursprüngliche Zustand, in welchem der Arbeiter den ganzen Ertrag seiner Arbeit erhielt [...] war bereits zu Ende, lange bevor die produktiven Kräfte der Arbeit nachhaltig verbessert worden waren.«[42] Das heißt, den natürlichen Lohn gab es schon nicht mehr, lange bevor neue Werkzeuge und Maschinen, die moderne Produktionsformen bestimmen, eingeführt worden waren. Beide Kritikpunkte von Smith spiegeln die Erkenntnis wider, dass Menschen nicht allein für sich in einer Umgebung natürlicher Fülle arbeiten, sondern gesellschaftlich und historisch eingebunden sind in Umstände, bei denen es Eigentum – und auch das Eigentum an Werkzeugen – gibt. Im Gegensatz zu Lockes Aussage zu den grundsätzlichen Aneignungsrechten durch Arbeit löste Smith dieses Problem, indem er vorschlug, die Arbeit müsse ihr Äquivalent in Form des Lohnes zurückerhalten. Hier liegen die Konturen des theoretischen Problems zur Entstehung von Eigentum, wie Marx es vorfand.

Ähnlich wie diese Vertreter der britischen Aufklärung sollte auch der junge Marx, der aus verkrusteten feudalen deutschen Verhältnissen kam, die zentrale Bedeutung der Arbeit und der mit ihr verbundenen Rechte betonen. In seinen späteren Werken kritisierte er Arbeit als eine entfremdete Tätigkeit der kapitalistischen Produktionsweise und entwickelte eine Vision der Überwindung von Arbeit als wichtigster Form des praktischen Lebens; zuvor war er ganz einfach kritisch gegenüber der Institution des privaten Eigentums und ihrer politischen Wirkungen, da dieses die Ansprüche der Arbeit auf ihr Produkt und ihre Werkzeuge unterminierte. In den frühen Schriften sah Marx die Ungerechtigkeiten des Kapitals im Wesentlichen darin begründet, dass dem Arbeiter eine Menge an Arbeit abgepresst wird, ohne dass er dafür ein angemessenes Äquivalent erhält, und nicht in der Form, die diese Arbeit annimmt. Aber Marx übernahm von Smith auch dessen Beobachtung des gesellschaftli-

42 Ebd.

chen Charakters der Arbeit und führte die Kritik am individualistischen Ansatz von Locke weiter.

Der Kapitalismus entwickelt sich in historischen Stadien, und es entgeht uns ein zentraler Punkt, wenn wir ihn uns als plötzlich auftretendes Ereignis vorstellen. Diese Stadien sind die Grundlage für Marx' Unterscheidung zwischen formaler und realer Subsumtion des Kapitals. Die formale Subsumtion gehört zu einem frühen Stadium, in dem die Arbeiterinnen und Arbeiter ihre Produkte für Geld verkaufen und ihre Werkzeuge ihnen selbst gehören. Die formale Subsumtion wird zur realen, wenn der Kapitalist zunehmend zum Eigentümer dieser Werkzeuge wird und die Teilung der Arbeit mit ihrer Hilfe verschärft, sodass der Prozess der Produktion sich verändert und die Arbeitskräfte dazu zwingt, gemeinsam in Fabriken zu arbeiten, um dort Waren herzustellen. Die reale Subsumtion ist vollständig, wenn der Produktionsprozess und die Arbeit grundlegend transformiert werden. In den »Ökonomischen Manuskripten von 1861–63« schreibt Marx: »A. Smith hat die Teilung der Arbeit nicht als ein der kapitalistischen Produktionsweise Eigentümliches begriffen, wodurch, nebst der Maschinerie und einfachen Kooperation, die Arbeit nicht nur formell, sondern in ihrer Wirklichkeit durch die Subsumtion unter das Kapital verändert wird.«[43]

Marx zog eine ursächliche Verbindung zwischen den Verbesserungen der Produktivkraft der Arbeit und der gesellschaftlichen Arbeit, durch die die Möglichkeit eines natürlichen Lohns zunichtegemacht wird. Diese Verbesserungen werden historisch dem ungerechten System des privaten Eigentums und der damit verbundenen Profitabpressung zugeschrieben. Dieses System zwingt die Arbeitskräfte zur Kooperation, ohne dass sie für die daraus resultierende Steigerung der Produktion materiellen Reichtums belohnt werden.

Das Problem verschiebt sich dann auf eine etwas andere Ebene. Marx betonte, dass die gesellschaftliche Produktion auf der Basis andauernder historischer Ungerechtigkeit erfolgte. Der massive Zuwachs materiellen Reichtums im Zuge der industriellen Revolution gründete sich auf die Ausbeutung sowohl der individuellen wie der gesellschaftlichen Arbeit und auch darauf, dass Werkzeuge und andere Produktionsmittel zunehmend in der Hand des Kapitals waren und sich dort konzentrierten. Historisch wurde die Vergesellschaftung in der Produktion vorangebracht, indem Arbeitskraft durch die Konventionen des Privateigentums und des akkumulierten Kapitalstocks ausgebeutet wurde. Das heißt, sie hat sich in entfremdeter Form durchgesetzt. Der Nutzen der Vergesellschaftung für den Produktionsprozess als Ganzes beruht auf einer entfremdeten Verteilung, bei der die Arbeit nicht den ihr zustehenden Anteil erhält.

43 Karl Marx: Ökonomisches Manuskript 1861–1863, Teil I, in: MEW, Bd. 43, S. 265.

Marx wollte die riesigen Zuwächse bei der Produktion des materiellen Reichtums, die sich der menschlichen Vergesellschaftung verdanken, beibehalten – und selbst die Arbeitsteilung. Diese Zuwächse sind das Ergebnis der vergegenständlichten und übertragbaren menschlichen Fähigkeiten. Marx verlangte lediglich, dass das Verfahren der Enteignung und das Profitmotiv, die die Zuwächse ebenso wie die Arbeitsteilung historisch begründeten, abgeschafft würden. Denn in dieser Konstellation bekommen diejenigen, die ihre Arbeit mit anderem vermischt haben, kein Äquivalent für ihren Beitrag zum Produktionsprozess, und Arbeit ist keine Selbstverwirklichung. Die Arbeitenden haben in zweierlei Hinsicht die Gegebenheiten der lockeschen Situation eingebüßt: den Besitz der Produktionsmittel in Form von Land und von Werkzeugen. Sie besitzen nichts als ihre abstrakte Arbeitskraft. Damit sie auf die alltägliche materielle Welt einwirken können und damit sie überleben, bleiben sie daher, wie Adam Smith es formuliert, angewiesen auf den Unternehmer, »der ihnen das Rohmaterial und ihren Lohn und Unterhalt so lange vorschießt, bis das Produkt ihrer Arbeit fertig ist«.[44]

Marx wollte die modernen Produktionsmittel, die Kombination der Arbeitskräfte und die Arbeitsteilung von der ausbeuterischen Produktionsweise befreien, die sie historisch herbeigeführt hat. Ein großer Teil des späteren Werks von Marx ist der Frage gewidmet, wie dies umzusetzen wäre. In diesen Schriften entwickelt er die Entfremdung als eine gesellschaftliche Anklage. Entfremdung entspringt nicht allein dem Umstand, dass jemand nicht das angemessene Äquivalent für seine Arbeit bekommt, und ebenso wenig der Konzentration von privatem Eigentum und privaten Werkzeugen in den Händen einiger weniger. Bei der realen Subsumtion sind all diese Gegebenheiten vorausgesetzt. Entfremdung ist vielmehr dann umfassend verwirklicht, wenn sie in einer Umwelt stattfindet, in der so zu arbeiten als natürlicher Zustand des menschlichen Seins gilt. Das heißt also, die Entfremdung wurde in den Formulierungen von Locke und Smith bereits festgeschrieben. In einer entfremdeten Welt erlangt man einen bestimmten gesellschaftlichen und politischen Status durch die Arbeit, die man verrichtet, und nicht aufgrund der eigenen Menschlichkeit.

Ausgehend von dieser Kritik stellte Marx den Begriff von »Arbeit« selbst und dessen behaupteten natürlichen Charakter infrage. Er kritisierte Locke und Smith für ihr Vertrauen in die bürgerliche Arbeit als natürliche Eigenschaft des menschlichen Lebens und insbesondere, dass sie Arbeit als etwas darstellen, was gesellschaftliche und politische Würde verleiht. Über Ricardos Weiterentwicklung von Smith schreibt er: »Im Übrigen betrachtet Ricardo die bürgerliche Form der Arbeit als die ewige Naturform der gesellschaftlichen Arbeit.«[45]

44 Smith: Wohlstand der Nationen, S. 57.

45 Karl Marx: Zur Kritik der Politischen Ökonomie. Einleitung, in: MEW, Bd. 13, S. 3–160, hier S. 46.

In seinem späteren Werk vertrat Marx die Ansicht, die Kategorie Arbeit sei das Produkt einer entfremdeten Gesellschaft. In ihren Behauptungen über Arbeit und die Entstehung des Eigentums hätten Locke und Smith eine bestimmte entfremdete Produktionsweise als ewig und natürlich missverstanden. Marx zeigte, dass beide ein Subjekt beschrieben haben, das sich über die gesellschaftlich und politisch gesetzten Akte des Arbeitens und des Tauschens dieser Arbeit auf Märkten konstituiert. Demgegenüber argumentierte er, diese Form der Subjektivität entspreche der historischen Situation der bürgerlichen Periode, nicht aber einer natürlichen Ontologie des menschlichen Subjekts. Aus diesem Grund beschuldigte Marx Locke und Smith, das bürgerliche Arbeitskonzept als natürlichen *condition humaine* zu ontologisiert zu haben.

Während Marx in seinem Frühwerk in der Arbeit noch ein Mittel sah, Ansprüche zu erheben – zum Beispiel auf Freiheit –, betonte er später immer mehr, Freiheit sei nur als Überwindung entfremdeter Arbeit zu haben, die ihm als degradierende Form praktischer Tätigkeit galt. Er entwickelte die Unterscheidung von »Vergegenständlichung« (als die ontologische Schnittstelle zwischen Mensch und Natur) und »Entfremdung« (als der Form, die diese bei kapitalistischer Arbeit annimmt). Postone schreibt, Marx' späte Schriften seien in wachsendem Maße »eine Kritik der Arbeit im Kapitalismus« und nicht so sehr »eine Kritik des Kapitalismus vom *Standpunkt* der Arbeit«.[46]

In seinem Spätwerk distanzierte sich Marx von seinen bürgerlichen Vorläufern und von dem Terrain der eigentumsbegründenden Arbeit, auf dem diese ihre Ansprüche auf gesellschaftliche und politische Macht abgesteckt hatten. Darüber hinaus ordnete er ihre Betonung der zentralen Bedeutung von Arbeit als intrinsischen Teil der bürgerlichen Ideologie ein. Gleichzeitig übernahm er das Konzept des Äquivalententauschs für Arbeit und einige der Ideen von Arbeit als einer Form der ontologischen Selbstverwirklichung. Bei ihm gibt es verschiedene Dimensionen von Arbeit. Wie wir sehen werden, entstehen die neuen Themen, die das bürgerliche Modell von Locke und Smith herausfordern, eher parallel dazu, als dass sie die Kritik am Kapitalismus aus der Perspektive der Arbeit völlig verschieben oder ersetzen würden.

Feuerbach: Entfremdung und die Götter

Entfremdung ist also sowohl ein ökonomischer als auch ein politischer Begriff. Darüber hinaus ist er auch ein theologischer Begriff. Für Marx sind Götter Projektionen des menschlichen Wesens: Mythen, die über ihren tatsächlichen Erzeugern stehen und diese beherrschen. Wie wir gesehen haben, hat Marx diesen Strang seines Denkens von Ludwig Feuerbach

46 Postone: Zeit, Arbeit und gesellschaftliche Herrschaft, S. 25.

übernommen, einem Linkshegelianer, dessen Bruch mit Hegels absolutem Idealismus über eine anthropologische Kritik am Christentum zustande kam.

Feuerbach beschrieb die Struktur der Vergegenständlichung in der Erschaffung von Mythen: »Der Mensch ist *nichts ohne Gegenstand.* [...] Aber der Gegenstand, auf welchen sich ein Subjekt *wesentlich, notwendig* bezieht, ist nichts andres, als das *eigne*, aber *gegenständliche* Wesen dieses Subjekts. [...] An dem Gegenstande wird daher der Mensch *seiner selbst* bewusst: das Bewusstsein des Gegenstands ist das *Selbstbewusstsein* des Menschen.«[47] Was hier für die Erschaffung von Mythen gilt, trifft bei Marx in noch größerem Maße für die Herstellung der materiellen Welt zu. Im materiellen Herstellungsprozess verwirklicht sich das menschliche Selbstbewusstsein über den gesellschaftlichen Akt der Vergegenständlichung. Als eine Gattung, die kein feststehendes ahistorisches Wesen jenseits dieses Herstellungsprozesses besitzt, schaffen Menschen sich ihr Wesen somit als ein historisches und materielles. Wenn der gesellschaftliche Akt der Vergegenständlichung beschnitten und entfremdet wird – wie das in der Arbeit geschieht –, dann betrifft das auch das menschliche Wesen, das sie bestimmt.

Feuerbach befasste sich noch nicht mit dieser Ausweitung seiner Metapher auf menschliche Arbeit, sondern vorrangig mit deren theologischen Konsequenzen: mit der Existenz der projizierten menschlichen Vergegenständlichung im Gottesmythos. Das ist die Basis seiner Kritik an der Prädikation. Er schreibt: »Alle *Bestimmungen* des göttlichen Wesens sind darum Bestimmungen des menschlichen Wesens.«[48] In Bezug auf Behauptungen in der Art von »Gott ist X«, schreibt Feuerbach:

> »*Was* das Subjekt ist, das liegt nur im Prädikat; das Prädikat ist die *Wahrheit* des Subjekts; das Subjekt nur das personifizierte, das existierende Prädikat. Subjekt und Prädikat unterscheiden sich nur wie *Existenz* und *Wesen. Die Verneinung der Prädikate ist daher die Verneinung des Subjekts.*«[49]

Insgesamt zeigt Feuerbachs Schrift »Das Wesen des Christentums«, wie das, was Gott in der Geschichte an Prädikaten zugeschrieben wurde, von den menschlichen Fähigkeiten, Charakteristiken und Eigenschaften der Menschen herrührt, die den fraglichen Gott oder die fraglichen Götter erschaffen haben. Die Keuschheit der Mönche und das Objekt, das sie verleugnen, werden auf die Jungfrau Maria projiziert; die göttlichen Tugen-

47 Ludwig Feuerbach: Das Wesen des Christentums [1841], Stuttgart 1994, S. 41–42; Hervorhebungen im Original.

48 Ebd., S. 55; Hervorhebung im Original.

49 Ebd., S. 61; Hervorhebungen im Original.

den, Geisteshaltungen und Leidenschaften der Griechen werden auf das Pantheon projiziert. Intellekt, Wille, Moral und Urteilsvermögen werden die herausragenden Merkmale des protestantischen christlichen Gottes.

Feuerbach findet diese Struktur der umgekehrten Prädikate besorgniserregend, wenn sie die menschliche Handlungsfähigkeit vermindert, indem sie behauptet, spezifische Eigenschaften der menschlichen Gattung seien von außen auferlegt worden – ein radikaler Akt der Selbstverleugnung. Er schreibt: »Um Gott zu bereichern, muss der Mensch arm werden; damit Gott alles sei, der Mensch nichts sein.«[50] In der Religion vergegenständlicht der Mensch »sein Wesen und macht dann wieder sich zum *Gegenstand* dieses vergegenständlichten, in ein Subjekt, eine Person verwandelten Wesens; er denkt sich, ist sich Gegenstand, aber als *Gegenstand eines Gegenstands*, eines *andern* Wesens«.[51]

Feuerbach verwendet die Begriffe Entfremdung und Vergegenständlichung, um diese Projektion und Umwandlung zu beschreiben. In seiner Aneignung von Hegels Begriff der Entfremdung behauptet Feuerbach auch, Hegel kenne keine wahre Externalisierung. In seiner 1839 erschienenen Kritik an Hegel schreibt er: »Die Entäußerung der Idee ist nur eine *Verstellung* sozusagen; sie tut nur so, aber es ist ihr nicht ernst; sie *spielt*. [...] Die Idee er- und bezeugt sich nicht durch ein *wirklich Anderes,* – welches Andere nur die empirisch-konkrete Verstandesanschauung sein könnte, – sie erzeugt sich aus einem formellen, scheinbaren Gegensatz.«[52]

Hegels Konzept der Entfremdung des Geistes in der Natur stellt keine authentische Annahme einer Kraft dar, die grundsätzlich verschieden vom Geist wäre oder ihn gar in seinen wesentlichen Merkmalen bestimmen würde. Im Jahr 1826 verabschiedete Feuerbach sich von dem großen Denker mit einem Kommentar, der diese Kritik vorwegnahm, als er Hegel ankündigte, er müsse nun ins direkte Gegenteil von dessen Philosophie abtauchen und werde sich der Anatomie zuwenden.[53]

Wenngleich Marx vieles von der substanziellen Kritik Feuerbachs unverändert übernahm, so tat er dies interessanterweise letztlich auf dem Gebiet der Ökonomie, nicht auf dem der Naturwissenschaften, und vollendete somit, was Feuerbach ungeachtet seiner Prahlerei gegenüber Hegel nicht gelang. In einem frühen Schritt dieser Aneignung bezog Marx seine Unterscheidung zwischen Entfremdung und Vergegenständlichung auf Feuerbachs Untersuchung der Religion. Dabei stellt die menschliche Vergegenständlichung in Göttern keine Entfremdung dar oder keine Entfremdung mehr dar, sobald Menschen sie als solche erkennen. Demge-

50 Ebd., S. 71.

51 Ebd., S. 76.

52 Ludwig Feuerbach: Sämtliche Werke II. Philosophische Kritiken und Grundsätze, Stuttgart/Bad Cannstatt 1959, S. 181 u. 183; Hervorhebungen im Original.

53 Frederick Gregory: Scientific Materialism in Nineteenth Century Germany, Dordrecht/Boston 1977, S. 15.

genüber ist und bleibt menschliche Vergegenständlichung, die sich selbst in dieser Projektion nicht erkennt, entfremdet – in hegelscher Terminologie ausgedrückt, bleibt sie für sich, ohne je an und für sich zu werden. Das Erkennen verschiebt das Objekt zurück zu einem bloß vergegenständlichten Status; dieser gehört zu einem menschlichen Wesen, das ihn als den seinen projiziert hat. Das kann dann als Zeichen gesehen werden, das dem philosophischen Anthropologen erlaubt, ein bestimmtes historisches Stadium im Fortschritt der Menschheit zu erkennen. Feuerbach schreibt: »Was einer späteren Zeit oder einem gebildeten Volk die Natur oder Vernunft, das gibt einer früheren Zeit oder einem noch ungebildeten Volke Gott ein. Alle auch noch so natürlichen Triebe des Menschen – sogar den Trieb zur Reinlichkeit stellten die Israeliten als ein positives göttliches Gebot vor.« Weiter heißt es bei ihm: »Wo sich der Mensch in Häuser, da schließt er auch seine Götter in Tempel ein. Der Tempel ist nur eine Erscheinung von dem Werte, welchen der Mensch auf schöne Gebäude legt. Die Tempel zu Ehren der Religion sind in Wahrheit Tempel zu *Ehren der Baukunst*.«[54]

Marx hält zur Religion fest:

> »Wenn ich die Religion als *entäußertes* menschliches Selbstbewusstsein *weiß*, so weiß ich also in ihr als Religion nicht mein Selbstbewusstsein, sondern mein entäußertes Selbstbewusstsein in ihn bestätigt. Mein sich selbst, seinem Wesen angehöriges Selbstbewusstsein weiß ich also dann nicht in der *Religion*, sondern vielmehr in der *vernichteten, aufgehobenen* Religion bestätigt.«[55]

Wir werden sehen, dass Marx sich letztlich wenig dafür interessierte, was diese Kritik für die Religion bedeutete. Dagegen interessierte er sich sehr dafür, welche Struktur diese Projektion annimmt und wie sich dabei Subjekt und Prädikat umkehren. Während dieser Jahre begann er auch, die entsprechende Gedankenfigur anzuwenden, aber nicht mehr auf die Welt der Theologie, sondern zunächst auf das Reich der Politik, wie es in Hegels Philosophie zum Ausdruck kommt, und später auch auf das Reich der kapitalistischen Ökonomie, insbesondere wie es sich in den Waren ausdrückt.

III Marx' Untersuchung von Entfremdung: vom Frühwerk zum Spätwerk

Marx stützte sich auf die genannten historischen Quellen und dabei entwickelte sich seine Auseinandersetzung mit Entfremdung von den frühen zu den späten Werken. Insgesamt kommen dabei fünf sich über-

54 Ebd., S. 63–64; Hervorhebung im Original.

55 Marx: Ökonomisch-philosophische Manuskripte, MEW, Bd. 40, S. 581.

schneidende Dimensionen zum Tragen: die theologische, die politische, die psychologische, die ökonomische und die technologische. Jeder entspricht eine spezifische metaphysische Objektivation, in der sich die Entfremdung des menschlichen Wesens ausdrückt. Marx zufolge wurden diese Objektivationen durch die Menschen selbst hergestellt und beherrschen sie wie fremde unkontrollierbare Mächte. Es handelt sich um: Gott (und damit verbundene theologische Fiktionen), den Staat, die Ideologie der herrschenden Klasse und schließlich die Ware und die industrielle Maschine.

In ihrer Kombination lassen diese Strukturen Entfremdung in ihrer allgemeinsten Form entstehen: Durch sie wird die Entfremdung des Menschen von seinen Mitmenschen vollendet. In seiner Gesamtheit zeigt Marx' kritisches Projekt die materiellen wie die menschlichen Wurzeln dieser Objektivationen auf, wodurch deren metaphysischer Status entmystifiziert und ihre entfremdende Macht abgemildert wird. Doch erweist sich eine kritische Erklärung in einer Welt, die durch entfremdete und in entfremdeten Formen gebildet ist, nicht als ausreichend. Die Philosophie muss aus ihrer erklärenden Rolle heraustreten und das Reich der Politik als Agitator betreten: Marx' berühmte elfte Feuerbach-These ist eine Aufforderung, die Welt zu verändern und sie nicht nur neu zu interpretieren.[56]

Marx geht also von der Welt der menschlichen Ideen zur Welt der menschlichen Praxis über. Feuerbach hat zwar eine Erklärung dafür angeboten, wie sich mythologische menschliche Projektionen in der religiösen Praxis ereignen, aber nicht dafür, wie sich materielle menschliche Projektionen in der Produktion ereignen. Feuerbachs Vorgaben für Veränderungen verbleiben ebenfalls auf der intellektuellen Ebene: Die Aufhebung der Entfremdung ist eine Sache der Erkenntnis, nicht aber der Neugestaltung der Welt in einer Form, die durch die Substanz dieser Erkenntnis geändert würde oder auch des Lebens in einer Form, welche die Menschen zum Gipfel der Schöpfung erklären würde. Das Projekt von Marx bestand daher darin, Feuerbachs Kritik auf das Gebiet der Praxis auszudehnen und die Entfremdung aufzuzeigen, die dort stattfindet, und zwar durch die Sphäre, die für Marx grundlegender wird als der Umgang mit Gott oder das Selbstbewusstsein: die »Produktion«.[57]

56 »Die Philosophen haben die Welt nur verschieden *interpretiert*; es kommt darauf an, sie zu *verändern*.« (Karl Marx: Thesen über Feuerbach, in: MEW, Bd. 3, S. 5–7, hier S. 7).

57 In »Die deutsche Ideologie« schreibt Marx: »Man kann die Menschen durch das Bewusstsein, durch die Religion, durch was man sonst will, von den Tieren unterscheiden. Sie selbst fangen an, sich von den Tieren zu unterscheiden, sobald sie anfangen, ihre Lebensmittel zu *produzieren*, ein Schritt, der durch ihre körperliche Organisation bedingt ist. Indem die Menschen ihre Lebensmittel produzieren, produzieren sie indirekt ihr materielles Leben selbst.« (Karl Marx/ Friedrich Engels: Die deutsche Ideologie, in: MEW, Bd. 3, S. 9–530, hier S. 21; Hervorhebung im Original) Man beachte, dass es in dieser Passage die Produktion der Subsistenzmittel sind, die die Trennungslinie zwischen Mensch und Tier, zwischen Kultur und Natur, zwischen dem Kultivierten und dem Gegebenen ausmachen. Die Subsistenzmittel (oder später: die Produk-

Innerhalb der Produktion sind die Topoi, die in Marx' späten Texten von dem entfremdeten menschlichen Wesen in Beschlag genommen werden, die Ware und die industrielle Maschine. Von ihnen wird in späteren Abschnitten die Rede sein. Zunächst wollen wir uns Gott, dem Staat und der herrschenden Klassenideologie zuwenden. In diesen charakteristischen Zielen für den kritischen Blick des jungen Marx zeigt sich eine politisierte Struktur der Entfremdung, die zum Ausgangspunkt für seine späteren Überlegungen wird. Durch sie erklärt sich auch, wie sich bei ihm die Struktur der Entfremdung verwandelt, vom Bereich der Theorie zu dem der Praxis, denn im Kapitalismus wird das gesamte produktive Leben von Entfremdung geprägt. Wir werden dann in der Lage sein zu verstehen, wie Marx das Reich der Theorie als Widerspiegelung des Reichs der Praxis bestimmt, das diese entfremdeten Normen in der bürgerlichen Epoche verstärkt.

Theologische Entfremdung: jenseits der Religionskritik

Selbst Feuerbach sah sein eigenes Werk als Beleg dafür, dass das Christentum eine historische Übung geworden war und die Interessen des Zeitalters anderswo lagen. Im Vorwort zu seiner Schrift »Das Wesen des Christentums« von 1843 hielt er fest,

> »dass das Christentum längst nicht nur aus der Vernunft, sondern auch aus dem Leben der Menschheit verschwunden, dass es nichts weiter mehr ist als eine *fixe Idee*, welche mit unseren Feuer- und Lebensversicherungsanstalten, unseren Eisenbahnen und Dampfwägen, unseren Pinakotheken und Glyptotheken, unseren Kriegs- und Gewerbeschulen, unseren Theatern und Naturalienkabinetten im schreiendsten Widerspruch steht«.[58]

Marx ging über diese Einsicht hinaus, indem er nicht nur das Christentum infrage stellte, sondern auch das Interesse an dieser Kritik. Wenn er meinte, »die Kritik der Religion ist die Voraussetzung aller Kritik«, so hielt er gleichzeitig fest, es handele sich dabei lediglich um eine einleitende propädeutische Übung, im Übrigen vertrat er die Auffassung: »Für Deutschland ist die *Kritik der Religion* im Wesentlichen beendigt.«[59] Stathis

tionsmittel) bezeugen einen Surplus an Reichtum, der über die unmittelbaren Bedürfnisse hinausgeht. Im »Kapital« wird Marx schreiben, dass es dieser Surplus ist, der die Entwicklung der Maschinerie bedingt, eine Entwicklung, die gespeicherte Arbeitskraft voraussetzt. Donna Haraway hat eine Geschichte der Primatologie im 20. Jahrhundert verfasst, in der sie analoge Debatten beschreibt, bei denen es um die Abgrenzung von Menschen und ihren Primaten-Verwandten geht, indem der Gebrauch von Werkzeugen, der Intellekt und die Bedeutung des gespeicherten Reichtums oder dessen Surplus angeführt werden; vgl. Haraway: Primate Visions.

58 Feuerbach: Wesen des Christentums, S. 33; Hervorhebung im Original.

59 Karl Marx: Zur Kritik der Hegelschen Rechtsphilosophie. Einleitung, in: MEW, Bd. 1, S. 378–391, hier S. 378; Hervorhebung im Original.

Kouvelakis schreibt daher zu Recht: »Zu der Zeit, als Marx zur *Rheinischen Zeitung* kam, war er bereits davon überzeugt, dass man von der Kritik an der Religion zur Kritik an der Politik übergehen müsste.«[60]

Marx verlagerte die Strukturen von Feuerbachs Vergegenständlichung und Entfremdung auf zwei andere Gebiete: das politische und das ökonomische.[61] Die politische Ebene griff Marx 1843/44 in »Zur Kritik der Hegelschen Rechts-Philosophie« und in den »Ökonomisch-philosophischen Manuskripten von 1844« auf; die ökonomische Ebene, die bereits in dem zuletzt genannten Werk angesprochen wurde, umfasste all das, womit er sich in den folgenden Jahren beschäftigen sollte. Marx' politische und ökonomische Kritik fußen gleichermaßen auf den Erkenntnissen der theologischen Entfremdung.

Im Folgenden seien drei typische Beispiele genannt; in zweien davon zieht er die theologische Entfremdung als Modell für die politische heran, in einem für die ökonomische Entfremdung. Er schreibt: »Souveränität des Monarchen oder des Volkes, das ist die question. [...] Ebenso wie es sich fragt: Ist Gott der Souverän, oder ist der Mensch der Souverän? Eine von beiden ist eine Unwahrheit, wenn auch eine existierende Unwahrheit.«[62]

Mit Gott verhält es sich hier genauso wie mit der Souveränität des Monarchen: was ausgedrückt wird, ist die Souveränität des Volkes, aber in entfremdeter Form. Marx berief sich hier direkt auf Rousseau. Was die Demokratie betrifft, schreibt Marx:

> »Die Demokratie ist das aufgelöste *Rätsel* aller Verfassungen. Hier ist die Verfassung nicht nur *an sich*, dem Wesen nach, sondern der Existenz, der Wirklichkeit nach in ihren wirklichen Grund, den *wirklichen Menschen*, das *wirkliche Volk*, stets zurückgeführt und als sein *eigenes* Werk gesetzt. Die Verfassung erscheint als das, was sie ist, freies Produkt des Menschen; [...] Hegel geht vom Staat aus und macht den Menschen zum versubjektivierten Staat; die Demokratie geht vom Menschen aus und macht den Staat zum *verobjektivierten* Menschen. *Wie die Religion nicht den Menschen, sondern wie der Mensch die Religion schafft, so schafft nicht die Verfassung das Volk, sondern das Volk die Verfassung.*«[63]

60 Kouvelakis: Philosophy, S. 289.

61 Einige der interessantesten Probleme im theoretischen Apparat von Marx treten dann auf, wenn diese beiden Gebiete nicht synchronisiert sind. Feenberg diskutiert das blinde Vertrauen, das Marx in die Politik setzte, wenn er ihr zuschrieb, sie sei imstande, die gesellschaftliche und politische Umwälzung durchzuführen; vgl. Andrew Feenberg: Questioning Technology, New York 1999, S. 54.

62 Karl Marx: Zur Kritik der Hegelschen Rechtsphilosophie, in: MEW, Bd. 1, S. 201–336, hier S. 230.

63 Ebd., S. 241; Hervorhebung A.W.

Hier besteht eine Analogie zwischen der Religion und der Verfassung. Man bemerke auch, wie die Sprache der Vergegenständlichung herangezogen wird, um das nicht-entfremdete Verhältnis zwischen dem Menschen und dem Staat auszudrücken.

Bald darauf wandelte Marx diese Erkenntnis über das Reich der Politik ab und bezog sie auf das Reich der Ökonomie. In den »Ökonomisch-philosophischen Manuskripten von 1844« heißt es:

> »In der Bestimmung, dass der Arbeiter zum *Produkt seiner Arbeit* als einem *fremden* Gegenstand sich verhält, liegen alle diese Konsequenzen. Denn es ist nach dieser Voraussetzung klar: Je mehr der Arbeiter sich ausarbeitet, umso mächtiger wird die fremde, gegenständliche Welt, die er sich gegenüber schafft, umso ärmer wird er selbst, seine innre Welt, umso weniger gehört ihm zu eigen. *Es ist ebenso in der Religion. Je mehr der Mensch in Gott setzt, je weniger behält er in sich selbst. Der Arbeiter legt sein Leben in den Gegenstand; aber nun gehört es nicht mehr ihm, sondern dem Gegenstand.*«[64]

Marx verwendet die Religionskritik und selbst die Sprache von Feuerbach, um das Konzept zu entwickeln, das 20 Jahre später im »Kapital« zur Kritik am Warenfetischismus werden sollte.[65] Ebenfalls im »Kapital« schreibt Marx: »Wie der Mensch in der Religion vom Machwerk seines eignen Kopfes, so wird er in der kapitalistischen Produktion vom Machwerk seiner eignen Hand beherrscht.«[66] Entfremdung ist das Mittel, durch das die Tätigkeit der Arbeiterin oder des Arbeiters nicht nur zum Eigentum eines anderen wird, sondern auch zu einer elenden und verkümmernden Plackerei, während deren Produkte glanzvoll und wirklich werden. Insofern sind Eigentum, Souveränität und der Staat in der Praxis die entfremdeten Analogien Gottes. In jedem davon betet der Mensch sein eigenes Wesen an – allerdings in entfremdeter Form.

Mystifizierung: die politische Entfremdung und der Staat

Hegel pries Rousseau dafür, dass er den Willen als geistiges Prinzip der menschlichen Gemeinschaft erkannt hatte. Dann aber beanstandete er, dass Rousseau den subjektiven und affektiven Merkmalen des Willens zu viel, und den rationalen und universellen Merkmalen zu wenig Aufmerksamkeit geschenkt habe. Diese Kritik kann sich nur auf Kant berufen, der sich von Rousseau inspiriert sah und im Willen verschiedene Teile sah, von denen einige dem Verstand und andere den körperlichen Affekten näher seien. Die Kritik erlaubte Hegel, die Idee des Willens bei-

64 Marx: Ökonomisch-philosophische Manuskripte, MEW, Bd. 40, S. 512; Hervorhebung A.W.

65 Marx: Kapital I, MEW, Bd. 23, S. 85–98.

66 Ebd., S. 649.

zubehalten und gleichzeitig Rousseau für die Art zu tadeln, wie seine Lehre in der Französischen Revolution angenommen wurde. Hegel schreibt:

> »Die angeführte Definition des Rechts enthält die seit *Rousseau* vornehmlich verbreitete Ansicht, nach welcher der Wille nicht als an und für sich seiender, vernünftiger, der Geist nicht als *wahrer* Geist, sondern als *besonderes* Individuum, als Wille des Einzelnen in seiner eigentümlichen Willkür, die substanzielle Grundlage und das Erste sein soll. Nach diesem einmal angenommenen Prinzip kann das Vernünftige freilich nur als beschränkend für diese Freiheit sowie auch nicht als immanent Vernünftiges, sondern nur als ein äußeres, formelles Allgemeines herauskommen. Jene Ansicht ist ebenso ohne allen spekulativen Gedanken und von dem philosophischen Begriffe verworfen, als sie in den Köpfen und in der Wirklichkeit Erscheinungen hervorgebracht hat, deren Fürchterlichkeit nur an der Seichtigkeit der Gedanken, auf die sie sich gründeten, eine Parallele hat.«[67]

Hegel missverstand Rousseau, denn dieser berief sich hier, wenn es um den Willen der vertragschließenden Individuen geht, auf die vernünftigen Prinzipien und nicht auf Willkür, Meinungen und Launenhaftigkeit. Für Rousseau war diese Vernunft ein Ausdruck des Überlebens und der Freiheit, ein Beleg dafür, dass die bürgerliche Institution der Gleichheit vor dem Gesetz anerkannt ist.

Letztendlich appellierte Hegel an eine Vernunft anderer Art, nämlich eine, die Menschen durch die Erziehung in den höheren Rängen der bürgerlichen Gesellschaft eingeschärft wird. Das kommt in den »Grundlinien der Philosophie des Rechts« sehr klar heraus. Für Hegel ist es die Aufgabe der Staatsbeamten, die individuellen Interessen mit denen des Staates in Einklang zu bringen. Dank ihrer Erziehung sind sie mit ihrem Willen dem der anderen überlegen und erkennen die Universalität der Vernunft. Sie sind es auch, die sich innerhalb der Idee und des Begriffs bewegen und deren Gebote hinunter in den Gesellschaftskörper übersetzen. Marx unterminierte mit seiner Kritik die Autorität dieser Klasse und bringt uns auf diese Weise, im Gegensatz zu Hegel, zurück zu Rousseaus Begriff von Vernunft.

Marx zufolge bietet Hegel, anders als er es für sich selbst beansprucht, keinerlei »philosophisches Konzept«, sondern vielmehr

> »eine offenbare Mystifikation. [...] Die verschiedenen Gewalten sind also nicht durch ihre ›eigene Natur‹ bestimmt, sondern durch eine

67 Hegel: Grundlinien der Philosophie des Rechts, S. 45.

> fremde. Ebenso ist die Notwendigkeit nicht aus ihrem eignen Wesen geschöpft, noch weniger kritisch bewiesen. Ihr Schicksal ist vielmehr prädestiniert durch die ›Natur des Begriffs‹ […]. Die Seele der Gegenstände, hier des Staats, ist fertig, prädestiniert vor ihrem Körper, der eigentlich nur Schein ist. […] ›Idee‹ und ›Begriff‹ sind hier verselbstständigte Abstraktionen.«[68]

In diesem Text ersetzen die Begriffe »Mystifikation« und »Abstraktion« wiederholt den Begriff »Entfremdung«; sie treten als theoretische Gegenstücke, Bestätigungen und Erweiterungen des Begriffs auf und werden dies auch durchgängig in Marx' späterem Werk tun.

Marx war der Überzeugung, dass Hegel die Regeln des modernen Staats zu ewigen Rechtswahrheiten verallgemeinerte. Insofern hatte seine Kritik an Hegel ein breiter gefasstes Ziel, als Hegel selbst es hatte, denn hinter ihm stand die moderne Regierung, insbesondere ihre preußische, absolutistische und von daher fremde Form, bei der Politik von oben herab diktiert wird oder auch vom Staat über die höheren Ränge der Zivilgesellschaft bzw. der bürgerlichen Gesellschaft. Die bürgerliche Rechtskritik verlangt, dass die Zivilgesellschaft als Sphäre von gesellschaftlicher Macht eingerichtet wird. Die bürgerliche Gesellschaft verlangt, dass der politische Einfluss von der Zivilgesellschaft auf den Staat ausgeht, und nicht umgekehrt. Marx wiederum sollte diese Konstellation kritisieren, indem er auf die wachsende Macht der Zivilgesellschaft bzw. der bürgerlichen Gesellschaft verwies, die kein System der Emanzipation, sondern der Herrschaft darstelle.[69]

Die bürgerliche Klasse und die Zivilgesellschaft, die sie repräsentierte, hatten zunehmend politische Macht errungen, und dies sogar in den allmählichen Veränderungen der deutschen Welt, was sich der wachsenden Bedeutung der Industrie verdankte. In einer republikanischen Regierung wird eine Trennungslinie zwischen der bürgerlichen Gesellschaft und der politischen Gesellschaft postuliert. In den Abstraktionen der Letzteren werden die Ungleichheiten von Reichtum und Klasse neutralisiert; in den konkreten Formationen der Zivilgesellschaft bleiben sie erhalten, wenngleich das offenbar ohne politische Relevanz bleibt. Diese Spaltung ist bleibend, und daraus folgt: »Die *politische* Emanzipation ist allerdings ein großer Fortschritt, sie ist zwar nicht die letzte Form der menschlichen Emanzipation überhaupt, aber sie ist die letzte Form der menschlichen Emanzipation *innerhalb* der bisherigen Weltordnung.«[70] Die bürgerliche Gesellschaft war ursprünglich revolutionär, inzwischen aber birgt sie,

68 Marx: Zur Judenfrage, MEW, Bd. 1, S. 213.

69 Das ist das Thema des Textes, den Marx unmittelbar nach der Schrift »Zur Kritik der Hegelschen Rechtsphilosophie« verfasst hat, insbesondere »Zur Judenfrage«.

70 Marx: Zur Judenfrage, MEW, Bd. 1, S. 356.

vor allem wegen ihres heftigen Gegensatzes zur politischen Gesellschaft, Gefahren eigener Art.

Die höchste davon besteht darin, dass die bürgerliche zivile Gesellschaft nicht als eine spezifische gesellschaftliche und historische Form erscheint, sondern als die natürliche Wahrheit des Menschen. Bei Marx heißt es:

> »Der Mensch, wie er Mitglied der bürgerlichen Gesellschaft ist, der *unpolitische* Mensch, erscheint aber notwendig als der *natürliche* Mensch. [...] Die *politische Revolution* löst das bürgerliche Leben in seine Bestandteile auf, ohne diese Bestandteile selbst zu *revolutionieren* und der Kritik zu unterwerfen. Sie verhält sich zur bürgerlichen Gesellschaft, zur Welt der Bedürfnisse, der Arbeit, der Privatinteressen, des Privatrechts, als zur *Grundlage ihres Bestehns*, als zu einer nicht weiter begründeten *Voraussetzung*, daher als zu ihrer *Naturbasis*. Endlich gilt der Mensch, wie er Mitglied der bürgerlichen Gesellschaft ist, für den *eigentlichen* Menschen, für den *homme* im Unterschied von dem *citoyen*, weil er der Mensch in seiner sinnlichen individuellen *nächsten* Existenz ist, während der *politische* Mensch nur der abstrahierte, künstliche Mensch ist, der Mensch als eine *allegorische, moralische* Person. Der wirkliche Mensch ist erst in der Gestalt des *egoistischen* Individuums, der *wahre* Mensch erst in der Gestalt des *abstrakten citoyen* anerkannt.«[71]

Diese als natürlich geltende bürgerliche Gesellschaft wird zum »*höchsten praktischen* Ausdruck der menschlichen Selbstentfremdung« und ihre Interessen stehen im Gegensatz zur *»menschlichen Emanzipation«*.[72] Für Marx wird die menschliche Emanzipation durch die bürgerliche Gesellschaft behindert. Erstens beruht deren Funktionieren auf einer nicht erkannten Voraussetzung, nämlich auf einer Klasse, die Eigentum produziert, aber nicht für sich selbst schafft: dem Proletariat. Anders als es in den naturalisierten und individualisierten Konstruktionen der bürgerlichen Philosophen für die natürlichen Eigentümer unterstellt wird, ist diese Klasse nicht Teil der bürgerlichen Gesellschaft. Sie besitzt ebenso wenig die Mittel zur ökonomischen wie diejenigen zur gesellschaftlichen Produktion. Bereits in seiner Kritik an Hegels Staatsphilosophie hielt Marx fest: »Das Charakteristische ist nur, dass die *Besitzlosigkeit* und der *Stand der unmittelbaren* Arbeit, der konkreten Arbeit, weniger einen Stand der bürgerlichen Gesellschaft als den Boden bilden, auf dem ihre Kreise ruhen und sich bewegen.«[73]

71 Ebd., S. 369–370; Hervorhebungen im Original.

72 Ebd., S. 372; Hervorhebungen im Original.

73 Ebd., S. 284; Hervorhebungen im Original.

Zweitens entwickelt sich in der bürgerlichen Gesellschaft ein Widerspruch, nämlich zwischen »der Politik und Geldmacht überhaupt. Während die Erste ideal über der Zweiten steht, ist sie in der Tat zu ihrem Leibeignen geworden.«[74] Allgemein können wir das als historisches Beispiel dafür nehmen, dass die bürgerliche Gesetzgebung die Oberhand bekommen hat. Auch hier spricht der politische Wille, von dem angenommen wird, er repräsentiere die gesamte Bevölkerung, lediglich für den Teil der Eigentümer. Die alte politische Entfremdung des absolutistischen Staates hat sich zur neuen ökonomischen Entfremdung des republikanischen Staates gewandelt.

Nachdem er auf die Guillotine hingewiesen hat, erinnert uns Marx daran, dass das politische Leben »in den Momenten seines besondern Selbstgefühls« die bürgerliche Gesellschaft dort revolutioniert, wo sie durch reformistischen (aber nicht-revolutionären) Wandel unberührt geblieben war. Wenn dies passiert, dann sucht das politische Leben, diese »Gesellschaft und ihre Elemente zu erdrücken und sich als das wirkliche, widerspruchslose Gattungsleben des Menschen zu konstituieren«. Doch handele es sich dabei um einen dialektischen Zirkel:

> »Es vermag dies indes nur durch *gewaltsamen* Widerspruch gegen seine eigenen Lebensbedingungen, nur indem es die Revolution für *permanent* erklärt, und das politische Drama endet daher ebenso notwendig mit der Wiederherstellung der Religion, des Privateigentums, aller Elemente der bürgerlichen Gesellschaft, wie der Krieg mit dem Frieden endet.«[75]

Die unüberwindliche Trennung zwischen der politischen und der bürgerlichen Sphäre im entfremdeten modernen Staat sah für Marx so aus: Im Zuge von Revolution und Restauration pendelt dieser in einem endlosen Gegensatz zwischen den beiden Prinzipien hin und her. Dennoch betonte Marx wiederholt, die revolutionäre politische Geste sei der einzig mögliche Ausweg aus der neuen, ökonomischen Entfremdung. Ebenso wie bei der Überzeugung, dass Arbeit eine Form der Selbstverwirklichung darstelle, liegt hier ein Restbestand bürgerlicher Wertschätzung in seinem Denken vor.

Das tatsächliche Ziel von Marx – und hier ging er über den von Rousseau gesetzten Rahmen hinaus – bestand darin, die dualistische Struktur der bürgerlichen und der politischen Gesellschaft in ihrer Antinomie infrage zu stellen. Dabei demaskierte er die unterstellte Naturhaftigkeit des Menschen, die dieser Dualismus postuliert: eines Menschen, der seinen Wert und seine Rechte über die entfremdeten Formen der Arbeit, der Bildung

74 Ebd., S. 374.

75 Ebd., S. 357.

von Eigentum und des Tauschs erhält und der als isoliertes Individuum existiert, dessen Interesse darauf gerichtet ist, das damit verbundene Handeln zu schützen. Marx griff das Konzept der menschlichen Natur als eines an, das durch dessen kapitalistische Rahmung entstanden ist, und die politischen Forderungen, die aus ihm folgten, darunter die Vorstellung, das menschliche Sein sei durch Arbeit bestimmt. Letztendlich wollte Marx die Einschätzungen der menschlichen Natur ändern und zeigen, dass sie eine Besonderheit des bürgerlichen Lebens darstellen, die den historischen Formen der Vergegenständlichung als Entfremdung entspringen. Hier überschreitet Marx auch die bürgerliche Kritik, die auf dem Stellenwert von Arbeit basiert, der politisch durch die Revolution eingelöst wird. Marx' Spätwerk wird darum kreisen, die Befreiung nicht in der Arbeit, sondern in der Freiheit von Arbeit zu begründen.

In den späten ökonomischen Schriften behandelte Marx Revolutionen, durch die das Bürgertum die Oberhand gewann, als seien sie vollendete historische Fakten gewesen und nicht komplexe Prozesse, denen die Gesellschaften nach wie vor unterworfen waren.[76] Seine Rechtfertigung dafür war ökonomischer Art: Da die vorherrschende Produktionsweise ihm zufolge diejenige der Bourgeoisie geworden war, interpretierte er politische Veränderungen zunehmend als reine Begleiterscheinungen der ökonomischen Realitäten.[77] Dabei vernachlässigte er jedoch den politischen Einfluss der feudalen Aristokratie, der trotz ihrer schwindenden ökonomischen Bedeutung erhalten blieb.

Zeitgenössische Historiker sprechen davon, dass »der Weltkrieg von 1914 [...] nichts anderes [...] als ein letztes Sich-Aufbäumen der europäischen *anciens régimes* vor dem Untergang« gewesen sei.[78] Der politische Einfluss des *ancien régime* hielt weit über Marx' Tod (1883) hinaus an. Anders gesagt: Er blieb bis zu jenem Zeitpunkt bestehen, der in der Geschichtsschreibung häufig als historisches Moment des Scheiterns von Marx' politischer Vision identifiziert wird: dem Untergang der Zweiten Internationale, als Arbeiter sich anschickten, im Namen ihrer jeweiligen Nationalstaaten gegeneinander Krieg zu führen. Das heißt, dass der Todesstoß die feudale Aristokratie ungefähr zur gleichen Zeit ereilte, als

76 Es ist Marx in seinen späteren politischen Schriften nicht möglich gewesen, weiter so vorzugehen. Daher ist der anhaltende politische Einfluss des Adels Thema in »Die Klassenkämpfe in Frankreich« (1850), im »Achtzehnten Brumaire des Louis Bonaparte« (1851) und in der »Kritik des Gothaer Programms« (1875). Man beachte aber auch, dass er der Kluft zwischen der politischen und der ökonomischen Entwicklung im »Kommunistischen Manifest« ebenso wie im »Kapital« bemerkenswert wenig Aufmerksamkeit schenkte.

77 Der »Überbau« wurde von der »Basis« unterschieden und mit ihm in Beziehung gesetzt. Die Letztere wird durch den ökonomischen Unterbau einer Gesellschaft bestimmt, und der Erstere erscheint als eine Reihe von Epiphänomenen dieser Basis, einschließlich ihrer politischen, theologischen und intellektuellen Ausdrucksformen. Der späte Marx verwendete bereits diese Begriffe; vgl. zu ihrer Entwicklung und ihrem Gebrauch Althusser: Für Marx und ders./Etienne Balibar: Das Kapital lesen, Münster 2015.

78 Arno J. Mayer: Adelsmacht und Bürgertum. Die Krise der europäischen Gesellschaft 1848–1914, München 1984, S. 9.

auch die Arbeiterbewegung auseinanderbrach, zumindest jener paneuropäische revolutionäre Teil, auf den Marx gesetzt hatte.

Dies würde erklären, warum im Marxismus der ersten Generation und in der Arbeiterbewegung die Tendenz bestand, Marx' Werk als Verteidigung des Vorrangs von Arbeit zu sehen, und nicht so sehr als eine Kritik an der Entfremdung durch Arbeit. Doch wenn Marx der Vorrang und die Rechte der Arbeit verteidigt hätte, hätte sich sein Ansatz wenig von Locke oder Smith unterschieden. Die Tatsache, dass die bürgerlichen Revolutionen historisch unvollendet blieben, wirkte sich somit auch auf die Art und Weise aus, wie Marx selbst interpretiert wurde. Seine schärferen Einsichten in die historische und entfremdende Qualität von Arbeit wurden durch die moderne Berufung auf deren Rechte zugedeckt. Die politische Revolution musste daher auf einen einzigen Aspekt der Moderne abzielen, nämlich auf die bürgerliche Überwindung des Feudalismus; sie basierte darauf, dass die Arbeit Anspruch auf die Früchte der eigenen produktiven Tätigkeit erhob.[79]

Möglicherweise zeigt Marx' Appell an die Revolution, dass sein politischer Begriffsapparat noch in einer Struktur verharrt, die andere Teile seiner Analyse bereits hinter sich gelassen haben: die auf die Überwindung der feudalen Ordnung abzielt. Wir werden sehen, wie sich dieser Appell in seinen späteren Schriften verändert. Der alte Marx hatte es mit einem politischen Kontext zu tun, in dem die kommunistischen Revolutionen des 19. Jahrhunderts niedergeschlagen worden waren, sodass er sein Konzept kommender Revolutionen überarbeitete. Demnach sind diese nicht das Ergebnis spezieller politischer Aktionen einzelner Akteure oder des Rechtssystems. Vielmehr finden sie als Ergebnis der unvermeidlichen Krise und des Zusammenbruchs des Produktionssystems statt.

Wie ich in Kapitel 2 argumentieren werde, änderte sich Marx' Vorstellung von Revolution in seinem späteren Werk. Sie findet nicht mehr als bewusste Aktion des Proletariats statt, sondern über die Krise des Produktionssystems. Ich werde zeigen, dass dieser Wandel des Revolutionskonzepts mit dem herrschenden Diskurs über den Niedergang zusammenhängt, der das wissenschaftliche Denken im späten 19. Jahrhundert prägte: Er gehörte zu der Richtung der politischen Theorie, die den thermodynamischen Begriff Entropie popularisierte.

79 Die Kluft zwischen dem politischen und dem ökonomischen Bereich bei Marx wird üblicherweise auf diese Art verortet. Im Anschluss an Trotzki schrieb Jon Elster: »In der Entwicklung einer Gesellschaft gibt es eine Phase, in der sie politisch reif ist für den Kommunismus, und eine Phase, in der sie dazu ökonomisch reif ist, doch scheinen diese beiden Phasen sich in keiner Weise zu überlappen. Zumindest scheint das ein plausibles Argument für Länder zu sein, für die es kein erfolgreiches Beispiel gibt, das sie imitieren könnten, und wenn es für sie gilt, dann gibt es nichts, was imitierenswert wäre. Das Argument könnte nur dann widerlegt werden, wenn es andere Wege zum Kommunismus gäbe als einen plötzlichen und kompletten Wandel der ökonomischen Beziehungen.« (Elster: Explaining Technical Change, S. 227).

Psychologische Entfremdung: falsches Bewusstsein und die Anklage der deutschen Philosophie

Marx hat sich fast sein ganzes Leben lang für die Freiheit der Presse eingesetzt und dafür agitiert. Diese Haltung sollte vor dem Hintergrund seiner Aufforderung gesehen werden, Philosophen sollten die Welt nicht nur erklären, sondern auch verändern. Die Philosophie von Kant und Hegel, obzwar sie in verschiedener Hinsicht proto-revolutionär war, zeigt demgegenüber eine unbestreitbare Furcht vor unkultivierten Massen. Hegels Befürchtungen werden deutlich in seiner Kritik an Rousseau. Und Kant schreibt: »Es ist doch *süß*, sich Staatsverfassungen auszudenken, die den Forderungen der Vernunft (vornehmlich in rechtlicher Absicht) entsprechen: aber *vermessen*, sie vorzuschlagen, und *strafbar*, das Volk zur Abschaffung der jetzt bestehenden aufzuwiegeln.«[80] Weniger zweideutig heißt es über die Qualifikation zum Staatsbürger und zu seinem Stimmrecht: »Die dazu erforderliche Qualität ist, außer der *natürlichen* (dass es kein Kind, kein Weib sei), die einzige: dass er *sein eigener* Herr (sui iuris) sei, mithin irgend ein *Eigentum* habe (wozu auch jede Kunst, Handwerk, oder schöne Kunst, oder Wissenschaft gezählt werden kann), welches ihn ernährt.« In einer Fußnote dazu wird erklärt: »Der Hausbediente, der Ladendiener, der Taglöhner, selbst der Friseur sind bloß Operarii, nicht Artifices (in weiterer Bedeutung des Worts), und nicht Staatsglieder, mithin auch nicht Bürger zu sein qualifiziert.«[81]

Dementsprechend ist die Form, in der Kant und Hegel ihre Philosophie verfassen, die gelehrte Abhandlung, deren Adressat das gebildete höhere Bürgertum ist. Kouvelakis zufolge zeigt sich hierin die Rezeption der Französischen Revolution durch das deutsche Großbürgertum, das jene mit Begeisterung und Interesse begrüßte, allerdings beschränkt auf gewisse sichere Bereiche, und niemals wollte, dass diese Freiheiten auf die Massen im eigenen Land ausgedehnt werden.

Kouvelakis meint, die Befürchtungen von Kant und Hegel seien nicht allein dem Druck der preußischen Zensoren geschuldet gewesen. Er schreibt: »Für Hegel wie für Kant sind Intellektuelle privilegierte Vermittler des Universellen.«[82] Wir haben gesehen, wie diese Annahme Hegels politische Konzeption der Beziehung zwischen Staat und bürgerlicher Gesellschaft geformt hat, eine Beziehung, die in die Hände der intellektuellen Vermittler gelegt ist. Selbst im absolutistischen Preußen wurden die Privilegien auf die Klasse der Intellektuellen ausgedehnt, solange sie sich für einen reformistischen Rationalismus in den richtigen Kreisen und im richtigen Format einsetzten:

80 Immanuel Kant: Der Streit der Fakultäten [1798], Hamburg 2005, S. 105, FN 23.

81 Immanuel Kant: Über den Gemeinspruch: Das mag in der Theorie richtig sein, taugt aber nicht für die Praxis [1793], Frankfurt a.M. 1977, S. 150 (und Fn 8); Hervorhebung im Original.

82 Kouvelakis: Philosophy, S. 40.

> »So gesehen unterstützt die Maxime der Öffentlichkeit die Bedingungen des Kompromisses zwischen der Intelligenz und der bestehenden Ordnung, indem sie vorbeugend die Versuchung unterbindet, sich in illegalen Aktivitäten zu engagieren; sie kommt auch der Entstehung einer organischen Verbindung zwischen den Intellektuellen und den subalternen Klassen zuvor. Selbst wenn das für die Regierenden gewisse Nachteile mit sich bringt, so erscheint es aus ihrer Sicht günstig, eine Sphäre der Öffentlichkeit zuzulassen, die sorgfältig auf die bürgerlichen Schichten begrenzt bleibt, statt den legalen Spielraum für freie Äußerungen zu beseitigen; denn dies wäre mit dem Risiko verbunden, dass dieser informell oder im Geheimen auf die unteren Schichten ausgedehnt würde, eine Entwicklung, die zudem dazu führen würde, dass die Philosophen sich unter der vollen Wucht der Repression in subversive Propagandisten und Agitatoren verwandeln würden.«[83]

Umgekehrt nutzte Marx die Philosophie nicht nur in umfangreichen Werken wie dem »Kapital«, sondern auch in seinen Zeitungsartikeln. In der Zeit, als er ins Exil nach Frankreich ging, wurde er sogar so etwas wie ein Verfasser von Pamphleten. Hier zeigt sich eine andere Verwendung der Philosophie als bei Kant und Hegel. Kouvelakis erinnert uns daran, dass vor der 1843 vollzogenen Abkehr vom rheinischen Liberalismus zugunsten des französischen Radikalismus Marx' »theoretische und praktische Bemühungen dahin gingen, dass die Idee einer freien Presse als ein konstitutives Merkmal einer [nicht-entfremdeten] Zivilgesellschaft anerkannt werden müsse«.[84] Während Marx unter dem Druck der preußischen Zensur und der gesamten intellektuellen Öffentlichkeit stand, kämpfte er für Pressefreiheit und die Popularisierung der philosophischen Wahrheiten. In einem Artikel zur »Pressefreiheit« und in anderen Leitartikeln für die *Neue Rheinische Zeitung* (bis zu ihrem Ende 1843) schrieb Marx der Philosophie eine neue Aufgabe zu:

> »Die Philosophie hatte lange geschwiegen zu der selbstgefälligen Oberflächlichkeit, die in einigen abgestandenen Zeitungsphrasen die langjährigen Studien des Genies, die mühsamen Früchte einer aufopfernden Einsamkeit, die Resultate jener unsichtbaren, aber langsam aufreibenden Kämpfe der Kontemplation wie Seifenblasen wegzuhauchen prahlten; die Philosophie hatte sogar protestiert gegen die Zeitungen, als ein unpassendes Terrain, aber endlich musste die Philosophie ihr Schweigen brechen, sie wurde Zeitungskorrespondent [...] Die Frage, ob philosophische und religiöse Anliegenheiten in den Zeitungen zu besprechen [seien], löst sich in ihre eigene Ideenlosig-

83 Ebd., S. 19.

84 Ebd., S. 261.

keit auf. Wenn solche Fragen schon als Zeitungsfragen das Publikum interessieren, sind sie Fragen der Zeit geworden, dann fragt es sich nicht, ob sie besprochen, dann fragt es sich, wo und wie sie besprochen werden sollen, ob im Innern der Familien und der Hotels, der Schulen und der Kirche, aber nicht von der Presse, von den Gegnern der Philosophie, aber nicht von den Philosophen, ob in der trüben Sprache der Privatmeinung, aber nicht in der läuternden Sprache des öffentlichen Verstandes, dann fragt es sich, ob [das in den] Bereich der Presse gehört, was in der Wirklichkeit lebt, dann handelt es sich nicht mehr von einem besonderen Inhalt der Presse, dann handelt es sich um die allgemeine Frage, ob die Presse wirkliche Presse, d.h. freie Presse sein soll?«[85]

Dass Marx sich für die Verwendung der Philosophie in der freien Presse einsetzte, ist eine dreifache Korrektur: erstens in Bezug auf die Abgehobenheit und Absonderung von philosophischen Ideen bei den herrschenden Klassen, zweitens in Bezug auf die daraus folgende Verarmung und Mystifizierung der Philosophie, drittens in Bezug auf die Schwierigkeiten der unteren Klassen, die sich einem philosophischen Ausdruck gegenübersahen, der sie nicht repräsentierte. Diese dreifache Korrektur führt mich zu Marx' Formulierung des Problems der psychologischen Entfremdung.

Die bemerkenswerteste Formulierung der psychologischen Entfremdung oder des falschen Bewusstseins findet sich in der »Deutschen Ideologie«. Hier grenzte Marx Entfremdung von Hegels Verwendung des Begriffs in einer idealen Welt ab und wandte sich der realen Welt zu sowie der Frage, wie sie sich dort ausdrückt. Diese wurde für ihn in dieser Periode zusehends gleichbedeutend mit dem ökonomischen und technischen Bereich der Produktion, wobei er sich in der Lage sah, zwischen beiden Verbindungen herzustellen. Ideen werden politisch dadurch, dass sie ihren Ursprung in der herrschenden Klasse haben. Er schreibt:

»Die Gedanken der herrschenden Klasse sind in jeder Epoche die herrschenden Gedanken, d.h. die Klasse, welche die herrschende materielle Macht der Gesellschaft ist, ist zugleich ihre herrschende geistige Macht. Die Klasse, die die Mittel zur materiellen Produktion zu ihrer Verfügung hat, disponiert damit zugleich über die Mittel zur geistigen Produktion, sodass ihr damit zugleich im Durchschnitt die Gedanken derer, denen die Mittel zur geistigen Produktion abgehen, unterworfen sind.«[86]

85 Karl Marx: Der leitende Artikel in Nr. 179 der »Kölnischen Zeitung«, in: MEW, Bd. 1, S. 86–104, hier S. 99–100.

86 Marx/Engels: Deutsche Ideologie, MEW, Bd. 3, S. 46.

Auf diese Art führt die technische Entfremdung der Arbeitskräfte von den Produktionsmitteln, durch die die reale Subsumtion charakterisiert ist, die Entfremdung des Proletariats als Klasse in einem noch sehr viel weiteren Sinn an. Wegen seiner materiellen Entfremdung lässt sich das Proletariat nur auf jene geistigen Produktionen ein, die im Dienst des Status quo stehen.

Zu diesen geistigen Produktionen gehören die Vorstellungen, die das Proletariat über sich selbst entwickelt und verbreitet. Da die materiellen und geistigen Produktionsmittel identisch sind, wird die Subjektivität der Arbeiterklasse durch die Konzeptionalisierung jener geformt, die nicht zu ihr gehören, sondern sie von oben herab betrachten. Somit wird die Entfremdung ausgeweitet: Als Arbeiterin oder Arbeiter bin ich nicht nur vom Produkt, von den Produktionsmitteln und von meinen Lebenstätigkeiten entfremdet, da ich eine barbarische und verabscheute Arbeit ausführen muss, sondern auch von meinem Denken und Selbstverständnis. Wenn ich feststelle, dass meine Erfahrungen nicht den Stereotypen über meine soziale Klasse entsprechen, fehlen mir das Vokabular und andere Formen gesellschaftlicher Macht, um dies zu artikulieren. So verstanden wird Entfremdung, ohne ihre ökonomischen und technischen Wurzeln zu verlieren, in einem weiteren Sinn psychologisch und die Basis für das Konzept des falschen Bewusstseins. Zu den herrschenden Ideen des kapitalistischen Zeitalters gehört die Illusion eines individuellen Produzenten, dessen Subjektivität und Gesellschaftlichkeit auf Akten der Arbeit und des Tauschs beruhen.

Indem Marx den Diskurs der Entfremdung ins psychologische Reich des Selbstverständnisses führte, dehnte er auch die Sphäre ihres Zugriffs aus. Entfremdung bezieht sich nun nicht mehr allein auf eine ungleiche Verteilung der Produktionsmittel und der Produkte von Arbeit (oder dass partikularistische sich gegenüber allgemeinen Interessen durchsetzen), sondern sie wird zum Kennzeichen des gesamten gesellschaftlichen Lebens, einschließlich der Begriffe des menschlichen Selbst und der Person. Auf diese Art finden wir bei Marx eine Entwicklung des Begriffs Entfremdung, die weit über bisherige Denker hinausgeht. Das wird besonders deutlich, wenn man Marx' Lehre vom Warenfetischismus und seine Einschätzung von Maschinenarbeit betrachtet.

IV Das entfremdete Objekt der Produktion: der Warenfetischismus

In den »Ökonomisch-philosophischen Manuskripten aus dem Jahre 1844« verwendete Marx bereits den Begriff Ware. Dies geschah noch nicht in dem umfassend kritischen Sinn wie in späteren Schriften, in denen damit ein Produkt bezeichnet wird, das charakteristisch für die kapitalistische Produktionsweise ist. In diesem frühen Text schreibt Marx über die Arbeiter:

> »Aus der Nationalökonomie selbst, mit ihren eignen Worten, haben wir gezeigt, dass der Arbeiter zur Ware und zur elendesten Ware herabsinkt, dass das Elend des Arbeiters im umgekehrten Verhältnis zur Macht und zur Größe seiner Produktion steht, dass das notwendige Resultat der Konkurrenz die Akkumulation des Kapitals in wenigen Händen, also die fürchterlichere Wiederherstellung des Monopols ist, dass endlich der Unterschied von Kapitalist und Grundrentner wie von Ackerbauer und Manufakturarbeiter verschwindet und die ganze Gesellschaft in die beiden Klassen der *Eigentümer* und eigentumslosen *Arbeiter* zerfallen muss.«[87]

Die Arbeiter und der Arbeiter bewegen sich nicht nur in einer materiellen Welt, die zunehmend aus Waren besteht, sie selbst werden zu einer Ware, weil sie nichts anderes als ihre Arbeitskraft zu verkaufen haben. Das Problem der ökonomischen Entfremdung wird hier mit Bezug auf den Klassenkampf aufgeworfen – kann also durch die Verteilung und Umverteilung der Werkzeuge und Ergebnisse der Produktion gelöst werden.

Doch das ist nicht die endgültige Formulierung des Problems bei Marx. Seine reifen Überlegungen dazu haben eine größere Bandbreite: das System der Arbeit als eine Tätigkeit und die Bewertung von Produktion und Produktivität, was ich die »produktivistische Metaphysik« nennen werde. Marx' Spätwerk kreist um die Ungleichheiten der Verteilung und die Aufspaltung in Klassen im Kapitalismus, die durch ihr jeweiliges Verhältnis zu den Produktionsmitteln bestimmt werden. Am Ende seines Lebens war Marx überzeugt davon, dass die Revolution zur Überwindung der Klassenverhältnisse unmittelbar bevorstünde. Aber er zeigte sich auch zunehmend beunruhigt über die Auswirkungen des Kapitals als totalisierendes gesellschaftliches Programm, dessen System ideologischer Regeln alle Formen menschlicher Vergegenständlichung entfremdet, indem sie allesamt als Arbeit konzipiert werden. Kapitalistische Produktion findet ihren Widerhall und ihr Gegenüber im kapitalistischen Denken.

In seiner Entwicklung des Warenfetischismus wollte Marx etwas zeigen, was unsichtbar bleiben muss, solange man innerhalb der Normen der bürgerlichen Gesellschaft verbleibt, und man riskiert, dort zu verbleiben, solange man einen vorkritischen Begriff von Entfremdung verwendet. David Rasmussen schreibt dazu:

> »In einem klassisch modernen Kontext bezieht sich Entfremdung auf einen Tauschakt [...]. Hinter diesem grundsätzlichen Akt der gegenseitigen Aneignung verbirgt sich das idealistische Subjekt der modernen

87 Marx: Ökonomisch-philosophische Manuskripte, MEW, Bd. 40, S. 517; Hervorhebung im Original.

> Gesellschaft [...]. Wenn Marx diesen Tauschakt thematisierte, wurde er niemals müde zu betonen, dass die alleinige Aufmerksamkeit für diesen Tauschakt zwischen individuellen Subjekten zu der Annahme verleiten konnte, es gebe eine grundsätzliche Struktur der Werte in modernen Gesellschaften, nämlich Freiheit, Gleichheit und Koalitionsrecht [...]. ›Entfremdung‹ könnte die Erfahrung von Individuen in einer Gesellschaft beschreiben, nicht aber die Erfahrung der Gesellschaft in ihrer Totalität. Der theoretische Ausgangspunkt bei Marx ist der Warenfetischismus [...] Über die Untersuchung der Ware werden die Beziehungen in der Gesellschaft in ihrer Totalität sichtbar gemacht.«[88]

Marx ging es nicht einfach darum, dass an der Freiheit, der Gleichheit oder dem Koalitionsrecht etwas falsch wäre: Diese Forderungen stellen vielmehr einen »großen Schritt vorwärts« gegenüber den absolutistischen und feudalen Konstruktionen dar, die sie ersetzen. Doch sind derartige Dogmen der modernen Revolutionen Produkte der bürgerlichen Vorstellungen von Arbeit. Sie leiten also politische Souveränität und persönliche Autonomie von der Arbeit ab und können daher nicht die »endgültige Form menschlicher Emanzipation« darstellen. Stattdessen wird der emanzipatorische Diskurs einer bestimmten historischen Phase zur Fessel für die folgende. Bürgerliche Gesellschaften unterliegen bestimmten Illusionen, die sich von denjenigen ihrer feudalen Vorläufer unterscheiden und möglicherweise schädlicher sind, weil die Herrschaftsverhältnisse nicht unmittelbar sichtbar sind, sondern sich unter den neutralen Formen des wirtschaftlichen Lebens verbergen und als Naturgesetze erscheinen.[89]

Herausragend unter den Illusionen der bürgerlichen Gesellschaft ist das »idealistische Subjekt«, auf das Rasmussen weiter oben verweist, mit seinen idealistischen Akten in der Arbeit und im Tausch. Die Eigenschaften dieses Subjekts gelten als solche, die Menschen natürlich und ahistorisch eigen sind. Dazu gehört die Eigenschaft einer radikalen, aus Marx' Sicht falschen Individualität. Diese begründet das Subjekt durch die gesellschaftlichen und politischen Akte des Arbeitens und des Tauschs von Arbeit auf dem Markt. Wie wir bei Locke gesehen haben, wurde die Natürlichkeit dieses Subjekts durch bürgerliche Philosophen vorgegeben. Ihr Entwurf sollte die »künstliche« feudale Gesellschaft herausfordern, in der die Vorstellung abgelehnt wurde, Arbeit begründe Eigentum, denn dieses wurde über Blutsbande und Geburt weitergegeben. Dieses

88 David Rasmussen: The symbolism of Marx: From alienation to fetishism, in: Cultural Hermeneutics 3/1975, S. 41–55, hier S. 54.

89 Es ist daran zu erinnern, dass feudale Herrschaft gottgegeben war. Von daher entbrannte die politische Streitfrage über das Wesen von Gott. Bürgerliche Herrschaft ist naturgegeben. Von daher entbrannte die politische Streitfrage über das Wesen von Natur.

arbeitende Subjekt als natürlich anzusehen verhindert den Schritt, den Marx vollziehen wollte, wenn er das Subjekt selbst als etwas Vorgegebenes sehen will, das die Regeln und Werte der Gesellschaft ergreift, die es produziert haben.

Marx möchte das bürgerliche Objekt (oder die Ware) im gleichen Zug denaturieren wie das bürgerliche Subjekt. Den Begriff Ware hat er dabei von Smith und Ricardo übernommen. Sie sprechen von »Ware«, um sämtlichen materiellen Reichtum zu bezeichnen und beschränken den Begriff daher nicht auf eine spezielle Form von Reichtum in einer kapitalistischen Gesellschaft. Marx nennt diese Verwendung des Begriffs einen »Fetisch«, da diese spezielle Form des materiellen Wohlstands, der gebunden ist an die kapitalistische Produktionsweise, einen natürlichen und transhistorischen Status erhält.

Terrel Carver hat gezeigt, dass der Begriff Fetischismus das intellektuelle Leben Europas mit der 1785 anonym in Paris erschienenen Schrift von Charles de Brosse »Le culte des Dieux fétiches« erreicht hatte, die Marx 1842 in deutscher Übersetzung gelesen hat. Carver schreibt: »Marx verwendete das Wort ›Fetisch‹ im Sinn des 18. und 19. Jahrhunderts [...] für ein lebloses Objekt, das von Wilden angebetet wird, weil man ihm inhärente magische Kräfte zuschreibt oder es belebt durch einen Geist sieht.«[90] Marx vertrat die Auffassung, dass Waren im Kapitalismus angebetet werden, weil sie als ewige Formen menschlichen Reichtums gelten, obwohl sie tatsächlich nichts als deren kapitalistische Verkörperung darstellen. Die Ware zu entmystifizieren bedeutet daher nicht nur, eine Verbindung mit dem bürgerlichen arbeitenden Subjekt, das sie produziert hat, herzustellen, sondern auch beide Konstruktionen auf eine historische und entfremdete Form der Produktion zu beziehen.[91]

Die Ware ist die erste Kategorie, die Marx im »Kapital« untersuchte. Er griff das Modell der hegelschen Logik auf, nämlich mit der Kategorie anzufangen, aus der sich alle anderen Kategorien ergeben werden.[92] Um sie zu definieren, ging er zurück auf Aristoteles' Unterscheidung zwischen Gebrauchswert und Tauschwert. Der Gebrauchswert ist die Freude daran, eine Sache zu nutzen, was ich auch »materiellen Reichtum«

90 Terrell Carver: Marx's commodity fetishism, in: Inquiry 18/1975, S. 39–63, hier S. 51.

91 Man kann im Verfahren der Dekonstruktion die Strategie von Marx' Entmystifizierung erkennen: Als Bewegung behält Dekonstruktion den kritischen Ansatz aufzuzeigen, wie das, was als natürlich gilt, tatsächlich produziert wurde.

92 Als Marx auf der Basis von Hegels »Logik« seine reife Kritik entfaltete, begann er zunächst nicht mit der Ware als grundlegender Kategorie, sondern mit der »Produktion«, aus der sich »Konsumtion, Distribution und Austausch (Zirkulation)« ergeben; vgl. dazu die Einleitung der »Grundrisse der Kritik der politischen Ökonomie«, MEW, Bd. 42, S. 19. Dieser Zugriff änderte sich, als er beschloss, im »Kapital« die historisch-spezifische entfremdete Form des Lebens im Kapitalismus in den Mittelpunkt zu stellen, und nicht menschliche Vergegenständlichung als ein ahistorisches Ganzes. Daher fing er nun nicht mit der ontologischen »Produktion« an, sondern mit der entfremdeten historischen Form dieser Produktion: der »Ware«. Ich werde auf diese methodischen Merkmale von Marx in den Kapiteln 3 und 4 zurückkommen.

nennen werde. Dagegen stellt der Tauschwert eine abstrakte Rechnung dar, was man für eine Sache erhält, wenn man sie gegen andere Sachen tauscht, ein Begriff, den Marx auch »bürgerlichen Wert« nennt.

Auf dieser Grundlage baute Marx eine zweite Unterscheidung auf: zwischen Arbeit, die Gebrauchswert schafft (und somit materiellen Reichtum), und solcher, die Tauschwert (und somit Profit) schafft. Die erste Form ist konkrete, qualitative Arbeit, die zweite quantitativ messbare Arbeit, die Marx auch als »abstrakte Arbeit« bezeichnet.[93] In einem Brief an Friedrich Engels im August 1867 schreibt Marx: »Das Beste an meinem Buch ist, 1. (darauf beruht alles Verständnis der facts) der gleich im *Ersten* Kapitel hervorgehobne *Doppelcharakter* der *Arbeit*, je nachdem sie sich in Gebrauchswert oder Tauschwert ausdrückt [...]«.[94] Der Letztere ist entfremdet, während der Erstere lediglich vergegenständlicht ist. Für Marx tendiert »Arbeit« bei kapitalistischer Produktionsweise zum Tauschwert. Abstrakte Arbeit ist nicht allein eine *Abstraktion* bei dieser Produktionsweise. Wegen der fortgeschrittenen Arbeitsteilung, die die reale Subsumtion charakterisiert, ist die Arbeit der Arbeiterin oder des Arbeiters Teilarbeit und produziert keinen kompletten Gebrauchswert.

Das bedeutet, dass Marx' Kritik der Verteilung – und vor allem der Verteilung der Produktionsmittel – eine Rückkopplungsschleife mit der Produktionsweise als Ganzes darstellt. Im Abschnitt über den Warenfetischismus im »Kapital« sagt Marx deutlich, dass die gesellschaftliche Tyrannei des Tauschwerts so umfassend ist, dass sie darüber bestimmt, wie Dinge produziert werden, und sogar, welche produziert werden. Der Gebrauchswert und der materielle Reichtum bewegen sich daher im Laufe der Zeit asymptotisch zueinander und ihre gesellschaftliche Bedeutung für die Produktionsweise nimmt stetig ab.

Der Kapitalismus achtet nicht darauf, ob er Mengen von Gebrauchswerten produziert; er achtet lediglich darauf, Profite zu produzieren. Marx schreibt:

> »Diese Spaltung des Arbeitsprodukts in nützliches Ding und Wertding betätigt sich nur praktisch, sobald der Austausch bereits hinreichende Ausdehnung und Wichtigkeit gewonnen hat, damit nützliche Dinge für den Austausch produziert werden, der Wertcharakter der Sachen also schon bei ihrer Produktion selbst in Betracht kommt.«[95]

Das bedeutet, dass die Art des Produkts, die uns zur Verfügung steht, profitabel hergestellt werden musste, dass nicht-profitable menschliche Ver-

93 Die andere Kategorie, die Marx verwendete, um diese Art der Arbeit zu beschreiben, ist »Arbeitskraft« und wird in Kapitel 2 ausführlich behandelt.

94 Marx an Engels, 24.8.1867, in: MEW, Bd. 31, S. 326; Hervorhebungen im Original.

95 Marx: Kapital I, MEW, Bd. 23, S. 87.

gegenständlichungen niemals in Erscheinung treten und dass Gebrauchswert und materieller Reichtum immer mehr eliminiert werden.

Wir müssen auf unsere Fähigkeit zurückgreifen, Vorstellungen von Gebrauchswerten und materiellem Reichtum zu bewahren, selbst wenn diese in einer profitorientierten Welt zunehmend abgeschlossen und eingegrenzt werden. Indem Menschen Natur wiederherstellen, stellen sie auch ihr eigenes Wesen wieder her. Solange sie dies jedoch ausschließlich für Profit machen, ist dieses Wesen entfremdet: Genauso, wie die Möglichkeit des materiellen Reichtums von der Profitabilität der produzierten Dinge abhängt, wird auch menschliche Aktivität nach diesem Maßstab bewertet.[96]

Allgemein sind kapitalistische Gesellschaften nicht imstande, den Wert menschlicher Tätigkeiten in den Produkten der Arbeit, also der fetischisierten Waren anzuerkennen, wobei in ihnen die abstrakte Arbeit gepriesen und die konkrete Arbeit degradiert wird. Für Marx liegt der belebende Geist der Ware in der konkreten Arbeit, die in ihre Produktion einging. Doch diese Arbeit wird in ihrer abstrakten Form erstmals beim Austausch und bei der Ersetzbarkeit von Waren anerkannt und von der qualitativ unterschiedlichen konkreten Arbeit bei ihrer Herstellung abgetrennt. Aus diesem Grund ist der Warenfetischismus überzeugend: Beim Austausch der Waren – und später bei der Warenproduktion unter vorangeschrittener Arbeitsteilung – wird die konkrete Arbeit erstmalig als gesellschaftliche Arbeit verwirklicht, aber nur als abstrakte Arbeit.

Marx nannte die Arbeitswerttheorie, die er von Smith und Ricardo übernahm, eine wissenschaftliche Entdeckung. Bei dieser Entdeckung geht man ähnlich vor wie bei der chemischen Zerlegung der gasförmigen Komponenten der Atmosphäre, die etwas über die Atmosphäre aussagt, was allerdings demjenigen, der atmet, nicht bewusst wird.[97] Die konkrete Arbeit in einer Ware kann ähnlich wie der Anteil an Stickstoff in der Luft zwar rational, aber nicht real erkannt werden. Die konkrete

96 Vor diesem Hintergrund wird auch die Bemerkung von Antonio Negri verständlich, dass bei kapitalistischer Entfremdung bzw. realer Subsumtion »der Gebrauchswert nicht anders erscheinen kann als in Verkleidung des Tauschwerts«. Weiter heißt es bei ihm: »Es gibt nicht länger einen externen Ausgangspunkt, von dem der Gebrauchswert abhängen würde. Die Überwindung des Kapitalismus erfolgt auf der Basis von Bedürfnissen, die in diesem entstanden sind [...]. Auf den ersten Blick herrscht bei realer Subsumtion *Gleichgültigkeit* vor. Arbeit ist Qualität, Zeit ist Quantität; bei realer Subsumtion fällt die Qualität weg, und so ist alle Arbeit auf bloße Quantität reduziert, auf Zeit. Wir haben lediglich Zeitquantitäten vor uns. Während Gebrauchswert im *Kapital* noch als eigene und nicht auf Tauschwert *tout court* reduzierbare Form in Erscheinung trat, wird sie hier durch das Kapital absorbiert.« (Antonio Negri: Time for Revolution, New York 2003, S. 25–27) Ich werde die Konsequenzen dieser Hegemonie der abstrakten Zeit in Kapitel 5 diskutieren. Die Diskussion wird zu einer Neukonzeption der Revolution aus der Perspektive der Entfremdung bzw. der realen Subsumtion führen; vgl. dazu auch die Überlegungen von Marilyn Strathern zur Kommodifizierung der Natur (»enterprised up«,), Marylin Strathern: Reproducing the Future. Essays on Anthropology, Kinship and the New Reproductive Technologies, Manchester 1992; dies.: Property, Substance, and Effect: Anthropological Essays on Persons and Things, New Brunswick (NJ) 1999.

97 Marx: Kapital I, MEW, Bd. 23, S. 88.

Arbeit, ohne die Warenproduktion unmöglich wäre, ist in der kapitalistischen Gesellschaft unsichtbar, da diese nicht wissenschaftlich funktioniert, sondern über Wahrnehmungen. Für diese Gesellschaft enthalten die Waren zusammen mit der abstrakten Arbeit magische Qualitäten und sie projiziert daher die Macht der Produzenten auf das Produkt. Als erster Ausdruck der abstrakten Arbeit bestimmt die Ware die Welt des Tauschwerts, der die konkrete Arbeit unterworfen wird. Kurz und bündig heißt es dazu bei Marx:

> »Es ist nur das bestimmte gesellschaftliche Verhältnis der Menschen selbst, welches hier für sie die phantasmagorische Form eines Verhältnisses von Dingen annimmt. [...] Hier scheinen die Produkte des menschlichen Kopfes mit eigenem Leben begabte, untereinander und mit den Menschen in Verhältnis stehende selbstständige Gestalten. So in der Warenwelt die Produkte der menschlichen Hand. Dies nenne ich den Fetischismus, der den Arbeitsprodukten anklebt, sobald sie als Waren produziert werden, und der daher von der Warenproduktion unzertrennlich ist.«[98]

Marx' Anliegen war es nicht, zur Arbeitswerttheorie der politischen Ökonomie zurückzukehren.[99] Stattdessen wollte er auf die gesellschaftliche Entfremdung hinweisen, die die Illusion des Warenfetischismus nach sich zieht, und außerdem auf die abstrakte Arbeit und die Tyrannei des Tauschwerts – er verfolgte somit einen sehr viel breiteren kritischen Ansatz. Der Warenfetischismus wird nicht allein deshalb seines Nimbus beraubt, weil Waren Produkte von Arbeit sind. Wenn es allein darum ginge, dann könnte sich dies bereits aus einer nüchternen Lektüre von Ricardo und Smith ergeben, die beide der Arbeitswerttheorie anhängen. Marx kritisiert diese Theoretiker und ihre Aussagen in Bezug auf die Zentralität des Tauschwerts.

98 Ebd., S. 86–87.

99 Marx kommt in seinem Denken der Arbeitswerttheorie doch recht nahe. Wie in Kapitel 2 zu sehen sein wird, wird Marx' Begriff von Arbeit vom wachsenden Einfluss der thermodynamischen Wissenschaft mitgeprägt, was diese Theorie kompliziert. Debatten über sie finden besondere Aufmerksamkeit beim britischen analytischen Marxismus des 20. Jahrhunderts, eine logisch-positivistische Tradition, die das ablehnt, was sie als »Dialektik« oder »Schwachsinn« bezeichnet, und sich für empirische ökonomische Modelle von Marx' Theorie ausspricht. Ihre beiden wichtigsten Vertreter, Elster und Cohen, übernehmen dessen allgemeine philosophische Grundlagen, lehnen aber die Methoden ab, mit denen er zu ihnen gelangt. Zwischen ihnen gibt es auch Unterschiede. Anders als Cohen folgt Elster der marxistischen Geschichtsphilosophie, erklärt und verteidigt sie. Wie er die deskriptive und analytische Qualität der Arbeitswerttheorie zurückweist, ist nachzulesen in Elster: Making Sense of Marx, S. 127–141. Elster weist vor allem auf die andauernde Heterogenität der Arbeit hin, die Marx' Abstraktion der Austauschbarkeit infrage stellt. Darüber hinaus kritisiert er dessen ökonomische Modellierung als zu schlicht angesichts der heutigen multisektoralen Ökonomien. Auch Cohen setzt sich mit der Arbeitswerttheorie auseinander; vgl. G. A. Cohen: Karl Marx's Theory of History. A Defense, Princeton 1978. Eine erhellende Einführung zu Marx' Arbeitswerttheorie von einem Autor der vorhergehenden Generation findet sich bei Isaak Il'ich Rubin: Essays on Marx's Theory of Value, Detroit 1972 [1928].

Sowohl die politischen als auch die religiösen Strukturen von »Entfremdung« treten bei Marx' ökonomischem Bezug auf »Fetischismus« in Erscheinung.[100] Letzterer ist eine Art Götzendienst des menschlichen Wesens, der durch menschliche Vergegenständlichung umgesetzt wird. Bei entfremdeter kapitalistischer Produktion wird diese Vergegenständlichung missverstanden. Das menschliche Wesen wird als Eigenschaft gesehen, die eher der Ware als deren Produzenten zugeschrieben wird. Trotz seines ausdrücklichen Wunsches, von der religiösen Illusion zur ökonomischen Illusion fortzuschreiten, sehen wir, dass Marx' Konzept des Warenfetischismus eine deutlich religiöse Note hat, sei es in Bezug auf animistische Naturreligionen, sei es speziell in Bezug auf das Christentum. Marx hat den ökonomischen Diskurs seiner Tage eindrucksvoll mit einer totalisierenden religiösen Ideologie verbunden.[101]

Marx' Entwicklung eines Begriffs von Entfremdung als Kritik am Warenfetischismus erlaubte ihm tatsächlich, die Religionskritik weit über Feuerbach hinaus zu treiben. Das Christentum, und insbesondere der Protestantismus, kann als besonders charakteristische Form einer Religion angesehen werden, nicht um die theologische Illusion oder die Illusion des politischen Absolutismus aufrechtzuerhalten, sondern eine kapitalistische Illusion, die vom vereinzelten Menschen ausgeht, dessen Person sich auf Arbeit und Tausch gründet. Marx schreibt:

> »Für eine Gesellschaft von Warenproduzenten, deren allgemein gesellschaftliches Produktionsverhältnis darin besteht, sich zu ihren Produkten als Waren, also als Werten, zu verhalten und in dieser sachlichen Form ihre Privatarbeiten aufeinander zu beziehn als gleiche menschliche Arbeit, ist das Christentum mit seinem Kultus des abstrakten Menschen, namentlich in seiner bürgerlichen Entwicklung, dem Protestantismus, Deismus usw., die entsprechendste Religionsform.«[102]

100 Das ist eine der vielen Möglichkeiten, wie Marx' spätere Schriften vor dem Hintergrund seiner früheren Arbeiten verstanden werden können. Wenn der »Bruch« zwischen ihnen, wie von Althusser behauptet, zu sehr betont wird, geraten diese Kontinuitäten aus dem Blick. Althusser vertrat in den 1960er-Jahren die Auffassung, dass es eine deratige Trennung gebe, und bezeichnete die frühere Periode als »humanistisch«, die spätere als «wissenschaftlich«. Er datiert die Aufspaltung auf die Jahre 1845/46, als die »Deutsche Ideologie« entstand. Althusser meint nicht, die philosophische Beschäftigung mit Marx solle sich auf die einen oder anderen Texte beschränken, und hat selbst ein umfangreiches Buch zum »Kapital« verfasst (zusammen mit Etienne Balibar: Das Kapital lesen). Allerdings ist die Gegenüberstellung von »humanistisch« und «wissenschaftlich« zu hinterfragen, denn für Marx selbst hätten sich die beiden Begriffe keineswegs ausgeschlossen, auch sind sie damals nicht so kontrovers betrachtet worden, wie das im 20. und frühen 21. Jahrhundert der Fall sein sollte.

101 Zu einer Weiterentwicklung dieser Lesart vgl. Michael A. Principe: Marx, natural religion, and capitalism, in: Dialogos 67/1996, S. 155–164.

102 Marx: Kapital I, MEW, Bd. 23, S. 93.

Bei diesem Befund ändert die Religion ihre Form entsprechend dem fundamentalen Schema der produktivistischen Metaphysik. Die religiösen Illusionen unterstützen jetzt eine andere Ideologie, wonach der Mensch nun nicht mehr Gott unterworfen ist, sondern der Natur, der Arbeit und der instrumentellen Rationalität.[103]

Wir haben gesehen, wie das entfremdete Objekt der Produktion bereits in seiner Definition auf einen entfremdeten Produktionsprozess verweist. Die Aufspaltung der Ware in Gebrauchswert und Tauschwert wiederum verweist auf die Aufspaltung der Arbeit in konkrete und abstrakte; diejenige zwischen materiellem Reichtum und bürgerlichem Wert bzw. Profit schließlich verschärft die kapitalische Produktion. Das führt zu bizarren Erscheinungen wie etwa zur Zerstörung von materiellem Reichtum, um den bürgerlichen Wert zu erhalten, wenn dieser gefährdet ist.

Nirgends wird dies deutlicher als beim kapitalistischen Umgang mit Wissenschaft und Technologie. Industrielle Maschinen haben das Potenzial, größeren materiellen Reichtum bei geringerer Arbeitszeit zu produzieren. Aber Maschinen und allgemein Technologie werden insgesamt suboptimal eingesetzt, da Profit oder Tauschwert angestrebt werden und nicht materieller Reichtum. Maschinen dienen daher der Erzeugung von Profit. Sie sind fetischisierte Subjekte, in denen die gesellschaftlichen Bedingungen der Produktion in einem gegenständlichen Objekt zu erkennen sind. Maschinen sind in ihrer Materialität darüber hinaus durch die politischen Bedingungen der Produktionsweise geprägt, unter denen sie hergestellt wurden.[104] Maschinenfetischismus bezieht sich daher nicht auf die trägen Güter der Konsumtion, sondern auf die lebendigen Produktionsmittel. Diese Lebendigkeit kommt daher, dass frühere Generationen lebendige Arbeit darin angehäuft haben und aktuelle Vergegenständlichungen des gesamten menschlichen Wissens sind; sie kommt also aus der Geschichte und von der Wissenschaft her.

103 Max Weber hat diesen Strang von Marx' Argumentation weiter entfaltet, indem er die religiösen Formen des Protestantismus mit der bürgerlichen Gesellschaft verband. Obwohl orthodoxe Marxisten und Weberianer darüber streiten, ob Religion eine derart grundlegende Rolle bei der Entwicklung der ökonomischen Basis spielen kann und ob Religion Teil des Überbaus oder der Basis ist, ist klar, dass weder Marx noch Weber die Frage in derart polarisierten Begriffen gesehen haben. Selbst nachdem Marx die Religion in seiner politischen und ökonomischen Kritik »überwand«, bezog er sich mithilfe des Begriffs Warenfetischismus nach wie vor auf Religion als Strukturelement des Kapitalismus; vgl. dazu Weber, der schreibt, es solle »ganz und gar nicht eine so töricht-doktrinäre These verfochten werden wie etwa die: dass der ›kapitalistische Geist‹ [...] nur als Ausfluss bestimmter Einflüsse der Reformation habe entstehen können [...] Sondern es soll nur festgestellt werden: ob und wieweit religiöse Einflüsse bei der qualitativen Prägung und quantitativen Expansion jenes ›Geistes‹ über die Welt hin mit beteiligt gewesen sind.« (Max Weber: Die protestantische Ethik und der Geist des Kapitalismus, Bodenheim 1993, S. 50–51)

104 Vgl. zu einer analogen Diskussion zu dem, was er »technologischen Fetischismus» nennt, Feenberg: Questioning Technology, S. 210–216.

V Die entfremdeten Produktionsmittel: Maschinenfetischismus[105]

Im Kapitalismus ist Entfremdung nicht allein ein Merkmal der Verteilung des gesellschaftlichen Reichtums. Diese bestimmt die Produktion, das heißt die Form, in der menschliche Aktivität im Kapitalismus als Arbeit stattfindet. Daher kann Entfremdung auch nicht dadurch geheilt oder man von ihr erlöst werden, wenn die Waren anders verteilt werden, etwa indem jeder proportional den Anteil bekommt, den er als Arbeit in die Produktion gesteckt hat. Selbst wenn eine derartige Umverteilung die gröbsten materiellen Ungleichheiten einer kapitalistischen Gesellschaft korrigieren könnte, würde sie nicht die Grundlage einer Gesellschaft treffen, für die entfremdete Arbeit der Ausgangspunkt aller physischen und politischen Ansprüche darstellt. Bei dieser Gleichung ist es nach wie vor die Arbeit, die einem das Überleben ermöglicht und politischen Status zuweist. Arbeiterinnen und Arbeiter bekommen Zugang zu grundsätzlichen Ansprüchen über eine Form menschlicher Tätigkeit, die sie verkrüppelt und ihre Entwicklung verkümmern lässt. Wenn jemand in die Lage versetzt wird, mehr zu arbeiten und somit mehr zu verdienen, dann löst das nicht das Problem der verkümmerten Form menschlicher Aktivität.

Eine kommunistische Transformation und Wiederherstellung von menschlicher Aktivität erfordern daher nicht allein, die Ungleichheiten der Verteilung zu korrigieren, sondern einen grundsätzlichen Wandel der Produktionsweise. Entfremdung ist nicht nur eine Anklage gegenüber einer Gesellschaft, in der Arbeiterinnen und Arbeiter kein Äquivalent für die Arbeit bekommen, die sie geleistet haben, wenngleich der Kapitalismus zweifellos durch diese Art der Ungerechtigkeit geprägt ist.[106] Entfremdung ist die Anklage gegenüber einer Gesellschaft, die der großen Mehrheit eine Auffassung von menschlicher Tätigkeit zuweist, die sie verkrüppelt und verkümmern lässt: allen, die arbeiten müssen, um zu überleben, sowie allen, deren Arbeit nur instrumentell ist, und dies im Übrigen für eine derartig dürftige Definition von menschlichem Selbsterhalt.

Im Kapitalismus gehören die Produktionsmittel – die Werkzeuge oder Instrumente, mit denen die Arbeitskräfte arbeiten – nicht ihnen und sie

105 Ein hervorragendes Beispiel dafür, wie Maschinen zum Ort für die Beziehungen zwischen Personen werden können, findet sich bei Feenberg, der den Tatbestand diskutiert, wie Maschinen so entworfen wurden, dass sie zum Körper von Kindern passten. Er schreibt: »Wenn man Fotos von Kindern, die in Fabriken arbeiteten, betrachtet, fällt auf, wie diese Maschinen an ihre Größe angepasst wurden [...]. Die Bilder verstören uns, aber sie galten zweifellos als selbstverständlich, solange Kinderarbeit nicht umstritten war. Das gesellschaftliche Faktum der Kinderarbeit wurde in die technischen Daten für den Entwurf der Maschinen einfach aufgenommen. Der Abdruck der gesellschaftlichen Beziehungen zeigt sich in der Technologie.« (Ebd., S. 86–87) Ein gewisser technologischer Determinismus übersah diesen gesellschaftlichen Abdruck und ermöglichte, so Feenberg, zu argumentieren, die Maschinen machten, so wie sie gebaut waren, Kinderarbeit erforderlich.

106 Sowohl Jon Elster (Making Sense of Marx) als auch G. A. Cohen (Karl Marx's Theory) vertreten dieses reduktionistische Verständnis von Entfremdung.

verstehen sie auch nicht. Immer häufiger werden ausgetüftelte und komplizierte Maschinen eingesetzt. Diese absorbieren die Funktionalität des Arbeiters und, wie Marx erklärt, entleeren sie die menschliche Aktivität in der Produktion von jeglichem Interesse. Das führt zu dem, was ich die »technologische Entfremdung« nennen werde. Es handelt sich dabei um eine Situation, bei der die praktische Lebenstätigkeit der großen Mehrheit der Menschen an Maschinen stattfindet, die ihnen nicht gehören und die sie nicht verstehen. Solche Arbeit zeichnet sich dadurch aus, dass die Arbeiter ihre Fähigkeiten nur noch zu einem sehr geringen Teil einsetzen. Überdies werden einzelne Handgriffe über lange Zeit hinweg ständig wiederholt.

Im Fall der technologischen Entfremdung werden die Menschen nicht nur von den Waren, die sie herstellen, beherrscht – sondern gerade die Werkzeuge, mit denen sie arbeiten, beherrschen sie. Die Produktionsmittel sind bei Marx eine umfassende Kategorie. Er zählt zu ihnen Werkzeuge, Land und Rohstoffe, die aufgrund der Konvention in der entfremdeten Produktionsweise Privateigentum sind und als Kapital gelten. Marx schreibt: »Die Produktionsinstrumente im eigentlichen Sinn, wie Werkzeuge, Maschinerie, Baulichkeiten, dienen für eine längere oder kürzere Periode immer aufs Neue während wiederholter Produktionsprozesse.«[107] Ich möchte mich vor allem damit beschäftigen, wie es dazu kam, dass die Werkzeuge, wozu im 19. Jahrhundert die in großem Stil eingeführten Maschinen in der industriellen Produktion gehörten, ihre menschlichen Schöpfer und Bediener immer mehr beherrschten. Wieder geht es um das Privateigentum der Kapitalistenklasse, wie Marx es bei seiner Untersuchung der ökonomischen Entfremdung unterstrichen hat, diesmal nicht in der Form von Konsumgütern oder Grundbesitz, wenngleich beides nach wie vor mit Herrschaft verbunden ist, sondern in der Form von mechanischen Produktionsmitteln der Industrie und der Kultur.

In dieser Produktionsweise pressen diese Produktionsmittel (also die Maschinen) über die Intensivierung der Arbeit Tauschwert in immer größerem Maßstab ab (siehe dazu die Kapitel 3, 4 und 5). Noch wichtiger ist aus Marx' Perspektive, dass die Maschinen die Arbeit um das Interesse daran wie um ihren Charakter berauben und die menschliche Entwicklung verkümmern lassen, wenn der Großteil der Aktivitäten des praktischen Lebens aus Maschinenarbeit besteht. Da sie zunehmend in alle Bereiche der produktiven Arbeit eingeführt wurden, haben die Maschinen das Ausmaß der menschlichen Entfremdung vergrößert. Indem verschiedene Bereiche der Produktion automatisiert werden und indem diejenigen, die bereits automatisiert sind, das noch mehr werden, finden

107 Karl Marx: Lohn, Preis und Profit, in: MEW, Bd. 16, S. 101–152, hier S. 125.

sich die Arbeiter mehr und mehr auf Teilarbeit reduziert. Technologische Entfremdung wird zu einer immer dominanteren Beschreibung der gesamten kapitalistischen Gesellschaft.

Maschinenfetischismus ist ein Produkt der technologischen Entfremdung. Es ist nicht nur so, dass Arbeiter Produktionsmittel verwenden, die durch mystische und geheimnisvolle Eigenschaften angetrieben scheinen, die den Arbeitern unverständlich sind, sondern die Maschinen weisen auch zunehmend gerade die Funktionen auf, die den Arbeitern selbst geraubt wurden: Beweglichkeit, Diversifizierung der Aufgaben, Qualifikation. Die Entfremdung, die sich im Warenfetischismus in der Sphäre des Austauschs ausdrückt, findet beim Maschinenfetischismus in der Sphäre der Produktion statt. In beiden Fällen ergeben sich die geheimnisvollen Eigenschaften nicht aus den Objekten selbst, insbesondere nicht aus deren Gebrauchswert, sondern aus der spezifischen Illusion, die dann entsteht, wenn ihr Tauschwert den Gebrauchswert bestimmt wie auch die Form und Menge, in denen sie hergestellt werden. Wir werden sehen, dass das Opfer der Kapitalisten – das betrifft die durch die Maschine mögliche Produktion von materiellem Reichtum zugunsten der Produktion von Profit – dazu führt, dass Maschinen nicht so optimiert werden, wie es möglich wäre, und dass nur solche Maschinen entwickelt werden, die auf irgendeine Art den Profit maximieren.

Im Werk von Marx wird das Thema der technologischen Entfremdung im Laufe der 1850er-Jahre entwickelt und erscheint zunächst in den »Grundrissen« und dann in geschliffenerer Form im »Kapital«. Die Maschine ist das abschließende »metaphysische Objekt« der marxistischen Überlegungen zu Entfremdung und nimmt auf diese Art die gleiche strukturelle Position ein wie Gott bei Feuerbach oder der absolutistische Staat bei Rousseau. Die Beziehungen zu Maschinen und anderen Produktionsmitteln im Kapitalismus werden in gleicher Weise und auf ähnlich barocke Art mythologisiert wie Gott und der Staat.

Aus diesem Grund kann man in der politischen Rhetorik seit dem 17. Jahrhundert, insbesondere seit Hobbes, eine gewisse Verbindung der Themen Maschinerie und Herrschaft beobachten. Der Staat wird als Maschine bezeichnet und sein Handeln gilt als mechanisch. Im 19. Jahrhundert werden Maschinen – und ganz allgemein Wissenschaft und Technologie – in der Philosophie sowie in der politischen und soziologischen Theorie zu immer wichtigeren Kategorien.[108] In Kapitel 2 werde

108 Hegel schreibt in den Anmerkungen zu den »Grundlinien der Philosophie des Rechts« über gewerbliche Produktion, um zu illustrieren, dass sich hier eine Klasse entwickelt, die die Bearbeitung von Rohstoffen als Geschäft betreibt; insofern hat sie an der »Allgemeinheit von Sachen« teil. Er antizipiert auch Fragen des Patentrechts, wenn er die Probleme der Urheberschaft von »technischen Vorrichtungen» mit Plagiaten von veröffentlichten literarischen Texten vergleicht, wobei er sich an dieser Stelle für die freie Aneignung von öffentlichen Ideen auszusprechen scheint (S. 74ff u. 177).

ich die weitreichenden Auswirkungen der Einführung von Maschinen auf mehrere Begriffe untersuchen: die menschliche Arbeit, ihre Verkörperungen, die Teilnahme von Menschen an der Natur und die Beschreibungen der politischen Konfigurationen.

Wir werden sehen, dass das Thema Technologie in den Schriften von Marx seit den 1840er-Jahren zunehmend wichtig wird, wobei seine Überlegungen zu Maschinen in diesen Jahren wesentliche Ergänzungen und begriffliche Modifikationen erfahren. In der »Deutschen Ideologie« gelten Maschinen ebenso wie Geld als zerstörerische Kräfte »unter den bestehenden Verhältnissen«, im »Kapital« wird von der »Produktionsweise« die Rede sein.[109] Im »Kommunistischen Manifest« von 1848 sind Maschinen – vor allem im Vergleich von Arbeitern und Maschinen – Gegenstand verstreuter feindseliger Bemerkungen. Marx' wichtigstes Anliegen war da, die triumphalistischen Ankündigungen der utopischen Sozialisten zu bekämpfen, wonach Maschinen das Ende der Arbeitsmühen bedeuteten, und vor einer Akkulturation zu warnen, bei der Arbeiter wie Maschinen agieren, ein Prozess, der stattfindet, wenn Maschinenarbeit die Arbeiter selbst zu Maschinen macht. Er sollte diese Überzeugung in den folgenden Jahren zusammen mit seinen Theorien der Arbeitsteilung und der Gewöhnung der Arbeiterschaft an das industrielle Leben weiterentwickeln, doch im »Kommunistischen Manifest« wurden nur die negativen Seiten der Maschinenarbeit aufgezeigt, ohne darauf einzugehen, dass die maschinelle Produktion von materiellem Reichtum bei einer anderen Produktionsweise von Vorteil sein könnte. In dem als »Grundrisse» bekannten Manuskript aus den frühen 1850er-Jahren werden Maschinen ausführlicher behandelt, allerdings nicht unter einer gemeinsamen Überschrift oder irgendwie systematisch. Erst in den »Ökonomischen Manuskripten von 1861–63« werden sie zu einem ausführlich diskutierten Thema. Im Anschluss daran ist der Maschinerie im ersten Band des 1867 erschienenen »Kapital« ein gesamtes Kapitel gewidmet.

Ich möchte hervorheben, dass Maschinen in der Zeit in das Blickfeld von Marx gerieten, als er anfing, sich mit dem Studium der politischen Ökonomie zu befassen. In den kurzen zehn Jahren, die zwischen den »Grundrissen» und der ersten Ausgabe des »Kapital« liegen, wurde das Maschinenthema von einem Nebenschauplatz zu einer vorrangigen Beschäftigung. Marx erweiterte den Rahmen seiner Theorie, um die Maschinerie als wichtigen Teil aufzunehmen. Betrachtet man die Entwicklungslinie vom »Kommunistischen Manifest« über die »Grundrisse» zum »Kapital« zusammen mit den Manuskripten aus diesen Jahren, dann

109 An der betreffenden Stelle der »Deutschen Ideologie« heißt es: »In der Entwicklung der Produktivkräfte tritt eine Stufe ein, auf welcher Produktionskräfte und Verkehrsmittel hervorgerufen werden, welche unter den bestehenden Verhältnissen nur Unheil anrichten, welche keine Produktionskräfte mehr sind, sondern Destruktionskräfte (Maschinerie und Geld) [...].« (Marx/Engels: Deutsche Ideologie, MEW, Bd. 3, S. 26)

wird deutlich, wie sehr Technologie für Marx zum bestimmenden Faktor im ökonomischen – und so auch im politischen – Leben wurde.[110] Indem er seine Thesen zur gesellschaftlichen Produktivität von Wissenschaft entwickelte, wurden auch die Verbindungen zwischen wirtschaftlicher und politischer Entfremdung deutlich.

Doch Marx' Studien zur Technologie haben darüber hinaus einen noch subtileren Effekt auf die zentralen Begriffe seiner Analyse. Marx' Verständnis von »Arbeit«, »Natur« und »Revolution« erfährt wesentliche Veränderungen und Entwicklungen im Zuge seiner Beschäftigung mit Technologie und Maschinen. Dazu kam, dass er die Ideen der zweiten Generation der deutschen wissenschaftlichen Materialisten kennenlernte (siehe dazu Kapitel 2), was ihn veranlasste, das ontologische Modell von Arbeit, das er von Hegel übernommen hatte, durch ein thermodynamisches Modell zu ersetzen. In diesem wird zwischen Maschinen und Natur auf der einen Seite und Menschen auf der anderen Seite eher eine Kontinuität als ein Gegensatz gesehen. Anders als der ontologische Arbeitsbegriff – ein vergegenständlichter, sich selbst verwirklichender Ausdruck des Menschen und eine fortschreitende Vergeistigung der Natur – betont das thermodynamische Modell von Arbeit menschliche Kraft als eine Art von Naturkraft. Statt dass Menschen die Welt bearbeiten, bearbeitet die Natur sich selbst. In seinen späteren Schriften nutzte Marx sowohl den älteren ontologischen als auch den neueren thermodynamischen Begriff, was zu Verwirrungen darüber geführt hat, welche Rolle die Arbeit bei ihm spielt. Tatsächlich haben alle diese Kommentare ihre Berechtigung, da Arbeit mindestens eine doppelte und gegensätzliche Rolle spielt: Sie ist das, was den Menschen in seiner Menschlichkeit ausmacht, und das, was den spezifischen Unterschied des Menschen zur übrigen Natur auslöscht.

Darüber hinaus spiegeln sich in Marx' Hinwendung zu den Themen Wissenschaft und Technologie in seinen späteren Schriften grundlegende Wandlungen des 19. Jahrhunderts im Verständnis von Arbeit wider – Wandlungen, die nicht allein in seinen Texten stattfinden. Aus der Arbeit als Akt der Selbstverwirklichung wird ein entfremdetes Handeln, das um jeden Preis zugunsten der freien Zeit minimiert werden soll. Das Individuum entwickelt sich nicht, wie bei Locke, durch Arbeit, sondern in der

110 Bei Marx gibt es eine zeitliche Kluft zwischen dem Ökonomischen und dem Politischen. Deshalb kann es geschehen, dass bestimmte anachronistische Formen des sozialen oder politischen Lebens in der Praxis noch lange erhalten bleiben, selbst wenn die ökonomischen Beziehungen, die sie hervorgebracht haben, erloschen sind. Als Napoleon Bonaparte und später auch Louis Napoleon gekrönt wurden, bedienten sie sich der anachronistischen Symbole feudaler Ordnungen. Wie Marx in den Texten der 1840er- und 1850er-Jahre wiederholt gezeigt hat, lassen die Produktionsverhältnisse ihre politischen Einkapselungen hinter sich. Das Ökonomische und das Politische sind durch ihre Abfolge miteinander verbunden, nicht durch ihre Gleichzeitigkeit. Dennoch bleiben sie verbunden; vgl. dazu den Begriff der »Überreste« am Ende eines Essays, in dem Louis Althusser auf subtile Art thematisiert, wie langsam geänderte Produktionsverhältnisse sich im sozialen und politischen Leben niederschlagen (Althusser: Für Marx, S. 83).

Befreiung davon. Sozialer und politischer Status wird nun nicht mehr aus der Arbeit abgeleitet, sondern aus der Freizeit – eine grundlegende Umwälzung der bürgerlichen Werteskala.

Marx' Auffassung der gesellschaftlichen Produktivität von Wissenschaft und Technologie wird unterstrichen von seinem Verständnis von Entfremdung und Vergegenständlichung sowie seiner Diagnose, dass sowohl Maschinen Entfremdung verursachen und in der entfremdeten Produktion eine Rolle spielen, sie aber genauso bedeutsam sein könnten für vergegenständlichte Produktion. Das veranlasste ihn, bei seiner Untersuchung der Maschinen verschiedene Seiten hervorzuheben, je nachdem, ob es um den Kontext der Entfremdung oder um den der Vergegenständlichung ging. Im letzteren Fall zeigte Marx zunehmend Sympathien für das Szenario der utopischen Sozialisten, bei dem die Maschinen statt der Menschen anstrengende Arbeiten übernehmen. Aber im Unterschied zu den utopischen Sozialisten bemühte er sich darum, diese Möglichkeit mehr zu erden, als es in deren fantastischen Entwürfen geschah.

Wenn ich in Kapitel 2 und danach Marx' Überlegungen zur gesellschaftlichen Rolle von Wissenschaft und Technologie untersuche, dann folge ich dabei Moishe Postone, der die Wichtigkeit des Entfremdungsthemas beim späten Marx betont hat: »Desgleichen zeigt die entwickelte Entfremdungstheorie, dass Marx die Negation des strukturellen Kerns des Kapitalismus als Chance zur Aneignung desjenigen Herrschafts- und Wissenspotenzials durch die Menschen begriff, das sich geschichtlich in entfremdeter Form konstituiert hatte«.[111] Das heißt, die revolutionäre Wiederaneignung muss sich auch darauf erstrecken, die Kräfte anzuerkennen und zu ergreifen, die zu den metaphysischen Abstraktionen der Periode der kapitalistischen Akkumulation gehören, einschließlich von Wissenschaft und technologischem Wissen. Durch diese Umwandlung wird Entfremdung einfache Vergegenständlichung, die, wie wir gesehen haben, eine analoge Struktur aufweist und normativ nicht negativ zu bewerten ist, solange sie innerhalb ihrer eigenen Grenzen wirkt. Bei Marx sind diese Grenzen nach wie vor diejenigen von Aristoteles: der Aufruf dazu, die menschliche Freude über die Profitabilität zu stellen, und eine Warnung vor der produktivistischen Metaphysik, bei der der Tauschwert endgültig die Oberhand gewonnen hat.

111 Postone: Zeit, Arbeit und gesellschaftliche Herrschaft, S. 64.

2 — Maschinen und die Transformation der Arbeit[1]

Nach 1848 begann Marx' Arbeit davon beeinflusst zu werden, wie die politische Ökonomie und die damit verbundenen energetischen Konzepte der aufkommenden Wissenschaft der Thermodynamik das Thema Maschinen behandelten. Diese Einflüsse prägten und veränderten einige seiner grundlegenden Prämissen über die Interaktion zwischen menschlichen Wesen und der natürlichen Welt. Dadurch veränderte sich auch die Bedeutung von zwei grundlegenden Konzepten seiner späteren politischen Philosophie: der Arbeit oder des Arbeitens sowie der Revolution. Seine Schlüsselbegriffe selbst bekamen einen neuen Sinn.

In diesem Kapitel untersuche ich die durch das thermodynamische Denken verursachten Verschiebungen, seinen Ursprung im wissenschaftlichen Materialismus, Marx' Verbindung mit diesem und was daraus für seine spätere politische Philosophie folgte. Ich komme zu dem Schluss, dass sein Spätwerk das neue wissenschaftliche Paradigma nicht vollständig oder unkritisch integrierte. Stattdessen entfaltete er darin sowohl die älteren als auch die neueren Modelle von Arbeit und revolutionärem politischen Handeln. Die sich daraus ergebenden Spannungen stehen oft hinter den Streitigkeiten und Ungereimtheiten, die seinem späteren Werk zugeschrieben werden.

Die Wissenschaft der Thermodynamik löste eine Reihe von Verschiebungen aus, die sich darauf auswirkten, wie die Arbeitstätigkeit seitens der Arbeiterin oder des Arbeiters gesehen wurde, und was es bedeutete, eine »Arbeit zu erledigen«. Galt sie Aristoteles, Hegel, Smith und Locke als eine schöpferische Anstrengung, die der menschliche Geist an der unbelebten Natur vollbringt, so wurde sie nun zu einer bloßen Umwandlung von Energie, bei der die Natur auf sich selbst einwirkt. Arbeit ist nicht länger eine geistige, formgebende Tätigkeit, die die Materie durchdringt; sie ist lediglich ein Teil der Transformationen einer *natura naturans*. Damit hängt auch eine Veränderung der thermodynamisch beeinflussten Physiologie zusammen, indem hier die Vorstellung einer vitalen Kraft oder

1 Eine frühere Version dieses Kapitels erschien unter dem Titel »Capitalist Embodiment. Machines and the Transformation of Labour«, in: Beiträge zur Marx-Engels-Forschung. Neue Folge 2007, Oktober 2007, S. 197–211.

eines belebenden Geistes zunehmend aus den Erklärungen menschlicher Tätigkeit eliminiert wird.

Bis zum Aufkommen der Thermodynamik stellte Arbeit jene Tätigkeit dar, die den Menschen symbolisierte und auszeichnete, ihm[2] eine Position an der Spitze der natürlichen Welt verlieh und einen politischen Status mit sich brachte. Seit der Thermodynamik ist die menschliche Arbeit vergleichbar mit anderen Transformationen, die durch die natürliche Umwelt hervorgerufen werden – durch Maschinen, Tiere, Wind- oder Wasserkraft, die menschliche Arbeit ersetzen können. Die Arbeit verleiht demjenigen, der sie verrichtet, keine besondere Würde mehr, weder politisch noch sonstwie.

Die thermodynamische Wissenschaft brachte das hervor, was ich das »energetizistische Modell« der Interaktion zwischen Mensch und Natur nennen werde. In diesem Modell sind menschliche und natürliche Kräfte nicht grundsätzlich unterschieden. Der Mensch ist keine geistige oder lebendige Kraft, die in der natürlichen, materiellen Welt wirkt und diese umformt. Stattdessen werden Begriffe wie »geistig« und »lebendig« nach und nach aus dem wissenschaftlichen Sprachgebrauch eliminiert. Materie und Form werden als zwei Ausdrucksformen einer einzigen Art von Kraft gesehen: Energie. Menschen, Natur und Maschinen funktionieren alle nach einem einzigen Modell – dem Modell des Energieflusses. Energie kann aus einem statischen Material in Wärme oder in mechanische Bewegung und wieder zurück umgewandelt werden. Solche Umwandlungen liegen Phänomenen zugrunde, die früher als unterschiedlich galten und von denen man annahm, dass sie nach verschiedenen Regeln funktionierten. Im energetizistischen Modell werden die Tätigkeit der Dampfmaschine, die menschliche Arbeit, die menschliche Intellektualität, Naturereignisse, das Verhalten von Tieren und selbst das politische Leben der Menschen alle auf die gleiche Weise dargestellt und sie folgen der gleichen Grundregel: dem Gesetz der sich selbst umwandelnden Energie.

Diese begrifflichen Veränderungen in der Bedeutung von Arbeit können durchaus auf ein materielles Phänomen zurückgehen. Für eine durchschnittliche Arbeiterin oder einen Arbeiter im kapitalistischen System des 19. Jahrhunderts hatte Arbeit eine andere Bedeutung als bei ihren landwirtschaftlichen und industriellen Vorgängern und spielte in deren Lebenserfahrung eine andere Rolle. Die Arbeit wurde in ihrer begrifflichen Bedeutung für die Herstellung menschlicher Subjektivität zum Teil deshalb herabgestuft, weil die flächendeckende Einführung von

2 Die männliche Form ist hier beabsichtigt. Da Frauen eher mit der Materie als mit der Form und eher mit der Natur als mit dem Geist identifiziert wurden, galten sie nicht als Beteiligte beim formgebenden Charakter der Arbeit. In Kapitel 4 werde ich diesen Argumentationsstrang noch einmal aufnehmen – was aus ihm folgte, als Frauen an der industriellen Lohnarbeit teilnahmen, und welche besondere Beziehung zwischen Frauen und Entfremdung besteht.

Maschinen in der Produktion die Arbeitserfahrung radikal veränderte. Locke hatte sich auf eine Form von Arbeit bezogen, die vorwiegend landwirtschaftlicher Art war, und somit auf das Konstrukt eines individuellen menschlichen Wesens, das ein Werkzeug handhabt. Dagegen stand Marx einer Form von Arbeit gegenüber, die vorwiegend industrieller Art war und dieses Konstrukt weitgehend eliminiert hatte.

Aus diesem Grund wird im Kapitalismus die abstrakte Intellektualität zunehmend als Sphäre des eigentlich Menschlichen dargestellt. Dies gilt insbesondere für die intellektuellen Operationen der Konstruktion und der Wartung von Maschinen: der wissenschaftliche Intellekt, der die Natur durch Gestaltung manipuliert. Die Trennung zwischen der Arbeit des Körpers und der Arbeit des Geistes wird im kapitalistischen Zeitalter immer ausgeprägter, selbst wenn beide energetisch quantifizierbar sind.[3] Gleichzeitig wird das Verhältnis zu Wissenschaft und Technik für Menschen immer mehr zum Symbol für ihr Verhältnis zur Macht.

Marx' späte Texte und die Kommentare und Debatten, die sich auf sie beziehen, sind dadurch gekennzeichnet, dass er die älteren und die neueren Bedeutungen von Arbeit – Arbeit als ontologische Vergegenständlichung der menschlichen Gattung und Arbeit als energetische Transformation – nebeneinanderstellte, ohne immer zwischen ihnen zu unterscheiden. Wenn er eine Unterscheidung traf, ist es gewöhnlich eine moralisierende, bei der der ältere, schöpferische Begriff von Arbeit als Kritik am zweiten, degradierten, entfremdeten Begriff eingesetzt wird. Damit stellt sich Marx an die Seite des romantischen, humanistischen Widerstands gegen die Tendenz, den Menschen, seine Werkzeuge, seine Produkte und die Natur selbst allesamt auf die gleiche ontologische Ebene hinabzuziehen. Marx beschwor die »menschliche Arbeit«, die »lebendige Arbeit«, die Arbeit »in einer Form, worin sie dem Menschen ausschließlich angehört«.[4] Diese Anrufungen würden keinen Sinn ergeben, wenn Marx nicht die ältere Vorstellung einer geistigen Kraft beibehalten hätte, die den menschlichen Produkten den Stempel des menschlichen Wesens aufdrückt und sie insofern heraushebt. Selbst für den späten Marx des »Kapital« ist diese geistige Kraft die Fähigkeit der Imagination. Er wiederholt auf diese Art den *locus classicus* des menschlichen Wesens, wie er fast dem gesamten deutschen Idealismus eigen ist.

Gleichzeitig untergrub Marx die traditionelle Quelle solcher Anrufungen des menschlichen Geistes, indem er von der zweiten Generation der wissenschaftlichen Materialisten eine energetische Konzeption des menschlichen Körpers übernahm. Ihnen zufolge gilt menschliche Kraft

3 Zur Diskussion der Teilung von geistiger/intellektueller und körperlicher Arbeit sowie der gesteigerten Bedeutung dieser Teilung für das 19. und 20. Jahrhundert vgl. Alfred Sohn-Rethel: Geistige und körperliche Arbeit. Zur Epistemologie der abendländischen Geschichte, Weinheim 1989.

4 Marx: Kapital I, MEW, Bd. 23, S. 192–193.

als eine Art Naturkraft wie andere auch. Marx begann, von der Ökonomie des menschlichen Körpers als einem Energiesystem zu sprechen, und hielt es für möglich, den menschlichen Körper analytisch in Kategorien wie Arbeitskraft oder Arbeitsfähigkeit aufzuteilen. Betrachten wir diese Passage aus den »Grundrissen«: »Beim menschlichen Körper, wie beim Kapital, tauschen sich bei der Reproduktion die verschiedenen Portionen nicht in gleichen Zeiträumen aus, Blut erneuert sich rascher als Muskel, Muskel als Knochen, die nach dieser Seite als das Capital fixe des menschlichen Körpers betrachtet werden können.«[5] Hier konzipiert Marx den menschlichen Körper als eine Art thermodynamische Maschine, die Energie ebenso gut verlieren wie diese Ressource erneuern kann.

Die Idee des energetischen Austauschs war ein Grundstein des wissenschaftlichen Materialismus. Betrachten wir zum Beispiel das populäre Werk von Ludwig Büchner. In seinem Bestseller »Stoff und Kraft« von 1855, der zwei Jahre vor Marx' »Grundrissen« verfasst wurde, schrieb Büchner: »Mit jedem Hauch, der aus unserm Munde geht, atmen wir einen Teil der Speisen aus, die wir genießen, des Wassers, das wir trinken. Wir verwandeln uns so rasch, dass man wohl annehmen kann, dass wir in einem Zeitraum von vier Wochen stofflich ganz andere und neue Wesen sind; die Atome wechseln, nur die Art der Zusammensetzung bleibt dieselbe. Diese Atome selbst aber sind an sich unveränderlich, unzerstörbar.«[6] Man fühlt sich an Humes Schiff des Theseus erinnert.

Marx geht dann über die Metaphern des grundlegenden energetischen Austauschs hinaus, um den menschlichen Körper in den für die industrielle Produktion charakteristischen ökonomischen Begriffen zu fassen. Knochen sind nicht einfach nur fester; sie sind analog zum dauerhaften Fabrikkapital, das mehrere Produktionszyklen überdauert, zu sehen. Wie die Maschinen einer Fabrik sind die Knochen die beständigeren Teile des körperlichen Lebens. Ihre Herstellung und Instandhaltung erfordert einen größeren Energieaufwand als der anderer Teile. Der Körper selbst ist ein mechanisiertes Produktionssystem, dessen Teile in unterschiedlichen Raten ersetzt werden, ein System, das in vollem Austausch mit einer natürlichen Umgebung steht, von der es sich qualitativ nicht unterscheidet. So über den Körper zu denken war vor dem Kapitalismus nicht nur unüblich, sondern unmöglich.

Im Laufe seiner eigenen Entwicklung bewegte sich Marx also von dem, was Agnes Heller das »Paradigma der Arbeit« nannte, zum »Para-

5 Marx: Grundrisse, MEW, Bd. 42, S. 571.

6 Ludwig Büchner: Stoff und Kraft, Leipzig 1902, S. 12. Die Autorin dankt Kohei Saito, der sie auf den Fehler in der englischen Übersetzung von Büchners Werk von 1920 aufmerksam gemacht hat. Dieser Fehler suggeriert fälschlicherweise eine textliche Verbindung zwischen Marx und Büchner. Saitos ausgezeichnete Arbeit stellt diese Darstellung von Marx' Beziehung zu den wissenschaftlichen Materialisten allgemein infrage und legt nahe, dass sein metabolischer Begriff der Natur nicht auf ihnen beruht; vgl. Saito: Karl Marx' Ecosocialism, S. 65 u. 87.

digma der Produktion«: dem grundlegenden Szenario, in dem materieller Reichtum geschaffen wird.[7] In der Arbeit wird Reichtum nach dem alten Modell geschaffen, indem Materie in eine Form gebracht wird, normalerweise durch einen einzelnen menschlichen Handwerker. In der Produktion wird Reichtum geschaffen, wenn Maschinen ein bereits eingeführtes Muster wiederholen, indem sie Wärme in mechanische Energie umwandeln und im großen Maßstab die frühere menschliche Ausführung derselben Handlungen ersetzen. Im Paradigma der Produktion wird der Körper als eine produktive Maschine gesehen, und als solche stellt sie eine Einheit dar, deren Beitrag zum Produktionsprozess in Form von messbarer Arbeit erfolgt. Wenn eine solche Darstellung des menschlichen Körpers für Marx als harmlos erscheint, dann liegt das daran, dass seine Übernahme der thermodynamischen Wissenschaft nicht damit einherging, dass er auch deren metaphysische Einebnung des Unterschieds zwischen Mensch und Maschine übernommen hätte. Eine gewisse Gemeinsamkeit zwischen beiden anzuerkennen bedeutete für ihn nicht die vollständige Assimilation des einen an das andere.

Im Idealfall, so Marx, werde das Produktionsparadigma den Bedarf an menschlicher Energiearbeit auf ein absolutes Minimum reduzieren. Die Menschen bräuchten lediglich ihre Maschinen kontrollieren oder könnten sich überhaupt ganz von ihnen entfernen, während der Produktionsprozess weiterliefe, sodass sie währenddessen ihre Fähigkeiten auf andere Weise und anderswo einsetzen könnten. So fand Marx zunehmend, dass menschliche Freiheit sich in der Freizeit, nicht jedoch im Arbeitsprozess verwirkliche. Nach Postone führe dies dazu, dass Marx sich vom bürgerlichen Thema der Emanzipation durch Arbeit ab- und dem Thema der Emanzipation von der Arbeit zuwandte.[8]

In seinen späteren Texten gab sich Marx zunehmend hoffnungsvoll in Bezug auf die Abschaffung von mühsamer menschlicher Arbeit zugunsten der Produktion von materiellem Reichtum, die hauptsächlich, wenn auch nicht ausschließlich, durch Maschinen erfolgen würde. Aber diese Hoffnung steht in einem Spannungsverhältnis zu seiner früheren Diskussion von Arbeit als ontologischem Prinzip, durch das der Mensch sich selbst definiert und die Natur vergeistigt wird. Für Marx ist die menschliche Vergegenständlichung keine historische, sondern eine ontologische Kategorie, auch wenn er sie in historisch bestimmten Formen unter den Etiketten »Arbeit« und »Entfremdung« beschreibt. Aber für uns *ist* diese Kategorie ein historisches Indiz für die Art und Weise, wie der Mensch im 19. Jahrhundert vor den Transformationen der Thermodynamik konzeptualisiert wurde, eine Kategorie, die aus dem hegelschen Schema

7 Agnes Heller: Paradigm of production: Paradigm of work, in: Dialectical Anthropology 6/1981, S. 71–79.

8 Postone: Zeit, Arbeit und gesellschaftliche Herrschaft.

der Schnittstelle zwischen Geist und Natur abgeleitet wurde. In diesem Humanismus ist die Vergegenständlichung das grundlegende Moment menschlicher Subjektivität, und der Mensch wird der Natur gegenübergestellt, anstatt in Kontinuität mit ihr gesehen zu werden.[9]

Wir sehen, dass diese ältere hegelianische Struktur in den »Grundrissen« beibehalten wird, auch wenn der Text ein neues Vokabular und neue Mittel zur Konzeptualisierung von Mensch, Arbeit und Natur entwickelt. In der oben zitierten Passage aus den »Grundrissen« beschrieb Marx die maschinenartigen Qualitäten der körperlichen Erneuerung von Menschen, während er in der folgenden Passage einen Dualismus zwischen dem Menschlichen und dem Natürlichen behauptet, um die wundersame Produktion der Maschinerie als eine fortschreitende Eroberung der Natur durch den Geist zu beschreiben. Hier heißt es:

> »Die Natur baut keine Maschinen, keine Lokomotiven, Eisenbahnen, electric telegraphs, selfacting mules etc. Sie sind Produkte der menschlichen Industrie; natürliches Material, verwandelt in Organe des menschlichen Willens über die Natur oder seiner Betätigung in der Natur. Sie sind *von der menschlichen Hand geschaffene Organe des menschlichen Hirns;* vergegenständlichte Wissenskraft.«[10]

In diesem älteren Schema ist die Vergeistigung der Natur, die eintritt, wenn Menschen ihren Intellekt vergegenständlichen, um Maschinen zu bauen, ein notwendiges Moment im Prozess der menschlichen Selbsterzeugung als Gattung. Marx' Kritik der politischen Ökonomie stellt die fortlaufende Entwicklung einer solchen produktiven Vergegenständlichung als Gründungsmoment des Wesens der menschlichen Spezies nie infrage. In diesen Passagen lässt Marx die hegelsche These von der fortschreitenden Vergeistigung und Rationalisierung des Natürlichen nie hinter sich. Mensch und Natur sind verschiedene Arten von Kraft und nicht Artikulationen eines einzigen Gewebes von austauschbarer Energie.

Arbeit ist nicht das Einzige, was nach Marx' Kontakt mit der Thermodynamik neu gedacht werden musste. Auch die politische Revolution, die bei Locke darauf beruht, dass Arbeit vor den mit ihrem Geist geprägten Gegenständen geschützt werden muss, ist neu zu denken. Selbst wenn Marx die Revolution weiterhin als ein Problem des politischen Willens darstellte, begann er auch, diese strukturell und systemisch zu betrach-

9 Dies sind die Gründe, aus denen Donna Haraway Marx kritisch gegenübersteht; vgl. die einleitenden Bemerkungen zu ihrem Vortrag vom Februar 2001 über die Ko-Evolution von Mensch und Hund, »Cyborgs to Companion Species«, gehalten auf der Konferenz »Taking Nature Seriously: Citizens, Science, and the Environment«. Als Biologin und Kritikerin des Humanismus zielt Haraway auf die »marxistisch-humanistische Vision von der Umgestaltung der Natur durch den Menschen«. Das weitere Problem des aufklärerischen Humanismus ist, dass nur einige der Messlatte gerecht werden, um unter die Kategorie »Mensch« zu fallen.

10 Marx: Grundrisse, MEW, Bd. 42, S. 602; Hervorhebungen im Original.

ten. Wenn menschliches Handeln nichts anderes ist als die Manifestation eines energetischen Feldes, dann müssen politische Ereignisse als Folge von Ungleichgewichten in diesem Feld erklärt werden. Der moderne politische Diskurs der Revolution erfährt eine entscheidende Modifikation und geht in eine Theorie der Krise über. Die Revolution muss mit thermodynamischen statt politischen Begriffen erklärt werden: als Wiederherstellung eines Gleichgewichts, die aufgrund von systemischen Überlegungen erforderlich wird, und nicht als Handlungen, die aus der Freiheit, dem Willen und der Selbstbestimmung eines arbeitenden Subjekts resultieren. Außerdem repräsentiert die Revolution keinen absoluten Bruch mit der Vergangenheit, sondern ist die Wahrheit eines bereits existierenden Systems, das sich politisch ausdrückt.

Ein solches Geschehen erfordert wenig politische Aktion oder bewusste gesellschaftliche Organisation, die Eckpfeiler früherer revolutionärer Modelle. Der Kapitalismus ist weder ein König oder eine Königin, die enthauptet werden können, noch ein Rumpfparlament, das man durch seine Verhöhnung zum Rückzug zwingen kann. Der Kapitalismus ist eine Dampfmaschine mit einem Konstruktionsfehler, der eine Explosion herbeiführen wird, unabhängig davon, was irgendjemand tut oder denkt.

I Marx' energetizistische Wende

Als Marx in den 1840er-Jahren die Besonderheit des Kommunismus als politische Strategie definierte, analysierte er die bestehenden europäischen Sozialismusvorstellungen, darunter die von Pierre-Joseph Proudhon.[11] Es war Proudhon, der den Anstoß für seine Hinwendung zum Studium der Maschinen und allgemeiner zu Wissenschaft und Technik lieferte als einem Terrain, auf dem politische und ökonomische Fragen zunehmend an Bedeutung gewannen.

Im Jahr 1845 schrieb Marx seine »Thesen über Feuerbach« und war dabei, seine Kritik der deutschen Philosophie, »Die deutsche Ideologie«, abzufassen.[12] In dieser Flut von Texten aus den 1840er-Jahren kritisierte

11 Der letzte Abschnitt des »Kommunistischen Manifests« listet die bestehenden europäischen Sozialismusvorstellungen auf und unterteilt sie in reaktionäre, konservativ-bürgerliche und kritisch-utopische. Im Jahr 1848 ordnete Marx den Kommunismus noch den Letzteren zu, vielleicht wegen dessen radikaler Vision des Umsturzes der Gesellschaftsordnung. Marx' Kritik an den ursprünglichen utopischen Sozialisten Robert Owen in England und Charles Fourier in Frankreich fiel milde aus. Ihm zufolge mangelte es Owen und Fourier nicht an einer Vision oder an Vorstellungskraft, sondern an Reichweite, da sie ihre Gesellschaftsprojekte in Randbereichen, das heißt neben der herrschenden Produktionsweise verwirklichten. Viel kritischer war Marx gegenüber den späteren Anhängern Owens und Fouriers, denen er Konformismus mit der bestehenden Produktionsordnung vorwarf. Infolgedessen betrachtete Marx ihre Ideen als eine Art ohnmächtigen Bourgeois-Sozialismus.

12 In der »Deutschen Ideologie« findet sich Marx' einzige nachhaltige Kritik am teleologischen Denken, eine Kritik, die er zwar formulieren, aber nicht auf seine gesamte Argumentation anwenden konnte. Elster spekuliert, dass Engels die teleologischen Tendenzen in Marx' Denken abgemildert haben könnte, und weist darauf hin, dass teleologische Erklärungen in Schriften, die er gemeinsam mit Engels verfasst hat, seltener vorkommen; vgl. Elster: Making Sense of Marx, S. 109.

Marx die Anhänger Hegels für ihre Abstraktion und damit ihre Nachlässigkeit gegenüber den realen Bedingungen, unter denen die menschliche Natur historisch hervorgebracht wird. Eine erkenntnistheoretische Formulierung dieser Kritik gab er in »Das Elend der Philosophie« (1846), einem Kommentar zu Proudhons Adaption des hegelianischen Stils und der hegelianischen Sprache.

Dieser Kommentar unterscheidet zwischen Abstraktion und Analyse. Die Abstraktion wird die alte Form der Philosophie sein, die Marx zugunsten der Analyse überwinden will. Marx schreibt:

> »Ist es zum Verwundern, dass in letzter Abstraktion – denn es handelt sich um Abstraktion, nicht um Analyse – jedes Ding sich als logische Kategorie darstellt? [...] Wenn wir solchermaßen konsequent abstrahieren, von jedem Subjekt, von allen seinen belebten oder unbelebten angeblichen Akzidenzien, Menschen oder Dingen, so haben wir ein Recht zu sagen, dass man in letzter Abstraktion nur noch die logischen Kategorien als Substanz übrigbehält.«[13]

Marx' hyperbolisches Selbstverständnis in dieser Periode als Materialist ist aus dieser negativen Charakterisierung, was die Arbeit der Philosophie nicht tun sollte, ersichtlich.

Er sollte dies in späteren Jahren relativieren, wenn er Abstraktion als dem menschlichen Denken inhärent akzeptierte, zur Methode der hegelschen »Logik« als Werkzeug für die Analyse des Kapitalismus zurückkehrte, die wissenschaftlichen Materialisten für ihre Simplifizierung geißelte und das Sammeln empirischer Fakten, die keiner intellektuellen Synthese unterworfen sind, ablehnte. In diesen späteren Jahren behält der Materialismus für Marx nicht mehr seinen klassischen Sinn als metaphysische Theorie der Beschaffenheit der Welt. Nach seinen eigenen Kriterien wäre dies eine Abstraktion und keine Analyse. Stattdessen wendet sich Marx der Untersuchung der historischen Zufälle zu, durch die Welt und Natur entstanden sind und durch Arbeit transformiert wurden. Arbeit ist das Material, aus dem die materielle Welt gemacht wurde, nicht Atome haben sie gemacht. Gaston Bachelard beschreibt die daraus resultierende Philosophie des wissenschaftlichen Materialismus als einen »dematerialisierten Materialismus«, einen »im Kraftprimat verkörperten Materialismus«.[14]

In einem Brief vom 28. Dezember 1846, geschrieben kurz nach der Fertigstellung von »Das Elend der Philosophie«, heißt es:

13 Karl Marx: Das Elend der Philosophie, in: MEW, Bd. 4, S. 63–182, hier S. 127.

14 Zit. nach: Anson Rabinbach: Motor Mensch. Kraft, Ermüdung und Ursprünge der Moderne, Wien 2001, S. 62.

»Die zweite Evolution sind die *Maschinen*. Der Zusammenhang zwischen Arbeitsteilung und Maschinen ist bei Herrn Proudhon völlig mystisch. Jede Art der Arbeitsteilung hatte ihre spezifischen Produktionsinstrumente. Zum Beispiel machten die Menschen von der Mitte des 17. bis zur Mitte des 18. Jahrhunderts nicht alles mit der Hand. Sie besaßen Instrumente, sogar sehr komplizierte, wie Werkbänke, Schiffe, Hebel etc. etc.

Nichts lächerlicher also, als die Maschinen als Folge aus der Arbeitsteilung im Allgemeinen hervorgehen zu lassen.

Ich will nebenbei noch bemerken, dass Herr Proudhon, da er den geschichtlichen Ursprung der Maschinen nicht begriffen, noch weniger ihre Entwicklung verstanden hat. Man kann sagen, dass bis 1825 – der Epoche der ersten universellen Krise – die Bedürfnisse der Konsumtion im Allgemeinen schneller zunahmen, als die Produktion und die Entwicklung der Maschinen notgedrungen den Bedürfnissen des Marktes folgten. Seit 1825 ist die Erfindung und Anwendung der Maschinen nur das Resultat des Krieges zwischen Unternehmern und Arbeitern. Und auch das gilt nur für England. Die europäischen Nationen sind zur Anwendung der Maschinen durch die Konkurrenz gezwungen worden, die die Engländer ihnen sowohl auf dem inneren Markt als auch auf dem Weltmarkt machten. In Nordamerika schließlich war die Einführung der Maschinen die Folge sowohl der Konkurrenz mit den anderen Völkern als auch des Mangels an Arbeitskräften, d.h. des Missverhältnisses zwischen der Bevölkerungszahl und den industriellen Bedürfnissen Nordamerikas. Aus diesen Tatsachen können Sie schließen, welchen Scharfsinn Herr Proudhon entwickelt, wenn er das Gespenst der Konkurrenz als dritte Evolution, als Antithese der Maschinen, heraufbeschwört!

Schließlich ist es überhaupt wahrhaft absurd, die *Maschinen* zu einer ökonomischen Kategorie neben der Arbeitsteilung, der Konkurrenz, dem Kredit etc. zu machen.

Die Maschine ist ebenso wenig eine ökonomische Kategorie wie der Ochse, der den Pflug zieht. Die gegenwärtige *Anwendung* der Maschinen gehört zu den Verhältnissen unseres gegenwärtigen Wirtschaftssystems, doch die Art, wie die Maschinen ausgenutzt werden, ist etwas völlig anderes als die Maschinen selbst. Pulver bleibt Pulver, ob man sich seiner bedient, um einen Menschen zu verletzen oder um die Wunden des Verletzten zu heilen.«[15]

In dieser frühen Charakterisierung eines Themas, das in Marx' späterem Werk viel ausgeprägter sein sollte, entsteht die Maschinerie nicht

15 Marx an P.W. Annenkow, 28.12.1846, in: MEW, Bd. 4, S. 550–551.

einfach als ein Produkt der Arbeitsteilung oder der damit verbundenen Ausweitung des menschlichen Wissens und des materiellen Reichtums, sondern historisch unter dem Einfluss der Marktkräfte. Außerdem funktioniert sie in den verschiedenen Stadien der kapitalistischen Produktion auf unterschiedliche Weise. Es gibt ein übergreifendes Merkmal: In der kapitalistischen Produktionsweise ist die Verwendung oder Nichtverwendung von Maschinen an den Klassenkampf gebunden. Der Gebrauch von Maschinen und ihr ethischer und politischer Status sind eine Begleiterscheinung des Wirtschaftssystems und insbesondere des Klassenkampfes.

Proudhons Verwirrungen in Bezug auf Maschinen waren sinnbildlich für die politische Ökonomie im Allgemeinen.[16] Die politischen Ökonomen führten ausführliche Diskussionen über Maschinen und die Rolle, die sie in der Produktion spielten. Sie charakterisierten Maschinen als eine potenzielle Quelle grenzenlosen Reichtums ebenso wie als ein Mittel, um den Arbeitern mit Recht größere Mengen an Arbeit abzupressen und gleichzeitig ihren Beitrag zum Produktionsprozess zu minimieren, somit die Arbeit »leichter« zu machen. Um diese Thesen infrage zu stellen, lernte Marx viel über die Funktionsweise der Maschinen seiner Zeit. Überhaupt richtete er seine Aufmerksamkeit auf die politisierte Rolle, die Wissenschaft und Technik in der Produktion spielten. Die Thesen von der Energieerhaltung und der Entropie übernahm Marx durch seine Studien zur Technik und insbesondere zur Dampfmaschine, die einen Teil seines Studiums der politischen Ökonomie in den 1850er-Jahren bildeten.

Marx hielt auch direkten Kontakt zu den Theoretikern der Thermodynamik. Seine Exzerpthefte aus dem Jahr 1851 enthalten Notizen zu Justus Liebigs vitalistischer Version des Satzes von der Energieerhaltung, die er in »Die organische Chemie in ihrer Anwendung auf Agriculture und Physiologie« (1842) vorstellte. Außerdem war Marx, wie erwähnt, mit Büchners »Stoff und Kraft« vertraut und zog diesen Text während der Abfassung der »Grundrisse« heran.

16 Die Politische Ökonomie entstand im späten 17. und frühen 18. Jahrhundert als eigene Disziplin. James und David Levine folgend kann sie definiert werden, als »Ausdruck der Wechselbeziehung zwischen den politischen und den ökonomischen Angelegenheiten des Staates», im Gegensatz zu traditionelleren Konzepten, die eine scharfe Abgrenzung zwischen den beiden Sphären vornahmen; vgl. James A. Caporaso/David P. Levine (Hrsg.): Theories of Political Economy, Cambridge 1992, Zusammenfassung. Zu Marx' Zeiten umfasste die Disziplin die Arbeiten von Adam Smith, Jean Sismondi, Thomas Malthus, J. B. Say und David Ricardo. Sie beginnt mit Adam Smiths Arbeitswerttheorie, die die physiokratische Behauptung, dass sich aller Wert aus dem Boden ableitet, verdrängte. Hier sehen wir eine Theorie des Wertes, die von Energie und Bewegung angetrieben wird, anstelle einer solchen, bei der dies durch natürliche Substanzen geschieht. Obwohl er Smiths Rechtfertigungen des bürgerlichen Systems kritisch gegenüberstand, übernahm Marx zunächst Aspekte der Arbeitswerttheorie. Marx nutzte die Theorie dann, um das Primat der arbeitenden Klasse als Agent der Veränderung nicht nur der materiellen Welt, sondern mit und durch diese, auch der soziopolitischen Welt zu entwickeln.

Im Anschluss an Rainer Winkelmanns Studie von 1982[17] schreibt Anson Rabinbach Marx' Kenntnis der Thermodynamik Pellegrino Rossi zu, dessen Texte Marx bei der Abfassung des Kapitals exzerpiert hat.[18] Obwohl das richtig ist, zeigen die Exzerpthefte, besonders im Fall von Liebig und Büchner, dass Marx deren Ideen, auf die er später bei Rossi stieß, im Ansatz bereits früher kennengelernt hatte. Die bemerkenswerte Hellsichtigkeit von Rabinbachs Aussagen zu den Verbindungen zwischen Marx und der Thermodynamik gründen auf zwei Quellen, auf den ihm teilweise zugänglichen Exzerptheften ebenso wie auf einer sorgfältigen Lektüre von Marx' Texten.

Ich werde auf die Bedeutung von Liebig in Kapitel 3 zurückkommen. Obwohl Marx in privaten Briefen an Engels oftmals bestimmte Aspekte von Büchners Denken geißelte,[19] bewunderte er Büchners Arbeit doch so sehr, dass er dem Autor direkt schrieb und ihn um Hilfe bei der Suche nach einem französischen Übersetzer für »Das Kapital« bat:

> »Weshalb ich mich persönlich an Sie wende, ist dies: Ich wünschte die Sache, nach der Publikation in Deutschland, auch französisch erscheinen zu lassen zu Paris. Ich selbst kann nicht dahin gehn, wenigstens nicht ohne Gefahr, da ich erst unter Louis Philippe, zum zweiten Mal unter Louis Bonaparte (Président) aus Frankreich expelliert wurde, endlich während meines Exils in London den Herrn Louis fortwährend angegriffen habe. Ich kann also keinen Übersetzer persönlich suchen gehn. Ich weiß, dass Ihre Schrift über ›Stoff und Kraft‹ französisch erschienen ist u. unterstelle daher, dass Sie, direkt oder indirekt, mir eine geeignete Person vermitteln können. [...| Da ich während des Sommers den zweiten u. während des Winters den abschließenden dritten Band zum Druck fertig machen muss, besitze ich nicht die Zeit, um selbst die französische Bearbeitung der Schrift zu übernehmen.«[20]

Trotz einiger Einwände, die er privat gegenüber Engels formulierte, bemühte sich Marx darum, innerhalb des Mainstreams der deutschen Wissenschaftsgemeinde in der Zeit nach 1848 akzeptiert zu werden. Zu diesem Zweck berief er sich auf die Offenbarungswahrheiten der Wissenschaft zum Wesen der Dinge und insbesondere auf Metaphern der chemischen Verbindungen als Grundlage für seine politischen Forderungen. Insofern lag er auf der gleichen Linie wie die Gesamtheit der wissenschaftlichen Materialisten.

17 Karl Marx: Exzerpte über Arbeitsteilung, Maschinerie und Industrie, hrsg. von Rainer Winkelmann, Frankfurt a.M. u.a. 1982.

18 Rabinbach: Motor Mensch, S. 95.

19 Gregory: Scientific Materialism, S. 240.

20 Marx an Ludwig Büchner, 1.5.1867, in: MEW, Bd. 31, S. 544.

Marx hoffte, dass sein Renommee als wissenschaftlich arbeitender Ökonom in Deutschland den fragwürdigen Ruf verdrängen würde, den er sich als politischer Ränkeschmied erworben hatte.[21] In London in Armut lebend, war Marx mit dem enormen Erfolg von Büchners Werk konfrontiert, während seine eigenen Schriften von der deutschen Scientific Community nicht einträglich rezipiert und auch nicht gefeiert wurden. Es ist nicht schwer, in einigen der Kritiken von Marx an Büchner »saure Trauben« zu erkennen. Nichtsdestotrotz gab es zwischen ihm und den wissenschaftlichen Materialisten auch reale Unterschiede, und diesen werde ich mich im Folgenden zuwenden.

Marx den wissenschaftlichen Materialisten gegenüberzustellen verspricht einen Vorteil, der nicht auf den ersten Blick zu erkennen ist. Da Marx uns in seinen späteren Jahren so wenig Auskunft über seine Ansichten zur traditionellen Erkenntnistheorie oder zur Metaphysik gibt, müssen wir Vermutungen anstellen. Dazu will ich die Unterschiede zwischen seiner Position und derjenigen der deutschen wissenschaftlichen Materialisten skizzieren, insbesondere seine Differenzen mit Büchner und Karl Vogt.

Wie bei allen wissenschaftlichen Materialisten war auch Marx' Charakterisierung seiner Arbeit als Wissenschaft viel mehr durch die politische Bedeutung der Wissenschaft im deutschen Kontext motiviert als durch eine empirische Methode oder einen unverblümten Positivismus.[22] Sämtliche wissenschaftlichen Materialisten in Deutschland gingen von Liebigs Ablehnung des Empirismus aus und standen der englischen/französischen Methodologie und Erkenntnistheorie zunächst feindlich gegenüber.[23] Der Empirismus sei eine grobe Ansammlung von Fakten, aus der weitergehende allgemeine Schlussfolgerungen nicht gezogen werden dürften. Statt auf deduktiven Schlüssen beharre er auf einer begrenzten induktiven Methode, was auf Kosten eines breiten, symbiotischen oder dialektischen Austauschs zwischen diesen beiden Zugängen gehe. Eine solche Methode ließ polemische soziale und politische Erweiterungen nicht zu, wie sie die wissenschaftlichen Materialisten oft

21 Vgl. dazu insbesondere die Streitschrift »Herr Vogt« von Marx und seine Briefe aus den 1860er-Jahren.

22 Obwohl Marx' Exzerpthefte eine tiefe Vertrautheit mit David Hume widerspiegeln (Marx machte sich 1841 Notizen zu den Teilen III und IV von »On Human Nature« in deutscher Übersetzung, in den 1850er- und frühen 1860er-Jahren zu einem Band mit gesammelten Aufsätzen in englischer Sprache) und obwohl Engels und nach ihm Lenin dem Spätwerk von Marx eine empirische Methode attestierten, behaupten Louis Althusser und Etienne Balibar (Das Kapital lesen) zu Recht, Marx sei kein Empiriker gewesen, und betonen die hegelianische Methodologie, die Marx' Vorstellung von »Wissenschaft« zugrunde gelegen hat. Was den Positivismus angeht, sind Marx' eigene Kommentare zu Auguste Comte aufschlussreich. Im Jahr 1866 schrieb er an Engels: »Ich studiere jetzt nebenbei Comte, weil die Engländer u. Franzosen so viel Lärm von dem Kerl machen. Was sie darin besticht, ist das Enzyklopädische, la synthèse. Aber das ist jammervoll gegen Hegel (obgleich Comte als Mathematiker u. Physiker von Profession ihm überlegen, d.h. überlegen im Detail, Hegel ist selbst hier unendlich größer im Ganzen). Und dieser Scheißpositivismus erschien 1832!« (Marx an Engels, 7.7.1866, in: MEW, Bd. 31, S. 234)

23 Vgl. Gregory: Scientific Materialism, S. 151.

verwendeten. Im Widerstand gegen die empirische Methode überlebte deren hegelianisches Erbe die Kritik daran.

Doch obwohl die wissenschaftlichen Materialisten anfangs vor den radikalsten Konsequenzen des Empirismus zurückschreckten, wurden sie zunehmend in dessen Richtung gedrängt. Die Wissenschaft kam, um die Philosophie zu ersetzen, nicht um von ihr Anweisungen entgegenzunehmen. Zum Teil als Reaktion auf eine Generation von Neokantianern, die behaupteten, die Ordnung des Seins und die Ordnung des Wissens könnten nicht dieselbe sein, vertraten die wissenschaftlichen Materialisten einen naiven epistemologischen Realismus. Büchner, der philosophischste unter ihnen, argumentierte für »die Identität der Gesetze des Denkens mit den mechanischen Gesetzen der Natur«.[24] Vogt und Moleschott stellten Behauptungen auf, die sich auf dieses Prinzip stützten: dass das Gehirn Gedanken absondert, so wie die Leber Galle absondert, und dass die politischen Meinungen von jemandem direkt zu manipulieren wären, indem man seine oder ihre Ernährung ändert.

Marx war als Philosoph einfach zu gut, um mit den Postulaten des von ihm so genannten »Vulgärmaterialismus« einverstanden zu sein. In den 1850er-Jahren kehrte er zum kantianischen und hegelianischen Verständnis von Wissenschaft zurück, wonach diese von der Arbeit des Verstandes abhängig ist. Für Marx müssen die kognitiven Fähigkeiten ein ungeformtes materielles Substrat aufbereiten, um Aussagen über die Welt machen zu können. Diese Fähigkeiten sind von ihrer materiellen Funktionsweise abhängig, aber nicht auf sie reduzierbar: Wenn ich jemanden töte, wird er oder sie aufhören zu denken; aber er oder sie wird nicht allein deshalb denken, nur weil ich ihn oder sie weiter füttere. Es gelten für die kognitiven Fähigkeiten also unterschiedliche Gesetze auf der Ebene des Denkens als auf der Ebene der materiellen Funktionsweise. Marx wandte sich auch gegen das deterministische Element im wissenschaftlich-materialistischen Denken, die Vorstellung einer Notwendigkeit, die sich allein aus materiellen Umständen ergibt. Schon in seiner Dissertation, in der er das ständig bewegte epikureische Atom dem unidirektionalen Atom des Demokrit gegenüberstellte, hatte er sich bemüht, die materialistische Weltanschauung vom Determinismus abzugrenzen.

II Der erste Hauptsatz der Thermodynamik: Kraft, Stoff und der Diskurs der Energetik

Nach der Niederlage der kommunistischen und anderer demokratischer Revolutionen in den Jahren 1848/49 wurden die politisch Radikalen in Frankreich und Deutschland von repressiven Restaurationsregierungen umgebracht, verbannt oder in den Untergrund gezwungen. Marx wurde

24 Zit. nach: ebd., S. 157.

zweifach exiliert: Aus seinem Pariser Exil wurde er zunächst nach Belgien und schließlich nach England vertrieben. Sogar die gemäßigten Liberalen, die in Deutschland und Frankreich blieben, mussten eine neue, weniger offensichtliche Sprache finden, in die sie ihre Politik kleiden konnten, um ihr eigenes Überleben und das ihrer Politik zu sichern. Sie stießen auf die Sprache der Wissenschaft.

Das war keine bloße Übertragung. Die deutsche Aufklärung hatte bereits seit Langem wissenschaftliche Forschung mit republikanischer Politik verbunden, eine Allianz, die in den frühen Jahren durch Alexander von Humboldts »Kosmos« (1845-1848) und Feuerbachs Schriften beispielhaft verwirklicht worden war. In der Zeit nach 1848 wurde die wissenschaftliche Arbeit jedoch noch expliziter mit dem Klassenkampf verbunden. Die Arbeit der wissenschaftlichen Materialisten war, wie wir sehen werden, demokratisch im Inhalt. Sie war auch demokratisch in der Form: Wie Marx' »Kapital« waren die Texte der wissenschaftlichen Materialisten, zumindest vordergründig, für ein breites, nicht-akademisch gebildetes Publikum geschrieben.

Wie Rabinbach in seiner Darstellung der Veränderungen der Arbeit im 19. Jahrhundert feststellt, war

> »Deutschland, wie der marxistische Philosoph Ernst Bloch erläuterte, das klassische Land der ›Ungleichzeitigkeit‹ von sowohl außergewöhnlich raschem wirtschaftlichen und gesellschaftlichem Fortschritt als auch virulentem Widerstand gegen die Moderne. War der Chor von antiliberalen und antimodernistischen Stimmen von Schopenhauer zu Spengler ein vertrauter Pol jener Dialektik, so waren die wissenschaftlichen Materialisten sicherlich der andere, der grenzenlosen Optimismus hinsichtlich der potenziellen Harmonie von Natur und Industrie manifestierte. [...] In dem Maße, in dem der Liberalismus die politische Niederlage von 1848 überlebte, wurden die Traditionen der deutschen verfassungsmäßigen Regierungsform überwiegend eher in ihrer wissenschaftlichen als politischen Kultur bewahrt. In der Abwesenheit einer liberalen Regierungsform wurde die deutsche Wissenschaft zum fruchtbarsten Gelände für die antireligiösen, antiautokratischen und demokratischen Ideale, die die Ära nach 1848 im öffentlichen Bereich ausmerzte.«[25]

Vor diesem Hintergrund können wir Marx' Appelle an die Wissenschaft in seinen späteren Jahren und sein zunehmendes Beharren darauf, dass seine eigene Arbeit Wissenschaft sei, als einen politischen Schachzug verstehen. Obwohl er sich von den wissenschaftlichen Materialisten in ent-

25 Rabinbach: Motor Mensch, S. 63.

scheidenden erkenntnistheoretischen, metaphysischen und politischen Fragen unterschied, teilte er dieses allgemeinste Merkmal ihres Denkens.

Die wissenschaftlichen Denker dieser Generation gehörten in Deutschland zwei Generationen an: Feuerbach und Liebig waren Vertreter der ersten; Ludwig Büchner, Hermann von Helmholtz, Karl Vogt und Jacob Moleschott waren Vertreter der zweiten.[26] Marx wurde, wie wir sehen werden, während seines ganzen Lebens von beiden Generationen beeinflusst; er erbte die kritische Energie der ersten Generation und, als er die »Grundrisse« und das »Kapital« schrieb, die begrifflichen Entdeckungen der zweiten.

Wie wir in Kapitel 1 gesehen haben, war Feuerbach am meisten für seine Religionskritik bekannt. Die zweite Generation der wissenschaftlichen Materialisten wiederholte diese Kritik *ad nauseum* und übernahm sie, wobei sie insofern davon profitierte, als sie sich bei ihren Erklärungen der natürlichen Welt nicht mehr auf übersinnliche oder andere nichtmenschliche vitalistische Kräfte beriefen.

Von Helmholtz wurde durch seinen Vortrag über »Die Erhaltung der Kraft«, den er im Juli 1847 vor der Physikalischen Gesellschaft zu Berlin hielt, berühmt. Darin präsentierte er eine Version des ersten Gesetzes der Thermodynamik, besser bekannt als das Gesetz der Energieerhaltung. Es besagt, dass sich die Energie im Universum auf einem konstanten Niveau befindet und weder erzeugt noch zerstört wird. Diese Energie, die letztlich von der Sonne stammt, ist eine inhärente Eigenschaft aller Materie. Energie wird weder erzeugt noch vernichtet, sie ändert lediglich ihre Form. Nach dem neuen Gesetz sind Wärme und Bewegung konvertibel, und »Arbeit« lässt sich auf eine Menge an Wärme oder an Bewegung, die verrichtet wurde, reduzieren. Die konservierte Energie, aus der die Natur besteht, wirkt auf eine transzendentale, wenn auch nicht metaphysische Weise und dient als Grundlage aller Erscheinungsformen von Materie und Kraft.

Von Helmholtz war keineswegs der einzige Denker des 19. Jahrhunderts, der dieses Gesetz entdeckte. Wie Thomas Kuhn in seinem Aufsatz »Energy Conservation as an Example of Simultaneous Discovery«[27] berichtete, haben gleich vier europäische Wissenschaftler »zwischen 1842

26 Vgl. Frederick Gregorys historische Studie »Scientific Materialism in 19th Century Germany« von 1977. Neben Gregorys meisterhafter Behandlung der Kontroverse zwischen Vogt und Marx hebt er die Unterschiede zwischen den Materialisten hervor und beleuchtet ausgiebig Zweideutigkeiten ihrer Positionen, die ich in meiner eher summarischen Darstellung notwendigerweise übergangen habe. Ich habe hier ausgiebig auf Gregorys Arbeit zurückgegriffen.

27 Der ursprünglich 1959 veröffentlichte Aufsatz war Teil der Studien, die Kuhn im Vorfeld seines berühmten Werks »Die Struktur wissenschaftlicher Revolutionen« (Frankfurt a.M. 1986) unternahm. Dort argumentiert er, dass Revolutionen in der Wissenschaft von kulturellen und historischen Kontexten in Sprachgemeinschaften abhängen, die nach »Paradigmenwechseln« funktionieren. Das Phänomen der simultanen Entdeckung scheint zu implizieren, dass Ideen sich durchsetzen, wenn die Zeit dafür reif ist, bzw. wenn der kulturelle und historische Kontext bereit ist, sie aufzunehmen.

und 1847 die Hypothese der Erhaltung der Energie öffentlich verkündet: J. R. Mayer, James P. Joule, L. A. Colding und von Helmholtz. Bis auf den letzten arbeiteten alle in völliger Unkenntnis der anderen.«[28] Die vier Wissenschaftler, die Kuhn aufzählt, sind nur diejenigen, die einer allgemeineren Theorie, die bereits Sadi Carnot, Marc Séguin, Karl Holtsmann, G. A. Hirn, C. F. More, William Grove, Michael Faraday und Justus Liebig vertreten hatten, quantitative Beweise hinzufügten. Kuhn schreibt: »Die Geschichte der Wissenschaft bietet kein auffälligeres Beispiel für das Phänomen, das als gleichzeitige Entdeckung bekannt ist.«[29] Die gleichzeitige Entdeckung des Satzes von der Energieerhaltung ist das materielle Beispiel, von dem Kuhns berühmte spätere These über Paradigmengemeinschaften ausgeht.

Um diese Gleichzeitigkeit zu erklären, verweist Kuhn auf drei kulturhistorische Ressourcen, die den Theoretikern der Thermodynamik gemeinsam waren, und zwar: (1) die Arbeit an Batterien und an der Umwandlung von elektrischem Strom in Wärme und Licht bzw. die Verwendung von elektrischem Strom zum Aufbrechen chemischer Bindungen; (2) der Maschinenbau und die Entwicklungen bei Dampf- und Elektromaschinen, die als Erklärungen für die Umwandlung von Materie in Energie im eigentlichen Sinn dienen; und (3) die deutsche Naturphilosophie, insbesondere diejenige von Schelling.

Marx machte mit der Idee der Energieerhaltung sowohl auf indirektem als auch auf direktem Weg Bekanntschaft. Indirekt gehörte Marx zu dem »Klima der simultanen Entdeckung«, wie Kuhn es skizziert hatte. Insbesondere nahm er an den beiden letzten von Kuhn genannten exemplarischen proto-thermodynamischen Diskursen teil. Die kritischen Verbindungen von Marx zur Naturphilosophie der deutschen Aufklärung, die über Hegel liefen, sind bekannt. Weit weniger bekannt sind Marx' Studien der französischen und englischen Ingenieurskunst und sein tiefes Verständnis für die wissenschaftlichen Entwicklungen der Dampfmaschine. Ebenso unbekannt ist, auf welchem Weg sein Eintauchen in die Naturphilosophie ihn dazu führte, eine der ersten ausdifferenzierten Philosophien der Technik zu entwickeln. Marx' Vertrautheit mit Büchners Werk wird ebenfalls oft unterschätzt, wahrscheinlich wegen des Nebels, den Marx verbreitete, um den Einfluss dieses Werks zu verschleiern.

Von Helmholtz bildete den Ausgangspunkt der Arbeit von Büchner, der unermüdlich die Implikationen der wissenschaftlichen Lehren der Thermodynamik für die Sphäre der Moral verbreitete. Die Implikationen für die soziale und politische Sphäre sind nicht schwer zu erkennen, wenn man seine Popularisierung der neuen Physik betrachtet. Büchner schreibt:

28 Thomas S. Kuhn: The Essential Tension. Selected Studies in Scientific Tradition and Change, Chicago 1977, S. 66.

29 Ebd., S. 69.

»Alles, was geschieht, was geschehen ist und was geschehen wird, geschieht, geschah und wird geschehen auf eine *natürliche* Weise, d.h. auf eine Weise, die nur bedingt ist durch das gesetzmäßige Zusammenwirken oder Begegnen der von Ewigkeit her vorhandenen Stoffe und der mit ihnen verbundenen Naturkräfte oder Bewegungen. Keine Revolution der Erde oder des Himmels, mochte sie noch so gewaltig sein, konnte auf andere Weise zustande kommen. [...] *und alles dies geschah als der Ausdruck strengster Notwendigkeit.*«[30]

Nicht die Gesellschaft, sondern die Natur fordert eine Art radikale Gleichheit, denn ontologisch ist die Natur eine einzige Substanz: Energie. Energie wird zur Leitmetapher des Zeitalters, ein Mittel, um die Funktionsweise anderer Dinge in dieser Zeit zu erklären: soziale und politische Körper, menschliche Körper und kosmologische Körper.

Der politische Bereich wird nicht als Gegenpol zur Natur konzipiert, wie das bei den Vertragstheoretikern der Fall war. Er ist vielmehr aus der Natur gewoben, die als energetisches System konstruiert ist. Politische Beziehungen sind wie die Natur zu sehen, anstatt ihr entgegenzuwirken und ihre Kräfte mäßigen zu wollen. Marx, der mit dem hegelschen und aristotelischen Begriff der Natur begonnen hatte, sah sich mit diesen Ideen konfrontiert – und hat sie in seine spätere politische Philosophie auf komplexe Weise eingearbeitet.

Die neue Physik, wie sie von Helmholtz und Büchner entwarfen, erforderte auch eine neue Meta-Physik. Seit Aristoteles und bis Gassendi den demokritischen und epikureischen atomistischen Materialismus wiederbelebte, wurden Materie und Kraft als voneinander getrennte Phänomene betrachtet, eine Trennung, die die thermodynamische Synthese von Materie und Kraft zu einem einheitlichen Konzept von Energie infrage stellte. In Büchners Werk wird in den ersten neun Abschnitten die neue Metaphysik erklärt: »[...] die untrennbare Einheit von Kraft und Stoff – kein Stoff ohne Kraft! Eines für sich ist so wenig denkbar als das andere für sich; auseinander genommen zerfallen beide in leere Abstraktionen. [...] Kraft und Stoff sind daher im Grunde ganz dieselbe Sache, nur unter verschiedenen Gesichtspunkten aus betrachtet.«[31] Die neue Metaphysik verleiht der materiellen Welt eine Würde, die nicht mehr als feindlich und widerständig gegenüber dem Geist oder als Grund für die gewaltsame Vergeistigung aufgefasst werden kann.

Die Umwandelbarkeit von Kraft und Materie und die Reduktion beider auf den Begriff »Bewegung« sind Schlüsselelemente der sich wandelnden Konzepte der thermodynamischen Metaphysik. Alle Materie ist Bewegung in unterschiedlichem Ausmaß, träge oder schnell, und alle Kraft ist

30 Büchner: Stoff und Kraft, S. 62; Hervorhebung im Original.

31 Ebd., S. 1.

ebenfalls Bewegung. Eine andere Art, wie sich diese Bewegung ausdrückt, ist Wärme. Das neue Vokabular von Wärme, Bewegung und Energie verdrängt zunehmend das von Kraft und Materie. Büchner erkannte dies spät in seinem Leben, als er schrieb, dass »es vielleicht besser wäre, wenn man [den Ausdruck Kraft] ganz fallen ließe und an seine Stelle das Wort Bewegung setzte«.[32] Zunehmend bestätigte sich Büchners Vorhersage. Materie wie Kraft wurden als Begriffe unüblich und durch Wärme, Bewegung oder Energie ersetzt.

Nach der älteren Metaphysik begannen und endeten Kräfte in der Zeit. Kräfte unterschieden sich auch nach ihrer Art: Menschliche Kraft war nicht dasselbe wie natürliche, göttliche oder mechanische Kraft; tierische, menschliche und maschinelle Kräfte unterlagen unterschiedlichen Klassifizierungssystemen, weil sie in unterschiedlichem Maße an der Vergeistigung beteiligt waren. Organische und anorganische Körper galten als Zusammensetzungen aus verschiedenen Arten von Elementen. Die organische Materie wurde durch ein vitalistisches Prinzip unterschieden, das nicht weiter in chemische oder energetische Bestandteile zerlegt werden konnte. Das menschliche Leben und Handeln war der höchste und im höchsten Maß geistige Ausdruck dieses Prinzips.

Die neue Metaphysik fasste diese Gegenstände unter dem vereinheitlichenden Begriff der Energie zusammen. Kräfte beginnen und enden nicht in der Zeit, sondern werden ineinander umgewandelt. Für Büchner sind Kraft ebenso wie Materie »unsterblich«, trotz der phänomenalen Illusionen von Anfang und Ende, die ihre Verwandlungen begleiten:

> »Ist der Stoff unendlich in der Zeit oder unsterblich, so ist er nicht minder ohne Anfang und Ende im Raum [...]. Einerlei, ob wir nach der Ausdehnung des Stoffes im Kleinsten oder im Größten fragen oder suchen – nirgends finden wir ein Ende oder eine letzte Form desselben, mögen wir nun die Erfahrung oder unser Nachdenken zu Hilfe rufen.«[33]

Was das scheinbare Verschwinden der Kraft betrifft, schreibt Büchner:

> »Durch Verbrennung oder Ausgleichung chemischer Verschiedenheit wird Wärme und Licht erzeugt. Wärme wird weiter als Dampf in mechanische Kraft umgesetzt, die z.B. in der *Dampfmaschine* nutzbar wird; und die mechanische Kraft kann ihrerseits wieder durch Rei-

32 Zit. nach: Gregory: Scientific Materialism, S. 160. Brush zufolge vertrat Yehuda Elkana die Auffassung, »dass die allmähliche Bedeutungsveränderung des Ausdrucks ›Kraft‹ selbst ein wichtiger Beitrag zur Entdeckung der Erhaltung der ›Energie‹ war« (Stephen G. Brush: Die Temperatur der Geschichte. Wissenschaftliche und kulturelle Phasen im 19. Jahrhundert, Braunschweig 1987, S. 11).

33 Büchner: Stoff und Kraft, S. 26.

> bung in Wärme umgesetzt werden und in den magneto-elektrischen Maschinen sogar rückwärts in Wärme, Elektrizität, Magnetismus, Licht und chemische Spaltung übergehen.«[34]

In der neuen Metaphysik sind menschliche, tierische und maschinelle Kräfte ontologisch nicht voneinander abgrenzbar und unterscheiden sich nur durch den Grad der Energie, den sie ausdrücken. Die Entdeckungen in der Chemie zeigen, dass organische und anorganische Körper aus denselben Elementen bestehen. Die Vorstellung einer vitalen Kraft, die organische Körper beleben würde, erscheint als überflüssiges Postulat und wird als theologisches Überbleibsel lächerlich gemacht.[35]

In der neuen Metaphysik wird alle Energie letztlich von der Sonne abgeleitet. Die Thermodynamik wird von Entdeckungen in der Kosmologie, der Geologie und der Anthropologie begleitet, die die Erde in eine ontologische Kontinuität mit den sie umgebenden kosmologischen Körpern stellten und ihr Entstehungsdatum in eine ferne Vergangenheit verlegten. In prä-thermodynamischen Vorstellungen waren diese divergenten Kräfte und Materien mit einem zeitlichen Anfang und Ende versehen. Im post-thermodynamischen Bild verschwinden Kraft/Materie bzw. Energie nicht, sie werden lediglich in andere Formen umgewandelt.

Um diese Energieform zu charakterisieren, verwendete die zweite Generation der wissenschaftlichen Materialisten immer wieder die Metapher der Dampfmaschine; Büchners Verwendung dieser Metapher in der obigen Passage ist emblematisch. Als wörtliche Erklärung der Umwandlung von Materie in Energie und Wärme wird die Dampfmaschine zum Modell für die gesamte Natur und ihr System der energetischen Umwandlung.

Diese zweite Generation der wissenschaftlichen Materialisten zog für ihre Beschreibungen der Vorgänge in der natürlichen Welt also andere Symbolisierungen heran. Die metaphorische Bedeutung der Uhr für eine frühere Generation von modernen Denkern wurde durch die Dampfmaschine verdrängt. Die Dampfmaschine agiert wie die gesamte Natur, sie nimmt Energie in einer Form auf und gibt sie in einer anderen wieder ab.

---

34 Ebd., S. 20; Kursivierung A.W.

35 Die Laborsynthese von Urin untermauerte die deutsche chemische Theorie, dass organische und anorganische Stoffe aus denselben Elementen bestehen. Angeblich bewies die Synthese, dass der Urin den menschlichen Körper nicht durchlaufen muss, um seine besonderen Eigenschaften zu erhalten, dass das vitale menschliche Leben nichts zu seiner Zusammensetzung beiträgt, was nicht im Labor hinzugefügt werden könnte. In Popularisierungen wie der von Büchner wurde die Behauptung aufgestellt, dass nichts an der menschlichen Körpersynthese einzigartig sei, auch nicht die Vorgänge des Denkens. Daher hat Darwin, wie Fredrick Gregory bemerkt, »in Deutschland nicht das Aufsehen erregt, das er in England hatte. Die Botschaft, die die wissenschaftlichen Materialisten in Deutschland vermittelten, wurde zumindest von ihren Gegnern bereits als sensationslüsterne Herabwürdigung des Menschen wahrgenommen. Nachdem den Deutschen gesagt worden war, dass der menschliche Geist mit Urin verglichen werden könne, war es kein Schock mehr, dass der Mensch nun angeblich mit dem Affen verwandt sei.« (Gregory: Scientific Materialism, S. 175)

Sie ist metabolisch und selbsttätig. Sie produziert eher Gegenstände des weiteren Konsums als der Ordnung und trägt zur weiteren energetischen Umwandlung der Gesellschaft bei. Rabinbach schreibt, dass

> »die Metapher der Maschine im Materialismus des 19. Jahrhunderts weitaus mehr war als eine erweiterte Analogie, in der ›die Maschine eine Kopie des Universums war und das Universum selbst eine Maschine‹. Sie ließ die verschiedenen Arbeitsformen in Natur, Technologie und Gesellschaft in einem einzigen Bild von der mechanischen Arbeit eins werden, universalisierte das Kraft-Modell und dehnte es auf eine Natur aus, die als ein weitläufiges, ununterbrochenes Produktionssystem begriffen wurde.«[36]

Das Problem, das in jener Zeit Konstrukteure von Dampfmaschinen plagte, war die Frage, wie man diese Maschinen so einstellen konnte, dass sie maximale Produktivität bei minimalem Wärmeverlust lieferten, auch wenn ein gewisser Wärmeverlust nicht zu vermeiden war, damit die Maschinen nicht explodierten oder sich selbst zerstörten. Die Konstruktion war das Schlüsselelement in dieser Aushandlung von Krafterhaltung und -verlust. Die Natur, die Gesellschaft und die Arbeit wurden in ähnlicher Weise als Transmutationen und Intensivierungen energetischer Kraft aufgefasst.

Die wissenschaftlichen Materialisten ebenso wie ihre Gegner erkannten, dass die neue Physik und die neue Metaphysik direkte politische Konsequenzen haben würden. Diese Politisierung ging über die Beteiligung der wissenschaftlichen Materialisten an den Barrikadenkämpfen von 1848 hinaus. Nach einer solchen Aktion schrieb Rudolf Virchow, der bei Helmholtz im Labor mitarbeitete, 1848 an seinen Vater: »Als Naturforscher kann ich nur Republikaner sein, denn die Verwirklichung der Forderungen, welche die Naturgesetze bedingen, welche aus der Natur des Menschen hervorgehen, ist nur in der republikanischen Staatsform wirklich ausführbar.«[37] Doch die Verbindungen zwischen wissenschaftlichem Materialismus und radikaler Politik sind tiefer als die ursächlichen Verknüpfungen, die Virchow und andere zwischen ihrer wissenschaftlichen Forschung und ihrem politischen Republikanismus zogen. Sie gehen auch über die praktische Arbeit hinaus, die diese Wissenschaftler neben ihren theoretischen Studien leisteten und die explizit der Arbeiterklasse zugutekommen sollte, vor allem auf dem Gebiet der Ernährung.

Die Historiker Everett Mendelsohn und Frederick Gregory vertreten im Vergleich zu Rabinbach noch pointierter die Auffassung, dass die

36 Rabinbach: Motor Mensch, S. 37.

37 Brief von Rudolf Virchow an seinen Vater, 1.5.1948, in: ders.: Sämtliche Werke, Bd. 59, Berlin/Wien 2001, S. 347.

radikale politische Kultur nicht einfach in der wissenschaftlichen Kultur aufging und das Umfeld, in dem diese Wissenschaftler arbeiteten, sie einfach mit mehr Eifer und Elan erfüllt hätte. Vielmehr prägte die radikale politische Kultur die Postulate und Inhalte der thermodynamischen Wissenschaftskultur auf entscheidende Weise.[38] Am augenfälligsten gehörte dazu die Beseitigung der politischen Hierarchien in der natürlichen Welt, insbesondere beim Gegensatz zwischen Kraft (als einem Prinzip, das die Richtung vorgibt) und Materie (als einem untergeordneten Prinzip, das gehorcht). Wenn die ältere Metaphysik von Herr und Sklave ein politisches Machtgefälle zwischen Kraft und Materie unterstreicht, so löscht die neue Metaphysik beide Konzepte aus und ersetzt sie durch einen energetischen Egalitarismus.

Die Metapher der Dampfmaschine hatte auch einen unmittelbaren Einfluss darauf, wie die menschliche Körperlichkeit und ihr Arbeitspotenzial konzeptualisiert wurden.[39] Büchner schreibt: »Es kann ja kein Zweifel mehr darüber bestehen, dass das Leben keinen Ausnahmsgesetzen gehorcht, dass es sich nicht dem Einfluss der anorganischen Kräfte entzieht, sondern dass es im Gegenteil nichts weiter ist als das Produkt eines Zusammenwirkens dieser Kräfte selbst.«[40]

Die Disziplin Physiologie war geboren, die die menschliche Körperlichkeit mit denselben Begriffen analysiert wie die mechanischen Abläufe.

Nach Rabinbach verändert dieses Modell der thermodynamischen Körperlichkeit den kulturellen Diskurs über Arbeit vollständig, insbesondere in Bezug auf die Bedeutung vom Widerstand gegen die Arbeit. Arbeiter widersetzen sich der Arbeit nicht aus Faulheit, einem Versagen des Geistes oder des Willens, sondern aus einem Mangel an Energie, dem Verlust einer übermäßigen Menge an nicht kompensierter Wärme. Ermüdung und nicht bewusster Widerstand wird nun als Hauptfeind der produktiven Arbeit angesehen.

Die Säkularisierung des für die frühe Neuzeit charakteristischen christlich-mönchischen Konzepts der *acedia*, der Sünde der Trägheit, weicht Rabinbach zufolge in den 1850er-Jahren der Vorstellung, man müsse die Arbeitskraft gegen Ermüdung schützen. Es kam zur Säkularisierung der *acedia*: »Vom 13. Jahrhundert bis zur Mitte des 19. Jahrhun-

38 Gregory: Scientific Materialism; Everett Mendelsohn: Revolution and reduction. The sociology of methodological and philosophical concerns in 19th century biology, in: Y. Elkana (Hrsg.): The Interaction between Science and Philosophy, Atlantic Highlands (NJ) 1974, S. 407–426.

39 Im frühen 20. Jahrhundert wurde nicht nur die Körperlichkeit, sondern auch die Psyche des Menschen nach dem Vorbild der thermodynamischen Maschine modelliert. Ein energetizistisches Modell ist zum Beispiel bei Freud zu erkennen. In einem Vortrag von 1955 (»The Ego in Freud's Theory and in the der Technique of Psychoanalysis«) erklärt Jacques Lacan ausdrücklich, dass dessen Modell der Psyche auf die Dampfmaschine zurückginge; vgl. auch Jacques Lacan: Freud, Hegel, and the Machine, in: Jacques-Alain Miller (Hrsg.): The Seminar of Jacques Lacan, Bd. 2, New York 1988, S. 64–76.

40 Büchner: Stoff und Kraft, S. 171.

derts wiesen demnach christliche Schriftsteller, Geistliche und Moralisten aus der Mittelklasse dem Müßiggang einen Ehrenplatz als Nemesis des ordentlichen Lebens und der Arbeitsdisziplin zu.«[41] Auf diese Weise bekämpften die christlichen Schriftsteller sowohl die Ideale der Aristokratie als auch die Betonung der Muße durch die klassische Tradition. Sie strebten danach, eine proto-industrielle Bevölkerung im Sinn einer Tugend der Arbeit zu disziplinieren. Am Ende des 19. Jahrhunderts war dies weitgehend gelungen, aber auch die Faulheit war dabei, von der Müdigkeit als Nemesis der produktiven Arbeit verdrängt zu werden. Rabinbach erinnert uns daran: Damals

> »begann der Müßiggang als die vorherrschende Art, den Widerstand gegenüber der Arbeit begrifflich zu fassen, zu verschwinden. Die Gründe für diesen Niedergang können angeführt werden: die alte christliche Verbannung des Müßiggangs verlor ihre Anziehungskraft für die städtischen Arbeiter und Industriellen; die Technik des Fabriksystems erforderte mehr als von außen auferlegte Disziplinierung und Anleitung, sie erforderte einen von innen her gelenkten Körper, der der Maschine untergeordnet war. Folglich machte das Ideal eines durch entweder geistige Autorität oder direkte Kontrolle und Überwachung angeleiteten Arbeiters dem Bild eines Körpers Platz, der durch seine eigenen inneren Mechanismen – der Mensch als ›Motor‹ – gelenkt wurde. Beinahe zeitgleich traten die Ermüdung und die Kraft als moderneres Begriffssystem für den Ausdruck der Beziehungen zwischen Arbeit und Körper hervor. Dementsprechend wurde der Arbeitsbegriff einer Verwandlung unterzogen: Ermüdung und nicht Müßiggang wurde zum vornehmlichen Unbehagen in der Industriearbeit [...], eine wissenschaftlichere Bewertung der Arbeit, oft mit einem materialistischen Akzent, [verdrängte] den alten moralischen Diskurs allmählich.«[42]

Rabinbach überzeichnet die Umstände dieses Übergangs. Die neue wissenschaftliche, materialistische Bewertung der Arbeit verdrängte den früheren moralischen Diskurs nicht vollständig, und dieser blieb noch bis weit ins 21. Jahrhundert hinein vorherrschend, insbesondere in der Literatur des Kolonialismus. Das thermodynamische Modell der Arbeit entstand vielmehr parallel dazu. Das neue Modell stellte das ältere jedoch in entscheidenden Punkten infrage. Arbeit ist weder ein Produkt des Geistes noch eine Praxis, die von den Anforderungen der Materialität unbehelligt bleibt. Die Schwere der Arbeit muss mit Perioden der Ruhe und Erholung abgemildert werden, und zwar nicht nur, um den Arbeiter zu scho-

41 Rabinbach: Motor Mensch, S. 39.

42 Ebd., S. 49.

nen, sondern auch, um die maximale Produktivität der Arbeit selbst zu gewährleisten. Müde Arbeitskräfte sind anfällig für Fehler, nicht wegen ihres moralischen Versagens, sondern aufgrund der eisernen Gesetze der energetischen Notwendigkeiten.

Der Widerstand gegen die Arbeit wurde dadurch nicht mehr moralisch, sondern wissenschaftlich modelliert. Aber diese Modellierung leitete auch einen neuen »moralischen« Diskurs ein. Die Objektivierung des Körpers und die Bestimmung seiner energetischen Grenzen wurde zu einer Möglichkeit, unfaire Arbeitspraktiken zu definieren. Im Zuge dieser Form der Objektivierung wurde die soziale Verantwortung der Arbeitgeber beschworen. Forest drückt das so aus:

> »Indem die neue Wissenschaft des Lebendigen eine utilitaristische Definition des Körpers vorschlägt, gibt sie sich auch ein Kontrollrecht über den Gebrauch der Körpermaschinerie, denn sie kann für sich in Anspruch nehmen, dass sie es ist, die darüber befindet, wann eine Unvereinbarkeit zwischen den Anforderungen des Lebens und dem Zustand des Körpers besteht. ›Nicht zu schaden‹ ist kein medizinisches Gebot mehr, sondern ein aus der Biochemie abgeleitetes Gebot, das sie dem rücksichtslosen Einsatz von Produktivkräften entgegensetzt. Von da an liegt in diesem Modell eine grundsätzliche Ambivalenz, die erst später mit der davon abhängigen Objektivierung der Müdigkeit zu finden ist: Der Körper ist nichts als ein Mittel, das von der Arbeit her, die er produziert, bestimmt wird. Und gleichzeitig, da das, was er produziert, nur in die Zeit eingeschrieben werden kann, verteilt in aufeinanderfolgenden Anstrengungen, in denen die Kraftquelle dieser Produktion konserviert wird oder nicht, liefert der Körper nur das, was er liefern darf, je nachdem, ob wir berücksichtigen, was er ist, seine Bedürfnisse und seine Grenzen oder nicht. Nutzung und Vorsorge sind miteinander verbunden, ebenso wie die Idee einer Wissenschaft von der Arbeit und die der Sorge um den Schaden, den sie anrichtet, ebenso wie der mechanistische Diskurs und der medizinisch-soziale Diskurs miteinander verbunden sind. [...]
>
> Gerade weil der Körper objektiv exponiert ist, [...] weil die Arbeit, die der Körper leistet, als die einer Art Motor gewürdigt werden kann, muss die Person zugleich rechtlich geschützt werden.«[43]

Die Vergleichbarkeit des Arbeiters mit einem gewöhnlichen Motor, die Reduktion seiner Fähigkeiten auf die abstraktesten Energieeinheiten, wurde zum Argumentationsmittel für seinen Schutz. Paradoxerweise führte die Tendenz, menschliche Arbeit auf das Modell der Dampfma-

43 Denis Forest: Fatigue et normativité, in: Revue Philosophique de la France et de l'Etranger 1/2001, S. 3–25, hier S. 8 u. 19.

schine zu reduzieren, dazu, den Arbeitern Zugeständnisse zu machen, wenn auch eher in energetischer als in geistiger Hinsicht. Das heißt, es musste ihnen Nahrung und Ruhe zugestanden werden, *nicht* wegen ihrer Menschlichkeit oder ihres Lebensgeistes, sondern weil alle Maschinen, um gut zu funktionieren, Treibstoff und Wartung benötigen.

Die Entstehung der physiologischen Disziplin am Ende des 19. und zu Beginn des 20. Jahrhunderts war ebenfalls ein Ergebnis der Veränderungen, die durch die Thermodynamik eingeleitet wurden. Die Arbeiten des niederländischen wissenschaftlichen Materialisten Jacob Moleschott über die Ernährung zeigten die Zusammenhänge zwischen schlechter Ernährung und schlechter Leistung auf. Moleschotts Arbeit hatte eine praktische Dimension, indem der Autor die Unterschichten beriet, wie sie sich mit einem begrenzten Budget am besten ernähren konnten: Er schrieb unter anderem ein Kochbuch für die Arbeiterklasse.

Die wissenschaftliche Fundierung dieser volkstümlichen Intervention wurde dadurch ermöglicht, dass der Körper als mechanistischer Apparat oder als Motor aufgefasst wurde und seine Ermüdungsprofile kartiert wurden. Mit der Erfindung des Ergographen durch Angelo Mosso im Jahr 1888 konnten die Auswirkungen der Muskelermüdung über die Zeit hinweg in einer Kurvengrafik dargestellt werden. Nun konnte man zeigen, dass mit der Ermüdung zwangsläufig ein wachsendes Maß an nervlicher Erregung einhergeht und es somit zunehmend zu Fehlern kommt. Forest schreibt:

> »Wenn die Menge der geleisteten Arbeit tendenziell abnimmt, nimmt die Menge der nervlichen Erregung, die für die Ausführung dieser Arbeit notwendig ist, tendenziell zu. Mit anderen Worten, die Ermüdung bewirkt nicht nur eine geringere nützliche Wirkung, sondern auch eine erhöhte Anstrengung, die für eine konstante Wirkung aufgebracht werden muss.«[44]

Selbst wenn die ergographischen Energieprofile nur einzelne Versuchspersonen abbildeten, so geschah dies in wohldefinierten Grenzen. Deshalb mischten sich die Physiologen dieser Zeit in die Arbeitskämpfe ein und verbündeten sich auf wissenschaftlicher Grundlage mit Arbeitsreformbewegungen verschiedener Couleur: für Arbeitszeitverkürzungen, für die objektiv festgestellte Verantwortung der Arbeitgeber für Arbeitsunfälle und andere »Gerichtsentscheidungen bei sozialen Konflikten mit Hinweis auf die physiologischen Anforderungen der Arbeit«.[45]

Marx zeigte sich misstrauisch gegenüber diesen Arbeitsreformbewegungen. Er behauptete, sie würden lediglich die Lebensdauer des bürger-

44 Ebd., S. 9.

45 Ebd., S. 20.

lichen Systems verlängern, indem sie Krisen hinausschöben, ohne die grundlegende Struktur des Systems zu ändern: Das betraf die Lohnarbeit und darüber hinaus die Art der Bewertung, die den Tauschwert dem Gebrauchswert unterordnet. Nichtsdestotrotz beschäftigte sich auch der spätere Marx mit der Ermüdung und nutzte ab den 1850er-Jahren die energetischen Begriffe der Arbeit, um den Mehrwert zu definieren oder das, was der Kapitalist vom Arbeiter bekommt, ohne dass dieser ein Äquivalent dafür erhält. In seiner reifen Definition des Begriffs Mehrwert unterschied Marx die Spanne der Ungleichheit zwischen dem, was der Arbeiter im Arbeitsprozess an das Kapital abgibt, und dem, was er oder sie in Form von Lohn zurückerhält. Wie wir sehen werden, ist Marx' Begriff Arbeitskraft, im Unterschied zur Arbeit, ein energetizistischer Begriff.

Arbeit blieb für Marx, obwohl die Vorstellung davon durch die neuen energetizistischen Konzepte etwas abgemildert wurde, immer noch ein moralischer Begriff im alten Sinn. Er hegte seine Zweifel gegenüber den wissenschaftlichen Materialisten und dem, was er ihren Vulgärmaterialismus nannte. Insbesondere akzeptierte er nicht, dass die erste metaphysische Konsequenz der neuen Wissenschaft – das Postulat eines zugrunde liegenden Energiefeldes – die zweite metaphysische Konsequenz einer ontologischen Nivellierung von Mensch, Tier und Maschine mit sich bringt. Obwohl es eine gewisse Gemeinsamkeit zwischen der Arbeit von Mensch, Tier und Maschine geben mag, weil sie alle als Repräsentanten eines energetischen Feldes betrachtet werden können, beharrte Marx darauf, dass menschliche Arbeit sich von der tierischen oder maschinellen Arbeit unterscheidet. Er weigerte sich, sie vollständig mit dem Modell der Arbeit eines Tieres oder einer Maschine gleichzusetzen.

In den »Grundrissen« nannte Marx die menschliche Arbeit das »lebendige, gestaltende Feuer«.[46] Auch im »Kapital« verwandte Marx häufig das Wort »lebendig«, um die Arbeit zu beschreiben. Dies rührte wahrscheinlich daher, dass er sich in seiner Konzeption der Physiologie auf Liebigs »Tierchemie« stützte. Liebig unterstützte die Kritik der Metaphysik, weigerte sich aber, die Vorstellung einer nicht-göttlichen und gleichzeitig nicht-materiellen Lebenskraft aus seinen Darstellungen des tierischen Lebens zu eliminieren. Aus diesem Grund war er regelmäßige Zielscheibe der zweiten Generation der wissenschaftlichen Materialisten.

Darüber hinaus hielt Marx am christlichen Begriff *acedia* fest. Er war entsetzt über den Text »Das Recht auf Faulheit« von seinem Schwiegersohn Paul Lafargue aus dem Jahr 1880. Darin forderte Lafargue das Proletariat auf, es solle »die Vorurteile der christlichen, ökonomischen

46 Marx: Grundrisse, MEW, Bd. 42, S. 40.

und liberalistischen Moral überwinden; es muss zu seinen natürlichen Instinkten zurückkehren«.[47] In den »Grundrissen« hat uns Marx eindringlich daran erinnert: «Die Arbeit kann nicht zum Spiel werden, wie es [der französische sozialistische Utopist Charles] Fourier möchte«.[48] In Kapitel 3 werde ich auf diese Passage zurückkommen und zeigen, was sie über Marx' Verhältnis zu *acedia* aussagt und was sie über sein Konzept der Arbeit nach der Revolution verrät.

Neben dem alten moralischen Diskurs über die Arbeit sind jedoch auch die Implikationen des Begriffs Energie und ihrer Erhaltung beim späteren Marx anzutreffen ebenso wie der neue wissenschaftliche Diskurs darüber, wie die Ermüdung der Arbeiter verhindert werden kann. Im »Kapital« diskutiert Marx sogar die menschliche Verkörperung als eine Art motorische Kraftumwandlung und verwendet dabei den wissenschaftlichen Begriff der Arbeit. Rabinbach schreibt:

> »Das Denken im 19. Jahrhundert nahm keinen so großen Abstand zwischen den Naturentdeckungen und ihren Anwendungen auf die Gesellschaft wahr wie das zeitgenössische Denken [...], so erlaubte die Thermodynamik eine gleichermaßen umfassende Anzahl von Interpretationen von der fortschrittlichen Gesellschaftsreform bis hin hin zu apokalyptischeren Schlussfolgerungen von Nietzsches Geschichtsbild. Der wichtigste Denker des 19. Jahrhunderts, der die Einsichten der Thermodynamik aufnahm, war Marx, dessen späteres Werk durch das neue Bild der Arbeit als ›Arbeitskraft‹ beeinflusst und vielleicht sogar entscheidend geformt wurde.«[49]

Wenn Marx also seit den 1850er-Jahren ein thermodynamisches Modell der Arbeit heranzog, so tat er dies mit einer großen Ambivalenz gegenüber der Reduktion des Menschen auf den Status einer produktiven Maschine. Er konnte daher die metaphysischen Voraussetzungen des neuen wissenschaftlichen Paradigmas nicht vollständig integrieren, auch wenn er bestimmte Begriffe, die sich daraus ableiteten, aufnahm, insbesondere den Begriff Arbeitskraft.

47 Paul Lafargue: Das Recht auf Faulheit. Widerlegung des Rechts auf Arbeit von 1848 [1880], Frankfurt a.M. 2010, S. 48.

48 Marx: Grundrisse, MEW, Bd. 42, S. 607.

49 Rabinbach: Motor Mensch, S. 85. Allgemein gab es im Denken des 19. Jahrhunderts eine Nähe von natürlichen und gesellschaftlichen Erklärungen. Sie hilft, Marx' Vergleiche zwischen natürlicher Entwicklung und kapitalistischer Form zu verstehen, und somit auch Texte wie den folgenden aus den »Grundrissen«: »Die Bedingungen daher, die das [...] Werden des Kapitals ausdrücken, fallen nicht in die Sphäre der Produktionsweise, der das Kapital als Voraussetzung dient; liegen als historische Vorstufen seines Werdens hinter ihm, ebenso wie die Prozesse, wodurch die Erde aus einem flüssigen Feuer- und Dunstmeer in ihre jetzige Form überging, jenseits ihres Lebens als fertige Erde liegen.« (MEW, Bd. 42, S. 372–373)

III Von der Arbeit zur Arbeitskraft: Marx' Transformation der Arbeit von der Selbstverwirklichung zur Energieverausgabung

Marx' Bekanntschaft mit der Thermodynamik formte und veränderte die Art und Weise, wie er über die Interaktion zwischen Menschen und der natürlichen Welt sprach, was die Bedeutung von »Arbeit« in seiner späteren Philosophie subtil verschob und ihn veranlasste, neue Kategorien wie »abstrakte Arbeit« und »Arbeitskraft« einzuführen. Die Übernahme des Begriffs Arbeitskraft ist eine seiner wichtigsten Entdeckungen der 1850er-Jahre. Neben Marx' fortgesetzter, aber zunehmend zweideutiger Verwendung des Begriffs »Arbeit« dient »Arbeitskraft» dazu, die quantitativ messbaren Krafteinheiten, die von den Arbeitern zur Produktion hinzugefügt werden, von denjenigen zu unterscheiden, die benötigt werden, um seine grundlegenden Lebensbedürfnisse (z.B. Nahrung, Schlaf) zu befriedigen. In seinem späteren Werk verwandte Marx den Begriff Arbeitskraft auch, um die Spanne der Ungleichheit zwischen dem, was die Arbeiter im Arbeitsprozess an das Kapital abgeben, und dem, was sie von ihm in Form der Kaufkraft des Lohns zurückbekommen, zu erfassen.

Obwohl Marx zu Recht für seine Verwendung des Begriffs Arbeitskraft berühmt geworden ist, war es nicht Marx, sondern von Helmholtz, der den Begriff zuerst einführte[50] und »Kraft« über ihren ursprünglichen Bedeutungskontext hinaus erweiterte. Anfangs wurde damit die durch Maschinen bewirkte Freisetzung und Umwandlung von chemischer Energie oder Wärme in mechanische Energie beschrieben. Die Erweiterung des Begriffs durch von Helmholtz bedeutete, dass mit »Kraft« die gesamte Natur, einschließlich der menschlichen Arbeit, im Sinn dieser Art von Umwandlung bezeichnet wurde. Arbeit, neu begriffen als Teil des kontinuierlichen Gewebes von Energie, wurde zu »Arbeitskraft«.

Diese Erweiterung hatte Rabinbach zufolge grundlegende Auswirkungen für die soziale und politische Konzeptualisierung von Arbeit:

> »Die Thermodynamik veränderte den Begriff der Arbeit entscheidend und sie modernisierte ihn gemäß den Richtlinien der Industrietechnik und naturalisierte ihn zugleich gemäß den neuen Gesetzen der Physik. Der Primat der Arbeit in der Theorie des Eigentums, prominent im Werk von Philosophen und Ökonomen des 17. Jahrhunderts wie Locke und Smith, siedelte die menschliche Arbeit innerhalb einer gesellschaftlichen Arbeitsteilung an, die die Identität von menschlicher Industrie und individueller Autonomie hervorhob. [...] Dieses Bild der Arbeit, das der vorindustriellen Ära angemessen war, behielt noch den traditionellen Unterschied zwischen Arbeit als Eigentumsquelle und Selbstheit und Arbeit als Last bei. Aber eine bemer-

50 Rabinbach: Motor Mensch, S. 60.

> kenswerte Änderung erfolgte in der zweiten Hälfte des 19. Jahrhunderts, als diese zunehmend anachronistische Vision der Arbeit durch das energetische Modell der mechanischen Arbeit abgelöst wurde. Die von jedem Mechanismus geleistete Arbeit, von den Fingern der Hand zu den Getrieben eines Motors oder zu der Planetenbewegung, war im Wesentlichen dieselbe. Mit diesem semantischen Wechsel in der Bedeutung von ›Werk‹ wurde alle Arbeit auf ihre physikalischen Eigenschaften reduziert, die leer waren an Kontext und innewohnendem Zweck. Die Arbeit wurde universalisiert.«[51]

In Marx' System ist Arbeit qua Arbeitskraft eine degradierte und entfremdete Art, menschliche Tätigkeit zu beschreiben, selbst wenn der Begriff Arbeitskraft nützlich ist, um auf wissenschaftlicher Grundlage für die Belange der Arbeiter zu streiten.

Die neue Vorstellung von Arbeit als Arbeitskraft entfernt sich deutlich von der geist- oder fantasievollen Rolle, die Arbeit in den philosophischen Systemen von Locke, Smith oder Hegel spielt. Die thermodynamische Universalisierung der Arbeit, die mit dem industriellen Leben einhergeht, verändert die Art der Kraft, die Arbeit darstellt. Der politische Status und die Autonomie, die Arbeit früheren Generationen der bürgerlichen politischen Theoretiker bedeutete, werden auf ähnliche Weise verändert. Marx' Kritik der politischen Ökonomie wird möglich, weil der Begriff der Arbeit, auf dem Locke, Smith und Hegel jeweils Autonomie, Eigentum und Subjektivität begründeten, irreparabel verändert wird. Statt dem Menschen Würde zu verleihen und ihn an die Spitze des Universums zu stellen, statt die Natur durch eine andersartige menschliche Kraft zu vergeistigen, setzt die Arbeit den Menschen auf eine Ebene mit der Natur und mit der Naturkraft.

Marx verwandte »Arbeitskraft« zum ersten Mal in den »Grundrissen«.[52] Allerdings ist der Begriff hier noch nicht vollständig entwickelt

51 Ebd., S. 60–61.

52 Vgl. die »Grundrisse«, insbesondere »Arbeitskraft als Kapital« im Abschnitt I des Kapitels über das Kapital. Marx schreibt über den Arbeiter, »dass er nur zeitliche Disposition über seine Arbeitsfähigkeit verkauft, also den Tausch stets wieder von Neuem beginnen kann, sobald er das gehörige Maß von Stoff eingenommen, um wieder seine Lebensäußerung reproduzieren zu können. [...] *Was er austauscht gegen das Kapital, ist seine ganze Arbeitsfähigkeit, die er, say, in 20 Jahren ausgibt.* Statt ihm diese auf einmal zu zahlen, zahlt sie das Kapital dosenweise, wie er sie ihm zur Disposition stellt, sage wöchentlich. Es ändert dies also absolut nichts an [...] dem Schlusse, dass, weil der Arbeiter 10–12 Stunden schlafen muss, bevor er fähig ist, seine Arbeit und seinen Austausch mit dem Kapital zu wiederholen, Arbeit *sein Kapital* bildet. Was danach als Kapital, in fact, aufgefasst ist, ist die Schranke, die Unterbrechung seiner Arbeit, dass er kein perpetuum mobile ist. [...] [Der Verkauf seiner Arbeitskraft] schafft ihm nur Lebensmittel, Befriedigung individueller Bedürfnisse, mehr oder weniger — *nie* die allgemeine Form des Reichtums, nie Reichtum.« (MEW, Bd. 42, S. 215–216; Hervorhebungen im Original)

Marx' Zielscheibe ist hier Peter Gaskells »Artisans and Machinery« (1836), in dem Gaskell argumentiert, dass Arbeit das Kapital des Arbeiters ist. Indem er das, was der Arbeiter verkauft, auf Arbeitskraft reduziert, wendet sich Marx gegen diese Formulierung und gegen Gaskells Verwandlung von körperlicher Erschöpfung in eine zu kapitalisierende Ressource.

und integriert. Im Text findet sich vieles, was für Marx' frühere Texte charakteristisch ist, einschließlich seines bisherigen Arbeitsbegriffs. Eine viel weiter entwickelte und klarere Formulierung des Begriffs Arbeitskraft ist in Marx' Texten aus den 1860er-Jahren anzutreffen, auch im »Kapital«.

Ein gutes Beispiel für Marx' folgende Verwendung des Begriffs findet sich in »Lohn, Preis und Profit« (1865). Ursprünglich eine Rede vor einer Arbeiterorganisation über den Begriff Lohn, bietet die Schrift eine bemerkenswert klare Zusammenfassung der Hauptthemen von Marx' späterem Werk, die im »Kapital« eine längere, methodisch formalisiertere und daher weniger zugängliche Darstellung erhalten. Marx erklärt, dass Schwankungen des Lohns den Arbeitern keinen wirklichen Nutzen bringen und dass die Zielrichtung des Kampfes der Arbeiterschaft woanders liegen sollte. Er fordert: »Statt des konservativen Mottos: ›Ein gerechter Tagelohn für ein gerechtes Tagewerk!‹, sollte sie auf ihr Banner die *revolutionäre* Losung schreiben: ›*Nieder mit dem Lohnsystem!*‹«[53]

Marx zeigt, dass, wie sehr die Löhne auch in ihrer Höhe variieren mögen, das kapitalistische System ihren tatsächlichen Wert – also, was man mit ihnen kaufen kann – immer auf das Minimum reduzieren wird, das ein Körper benötigt, um sich selbst zu erhalten und seine klassenspezifische Lebensweise zu reproduzieren. Die Löhne werden zu dem absoluten Minimum tendieren, das erforderlich ist, um den Arbeiter und nachfolgende Generationen von Proletariern als Proletarier zu ernähren, und keinen Cent darüber hinaus. Löhne, selbst solche, die als hoch empfunden werden, werden keine Teilhabe am allgemeinen gesellschaftlichen Reichtum oder an Tätigkeiten oder Vergnügungen bieten, die nicht unmittelbar relevant sind für die Reproduktion der Fähigkeit, am nächsten Tag wieder zu arbeiten.

Um dies zu zeigen, griff Marx zum Begriff Arbeitskraft. In nachfolgender Passage sehen wir sowohl die begriffliche Verdoppelung von Arbeit und Arbeitskraft als auch einen Vergleich der Letzteren mit der von Maschinen geleisteten Arbeit. Marx schreibt:

> »Was der Arbeiter verkauft, ist nicht direkt seine *Arbeit*, sondern seine *Arbeitskraft,* über die er dem Kapitalisten vorübergehend die Verfügung überlässt. [...] Was ist nun also der *Wert der Arbeitskraft?* Wie der jeder andern Ware ist der Wert bestimmt durch das zu ihrer Produktion notwendige Arbeitsquantum. Die Arbeitskraft eines Menschen existiert nur in seiner lebendigen Leiblichkeit. Eine gewisse Menge Lebensmittel muss ein Mensch konsumieren, um aufzuwachsen und sich am Leben zu erhalten. Der Mensch unterliegt jedoch, wie die Maschine, der Abnutzung und muss durch einen andern Menschen

53 Marx: Lohn, Preis und Profit, MEW, Bd. 16, S. 152; Hervorhebungen im Original.

> ersetzt werden. Außer der zu *seiner eigenen* Erhaltung erheischten Lebensmittel bedarf er einer anderen Lebensmittelmenge, um eine gewisse Zahl Kinder aufzuziehen, die ihn auf dem Arbeitsmarkt zu ersetzen und das Geschlecht der Arbeiter zu verewigen haben. Mehr noch, um seine Arbeitskraft zu entwickeln und ein gegebenes Geschick zu erwerben, muss eine weitere Menge von Werten verausgabt werden. Für unseren Zweck genügt es, nur *Durchschnitts*arbeit in Betracht zu ziehen, deren Erziehungs- und Ausbildungskosten verschwindend geringe Größen sind. [...] Der Ruf nach *Gleichheit der Löhne* beruht daher auf einem Irrtum, ist ein unerfüllbarer *törichter* Wunsch. Er ist die Frucht jenes falschen und platten Radikalismus, der die Voraussetzungen annimmt, die Schlussfolgerungen aber umgehen möchte. Auf Basis des Lohnsystems wird der Wert der Arbeitskraft in derselben Weise festgesetzt wie der jeder andern Ware. [...] Nach *gleicher oder gar gerechter Entlohnung* auf Basis des Lohnsystems rufen, ist dasselbe, wie auf Basis des Systems der Sklaverei nach *Freiheit* zu rufen. Was ihr für recht oder gerecht erachtet, steht nicht infrage. Die Frage ist: Was ist bei einem gegebnen Produktionssystem notwendig und unvermeidlich? Nach dem Dargelegten dürfte es klar sein, dass der *Wert der Arbeitskraft* bestimmt ist durch den *Wert der Lebensmittel,* die zur Produktion, Entwicklung, Erhaltung und Verewigung der Arbeitskraft erheischt sind.«[54]

Was immer dem Arbeiter im Tausch gegen Arbeitskraft geliefert wird, ist nur das, was notwendig ist, um diese Kraft dauerhaft zu erhalten.[55] Es wird nicht ausreichen, die Arbeitskraft in dem älteren, umfassenden Sinn zu erhalten, wie dies die frühere Generation der bürgerlichen politischen Theoretiker verstand mit Bezug auf ihre Bedeutung für die menschliche Entwicklung und Selbstverwirklichung.

Diese frühere Generation war noch nicht von der industriellen Transformation der Arbeit in ihrer buchstäblichen wie begrifflichen Dimension beeinflusst und Arbeit war für sie mit Selbstkultivierung, politischer Autonomie und Eigentum verbunden. Ein klassisches Beispiel dafür ist Hegels Darstellung der Nicht-Authentizität der Position des Herren und seine verkümmerte Entwicklung im Vergleich zu derjenigen des Knechts

54 Ebd., S. 130–132; Hervorhebungen im Original.

55 Barbara Ehrenreich definiert »Arbeitskraft« sehr präzise, wenn sie in ihrer zeitgenössischen Ethnografie der »working poor« in den USA schreibt: »Als ich um die Erlaubnis bitte, um halb vier Uhr nachmittags Schluss zu machen, warnt mich eine Kollegin, bis jetzt habe es noch keine geschafft, den Hoteljob mit dem Kellnern bei Jerry's zu kombinieren [...] Mit dieser hilfreichen Information im Kopf steuere ich meinen Trailer Nr. 46 an, schlucke vier Actren-Tabletten (diesmal die Markenpillen), dusche im Bücken (um in die Duschkabine zu passen), und versuche, mich für die bevorstehende Schicht ein bisschen auszuruhen. Es wird also nichts mit dem, was Marx die ›Reproduktion der Arbeitskraft‹ genannt hat, womit er all das meinte, was die Arbeiter tun müssen, um weiterarbeiten zu können.« (Arbeit poor. Unterwegs in der Dienstleistungsgesellschaft, München 2001, S. 51)

in der »Phänomenologie des Geistes«. Aber diese Merkmale der Arbeit, die Entwicklung und Selbstverwirklichung fördern, sind nicht Teil der universalisierten industrialisierten Arbeit, die kaum eine ausreichende Entlohnung der bloßen Arbeitskraft enthält, und sie sind nicht Teil des Arbeitsprozesses im kapitalistischen System. Eine solche entwicklungsfördernde Arbeit würde Ressourcen erfordern, die über das hinausgehen, dass »ein bestimmtes Quantum von menschlichem Muskel, Nerv, Hirn usw. [...] wieder ersetzt werden muss. [...] Der Wert der Arbeitskraft löst sich auf in den Wert einer bestimmten Summe von Lebensmitteln«,[56] mit denen diese Arbeitskraft, nicht aber die Arbeit entgolten wird.

Damit hängt die Einschränkung zusammen, dass die Arbeiter auch nicht genügend am allgemeinen Reichtum teilhaben, um menschliche Tätigkeiten über das hinaus zu entwickeln, was für die kapitalistische Produktion erforderlich ist. Insbesondere die künstlerischen, intellektuellen und wissenschaftlichen Aktivitäten, die für Marx der menschlichen Gattung eigentümlich sind und nur bedingt als Arbeit gelten, stehen der Klasse, deren bloße Arbeitskraft erhalten werden soll, nicht offen. Marx' Kritik ist eine moralische Kritik an der Reduktion eines Teils der menschlichen Gattung auf die Aufrechterhaltung ihrer bloßen Arbeitskraft. Eine Arbeiterin oder ein Arbeiter zu sein bedeutet, kaum genug zu haben, um die eigene Arbeitskraft zu ersetzen, insofern werden sie durch das kapitalistische System ähnlich wie andere Produktionsmittel absorbiert.

Weil die Arbeiter auf ihre Arbeitskraft reduziert werden, wird eine ganze Reihe von Lebensformen ausgeschlossen. Ihre Ansprüche und die Bandbreite ihrer Vergnügungen sind begrenzt. Ihre politische Vorstellungskraft wird behindert und beschränkt sich darauf, über Lohnerhöhungen nachzudenken, die im kapitalistischen Kalkül an anderer Stelle kompensiert werden. Marx entwickelt diese Überlegungen im »Kapital« anhand der Feststellung, dass viele ungesunde und kurzlebige Generationen ausreichen würden, solange sie die Arbeitskraft der anderen mit ausreichender Kontinuität und Schnelligkeit ersetzen.[57]

In seinem späteren Werk verwendet Marx den Begriff Arbeitskraft, um die Lücke zwischen dem Wert, der zur Erhaltung der Arbeitskraft des Arbeiters benötigt wird, und dem, der durch diese Arbeitskraft freigesetzt wird, zu veranschaulichen. Der Surplus, der solcherart entsteht, fällt dem Kapitalisten als Mehrwert zu. Da die Waren, die zur Erhaltung der Arbeitskraft des Arbeiters benötigt werden, zum Teil durch Maschinen billiger gemacht werden können, erhöht sich dieser Mehrwert. Er wird auch durch längere und intensivere Arbeitszeiten erhöht, die zwar die Arbeitskraft des einzelnen Arbeiters schneller erschöpfen, dies aber nur

56 Marx: Kapital I, MEW, Bd. 23, S. 185–186.

57 Dies gilt insbesondere, wenn Kinder zur Arbeit gezwungen werden können, und es ist auch eine Bedingung des globalen Kapitalismus.

bis an die Schwelle seiner unmittelbaren Ersetzung durch ein Mitglied der eigenen Klasse.

Für Marx, der dies untersucht, verlieren die Begriffe Entfremdung und Ausbeutung die Wertneutralität, die sie für die frühere Generation der bürgerlichen politischen Theoretiker besaßen. Vor der Umwandlung der Arbeit durch die Industrie bedeutete Ausbeutung einfach nur *Nutzung*; damit war keine moralische Anklage gegen die Art der Nutzung verbunden. Ebenso bedeutete Entfremdung einfach Austausch, nicht jedoch die totalisierende Reduktion der Bedeutung eines Menschen auf den Erhalt seiner Arbeitskraft. Greg Godels stellt dazu fest: »Vor [dem Auftauchen des Wortes ›Ausbeutung‹] im Hexenkessel der Arbeiterpolitik des 19. Jahrhunderts wurde Ausbeutung in einer allgemeinen, nicht moralischen, nicht wertenden Weise verwendet, wie zum Beispiel ›die Ausbeutung des Ackerlandes‹ oder ›die Ausbeutung von Rohstoffen‹.«[58]

Nachdem Marx das Konzept der Arbeitskraft auf das industrielle Leben anwandte, erhielten die Begriffe Entfremdung und Ausbeutung die Bedeutung einer moralischen Anklage. Darüber hinaus handelt es sich nicht einfach um Begriffe, die die Ungleichheit oder die soziale Vormachtstellung der Reichen gegenüber den Armen kritisieren; vielmehr werden durch sie die sozialen Beziehungen, die dem industriellen System eigen sind, und die Besonderheiten seiner Transformation der Arbeit, auf neue Art beurteilt.[59] Die neuen Begriffe setzen sogar Armut und Reichtum in Beziehung und zeigen ihre Wechselwirkung auf; für Marx ermöglicht das Konzept der Arbeitskraft, den genauen Betrag des Mehrwerts, den der Arbeiter zur kapitalistischen Akkumulation beisteuert, zu berechnen. Arm oder reich zu sein sind nicht einfach Kennzeichen von vererbtem Glück oder Pech, noch sind das Charaktereigenschaften; ihre Beziehung zueinander ist kausal und sie kann wissenschaftlich kartiert werden.[60]

Marx war argwöhnisch gegenüber der Reduktion des Menschen auf seine Arbeitskraft. Gleichzeitig benutzte er den Begriff Arbeitskraft als analytisches Werkzeug, um die Funktionsweise des Kapitals zu erklären und zu beschreiben, was der Arbeiter im kapitalistischen Lohnsystem verkauft. Solcherart reduziert, kann die Arbeit keine Quelle von Eigentum und eigener Persönlichkeit sein. Sie wird zu einer Bürde, zu einem gleichen Tausch mit einer Welt, in der keine der inneren Fähigkeiten des Arbeiters entwickelt werden. Das ist der Grund, warum allgemeiner Reichtum von Marx zunehmend nicht als sinnvolle Arbeit, sondern als freie Zeit aufgefasst wird. Es ist auch der Grund, warum Marx die Aktivi-

58 Greg Godels: Marx, Engels, and the idea of exploitation, in: Nature, Society, and Thought 4/1997, S. 509–522, hier S. 510.

59 Ebd.

60 Weitere Überlegungen zur Beziehung zwischen dem Begriff Arbeitskraft und Marx' Theorie der Ausbeutung finden sich bei Henry Laycock: Exploitation »via« labour power in Marx, in: Journal of Ethics 2/1999, S. 121–131.

täten, die man während dieser freien Zeit unternimmt, nicht als »Arbeit«, sondern als »höhere Tätigkeit« oder »Entwicklung« beschreibt.

Zu den am meisten unterschätzten Ideen von Marx gehört seine Vorstellung, dass die menschliche Tätigkeit nicht auf Arbeit reduzierbar ist. Das scheint in den fortgeschrittenen kapitalistischen Gesellschaften von heute kaum vorstellbar, da hier eher die Tendenz besteht, jede wertvolle menschliche Unternehmung als Arbeit oder als Unterstützung von Arbeit zu beschreiben. In Kapitel 5 werde ich auf die zunehmende Bedeutung der freien Zeit für Marx' Konzeptualisierungen der menschlichen Ansprüche zurückkommen. Hier merke ich nur kurz an, dass die Leerstelle der freien Zeit bei Marx einen Teil des Inhalts des umfassenderen, vergeistigten Begriffs der »Arbeit« absorbiert hat, den wir bei den früheren bürgerlichen politischen Theoretikern finden.

Eine bisher wenig erforschte Möglichkeit, die umstrittene Spaltung zwischen dem frühen und dem späten Marx zu verstehen, liegt also nicht nur darin, Marx' Werk als zunehmend wissenschaftlich orientiert zu betrachten, sondern auch die damit zusammenhängenden Veränderungen in seinem Arbeitsbegriff zu verstehen, die sich aus seinen wissenschaftlichen Studien und der anschließenden Übernahme von energetizistischen Begriffen ergeben. In Anlehnung an Rabinbach schlage ich vor, der Transformation von Arbeit als Prozess wie auch als Begriff größere Aufmerksamkeit zu schenken, einer Transformation, die durch die Industrialisierung und den damit verbundenen begrifflichen Apparat der Thermodynamik eingeleitet wurde. Oder in den Worten Rabinbachs:

> »Nach 1859 definiert Marx nach und nach die Arbeit, um von einem Stoffwechsel der Substanzen zwischen Mensch und Natur zu einer Kräfteumwandlung zu kommen [...], wo der Mensch der Natur ›als eine *Naturmacht*‹ gegenübertritt [...] Die Arbeit ist nicht länger ein schöpferischer oder singulär menschlicher Akt [...] Beim späteren Marx wird der Unterschied zwischen gesellschaftlicher Arbeit und Natur verwischt. Marx' Phänomenologie der Arbeitskraft ist nicht nur eine Zeitgenossin der helmholtzschen Revolution in der wissenschaftlichen Wahrnehmung, sie ist ihre direkte Folge. Indem er das Hauptgewicht der Verwandlung auf die ›objektive‹ Ausweitung der Produktivkräfte legt, argumentiert Marx, dass die volle Entwicklung und Entfaltung des produktiven Potenzials von Natur und Technik das Organisationsprinzip der Gesellschaft ist [...] [und] der Unterschied zwischen den Naturkräften der Produktion und den Produktivkräften der Gesellschaft nicht länger entscheidend ist.«[61]

61 Rabinbach: Motor Mensch, S. 93–97.

In Marx' Darstellungen, die nach dieser Neudefinition geschrieben wurden, werden Maschinen selbst als Formen von Naturkraft rekonzeptualisiert, ähnlich wie die Naturkraft und die menschliche Arbeit durch den Kontakt mit thermodynamischen Maschinen rekonzeptualisiert wurden.

IV Der zweite Hauptsatz der Thermodynamik: Entropie, der Wärmetod des Universums und die Revolution

Wir haben gesehen, wie der menschliche Körper, rekonzeptualisiert als thermodynamische Maschine, anfällig für die Krise der Ermüdung ist. Die Gesellschaft ebenso wie die Natur als Ganzes sind ebenfalls anfällig für die unsachgemäße Regulierung von Energie – und vielleicht auch für ihren unvermeidlichen Verlust. Katastrophale Ereignisse waren im wissenschaftlichen Denken des 19. Jahrhunderts wichtige Themen. In Debatten mit deutlich politischem Unterton stritten sich Physiker darüber, ob sich die Geo- und Entwicklungsgeschichte der Erde in langsamen Schritten oder in gewaltigen klimatischen Sprüngen bewegt. Nicht nur Marx' Arbeitsbegriff wurde also durch den Kontakt mit thermodynamischen Diskursen transformiert, sondern auch sein Begriff der Revolution.

Der thermodynamische Energieerhaltungssatz wurde von einer zweiten Entdeckung und einem zweiten Gesetz begleitet: der Entropie. Bei der Umwandlung von Wärme in mechanische Kraft geht eine gewisse Menge an Wärme unproduktiv an die Umgebung verloren. Einzelne Systeme neigen dazu, als unausweichliche Folge der Umwandlung Energie zu verlieren. Deshalb debattierten Physiker des 19. Jahrhunderts die Frage, ob die Erde als Ganzes Wärme verliert und ob es einen irreversiblen Energiefluss gibt, der zur Trägheit und Erschöpfung neigt. Es entstand die apokalyptische Vision eines ultimativen Kulminationspunkts: einer Eiszeit, die alles Leben auslöschen würde.

Dieser sogenannte »Wärmetod des Universums« postulierte den apokalyptischen Untergang der Energiekräfte der Welt. Der Wärmetod konnte je nach Theorievariante vorübergehend oder dauerhaft sein. In einer modifizierten Version wäre die Erde nur vorübergehend unbewohnbar. Mit genügend Zeit, vielleicht nach Millionen von Jahren, könnten sich die kleinen, nutzlosen Mengen, in die sich die Energie zerstreut hatte (z.B. die durch Reibung ständig verloren gegangene Wärme oder die schwache Wärme der Erdozeane), wieder zu nutzbaren Intensitätsgraden zusammenfinden und erneut Leben hervorbringen.

Die endgültige apokalyptische Teleologie wurde zunächst durch Optimisten wie von Helmholtz bestritten. Schon früh argumentierte er, dass das Universum als Ganzes eine konstante Energie beibehalte, obwohl jedes einzelne System erlöschen könne: Was von einem System verloren geht, wird von einem anderen wiedergewonnen. Das heißt, so etwas wie einen völligen Verlust gibt es nicht. Aber der späte von Helmholtz vertrat die Auffassung, auch wenn die Energie des Universums als Ganzes konstant bliebe, würde die Erde möglicherweise ihre Energie abbauen und langsam zu einem Zustand nicht vorübergehender, sondern ewiger Ruhe tendieren.[62]

Die Debatte kam letztlich im 20. Jahrhundert zu ihrem Abschluss, und zwar mit der Entdeckung der Strahlung und ihrer ständigen geringen Wärmezufuhr zum Universum, einer Entdeckung, die erklärte, wie die für das Leben auf der Erde benötigte Wärme ersetzt wird.[63] Wichtig für uns ist nicht so sehr das wissenschaftliche Ergebnis dieser Debatte, sondern die Bedeutung ihrer Metapher für das Denken des 19. Jahrhunderts, da die Zusammenhänge zwischen dieser Entdeckung und ihren metaphysischen, sozialen und historischen Implikationen in den Köpfen der zeitgenössischen Denker unmittelbar Konsequenzen hatten.

Selbst die Annahme einer gemäßigten Auffassung von Entropie, bei der die Verluste eines Systems durch ein anderes System ausgeglichen wurden, hatte bereits tiefgreifende Auswirkungen auf das Denken der Epoche. Als Beispiel dafür verweist Rabinbach auf die Naturphilosophie und auf Herbert Spencers Postulat, wonach der Niedergang von Zivilisationen einen positiven Schritt bei der evolutionären Erzeugung neuer Lebensformen darstellt. Außerdem führt er Nietzsches Idee der ewigen Wiederkehr an, die unter anderem eine Antwort auf das Postulat des Wärmetods des Universums sei. Er kommt zu dem Schluss: »Dieses paradoxe Verhältnis zwischen Kraft und Entropie liegt im Zentrum der revolutionären Moderne des 19. Jahrhunderts: auf der einen Seite ist ein stabiles und produktivistisches Universum der ursprünglichen und unzerstörbaren Kraft, auf der anderen Seite ein irreversibles System von Verfall und Zerfall.«[64]

Eine unmittelbare Konsequenz aus der Entdeckung des zweiten Hauptsatzes der Thermodynamik ist das Postulat einer absoluten zeitlichen Richtung des Universums, deren Auswirkungen nicht mechanisch rückgängig gemacht werden können. Selbst wenn die Prozesse, die einen bestimmten Effekt herbeigeführt haben, rückgängig und eine bestimmte Art von Arbeit ungeschehen gemacht würden, gilt dies nicht für den Effekt des Wärmeverlustes. Im Gegenteil, er wird dadurch verdoppelt oder verdreifacht. Dies steht im Gegensatz zum mechanistischen newtonschen Universum mit seinen nicht berücksichtigten Effekten der irreversiblen Zeitlichkeit. Wie Brush schreibt, macht die Thermodynamik dadurch, »dass sie zur Erklärung des Grundes, warum reale Maschinen nicht die maximale Effizienz erreichen können, den Begriff eines irreversiblen Wärmeflusses einführt, eine Aussage über die Richtung der Zeit in

62 Ebd., S. 77.

63 Vgl. dazu Brush: Die Temperatur der Geschichte.

64 Rabinbach: Motor Mensch, S. 78.

unserer Welt«.[65] Die Bedeutung der Geschichte im Denken des 19. Jahrhunderts steht in Beziehung zu diesem wissenschaftlichen Diskurs über die Richtung der Zeit.

Die mächtigen neuen Metaphern der Entropie verleihen den Diskursen des sozialen und politischen Wandels eine neue Dringlichkeit. Um Marx' Diskussion der Revolution zu verstehen, und insbesondere die Verschiebungen in dieser Diskussion, wie sie in den 1850er-Jahren auftraten, müssen die Eigenschaften des apokalyptischen Systemwandels berücksichtigt werden. Es gibt eine gewisse Kluft zwischen dem Aufruf des »Kommunistischen Manifests« an die Werktätigen der Welt, sich zu vereinigen, und der bereits im selben »Manifest« begonnenen, aber in späteren Texten stärker ausgeprägten Diagnose eines in der Krise befindlichen Systems. Im »Kapital«, das als eine einzige lange Ausführung zur Erklärung dieser Krise betrachtet werden kann, gibt es nur eine Handvoll Erwähnungen der Revolution. Diese Erörterungen der Revolution beziehen sich stets auf spezifische historische Ereignisse der Vergangenheit, insbesondere auf die Revolutionen von 1848/49 und deren Scheitern sowie auf die bürgerlichen Revolutionen im England des 17. Jahrhunderts. Sie sind keine Vorschläge, wie die Arbeiterklasse politische Bündnisse schmieden könnte, um eine zukünftige Gesellschaft herbeizuführen.[66]

Die Diagnose des unvermeidlichen Niedergangs beschränkt sich auf eine theoretische Geste, die zugleich einfach und ungeheuer komplex ist: die Analyse der kapitalistischen Produktionsweise nicht als hegemonial, sondern als selbstwidersprüchlich. Marx muss die Krise des Kapitals als ein Produktionssystem deuten, dessen Vergrößerung und Ausdehnung mit zunehmenden Verlusten einhergeht, dessen Produktionsmittel in Spannung zu der Produktionsweise stehen, die sie entwickelt hat, als ein System, das deshalb zur Unordnung neigt. Rabinbach schreibt:

> »Marx entdeckte auch das Prinzip der Entropie, das im Kapitalismus am Werk ist: der in einer Richtung verlaufende Zeitfluss der Geschichte erzeugt die unvermeidliche Niedergangstendenz des Kapitalismus, während die Produktivität der Arbeitskraft ansteigt. Durch die Umwandlung von Arbeit zu Kapital amplifiziert das Kapital seine Kraft: die Kraftumwandlung ist eine Umwandlung von Größen. [...] Aber aufgrund der allgemein bekannten Tendenz des Kapitals, immer größere Intensität zu erhalten oder die Rentabilität der Arbeit in einer

65 Brush: Temperatur der Geschichte, S. 11–12.

66 Marx ist somit angreifbar durch die Kritik von Hannah Arendt, dass das konstituierende Moment der modernen revolutionären Traditionen in Bezug auf die Notwendigkeit und Unvermeidlichkeit des Zusammenbruchs des vorherigen Regimes verloren gegangen ist: Der Fokus liege zu sehr auf der Unvermeidlichkeit und dem Niederreißen und zu wenig auf dem öffentlichen politischen Engagement, außer im Modus des Niederreißens. Arendt befürchtet, dass dies die notwendige Folge aller Revolutionen ist, die sich in der sozialen Frage der Massenarmut verfangen; vgl. Hannah Arendt: Über die Revolution, München 2000.

> Konkurrenzatmosphäre zu steigern, erbringt der Umwandlungsprozess weniger ›Wert‹ für den Kapitalisten, oder, wie Marx dies ausdrückte: die Profitrate fällt.«[67]

Die sinkende Profitrate bedeutet, dass das, worauf das kapitalistische System beruht – der Profit –, zu einer abnehmenden Größe wird. Diese Tendenz drückt den irreparablen entropischen Verlust des kapitalistischen Systems aus, einen Verlust, der seine Möglichkeitsbedingungen untergräbt. Der Kapitalismus ist wie eine schlecht konstruierte Dampfmaschine, die mit Höchstgeschwindigkeit betrieben werden muss, obwohl diese Geschwindigkeit zu einem erhöhten Verlust der gesamten Wärme beiträgt. Die erhöhte Gesamtwärme kann weder in produktive Arbeit umgewandelt noch in ausreichender Menge abgegeben werden. Stattdessen droht sie, die Maschine selbst zu sprengen.

Für Marx wird das Kapital seine Energien selbstverständlich nur in einem anderen, entwickelteren System zurückgewinnen können. Damit gehört er merkwürdigerweise zu den großen Optimisten seiner Zeit. Die sinkende Profitrate, die für den Niedergang des kapitalistischen Systems steht, wird im kommenden System durch den Bedarf an weniger Arbeitskraft wettgemacht werden. Mehr technologische Infrastruktur und der damit einhergehende Transfer von Arbeit in Kapital werden dazu führen, dass weniger Arbeitskraft in einem zunehmend automatisierten Produktionsprozess eingesetzt werden muss. Dies wird keine schlimmen Folgen für ein System haben, das nicht auf dem durch Arbeitskraft produzierten Wert basiert, sondern auf dem materiellen Reichtum, der mit minimalem Zusatz von Arbeitskraft durch Maschinen massenhaft produziert wird.

Marx' Theorie der akteursbasierten politischen Revolution wird daher zunehmend von einer Theorie der Krisen verdrängt, in die das kapitalistische System unweigerlich stürzen muss und aus der die kommunistische Produktionsweise ebenso unweigerlich hervorgehen muss. Auf diese Weise ist die postulierte kommunistische Revolution so weit von der bürgerlichen Revolution und ihrer Begründung in der Würde sowie im Vorrang und der politischen Souveränität des arbeitenden Menschen entfernt, wie sie nur sein kann. Stattdessen appelliert Marx an die Politik der menschlichen Agenten nur als vorübergehende Zwischenstation auf dem Weg zu den sich durchsetzenden Strukturkrisen. Schließlich zielt sein Appell nicht so sehr auf die politische Aktion, vor deren falschen Formen er oft warnt. Es handelt sich einfach um die Beobachtung, dass die kapitalistische Lebensweise unhaltbar ist und dass sie genau die Energie verschwendet, um deren Erhalt sie kämpfen sollte.

67 Rabinbach: Motor Mensch, S. 97.

Die Revolution ist der Moment, an dem das frühere und das spätere wissenschaftliche Paradigma, mit denen Marx arbeitet, am wenigsten vereinbar sind, und an dem diese Unvereinbarkeit am offensichtlichsten wird. Aus der Perspektive des früheren Paradigmas gestalten die Menschen die Natur und ihr eigenes Schicksal, indem sie ihre Umwelt vergeistigen und die natürlichen wie auch die sozialen Gesetze, die befolgt werden müssen, neu schreiben. Aus der Perspektive des späteren Paradigmas gibt es kein derartiges Maß an menschlicher Kontrolle. Die menschliche politische Organisation wird ebenfalls denaturiert, weil die Aussicht auf das Aussterben der Menschheit die Bedeutung der politischen Ordnung trivialisiert.

Es gibt auch keine Möglichkeit, den Kapitalismus moralisch zu bewerten: Er zerfällt wie jedes andere komplexe System nach den ehernen Gesetzen des Energieaustauschs. Man kann nur den Entwicklungsverlauf des Systems prognostizieren und darauf warten, dass es diese Projektion erfüllt. Ein Aufruf zum bewussten politischen Handeln, um ein solches System zu bekämpfen, ist absurd. Es ist wie der Aufruf, schneller in dieselbe Richtung zu rudern wie eine Strömung, die so stark ist, dass sie weder die menschliche Kraft, die mit ihr, noch diejenige, die gegen sie arbeitet, registriert. Die Gesetze der Thermodynamik werden selbst jede notwendige soziale und politische Transformation vorbereiten und herbeiführen, größtenteils als Begleiterscheinungen von Energiebewegungen.

In einer Theorie solcher Systeme gibt es auch keinen endgültigen Ruhepunkt, weil nachfolgende Systeme ähnlichen Gesetzen unterworfen sein werden. Unser Zustand nach der Revolution ist ein vorübergehender, der wiederum der Auflösung und Neuverhandlung der energetischen Bewegung unterworfen sein wird. Der Marx, der das erkennt, ähnelt immer weniger dem Marx, der im »Kommunistischen Manifest« die Solidarität unter den Arbeitern als Mittel zur Veränderung angepriesen hat.

3 —— Maschinen in der kommunistischen Zukunft

I Technologie und Grenzen der Natur

Da die Philosophie von Marx absolut einzigartig ist, ist es nicht immer einfach, sie in der Geschichte der Philosophie richtig zu verorten. Wenn man die Frage der Technik in seinen Texten behandelt, muss man nicht nur an die Vermächtnisse von Feuerbach und Hegel, der sozialistischen Utopisten und der politischen Ökonomen denken, sondern auch an den Wettstreit zwischen aufklärerischen und romantischen Einstellungen zu Natur und Technik. Diese lassen sich noch weiter zurückverfolgen zu einem Wertewandel, der – wenn auch unvollständig – am Übergang von der klassischen zur modernen Welt festzumachen ist. Hans Blumenberg spricht diese Umwertung der Werte in »Die Legitimität der Neuzeit« an.[1]

Konkret untersucht Blumenberg den moralischen Wert der Neugier auf die Natur. Neugierig auf die Natur zu sein und darauf, ob die ihr gesetzten Grenzen überwunden werden können: Ist das Hybris? Oder ist es die richtige Haltung des Menschen gegenüber der natürlichen Welt? Als Haltung impliziert die Neugier, dass die Beziehungen zwischen Mensch und Natur verändert werden können. In den antiken Moralvorstellungen wurde sie aus genau diesem Grund verurteilt. In den verwandten Themen der frühen christlichen Moralvorstellungen wurde Neugier beschuldigt, das Wunder der Welt, das Gott dieser aufgrund seiner Güte oder anderswie geschenkt hat, durch Spekulationen zu verfälschen. Aber in der Moderne änderte sich das moralische Prestige der Neugier. Beginnend mit Giordano Bruno und gipfelnd in Francis Bacon, erfuhr ihre Bedeutung nun eine Umkehr in ihrer Bewertung.

Als diese Umkehr vollzogen war, war die Neugier nicht mehr mit einem moralischen Verbot belastet und ebenso wenig einfach eine unter vielen möglichen moralisch indifferente Haltung. Stattdessen galt sie als richtige und moralisch positive Einstellung zur Natur. Auf ihrem Höhepunkt im 17. Jahrhundert, bevor man in der Romantik zu einer Version der klassischen Behutsamkeit zurückkehrte, wurde die Neugier zum bestimmenden Merkmal dessen, was dem menschlichen Wissen

1 Hans Blumenberg: Die Legitimität der Neuzeit, Frankfurt a.M. 1996.

zukommt. Schließlich wurde sie zum angemessenen existenziellen Verhalten für die naturwissenschaftliche und technische Einstellung.[2] Wissenschaftler und Philosophen dehnten den Geltungsbereich der Neugier allmählich nicht nur auf die bekannten Inhalte der natürlichen Welt aus, sondern auch auf die wahrgenommenen Grenzen dieser Welt – und auf die Frage, ob diese Grenzen überwunden werden können.

Zur gleichen Zeit, in der die Neugier eine wissenschaftliche Haltung definierte, die mit den gegebenen Grenzen der natürlichen Welt zunehmend unzufrieden war, setzten die neuen Diskurse der Moderne über Knappheit und Überbevölkerung diese Grenzen mit Nachdruck wieder fest. Obwohl Denker wie Montesquieu noch die traditionelle Ansicht vertraten, dass die Gesamtbevölkerung seit der Antike abgenommen habe,[3] gingen Thomas Morus, Francis Bacon und Thomas Hobbes allesamt von einer steigenden Bevölkerungszahl aus. Sie diskutierten den rationalen Umgang mit einer wachsenden Bevölkerung, im Falle von Morus auch die räumliche Verlagerung dieser Bevölkerung in unbewohntes Land.[4] Für Hobbes war das Thema Überbevölkerung eine der ultimativen Bedrohungen für den Frieden: Knappe Ressourcen könnten gute Gesetze ausstechen und selbst den am sorgfältigsten verwalteten politischen Körper in Unordnung bringen.

Um die Jahrhundertwende wurden Szenarien der Überbevölkerung apokalyptisch, und zwar im Einklang mit den thermodynamischen Krisendiskursen, die ich in Kapitel 2 vorgestellt habe. Thomas Malthus stellte eine geometrische Progression des Bevölkerungswachstums einer arithmetischen Progression der Nahrungsmittelproduktion gegenüber und erklärte das moderne Bevölkerungswachstum für nicht nachhaltig. Aus dieser unabänderlichen Grenze der Natur zog er dann soziale, politische und theologische Konsequenzen. Malthus argumentierte, eine solche Grenze sei der Wille Gottes, sie würde sich letztlich durchsetzen und sei daher vor jeder menschlichen Einmischung zu schützen, die ihre unvermeidliche Konsequenz verzögern könne.[5] Malthus vermischte so

2 Blumenbergs Darstellung der Umwertung des Werts der Neugier bietet einen allgemeinen philosophischen Rahmen, in dem wir Carl Mitchams historische Charakterisierung der Einstellung zur Technik einordnen können. Mitcham zufolge wurde die Technik in den antiken Texten verunglimpft und in den modernen Texten verehrt. Im 19. und 20. Jahrhundert schwankte die Einstellung dazu zwischen diesen beiden Polen hin und her; vgl. Robert C. Scharff/Val Dusek (Hrsg.): Philosophy of Technology, the Technological Condition. An Anthology, Oxford 2003, insbes. S. 490–506.

3 Blumenberg: Legitimität der Neuzeit, S. 254.

4 Ebd., S. 253; vgl. auch Thomas Morus: Utopia [1516], Frankfurt a.M./Wien 1986.

5 In seiner Kritik am Gothaer Programm stellte sich Marx explizit gegen die Naturauffassung von Malthus: »Von dem ›ehernen Lohngesetz‹ gehört Lassalle bekanntlich nichts als das den goetheschen ›ewigen, ehernen, großen Gesetzen‹ entlehnte Wort ›ehern‹. Das Wort ehern ist eine Signatur, woran sich die Rechtgläubigen erkennen. Nehme ich aber das Gesetz mit Lassalles Stempel und daher in seinem Sinn, so muss ich es auch mit seiner Begründung nehmen. Und was ist sie? Wie Lange schon kurz nach Lassalles Tod zeigte: die (von Lange selbst gepredigte) malthussche Bevölkerungstheorie. Ist diese aber richtig, so kann ich wieder das Gesetz nicht aufheben, und wenn ich hundertmal die Lohnarbeit aufhebe, weil das Gesetz dann nicht nur

auf bizarre Weise das vormoderne Argument der klassischen Grenzen und den modernen Diskurs über die Manipulation dieser Grenzen. Bei Malthus kann der Mensch die unverrückbaren Grenzen, die von Gott oder der Natur gesetzt wurden, beeinflussen oder auch nicht. Die Knappheit wird sich durchsetzen, aber es ist das Beste, ihr Fortschreiten nicht zu verzögern. Dies suggeriert gleichzeitig sowohl die Wirksamkeit menschlichen Handelns als auch dessen Versagen.

Selbst ein späterer Denker wie Darwin verwendete ein Konzept der Natur, das mit solch unveränderlichen Grenzen ausgestattet ist, und insbesondere das Postulat knapper natürlicher Ressourcen als ein Element in seinem System. In diesem Szenario unterstützt eine Welt mit knappen Ressourcen eine fixe Menge an Nahrungsmittelproduktion. Dies gewährleistet eine mathematisch festgelegte Grenze des Überlebens, durch die Schwache eliminiert werden. Blumenberg schreibt:

> »Malthus und Darwin hatten beide ihre Theorien in dem Appell auslaufen lassen, der Mensch solle *dem Naturgesetz gehorchen*, indem er ihm die sozialen Behinderungen seiner unmittelbaren und unverfälschten Wirkung aus dem Weg räumte. Die Größe des vielgelästerten 19. Jahrhunderts lag darin, dass es, zumindest dem Übergewicht seiner geschichtlichen Realisierungen nach, diesem Appell widersprach. Der Durchbruch der Technisierung ist dieser Widerspruch. [...] Noch Hegel spricht sich [...] gegen die am englischen Beispiel illustrierte öffentliche und private ›Armenpflege‹ mit der Begründung der unaufhebbaren Differenz zwischen Bedürfnissen und Subsistenzmitteln aus [...] Der technische Fortschritt brachte zur Evidenz, dass der Lebensspielraum keine natürliche Konstante war und nicht zum Wachstum der Bevölkerung in einem Missverhältnis von notwendiger Endgültigkeit stand.«[6]

Mit ihrer enormen Produktion von Wohlstand und insbesondere mit den Fortschritten in der Nahrungsmittelproduktion, die aus den Entdeckungen der Agrarchemie resultierten, stellte die Technisierung des 19. Jahrhunderts die überkommenen Grenzen der natürlichen Welt infrage. Die Natur besteht nicht aus unveränderlichen Grenzen, die respektiert werden müssen; vielmehr hat die von der menschlichen Technologie verwaltete Natur das Potenzial, diese Grenzen zu verschieben – ein Akt,

das System der Lohnarbeit, sondern jedes gesellschaftliche System beherrscht. Gerade hierauf fußend, haben seit fünfzig Jahren und länger die Ökonomisten bewiesen, dass der Sozialismus das naturbegründete Elend nicht aufheben, sondern nur verallgemeinern, gleichzeitig über die ganze Oberfläche der Gesellschaft verteilen könne! Aber all das ist nicht die Hauptsache. Ganz abgesehen von der falschen lassalleschen Fassung des Gesetzes, besteht der wahrhaft empörende Rückschritt darin: [das Gesetz in der Natur zu begründen].« (Karl Marx: Kritik des Gothaer Programms, in: MEW, Bd. 19, S. 11–32, hier S. 25)

6 Blumenberg: Legitimität der Neuzeit, S. 258–259; Hervorhebung A.W.

der sich in der steigenden Nahrungsmittelproduktion niederschlägt. Aus der Perspektive der Technisierung sind die in den Diskursen der Überbevölkerung beschworenen knappen Ressourcen ideologisch. Blumenberg fährt fort:

> »Die Begründung der Agrarkulturchemie durch Justus Liebig im Jahr 1840, also die Theorie der künstlichen Düngung, verrät, dass die Disproportion der beiden Progressionen von Malthus nicht nur als Gesetz bestritten, sondern als Wirklichkeit durch Technisierung veränderbar gedacht wurde. Die Technik ist ein Produkt der menschlichen Ungeduld mit der Natur. Die langen Zeiträume, die Darwin für die winzigen Schritte seiner Evolution benötigte, mochten zwar die großen Vergeblichkeiten der Natur, ihren ungeheuren Aufwand an Individuen, Schmerz und Tod in einem neuen Lichte der Sinnhaftigkeit erscheinen lassen, aber als humane Versicherung, als Rechtfertigung des geschichtlichen Status des Menschen waren sie trostlos [...], insofern der Mensch als Individuum nun seine Nichtigkeit und Ohnmacht gegenüber der Zeit als dem Allesvermögen empfinden musste. Die Stelle der Transzendenz wurde durch das Moment der Dilatation umbesetzt [...], [und lässt] die Heterochronie des Verfahrens der Natur mit der akuten geschichtlichen Situation, in der der Mensch sich befindet, mit aller Schärfe zutage treten.«[7]

Vor diesem Hintergrund erschien die Idee knapper natürlicher Ressourcen für Marx bloß als soziale Norm, die sich ideologisch als ein unabänderliches Naturgesetz maskierte. Seit seinen Anfängen in der Dissertation über die Deklination der Atome berief Marx' Materialismus sich auf die Möglichkeit einer Natur, die nicht durch einen festen Determinismus gekennzeichnet ist. Marx las 1851 auch Liebig und machte sich umfangreiche Notizen zu ihm.[8] In den Manuskripten des folgenden Jahrzehnts, einschließlich der »Grundrisse«, erhält die Idee der Technik eine größere Bedeutung. Eine neue Welt, die auf den Fortschritten der technischen Produktion beruht, ermöglicht ungeahnten materiellen Reichtum.

Um diese neue Welt zu bezeichnen, verwendet Marx die hegelsche Sprache der »Vergegenständlichung«.[9] Er greift auf den Begriff immer dann zurück, wenn es um die allgemeine, kollektive Produktion der menschlichen Gattung als Ganzes geht und nicht um die Produktion jedes Einzelnen. Die wichtigste Objektivierung ist für ihn die Wissen-

7 Ebd., S. 256–257.

8 Marx' Notizen beziehen sich auf Liebigs Schrift »Die Thierchemie, oder die organische Chemie in ihrer Anwendung auf Physiologie und Pathologie« von 1842 (Internationales Institut für Sozialgeschichte in Amsterdam (IISG), Marx-Engels-Nachlass (MEN), Sig. B 49 [Heft XLIX], 34–46).

9 Zur Erörterung der philosophischen Geschichte des Begriffs siehe Kapitel 1.

schaft. Auf die Natur angewandt, bekämpft diese die Knappheit der gegebenen natürlichen Welt und bestreitet ihre Grenzen. Die fraglichen »Objekte«, die von dieser Wissenschaft produziert werden, insbesondere Maschinen und landwirtschaftliche Düngemittel, kommen ihren menschlichen Schöpfern als Gattung zugute, nicht nur einzelnen Menschen oder sozialen Klassen. Die historische Akkumulation dieser Wissenschaft treibt die potenzielle Produktivität der Natur exponentiell in die Höhe. Der Grad der unmittelbaren menschlichen Kontrolle und Verwaltung der natürlichen Welt ist hoch, und dementsprechend auch derjenige der sozialen Welt.

Liebig war, wie wir in Kapitel 2 gesehen haben, einer der wenigen verbliebenen Vitalisten unter den wissenschaftlichen Materialisten. Und gerade diese vitalistische Sichtweise, in der der Mensch von der natürlichen Welt durch eine qualitativ andere Art von lebendiger Kraft getrennt ist, kann eine Voraussetzung für das Postulat einer Technologie sein, die die Natur qualitativ nach ihren eigenen Bedürfnissen umgestaltet. Denn in diesem Postulat wirkt der Mensch durch den Einsatz von Intellekt auf die Natur ein und verändert sie zum Besseren. Dieser menschliche Intellekt bewegt sich nicht einfach als intrinsischer Teil einer Natur, die festen Gesetzen unterliegt. Gefangen zwischen den beiden Ansichten über die menschliche Interaktion mit der Natur – in Kapitel 2 als »vitalistisch« und »energetisch« bezeichnet –, zeigt Marx' späteres Werk, wie Technologie ein gesellschaftliches Produkt solcher Ansichten und der Produktionsweisen ist, die symbiotisch die Enstehung dieser Ansichten erzeugen. Für Marx unterscheidet sich die Technik je nach der Produktionsweise, in der ihre Strukturen konkretisiert werden – ein Prozess, den der Technikphilosoph Andrew Feenberg die essenzialistische Ambivalenz der Technik nennt.[10]

In Marx' Spätwerk »Das Kapital« ist das aufklärerische Ideal, bei dem die festen Grenzen der Natur zurückgedrängt werden können, um das Los der Menschen zu verbessern, weniger stark ausgeprägt als in seinen früheren Texten. Das liegt daran, dass dieses Ideal im Kapitalismus nach und nach durch zwei andere ersetzt wird: einerseits durch eine technophile Umarmung des Fortschritts, die das Wohl des Menschen aus den Augen verliert; andererseits durch eine entsprechende romantische und konservative Dämonisierung der Technisierung. Beide kapitalistischen Diskurse verlieren die Verbindung der Technologie mit der Produktionsweise und behandeln stattdessen die Technik, als habe sie eine fixe geschichtslose Essenz.

Parallel dazu eliminierte Marx im »Kapital«, wenn es um menschliche Tätigkeit geht, nach und nach das Vokabular des Vitalismus. Das lie-

10 Vgl. Andrew Feenberg: Questioning Technology; ders.: Transforming Technology: A Critical Theory Revisited, New York/Oxford 2002.

bigsche Aufklärungsideal erforderte das vitalistische Vokabular, das in Marx' »Grundrissen« noch üblich ist, wenn es etwa über den Reichtum heißt, dass dieser aus dem Körper des Arbeiters »neue *Lebensgeister* in sich zieht«.[11] Schließlich unterliegt die gesellschaftspolitische Diagnostik von Marx im »Kapital« dem von Blumenberg weiter oben skizzierten Problem des Aufschubs. Obwohl die politische Revolution 1848 eine greifbare Realität gewesen war, war sie zum Zeitpunkt der Veröffentlichung des »Kapital« im Jahr 1867 weit weniger präsent. Stattdessen hatte das Warten begonnen.

In seiner Analyse der kapitalistischen Produktionsweise im »Kapital«, einer Analyse, die nicht nur die Normen des kapitalistischen Tuns, sondern auch die Normen des kapitalistischen Denkens offenbart, säuberte Marx seine eigene »akute historische Situation« von den Annehmlichkeiten einer sofortigen Revolution oder des Kampfes für bessere Löhne. Stattdessen postulierte er eine unvermeidliche, wenn auch vorübergehend aufgeschobene, totalisierende Transformation. Ihm zufolge erzwingt eher die Gesellschaft als die Natur das Wirken der Knappheit: Das Gesetz der Knappheit, das in den Werken von Smith, Hegel, Malthus und Darwin auftaucht, ist eher ein bürgerliches als ein natürliches Postulat. Aber diese Sichtweise verpflichtete Marx immer noch auf Knappheit als gesellschaftlich regulierendes Prinzip. In seinem Postulat der revolutionären Transformation wurde die im 19. Jahrhundert vorgenommene Verschmelzung und Analogie zwischen dem Gesellschaftlichen und dem Natürlichen zwar umgekehrt, aber nicht hinter sich gelassen. Die Logik des Aufschubs, die für die wissenschaftliche Beschreibung des 19. Jahrhunderts so charakteristisch ist, die unsichtbare Hand, die über lange Zeitspannen hinweg wirkt, bestimmt weiterhin die Aussichten der sozialen und politischen Revolution. Dieses Element des Aufschubs machte Marx nicht nur unfähig, die Frage des unmittelbaren menschlichen Wohllebens anzugehen, sondern umhüllte diese Frage sogar mit Düsternis durch die enormen Spannen politischer Zeit, die dazwischen liegen, bevor ein solches Wohlleben realisiert werden könne.

Merkwürdigerweise bedeutet dies, dass Marx genau in dem Moment intellektuell konservativ ist, in dem er politisch am radikalsten ist. Er übertrug die Struktur des Naturgesetzes der Knappheit, das er von Smith, Hegel, Malthus und Darwin geerbt hat, auf die Funktionsweise des Kapitals und seine letztendliche Überwindung. Seine Vorhersage der Krise ist auch eine Rache der Natur. In der Weigerung, zugunsten der aufgeschobenen, aber unvermeidlichen politischen Revolution, die alle Lohnarbeit beenden wird, die unmittelbare menschliche Situation zu verbessern (etwa durch höhere Reallöhne), berief sich Marx auf die knappen

11 Marx: Grundrisse, MEW, Bd. 42, S. 366; Hervorhebung A.W.

Ressourcen eines natürlichen menschlichen Körpers, mit seinen Grenzen als treibender Motor der Geschichte. Indem er die Forderungen der Gewerkschaften nach mehr materiellem Reichtum innerhalb des kapitalistischen Systems aus Angst vor der Zurückdrängung der revolutionären Apokalypse zurückwies, stellte Marx die Struktur der Knappheit und ihre unvermeidliche Wirkung sowie die unsichtbare Hand der Ökonomie wieder her. Bei einer solchen Sicht der Gesellschaft ist der Grad, zu welchem die natürliche wie auch die soziale Welt unmittelbar kontrolliert und verwaltet werden kann, wieder einmal eher niedrig als hoch. Alles, was wir tun müssen, ist, das Unvermeidliche abzuwarten.

In diesem Kapitel beschreibe ich Marx' positive Darstellung der Technisierung aus den 1850er- und frühen 1860er-Jahren, so wie sie sich vor diesen dunkleren Schilderungen in seinem späteren Werk entfaltet hat. In den früheren Texten führt die Überwindung der angenommenen Grenzen der Natur zur Produktion von materiellem Reichtum, der die Möglichkeit einer Form menschlicher Assoziation schafft, die nicht auf Knappheit als natürlichem oder gesellschaftlichem Postulat beruht. Die Frage nach dem unmittelbaren menschlichen Wohlergehen ist sehr lebendig. Aber es gibt auch schon Andeutungen eines technologischen Skeptizismus, der für Marx' spätere Jahre zunehmend charakteristisch sein wird, da sein Blick auf die Technologie immer mehr durch die Form, die die Technologie in der kapitalistischen Produktionsweise annimmt, eingeschränkt wird. In Kapitel 4 werde ich Marx' weitgehend negative Darstellung der Technik im »Kapital« beschreiben.

II Materieller Reichtum und Wert: das »Maschinenfragment« in den »Grundrissen«

Marx' Exzerpthefte über Wissenschaft und Technik aus den 1850er-Jahren, einschließlich der Passagen über Liebig, sind Teil seiner Vorbereitung für die Manuskripte, die als die »Grundrisse« bekannt sind. Sie entstanden im Herbst und im Winter 1857/58 in London im Anschluss an seine Studien und seine Kritik zur politischen Ökonomie und zum utopischen Sozialismus, einer Arbeit, die er in den späten 1840er-Jahren begonnen hatte. Die Texte, aus denen sich die »Grundrisse« zusammensetzen, sind ungeschliffen im Vergleich zu dem, was wir im »Kapital« finden werden, wenn auch geschliffen im Vergleich zu einigen der Exzerpthefte über Wissenschaft und Technik, aus denen sie abgeleitet sind. Traditionell wurden sie als Arbeitsskizze für das »Kapital« betrachtet; hier und in Kapitel 4 werde ich jedoch eher die Unterschiede als die Kontinuitäten zwischen den beiden Texten betonen.

Marx-Forscher lernten die Manuskripte der »Grundrisse« erst Mitte des 20. Jahrhunderts kennen. Obwohl einige russische Gelehrte in den 1930er-Jahren Zugang zu den Notizbüchern hatten, wurden sie auf

Deutsch erst nach Stalins Tod 1953 veröffentlicht. Die Arbeit, diese Texte zu entschlüsseln und mit den Studien, die Marx im Britischen Museum betrieb, zu verknüpfen, hat also erst spät begonnen. Einige der gängigsten Arbeiten in der marxistischen Philosophie basieren auf den »Grundrissen«, insbesondere diejenigen von Antonio Negri und Moishe Postone. Beide begründen ihre Wahl als Grundlage für ihre Marx-Interpretation damit, dass dieser Text noch Möglichkeiten und Vorschläge enthält, die durch die schwierige Struktur des »Kapital« ausgeschlossen sind. Meine eigene Arbeit an den Exzerptheften hat diese Argumentationslinie bestätigt und vertieft.

Insbesondere der erste Band des »Kapital« stellt für seine Interpreten eine Herausforderung dar, weil er die logischen Substrukturen der kapitalistischen Produktionsweise hervorhebt und nicht ihre historische Wirklichkeit. Methodisch hat Marx sein Werk an Hegels »Logik« angelehnt, eine Strategie, auf die er bei der Abfassung der »Grundrisse« gestoßen ist und die er dort deutlich gemacht hat, aber diese Strategie wird im »Kapital« nicht noch einmal diskutiert, sondern einfach ausgeführt.

Auf Hegels »Logik« folgten Werke zu Natur und Geschichte. In ähnlicher Weise sollte sich Marx' Werk in den Bänden II und III der empirischen Realität öffnen, nachdem er zuvor in Band I die unausweichlichen logischen Substrukturen dieser Realität – und ihre logischen Widersprüche – offengelegt hat. Viele frühe ökonomische Kommentare zum ersten Band des »Kapital« üben empirische Kritik an seinem Inhalt, indem sie Marx' Ausschluss des Dienstleistungssektors oder sein Versäumnis hervorheben, Profit und Wert in Beziehung zu setzen. Es überrascht nicht, dass sie größtenteils aus französischer und englischer Feder stammen, deren Autoren am Verständnis daran gescheitert sind, inwiefern das »Kapital« strukturell der idealistischen deutschen Philosophie verpflichtet ist .

Das »Kapital« weist nur selten auf andere mögliche Formen außerhalb der kapitalistischen Produktionsweise hin. Marx hat den expliziten Historizismus weitgehend aus der Darstellung eliminiert. Entsprechende Behauptungen sind aus diesem Grund immer eingebunden in das Verständnis der entfremdeten Produktionsweise, das er in seinen früheren Werken historisch verortet hat. Im »Kapital« geht es allein um die kapitalistische Produktionsweise und um Aussagen, die nur in das kapitalistische Weltbild passen.

Im Gegensatz dazu beginnen die »Grundrisse« mit den allgemein historischen und sogar mit den ontologischen Kategorien von »Produktion/Konsumtion/Verteilung/Tausch«, die die menschliche Vergegenständlichung charakterisieren. Im »Kapital« ersetzt Marx diese Eröffnungsdiskussion durch die engere Kategorie der Ware und die Warenform. Diese Kategorie charakterisiert die genannten Begriffe in der entfremdeten kapitalistischen Welt. Negri wie auch Postone kehren zu den weniger formalisierten »Grundrissen« zurück, um den begrifflichen und philosophischen Rahmen aufzuzeigen, auf dem das »Kapital« basiert. Ohne diesen Rahmen zu erläutern, geht das »Kapital« davon aus, dass die Leserinnen oder Leser verstehen, dass die universelle Kategorie der Vergegenständlichung – die Produktion – vollständig von einer entfremdeten Teilform, der Warenproduktion, kolonisiert worden ist.[12]

Ebenso zeigen die »Grundrisse« Möglichkeiten des Einsatzes von Technik, die nicht mit denjenigen in der entfremdeten Produktionsweise übereinstimmen. Vielmehr wird dort in Fortschreibung der Exzerpthefte und der liebigschen Einstellung zur Natur (die wir bereits besprochen haben) das Potenzial der Technik betont, materiellen Reichtum zu produzieren, der der menschlichen Spezies als Ganzes zur Verfügung steht und der dazu beiträgt, die Begrenzungen der natürlichen und sozialen Welt zu verschieben, eben jene Grenzen, die Knappheit schaffen und erzwingen.

Innerhalb der »Grundrisse« befindet sich der längste zusammenhängende Textabschnitt über Technik oder, genauer gesagt, über Maschinen, und zwar zwischen dem Ende von Heft VI und dem Anfang von Heft VII, mitten in dem Abschnitt mit dem Titel »Kapital«. Negri folgend, nenne ich diesen Abschnitt »Das Maschinenfragment«. Die Abschnitte III und VI dieses Kapitels liefern einen Kommentar dazu, wobei der von Negri behandelte Ausschnitt leicht erweitert wird, um die Unterscheidung zwischen fixem und zirkulierendem Kapital einzubeziehen, die Marx skizziert, bevor er sich explizit den Maschinen zuwendet.[13]

Die Produktion im entfremdeten kapitalistischen Modus treibt die Intensivierung der Arbeit und den körperlichen Verschleiß des Arbeiters voran, Phänomene, die durch Maschinen noch verschärft werden. Die Interaktion von Mensch und Maschine innerhalb der Fabrik wirkt eher als Parasitismus denn als Symbiose. Aber der Parasitismus ist eher der Produktionsweise geschuldet, in die Arbeiter und Maschine eingefügt sind, als den Produktionsmitteln selbst oder der Beziehung zwischen Mensch und Maschine an sich. Unter der Oberfläche der antagonistischen Beziehung zwischen Mensch und Maschine liegt eine tiefe Klassenverwandtschaft, die die Klassenverwandtschaft der Proletarier untereinander widerspiegelt und nahelegt, dass eine andere Produktionsweise bessere Beziehungen zwischen Mensch und Maschine ermöglichen würde.

12 Vgl. Antonio Negri: Über das Kapital hinaus, Berlin 2019; Postone: Zeit, Arbeit und gesellschaftliche Herrschaft, S. 49ff.

13 Zusätzlich zum »Maschinenfragment« sind in den »Grundrissen« zwei weitere zentrale Texte über Maschinen erschienen (MEW, Bd. 42, S. 657–660 u. 708–721). Der erste zeigt, wie die Intensivierung der Arbeit – unabhängig von der Konkurrenz – allein aus der Definition des fixen Kapitals abgeleitet werden kann (vgl. Abschnitt IV). Es gibt auch viele weitere einschlägige Texte, die nicht speziell die Technologie, sondern die Wissenschaft im Allgemeinen diskutieren. Ich habe einige von ihnen in meine Erläuterungen eingewoben. Für Marx sind Wissenschaft und Technologie enger miteinander verbunden als für uns.

Für Marx vollzieht sich der Übergang zu dieser anderen Produktionsweise durch eine Umverteilung der Produktionsmittel, die durch die kapitalistische Produktionsweise selbst hervorgerufen wird. Die kapitalistische Produktion markiert eine notwendige Übergangsphase und produziert selbst den materiellen Reichtum, der ihre Auflösung herbeiführen wird. Danach müssen die Arbeiter die Maschinen nicht zerschlagen, sondern sie werden sie besitzen, und dadurch holen sie sich den akkumulierten Reichtum ihrer Klasse zurück.

Die Umverteilung nicht des Reichtums, sondern der Produktionsmittel macht die reale Subsumtion[14] der Arbeit durch das Kapital rückgängig, obwohl sie nicht unbedingt gemeinschaftliche Produktionsformen beseitigen muss.

Die technische Unterscheidung, die Marx in den »Grundrissen« zwischen Entfremdung und Vergegenständlichung trifft und die wir in Kapitel 1 im Kontext des Verhältnisses von Marx und Hegel betrachtet haben, hilft, die Gleichzeitigkeit von Dissonanz und Potenzial der Schnittstelle Mensch–Maschine zu verstehen. Sie erklärt auch, wie die Gestalt dieser Schnittstelle von der Produktionsweise abhängt, in der Menschen und Maschinen existieren und durch die sie geprägt werden. Für Marx wird eine gerechte Umverteilung der Produktionsmittel dazu führen, dass die technologische Entfremdung zur einfachen Vergegenständlichung wird. Wie es dazu kommen wird, ist allerdings alles andere als eine einfache Geschichte und sie wird von Marx auch nicht einmal ansatzweise erzählt. Allerdings ist die Umverteilung der Produktionsmittel der entscheidende Ausgangspunkt. Nachdem diese vollzogen ist, werden die Mittel selbst ebenso wie die durch sie konditionierten Menschen nicht mehr dieselben sein. Die Technik wie der Mensch werden einer anderen Gesellschaftsform unterworfen sein und ein anderes Telos haben.

Diese Forderung nach der Umverteilung der Produktionsmittel ändert nichts an der Tatsache, dass Marx' grundlegende Kritik der kapitalistischen Produktionsweise gilt und nicht nur der kapitalistischen Verteilung. Würde nur die Beute, die sich das Kapital angeeignet hat, statt seiner Mittel umverteilt, dann würde dies die Ungleichheiten des Systems nicht korrigieren, das nicht nur der Arbeit deren unmittelbares Produkt vorenthält, sondern auch die Beschädigung der physischen und intellektuellen Fähigkeiten von Menschen mit sich bringt – die Arbeit wird zu einer Form der Tätigkeit, die in sich selbst nicht erfüllend und mit den Begriffen Schmerz, Leiden und Erleiden behaftet ist. Marx verwendet den Begriff »Arbeit« in vielerlei Hinsicht, und vor allem verwendet er ihn, um die entfremdete Form der Tätigkeit in der kapitalistischen Produktionsweise zu beschreiben.

14 Für eine Erklärung dieses Fachbegriffs siehe Kapitel 1, Abschnitt II, »Andere Ursprünge von ›Entfremdung‹ und ›Vergegenständlichung‹«.

Die Forderung nach Umverteilung der Produktionsmittel weist jedoch darauf hin, dass für Marx' Sicht auf das nachrevolutionäre kommunistische Leben eine technisch verbesserte materielle Herstellung auf Dauer wichtig bleibt. Im »Maschinenfragment« übernahm er unkritisch Lauderdales Behauptung: »Einer der Wesenszüge, der die Spezies Mensch charakterisiert und auszeichnet, ist, dass sie *auch die Arbeit durch in Maschinen umgewandeltes Kapital ersetzt.*«[15] Obwohl Marx die Texte der politischen Ökonomen kritisch durcharbeitete, blieb in seinem Denken etwas von dieser Definition des menschlichen Wesens erhalten, das seine Arbeitskraft durch Maschinen ersetzt – oder, anthropologisch gesehen, durch den Gebrauch von Werkzeugen. Für Marx besteht der Zweck dieser Ersetzung in der gesteigerten Produktion von materiellem Reichtum und in der Fähigkeit, konservative Annahmen über natürliche Grenzen zurückzudrängen.

Wenn wir uns daran erinnern, dass es in Marx' ursprünglicher Formulierung der Entfremdung um diejenige von der eigenen Spezies ging, so finden wir hier, dass diese nun durch ihren Gebrauch und den Besitz von Werkzeugen definiert wird. Die proletarische Entfremdung vom Werkzeuggebrauch, die sich in der realen Subsumtion der Arbeit unter das Kapital vollzieht, ist Teil der Entfremdung dieser Klasse von den Fähigkeiten der menschlichen Gattung. Die Arbeiter müssen die Produktionsmittel besitzen, um ihr Gattungswesen wiederherstellen zu können. Dazu werden nicht irgendwelche Produktionsmittel genügen. Die Arbeiter haben das Recht des Zugangs zu den am besten entwickelten Produktionsmitteln, das heißt zu denjenigen, die den größten materiellen Reichtum produzieren können.

Marx' Betonung der anhaltenden Bedeutung der materiellen Produktion bedeutet, dass er weder ein Asket noch ein Primitivist ist. Er erkennt die Bedeutung des materiellen Reichtums für die menschliche Kultur und das menschliche Gedeihen an. In den »Grundrissen« definiert er diesen Reichtum sogar als Erweiterung der menschlichen Bedürfnisse: »Je mehr die selbst geschichtlich – durch die Produktion selbst erzeugten Bedürfnisse, die gesellschaftlichen Bedürfnisse – Bedürfnisse, die selbst der offspring der social production und intercourse sind, als *notwendig* gesetzt sind, umso höher ist der wirkliche Reichtum entwickelt. Der Reichtum besteht, *stofflich* betrachtet, nur in der Mannigfaltigkeit der Bedürfnisse.«[16] Diese Bedürfnisse können natürlich sowohl intellektuell oder sozial ebenso wie materiell sein, aber Marx hält materielle Fülle für eine notwendige Bedingung für die Entwicklung höherer Bedürfnisse.[17]

15 Marx: Grundrisse, MEW, Bd. 42, S. 588; Hervorhebung im Original.

16 Ebd., S. 433; Hervorhebungen im Original.

17 Für eine eingehende Darstellung von Marx' Konzept der »Bedürfnisse« vgl. Agnes Heller: Theorie der Bedürfnisse bei Marx, Berlin 1976.

Marx unterscheidet zwischen »materiellem Reichtum« und dem für die kapitalistische Produktionsweise charakteristischen Begriff »Wert«. Nur in der beschränkten Vorstellungswelt des Kapitalismus ist Reichtum auf Wert reduzierbar. In den »Grundrissen« schreibt Marx noch einmal, dass »dem Kapital nicht damit gedient ist, bloß mehr ›wealth‹ im ricardoschen Sinn zu erhalten«, sondern, dass es »mehr *value,* mehr vergegenständlichte Arbeit kommandieren will«.[18] Postone zitiert einen anderen Abschnitt aus den »Grundrissen«, um den Unterschied zu erklären, den Marx hier skizziert, dass er sich nämlich

> »mit dem Wert nicht als einer Kategorie von Reichtum im Allgemeinen oder eines sich quasi-automatisch selbst regulierenden Marktes auseinandersetzt, sondern mit dem Wert als dem Wesen einer Produktionsweise, deren ›Voraussetzung ist – und bleibt – die Masse unmittelbarer Arbeitszeit, das Quantum angewandter Arbeit als der entscheidende Faktor der Produktion des Reichtums.‹ [...] Mit der Entwicklung des industriellen Kapitalismus und aufgrund des schnellen Steigens der Produktivität wird stofflicher Reichtum zunehmend eine Funktion des allgemeinen Standes der Wissenschaft und ihrer Anwendung in der Produktion statt der Menge der angewandten Arbeitszeit und damit unmittelbarer menschliche Arbeit. Der Unterschied zwischen stofflichem Reichtum und Wert wächst sich laut Marx zunehmend zu einem scharfen Gegensatz aus, weil Wert selbst dann die wesentliche Bestimmung von kapitalistischem Reichtum bleibt, wenn stofflicher Reichtum von der Verausgabung unmittelbarer menschlicher Arbeit immer weniger abhängt. Daher wird unmittelbare menschliche Arbeit als Grundlage der Produktion beibehalten und wird immer weiter fragmentiert, obwohl sie doch bezüglich des Potenzials der angewachsenen Produktivkräfte ›überflüssig‹ geworden ist. Die im Kapitalismus gewaltig gestiegene Produktivität findet also keine Entsprechung in einer Abnahme der Arbeitszeit und bewirkt auch keine positive Transformation des Charakters der Arbeit. So betrachtet gründet sich der fundamentale Widerspruch des Kapitalismus darin, dass sowohl die Form gesellschaftlicher Verhältnisse und des Reichtums als auch die konkrete Form der Produktionsweise weiterhin durch den Wert bestimmt werden, obwohl sie aus der Perspektive des materiellen Reichtums schaffenden Potenzials des Systems anachronistisch werden.«[19]

Für Marx ist der materielle Reichtum die Nettoproduktivität eines Systems der maschinell gesteigerten Produktion und in seinem Ausmaß

18 Marx: Grundrisse, MEW, Bd. 42, S. 271.

19 Postone: Zeit, Arbeit und gesellschaftliche Herrschaft, S. 353.

nicht abhängig von menschlicher Arbeit. »Wert« ist ein antiquiertes System, das dem Kapital eigen ist, sich verzweifelt selbst zu erhalten versucht, und das allen materiellen Reichtum am Maßstab der menschlichen Arbeit misst. Diese menschliche Arbeit könnte praktisch verschwinden, wenn Technik und Wissenschaft maximiert würden. In den »Grundrissen« verbindet Marx den realen Reichtum explizit mit der Wissenschaft. Marx schreibt: »Die Entwicklung der Wissenschaft allein – i. e. der solidesten Form des Reichtums, sowohl Produkt wie Produzent desselben – war hinreichend, diese [feudalen] Gemeinwesen aufzulösen.«[20] Hier sehen wir noch eine weitere Definition von Reichtum neben derjenigen der Bedürfnisse: Reichtum ist Wissenschaft. Darüber hinaus zeigt Marx, dass die Wissenschaft eine zentrale politische Kraft in der modernen Welt ist. Marx verbindet also die Wissenschaft mit dem politischen Wandel und bietet eine der ersten Synthesen des Technischen und des Politischen an.[21]

Die Selbsterhaltung des Kapitals und seine Rentabilität als System beruhen auf der Aufrechterhaltung der menschlichen Arbeit – und der Ausbeutung dieser Arbeit – als Maßstab für die Produktion von Wert. Das Kapital ist daher einem Maßstab für materiellen Reichtum jenseits des Begriffs Wert feindlich gesinnt und damit eigentlich auch der Wissenschaft und Technologie, die es entwickelt. Nichtsdestotrotz kann das Kapital die Einführung von Wissenschaft und Technologie in die Produktion nicht vermeiden, um die Produktion von Surplus zu steigern. Das Kapital untergräbt somit nach und nach das Wertsystem, auf dem es beruht – ein Thema, das ich in Abschnitt III weiterverfolge.

Marx untersuchte diese hybride Umgebung, die voller Widersprüche ist, im »Maschinenfragment«. Hier findet Marx' Unterscheidung zwischen Gebrauchswert und Tauschwert in Bezug auf die Ware ihr Gegenstück in seiner Unterscheidung zwischen Arbeit und Arbeitskraft in Bezug auf das Verhältnis von Maschine und Arbeiter. Der Wert einer beliebigen Ware kann entweder aus der Perspektive des Gebrauchs oder aus der Perspektive des Tauschs betrachtet werden: für den genießenden oder den produktiven Konsum. Genauso kann jeder Arbeiter als zu konkreter Arbeit Befähigter oder als abstrakte Arbeitskraft angesehen werden. Arbeit ist eine qualitative Beziehung, Arbeitskraft ihr quantitatives Gegenstück. Im Kapitalismus wird menschliche Arbeit immer mehr durch mechanisierte Kräfte austauschbar, und sie wird zunehmend in entsprechenden Begriffen konzeptualisiert. So wird Arbeit zusehends als

20 Marx: Grundrisse, MEW, Bd. 42, S. 446; Hervorhebung im Original.

21 Feenberg befürchtete, dass Denker wie Habermas diese Einsicht verloren haben, indem sie die Bereiche von Wissenschaft und Technologie aus der politischen Betrachtung ausklammerten, um traditionell humanistischere Bereiche wie Recht und Sprache zu bevorzugen. Wissenschaft und Technik sind jedoch, wie schon Marx wusste, der Ort einiger der wichtigsten politischen Vermittlungen der modernen Welt; vgl. Feenberg: Questioning Technology, S.151–180.

bloße Arbeitskraft betrachtet, als Krafteinheiten, auf die die Bewegungen der menschlichen Arbeit analytisch reduziert werden können. Im Kapitalismus stellen Maschinen Arbeitskraft dar, aber sie verrichten keine Arbeit im Sinne einer wertschöpfenden Tätigkeit.

Zudem leidet die menschliche Arbeitskraft im Vergleich zur maschinellen Arbeitskraft in fast jeder Hinsicht. Wie Radovan Richta schreibt, »ist die einfache menschliche Arbeitskraft nicht in der Lage, mit der technischen Komponente der Produktion zu konkurrieren; die durchschnittliche physische Kapazität der menschlichen Arbeitskraft erreicht kaum 20 Watt, die Geschwindigkeit der Sinnesreaktion liegt in der Größenordnung von einer Zehntelsekunde und das mechanische Gedächtnis ist begrenzt und unzuverlässig«.[22] Richtas Anmerkungen illustrieren das Denken der thermodynamischen Mechanisierung des 19. und 20. Jahrhunderts, als man den Menschen in mechanischen Begriffen berechenbar machte, und demonstriert die enorme Unterlegenheit des Menschen gegenüber mechanischen Geräten, wenn man die Maßstäbe der Arbeitskraft anlegt.

Was eine Maschine schnell erledigen kann, kann ein dafür eingestellter Mensch nur mit Mühe vollbringen. In der kapitalistischen Produktionsweise werden Menschen trotzdem oft eingestellt, weil mehr menschliche Arbeitskraft immer noch billiger ist als weniger maschinelle Arbeitskraft. Eine ähnliche Entscheidung trifft jemand in seinem Haushalt, wenn er oder sie das Geschirr mit der Hand spült, anstatt die Spülmaschine zu benutzen, um bei der Stromrechnung zu sparen. Eine solche Handlung enthält das normative Urteil, dass die Zeit derjenigen, die Hausarbeit verrichtet, weniger wert ist als das Geld, das für den Ersatz durch ein schnelleres und effizienteres Produktionsmittel nötig wäre. In einem weniger harmlosen Beispiel werden Arbeiterinnen, die in der Maquilladora Fernsehgeräte zusammenbauen, nicht durch Roboter ersetzt, die ihre Arbeit schneller und genauer erledigen könnten. Vielmehr werden die Arbeiterinnen daran gewöhnt, die minimalen mechanischen Handgriffe einzuüben, die notwendig sind, um die geforderte Arbeit zu verrichten – ein Prozess, der wiederholt zu Verletzungen durch Stress, zu unzureichenden Toilettenpausen und einer Vielzahl anderer gravierender Missstände geführt hat.[23]

Solche anachronistischen Arbeiten fallen an, wenn der Wert der Arbeiterin oder des Arbeiters weit unter den Wert der Maschinen fällt, die ihn

22 Radovan Richta: Civilization at the Crossroads. Social and Human Implications of the Scientific and Technological Revolution, White Plains (NY) 1969, S. 27.

23 Melissa Wright: Crossing the factory frontier: Gender, place and power in a Mexican maquilladora, in: Antipode. A Journal of Radical Geography 3/1997, S. 278–302; dies.: Maquilladora Mestizas and feminist border politics: Revisiting Anzaldúa, in: Hypatia. A Journal of Feminist Philosophy 3/1998, S. 114–131; dies.: Desire and the prosthetics of supervision. A case of maquilladora flexibility, in: Cultural Anthropology 3/2001, S. 354–373.

oder sie ersetzen könnten. Der Kapitalismus erzwingt diesen Anachronismus: Arbeiter tun, was von Maschinen erledigt werden könnte.

Langsam arbeitende Arbeitskräfte einzustellen, anstatt sie durch die schnelle und genaue Arbeit von Maschinen zu ersetzen, ist billiger und dies produziert letztendlich einen größeren Mehrwert. In einer kommunistischen Zukunft, wenn der wissenschaftliche und technologische Fortschritt wirklich im größtmöglichen Umfang eingesetzt und der allgemeine Reichtum der Gesellschaft vergrößert wird, ohne sie in Klassen aufzuteilen, muss diese Art von anachronistischer Arbeit notwendigerweise aufhören. Für den Marx der »Grundrisse« verwirklicht die kommunistische Zukunft lediglich die Steigerung des materiellen Reichtums, der innerhalb der kapitalistischen Gesellschaft bereits potenziell vorhanden ist – und durch das Wertregime unterdrückt wird. So wie der Reichtum nicht auf den kapitalistischen Wert reduziert werden kann, kann das Potenzial der maschinellen Produktion nicht auf die Form reduziert werden, die es historisch in der kapitalistischen Produktionsweise annimmt. Weit davon entfernt, die Technik zu kritisieren, argumentiert der Marx der »Grundrisse« tatsächlich, dass die kapitalistische Produktion nicht mechanisiert genug ist!

III Der Kampf zwischen Technik und Kapital: der Fall der Profitrate

Das »Maschinenfragment« beginnt mit der Unterscheidung zwischen fixem und zirkulierendem Kapital. Obwohl Marx dazu auf Deutsch von »flüssigem und fixem Kapital« spricht, benutzt er auch das französische »capitale fixe« und das englische »circulating capital«. Die Begriffe stammen aus der frankophonen und anglophonen Literatur der politischen Ökonomie, nicht aus der deutschen Philosophie oder dem deutschen wissenschaftlichen Materialismus. In diesen Jahren bietet Marx' Hin- und Herwechseln zwischen diesen Sprachen einen Anhaltspunkt für die Entstehung eines bestimmten Begriffs.

Marx definiert das fixe Kapital als jenen Zustand, »worin das Kapital seine Flüssigkeit verloren und mit einem bestimmten Gebrauchswert identifiziert wird, der es seiner Transformationsfähigkeit beraubt, den Charakter, in dem das Kapital seine Fluidität verloren hat und mit einem bestimmten Gebrauchswert identifiziert worden ist, was es seiner Fähigkeit beraubt, sich zu transformieren [...].«[24] Fixes Kapital verbleibt in den Händen des Kapitalisten, wo es einen Gebrauchswert für die Produktion darstellt. Zirkulierendes Kapital hingegen verlässt die Hände des Kapitalisten und realisiert seinen Wert im Austausch. Zirkulierendes Kapital ist flüssig, ein Tauschmittel. Beispielhaft dafür ist das Geld (siehe Abschnitt IV).

24 Marx: Grundrisse, MEW, Bd. 42, S. 579.

Inbegriff des fixen Kapitals ist nicht Geld, sondern es sind Maschinen. Marx definiert Maschinen als fixes Kapital *par excellence*. In einer Maschine erscheint ein bestimmter Gebrauchswert in einem bestimmten Produkt, das mit einer bestimmten Technologie und mithilfe des Markts, der Materialien und der Infrastruktur geformt wurde, die dieses Produkt und die Technologie, die es produziert, voraussetzen. Dies gilt, einerlei ob Maschinen als Produktionsmittel (z.B. die Dampfmaschine) oder als unabhängige Infrastruktur zur Unterstützung des kapitalistischen Produktionssystems (z.B. die Eisenbahn) eingesetzt werden. Marx schreibt, dass das »Capital fixe nicht als bloßes Produktionsinstrument innerhalb des Produktionsprozesses erscheint, sondern als selbstständige Form des Kapitals, z.B. in der Form von Eisenbahnen, Kanälen, Wegen, Wasserleitungen, als mit dem Boden vermähltes Kapital etc.«[25] Marx hebt dann die Schlüsseleigenschaft des fixen Kapitals hervor: die Tendenz, seinen Wert stückweise und nicht auf einmal abzugeben. Folglich erfordert das fixe Kapital einen beträchtlichen anfänglichen Aufwand an Ressourcen – Ressourcen, die nicht sofort zurückerstattet werden. Fixes Kapital ist ein Risiko.

Die mangelnde Flexibilität des fixen Kapitals bedeutet, dass es – einmal installiert – nur auf eine einzige Weise verwendet werden kann. Es ist in einer bestimmten Funktionalität eingefroren. Fixes Kapital kann den darin investierten Wert nur in Teilen abgeben, und dies auch nur so lange, wie die Bedingungen für seine Funktionalität vorhanden sind. Eine Maschine ist nach ihrer Anschaffung abhängig von einer bestimmten Energiequelle und von Rohstoff, von der Nachfrage eines Markts und von Transportmöglichkeiten zu diesem Markt. Solche Maschinen werden oft mit Technologien konstruiert, die mit Sicherheit in ihrer Produktivität übertroffen werden, bevor die Maschine selbst verschlissen ist. Dies geschieht manchmal, bevor sich die ursprüngliche Investition in die Maschine amortisiert hat.

Nicht nur Industriemaschinen, sondern auch die Infrastruktur unterliegt solchen Anforderungen. Eisenbahnen, so aufwendig sie auch angelegt wurden, verlieren ihre Funktionalität in einer Umgebung, in der Güter und Personen auf Straßen mithilfe von Verbrennungsmotoren bewegt werden. Eine bestimmte Maschine verkörpert ein bestimmtes Niveau von Wissenschaft und Technik sowohl in Bezug auf ihre Energiequelle als auch auf ihre Mechanik. Die gesellschaftliche Produktivität von Wissenschaft

25 Ebd., S. 587. Marx' Interesse an Eisenbahnen ist insbesondere in seinen Notizbüchern aus den 1850er-Jahren ausgeprägt, vor allem an den Eisenbahnen Indiens (IISG, Marx-Engels-Nachlass, Sig. B 63, Heft LXIV, 47–48) und Deutschlands (ebd., Sig. B 88, Heft LXXXI, 29–31), sowie in seinen Bemerkungen über Eisenbahnen, die in die Berichte der Royal Commission of London (ebd., Sig. B 112, Heft CXXVIII, 105–129) eingegangen sind. In den »Grundrissen« griff er diese Berichte anhand der philosophischen Analyse zum Fall einer Straße auf und kommentierte auf diese Art das sich verändernde Verhältnis von kapitalistischen und staatlichen Interessen bei Investitionen, etwa einer solchen internen Infrastruktur; vgl. Marx: Grundrisse, MEW, Bd. 42, S. 431–440.

und Technik wird zu einem bestimmten historischen und entwicklungsbedingten Zeitpunkt in einem Objekt eingefroren. Und indem es auf diese Weise eingefroren wird, verliert das fixe Kapital seine Flexibilität.

Einmal installiert, hat das fixe Kapital keinen *intrinsischen* Wert. Es kann »aber nur als Wert in die Zirkulation treten, soweit es als Gebrauchswert im Produktionsprozess vergeht. [...] Seine Zirkulation als Wert entspricht seiner Konsumtion im Produktionsprozess als Gebrauchswert. Vollständig reproduziert, d.h. aus der Zirkulation zurückkehren, wird sein totaler Wert nur, sobald es vollständig als Gebrauchswert im Produktionsprozess verzehrt ist.«[26] Der Gebrauchswert endet für das fixe Kapital nur auf eine Weise: Es nutzt sich ab, mehr oder weniger schnell, mehr oder weniger gewinnbringend, mit einer mehr oder weniger großen Rückgewinnung des versprochenen Werts. Fixes Kapital arbeitet, indem es abstirbt, und zwar stückweise.

Der Kapitalist macht einen größeren Profit, wenn die Maschine so schnell wie möglich vernutzt werden kann. Ständige Ergänzungen der gesellschaftlichen Arbeit von wissenschaftlichem und technischem Wissen werden, in Marx' Erzählung, »kostenlos« von der Gesellschaft als Ganzes angeeignet. In einer Gesellschaft, die nach diesen ständig steigenden normativen Produktivitätsstandards arbeitet, wird der Kapitalist in eine produktivere Maschine investieren müssen, bevor die alte verschlissen ist.

Die Einführung einer neuen Maschine erhöht zunächst die Rentabilität eines Industriebetriebs. Der Kapitalist kann mit ihr schneller Artikel produzieren als der Rest der Gesellschaft. Der individuelle Wert dieser Artikel (d.h. der Preis, zu dem sie verkauft werden können) wird immer noch durch die Arbeitszeit bestimmt, die das alte Produktionssystem, das die neue Technologie im Allgemeinen nicht eingeführt hat, benötigt. Aber dieser Profit ist auf den Zeitraum begrenzt, bevor die neue Technik allgemein in Gebrauch kommt oder bevor sie durch eine noch produktivere Technik verdrängt wird.

Je mehr akkumulierte Ressourcen in den Ausbau dieser wissenschaftlichen und technologischen Infrastruktur fließen, desto schneller wird die Maschine des Kapitalisten zu einem Dinosaurier. In dieser Produktionsweise ist also Geschwindigkeit das A und O, wenn der Kapitalist möglichst viel Gebrauchswert aus den gekauften Maschinen herausholen will. Geschwindigkeit ist das Schlüsselelement für die Maximierung des Profits. Die Produkte einer neuen Technologie sind am wertvollsten, bevor die Vorteile der neuen Technologie (d.h. ihre gesteigerte Produktion von materiellem Reichtum) allgemein auf die Produktion einer Ware angewandt und auch von Konkurrenten eingesetzt werden. Daraus ergibt sich

26 Ebd., S. 581–582.

die Tendenz, die Geheimnisse der Technologie zu hüten, anstatt ihren Nutzen für die gesamte Menschheit zu verallgemeinern. Man muss es wiederholen: Das Kapital ist an der Steigerung des Werts interessiert, nicht an der Vermehrung des materiellen Reichtums.

Der Kapitalist hat auch ein gewisses Interesse daran, die wissenschaftliche und technologische Produktivität als Ganzes zu aufzuhalten, indem er sie auf bestimmten Stufen festhält, die das Wertregime unterstützen. Der Profit des Kapitalisten stammt nicht aus dem überschüssigen Reichtum, der von den Maschinen produziert wird, sondern aus dem Wert, den diese auf einem Markt generieren können, auf dem die fragliche Ware im Allgemeinen immer noch durch langsame, menschliche Arbeit produziert wird (oder, in späteren Stadien, durch langsamere Maschinen als die, die im Besitz des innovativen Kapitalisten sind). Der Kapitalismus ist bestrebt, durch den Einsatz von Wissenschaft und Technologie innovativ zu sein, aber nicht, seine Produktivität über das Maß hinaus zu maximieren, das in einem Wertregime profitabel ist. Tatsächlich zögert der Kapitalismus, wenn er erst einmal in eine bestimmte Technologie und ihre erforderliche Infrastruktur investiert hat, sie durch den neuesten Stand von Wissenschaft und Technologie ersetzen zu lassen. Ein aktuelles Beispiel ist unsere fortgesetzte, zunehmend unberechenbare Abhängigkeit von fossilen Brennstoffen für Energie und Transport.

In späteren Stadien der kapitalistischen Entwicklung wird der Impuls, die wissenschaftliche und technologische Produktivität zu fesseln, durch ein weiteres Problem für den Kapitalisten verschärft, ein Problem, das durch die sukzessive Steigerung der Produktivität des realen Reichtums hervorgerufen wird. Dieses Problem hat im Marxismus einen technischen Namen: »Fall der Profitrate«. Obwohl die Profite als Ganzes durch die Einführung neuer Maschinen steigen können, wird die Profitrate (d.h. der Prozentsatz, der mit jeder Maschine gewonnen wird) kleiner und kleiner. Ein System, das darauf angelegt ist, nicht nur Profit abzupressen, sondern auch die Profitrate zu erhöhen, ist stattdessen gezwungen, sinkende Profitraten zu akzeptieren.[27] Im Heft III der »Grundrisse« sinniert Marx über dieses Problem und seine Auswirkungen auf das Kapital. Er schreibt dazu:

> »Sein Surpluswert steigt, aber in immer geringerem Verhältnis zur Entwicklung der Produktivkraft. Je entwickelter also schon das Kapital, je mehr Surplusarbeit es geschaffen hat, um so furchtbarer muss es die Produktivkraft entwickeln, um sich nur in geringem Verhältnis verwerten, d.h. Mehrwert zuzufügen [...] Die Selbstverwertung des Kapitals wird schwieriger im Maße, wie es schon verwertet ist.«[28]

27 Für eine Widerlegung des Falls der Profitrate vgl. Jon Elster: Explaining Technical Change, S. 178; ders.: Making Sense of Marx.

28 Marx: Grundrisse, MEW, Bd. 42, S. 258–259.

Wissenschaftlich-technische Fortschritte reduzieren den notwendigen Beitrag der lebendigen Arbeit bei der Produktion der Grundgüter auf einen Fluchtpunkt. So begrenzen sie die Hauptquelle des Profits des Kapitalisten: die Ausbeutung des Arbeiters. Dies prägt den kapitalistischen Gebrauch von Wissenschaft und Technologie, der politisiert wird, um diesem Paradox Rechnung zu tragen. Die Einführung neuer Maschinen hat nämlich zwei Effekte. Erstens verdrängt die Maschine einige Arbeiter, deren Funktionen sie ersetzt. Zweitens läutet sie eine Steigerung der Ausbeutung der verbleibenden Arbeiter ein. Die Intensität und Länge ihrer Arbeitstage werden erhöht. Darüber hinaus muss das Kapital mit der Einführung der Maschinen in immer größerem Umfang produzieren und verkaufen. Verluste aus lebendiger Arbeit werden durch die Vervielfachung der kleinen Mengen verbleibender Arbeit, aus der Wert abgepresst werden kann, kompensiert.

In all diesen Aspekten sind Kapitalismus und technologischer Fortschritt weit davon entfernt, Hand in Hand zu gehen, sondern stehen einander sogar im Weg und treiben das System in die Krise. In dieser Hinsicht verfehlt eine einfache Gleichsetzung von ständig zunehmender Technisierung und Kapitalismus die entscheidende Dissonanz zwischen den beiden Kräften. Diese Dissonanz wird in den »Grundrissen« deutlich herausgearbeitet.

IV Genuss statt Wert: die kapitalistische Logik der Erschöpfung herausfordern

Die Identifikation einer Maschine mit einem bestimmten Gebrauchswert als fixes Kapital, so thematisiert Marx den Gegensatz zum Geld. Geld ist sein Beispiel für zirkulierendes Kapital; da es keine feste Form hat, ist Geld flüssig und kann in alles umgewandelt werden. Der Begriff fixes Kapital konkretisiert sich in der Maschinerie, der des zirkulierenden Kapitals im Geld. Marx betrachtet Maschinerie und Geld als »destruktive Kräfte« nicht an oder für sich, aber sie wirken als solche, wenn sie in der kapitalistischen Produktionsweise eingesetzt werden.

Im »Maschinenfragment« nahm Marx eine Klärung des zirkulierenden Kapitals (d.h. des Geldes) vor, indem er über den Lohn diskutierte. Er veranschaulichte die Unterscheidung zwischen fixem und zirkulierendem Kapital, indem er die Maschinen dem Lohn gegenüberstellte. Der Lohn, der an den Arbeiter gezahlt wird, zirkuliert, ist nicht in einer festen Form kristallisiert und kann daher innerhalb einer begrenzten Ökonomie in jede Art von Gebrauchswert übertragen werden. Der Lohn geht niemals in die Produktion ein, sondern wechselt lediglich vom Arbeiter zur Bank – oder zum firmeneigenen Laden – und wieder zurück. In den Händen des Arbeiters ist der Lohn niemals ein Instrument einer anderen unabhängigen Produktion, und dazu ist er auch nicht bestimmt.

Der Lohn zirkuliert lediglich in Kreisläufen des produktiven Konsums, die dem Kapitalisten zugutekommen: Der Arbeiter konsumiert, um am nächsten Tag wieder fremde Arbeit zu verrichten, und konsumiert nur so viel, wie diese Leistung erfordert.

So wie der Lohn nicht unabhängig produktiv wird, so zirkulieren auch Maschinen nie unabhängig.[29] Genauer gesagt, die Maschine tritt nur in die Zirkulation ein, wenn das Metall und die Konstruktionselemente, aus denen sie besteht, sich abnutzen und stückweise in Waren übergehen. Der Lohn tritt nur in dem marginalen Sinn in die Produktion ein, indem er dazu dient, den Arbeiter zu verschleißen, dessen bloße Existenz er unterstellt. Der Arbeiter oszilliert zwischen Fabrik und nackter Subsistenz für die Dauer der Abpressung des Mehrwerts durch das Kapital, ein Prozess, in dem der Lohn nur als ein Zeichen fungiert, wenn auch als ein höchst fetischisiertes. Auf der Ebene des Tauschwerts – oder des Werts, der von außen dadurch bestimmt wird, wie viel eine Gesellschaft für eine bestimmte Menge unspezifischer Arbeitskraft zu geben bereit ist – ergibt sich eine Ähnlichkeit zwischen dem Arbeiter und der Maschine. Beide können nur durch Abnutzung gemessen werden.

Für den Fabrikbesitzer erfüllen die Arbeiter die Definition des fixen Kapitals oder werden als maschinenähnliche Kräfte aufgefasst. Dies wird sehr deutlich bei Robert Owen, der seine Arbeiter als glückliche Maschinen bezeichnete, wobei Owen in seiner Sorge um das Glück von Arbeiter-Maschinen allerdings ziemlich einzigartig war. In dieser Konstruktion sind die Arbeiter bestimmte Quanten von Arbeitskraft, die in der Produktion eingesetzt werden. Sie haben einen spezifischen Tauschwert, der in ihre akkumulierten Arbeitsgewohnheiten investiert ist und den das kapitalistische System der unspezifischen (oder abstrakten) Arbeit so weit wie möglich zu minimieren sucht. Und wie bei ihren mechanischen Koproduzenten ist das Ziel, diese Arbeiter so schnell wie möglich zu verschleißen. Mehrere kurzlebige Generationen sind für die Zwecke des Kapitals geeignet, solange Körper vorhanden sind, um die obsolet gewordenen zu ersetzen. Der Triumph des Werts über den Reichtum, wie Marx dies nennt, findet seinen Ausdruck in der bescheidenen Bedürfniswelt der Arbeiter gegenüber den massiven Ressourcen, die das Kapital schafft.

29 Offensichtlich gilt dies nicht für Maschinen, die als Waren verkauft werden. Marx bemerkt dies in einer Parenthese: »Zu den oben aufgezählten Punkten, um es nicht zu vergessen, kommt noch hinzu die Zirkulation des fixen Kapitals als zirkulierenden Kapitals, d.h. die Transaktionen, wodurch es seine Besitzer wechselt.« (Ebd., S. 588) Was den Lohn betrifft, so hat Marx nie eine vollständige Darstellung seiner Funktionsweise entwickelt, obwohl er ursprünglich vorhatte, dies im »Kapital« zu tun. Für eine Diskussion der Unvollständigkeit von Marx' Darstellung des Lohns und der damit verbundenen Probleme vgl. Negri: Über das Kapital hinaus, S. 104ff. Negri weist darauf hin, dass Marx' für Themen, die die Arbeiterschaft interessieren könnten, zum Beispiel den Lohn, nur geringe Aufmerksamkeit aufbrachte. Diese Themen werden zugunsten solcher beiseitegeschoben, die den Kapitalisten interessieren, zum Beispiel die Produktion. Negri nennt diese Themenwahl die »Verbürgerlichung« von Marx' eigenem Schreiben.

In einem System, das ich die »Logik der Erschöpfung« nenne, werden Zirkulation und Austausch, die für die produktive Konsumtion charakteristisch sind, immer privilegiert sein gegenüber den eingespielten Formen und dem Gebrauch, die für die Genusskonsumtion charakteristisch sind. Für Marx ist die produktive Konsumtion diejenige Art von Konsumtion, die im Prozess der weiteren Produktion entsteht und diese Produktion zum Ziel hat. Der Tauschwert der produktiven Konsumtion ist die weitere Produktion. In der kapitalistischen Produktionsweise wird vor allem der produktive Tausch geschätzt, und der Gebrauchswert oder die Konsumtion wird insofern in den Hintergrund gedrängt oder allenfalls gesehen und geschätzt, insofern sie instrumentelle, produktive Konsumtion und damit Teil des produktiven Tauschs wird.

Genusskonsum, der von einem spezifischen Gebrauchswert abhängt, der für immer aus dem Wirtschaftsleben ausscheidet, weil er nicht für einen weiteren Austausch zur Verfügung steht, ist in der produktivistischen Metaphysik der kapitalistischen Wirtschaft vernachlässigbar oder entwertet. Man konsumiert nur, um zu produzieren; zukünftige Arbeit und zukünftige Produktivität werden zur Rechtfertigung aller Formen des Konsums. Die Delegitimierung des Genusskonsums kann sogar dazu führen, dass jede Form des Konsums außerhalb des produktiven Konsums verschwindet oder undenkbar wird. Aus diesem Grund wird der Genusskonsum, wie die Arbeit von Max Weber zeigt, nicht nur von der kapitalistischen Metaphysik, sondern auch von der kapitalistischen Ethik verunglimpft.[30]

Darüber hinaus wird der Genusskonsum nicht nur für den Arbeiter, der um sein Überleben kämpft, nur um einen weiteren Tag zu arbeiten, sondern auch für den Kapitalisten verteufelt. Der Kapitalist ist nicht nur sparsam und knauserig, um sich tugendhaft zu fühlen, sondern auch weil die Position des einzelnen Kapitalisten durch das Bewusstsein seiner Prekarität motiviert ist: durch die Angst, auf den Status des Arbeiters reduziert zu werden. Diese Angst ist nicht unbegründet, denn der Kapitalismus hat zwar Respekt vor Verfolgern, aber keinen generellen Respekt vor den Menschen. In der frühen bürgerlichen Periode wurden Arbeiter zu Kapitalisten, und beide gehören zu einer gemeinsamen Gattung, die sie grundsätzlich von der Aristokratie unterscheidet. Der Kapitalist kann nicht vergessen, dass er kein adeliges Blut hat und daher über kein »natürliches« Kennzeichen verfügt, das ihn von der Arbeiterklasse trennt.[31]

Um die Angst zu verstehen, die sowohl den Arbeiter als auch den Kapitalisten motiviert, müssen wir in die Geschichte zurückgehen. Im 18.

30 Weber: Die protestantische Ethik.

31 Aus diesem Grund glaubte Foucault, dass die Bourgeoisie die sexuelle Unterdrückung als Mittel einsetzt, um die Körper ihrer Mitglieder hervorzuheben und sie von denen der Arbeiterklasse zu unterscheiden. Die kapitalistische Sexualität nimmt folglich eine eigentümliche Form an; siehe Kapitel 4.

und 19. Jahrhundert vollzog sich der historische Wandel der verfügbaren Arbeitstypen schnell und rasant, wobei landwirtschaftliche Arbeit, die über Generationen unverändert blieb und den Feudalismus kennzeichnet, rasch durch andere Tätigkeiten und Klassenpositionen ersetzt wurden. Innerhalb einer einzigen Generation mussten Arbeiter mehrmals neue Fähigkeiten, die für die Arbeit erforderlich waren, erlernen. Marx diagnostizierte eine Dequalifizierung der Arbeit, woraus man schließen könnte, dass es so etwas wie ungelernte Arbeit zuvor gar nicht gegeben hat. Allerdings veralten bestimmte Fähigkeiten immer und es entwickeln sich neue. Diese neuen Fertigkeiten sind kulturell oft nicht sofort als solche erkennbar: Zum Beispiel ist die Geduld oder die Fähigkeit, mit Maschinen umzugehen, eine Fertigkeit, auch wenn es nicht diejenige ist, ein Werkzeug zu handhaben, oder die Fähigkeit, mehr Krafteinheiten einzusetzen als der Nachbar. Die Technik, Interaktionen zwischen Menschen zu managen, ist eine Fertigkeit, auch wenn es sich nicht um die Technik eines bestimmten Handwerks handelt.

Wenn Marx von Dequalifizierung der Arbeit spricht, so bezieht er sich auf den Druck, dem Arbeiter ausgesetzt waren, schnell neue Fähigkeiten zu entwickeln, um sich Arbeit zu verschaffen und am Leben zu bleiben. Noch schneller als neue Maschinen, aber auf ähnliche Weise wurden Arbeiter in einem erstaunlichen Maße obsolet. In einer solchen Umgebung wurden die angesammelten Arbeitsgewohnheiten, Fähigkeiten und Kräfte des Arbeiters zu Belastungen. Grenzenlose Selbsttransformation ist nicht nur ein Ziel des kapitalistischen Menschseins, sie ist eine Voraussetzung. Da »Abnutzung« die einzig mögliche Wertberechnung für fixes Kapital ist, muss der Arbeiter darum kämpfen, seine Fähigkeiten zu nutzen, bevor sie zu veralten drohen. Die Intensivierung der Arbeit erhält somit ihre Grundlage und ihren Anstoß nicht nur vom Kapitalisten, sondern auch vom Arbeiter, dem diese Merkmale der kapitalistischen Produktionsweise als unerbittliche Naturgesetze erscheinen.

Für den Kapitalisten durchläuft die Intensivierung der Arbeit drei Stufen: die Einführung der Maschinerie, die Erhöhung des extensiven Umfangs der Arbeit und die Erhöhung des intensiven Umfangs der Arbeit. Als *Erstes* die Einführung von Maschinen selbst: Die Maschine ersetzt einen qualifizierten Handwerker oder ein System von Personen. Im 19. Jahrhundert ersetzten zudem neue, sozial weniger wertvolle – und daher billigere – Arbeitskräfte (in der Regel Frauen und Kinder) die männlichen Mitglieder ihrer Klasse. Gewöhnlich ersetzten eine geringere Anzahl billigerer Arbeiter plus eine Art mechanisches Ensemble einen Menschen, der ein Handwerk beherrscht, und seine[32] Werkzeuge.

32 Ich habe das männliche Pronomen gewählt, da es den vorherrschenden Bestimmungen der traditionellen Zünfte zum Geschlecht ihrer Mitglieder entsprach.

In diesem Umfeld bestimmen das Verhältnis zum Eigentum und das Verständnis der je aktuellen Produktionsmittel die Position auf der sozialen Stufenleiter.[33] Um Marx' besonders bevorzugtes Beispiel aus dem 19. Jahrhundert zu nehmen: Zuerst begannen Frauen, dann Kinder, die mit neueren, schnelleren Webstühlen arbeiteten, die Krempel- und Webarbeiten zu erledigen, die früher von Männern erledigt worden waren, und zwar zu einem billigeren Preis. Jüngere Männer, nicht dieselben, die im alten System arbeitslos geworden waren, machten sich daran, die dafür notwendigen Gestelle und Maschinen zu bauen. Das männliche Geschlecht erwies sich als entscheidend dafür, ob einer selbst die Maschinen zu konstruieren vermochte, eine Praxis, mit der eine bedeutende, gesellschaftlich wertvolle Fähigkeit verbunden war. Das weibliche Geschlecht oder die Jugend verurteilten andere zur Bedienung der Maschinen, und fortgeschrittenes Alter führte wiederum andere gänzlich ins Abseits. So wurde mit der Einführung der Maschinen eine bedeutsame neue geschlechtliche Arbeitsteilung etabliert, was ich in Kapitel 4 ausführlicher untersuche.

Vorübergehend traten zusammen mit der Arbeit an Maschinen auch Arbeitsverhältnisse auf, die denjenigen, die an ein Lohnsystem gewöhnt waren, seltsam erschienen. Bei der Naturalpacht der aufkommenden Fabrikwelt wurden Dampfmaschinen in langen Gebäuden aufgestellt, und die Arbeiter konnten so viel Zeit an diesen Maschinen mieten, wie sie sich leisten konnten, um ihr angestrebtes Arbeitssoll zu erledigen. Diese Maschinen bedienen zu können und mehr Zeit an ihnen zu mieten, führte zu einer größeren Menge an verkäuflichen Produkten. Diese wurden dann an einen Zwischenhändler verkauft, wodurch jeder Arbeiter die Illusion des individuellen Eigentums an den von ihm hergestellten Produkten beibehalten konnte.

Zweitens nahm der Umfang der Arbeit zu – die Zahl der Arbeitsstunden, die Menschen an den von ihnen beaufsichtigten Maschinen verbrachten. Leerlaufende Maschinen haben keinen Wert. Aus Gründen, die wir aufgezeigt haben, tickt ab dem Moment des Kaufs der Maschine die Uhr für die Marktfähigkeit ihrer Produkte. Maschinen schaffen nur dann Wert, wenn sie verbraucht werden oder sich abnutzen, und je schneller das fixe Kapital zurückerstattet werden kann, desto größer ist der Mehrwert.

Drittens stieg die Intensität der Arbeit – das Tempo der Warenproduktion. Die Zeit selbst war nicht länger ein adäquates Maß für die Arbeit. Selbst als Gesetzesinitiativen zur Begrenzung der Arbeitszeit (z.B. der Zehn-Stunden-Tag) erfolgreich durchgesetzt wurden, blieb die Intensivierung (d.h. die Erhöhung des Arbeitstempos) unreguliert. Wahrscheinlich

33 IISG, Marx-Engels-Nachlass, Sig. B 91A [Heft LXXXVI A], 193.

wurde die Arbeitsintensivierung sogar verstärkt, um die Mehrwertverluste zu kompensieren, die durch die gesetzlichen Bestimmungen zur Länge des Arbeitstags entstanden. Zuerst mussten die Arbeiter in einer Stunde doppelt so viel produzieren wie vorher oder sie wurden entlassen, dann dreimal so viel, um mit den mechanischen Verbesserungen Schritt zu halten und die Rentabilität zu sichern. Die Folge waren neue Formen von nervöser Ermüdung, Erschöpfung und Krankheiten in der arbeitenden Bevölkerung. Ein subtilerer Effekt trat auf, weil die Zeit kein adäquates Maß mehr für das Ausmaß der Arbeit war.

Die beiden Möglichkeiten, die Produktivität der Arbeiter zu erhöhen, waren also (a) die Erhöhung der Zahl der Arbeitsstunden und (b) die Erhöhung der Arbeitsintensität während einer gegebenen Zeiteinheit. Im »Kapital« unterschied Marx absoluten und relativen Mehrwert, um die beiden Methoden der Steigerung der Arbeitsproduktivität zu bezeichnen. Er nannte die Steigerungen, die sich aus der Erhöhung der Stundenzahl ergeben, »absoluten Mehrwert« und die, die sich aus der Intensität der geleisteten Arbeit ergeben, »relativen Mehrwert«. Unter den ständig sinkenden Profitmargen des Kapitalismus treten beide Formen gleichzeitig auf. Nur in der kommunistischen Produktion wird die Intensität der geleisteten Arbeit die Grundlage für freie Zeit sein, wie wir in Kapitel 5 sehen werden.

Alle drei Arten der Intensivierung wirken darauf hin, die Arbeit zu verbilligen und die Maschinerie wertvoll zu machen, nicht weil der Arbeiter einen niedrigen Lohn erhält, sondern weil die Arbeitskraft des Arbeiters – die Subsistenzprodukte, aus denen diese Arbeitskraft besteht – mit weniger Energieaufwand produziert wird. Der Arbeiter kauft billig produzierte Subsistenzprodukte und gewinnt daraus einen begrenzten materiellen Lebensunterhalt. Der Kapitalist gibt weniger aus, wenn er diese Art von Kraft kauft. Umgekehrt ist die Maschinerie teuer und macht genau bestimmbare und stetig steigende Kosten für ihren Unterhalt erforderlich. Der Effekt ist eine Abwertung des Menschen und eine Überbewertung des wissenschaftlichen und technologischen Fortschritts, solange Letzterer Privateigentum bleibt.

Man beachte auch, dass bei allen drei Arten der Intensivierung die symbiotische Beziehung von Arbeitern und Maschinen und nicht ihr Antagonismus und Kampf gegeneinander zur Voraussetzung für die tägliche Produktion von Waren wird. Diese Symbiose, eine Gewöhnung an die Mensch-Maschine-Interaktion, wird zu einer Frage von Leben und Tod, wenn die Geschwindigkeit, mit der Maschinen arbeiten, zunimmt. Die Symbiose ist bedingt durch die Wechselwirkung von Mensch und Maschine in der Fabrik, ein Stadium, das in der historischen Epoche der Manufaktur durch die Aufteilung der menschlichen Arbeit in Detailfunktionen vorbereitet wurde. Die menschliche Arbeit, eine eingespielte

Menge an Kraft, wird akkulturiert, um symbiotisch mit Maschinen für maximale Produktivität zu arbeiten. Neue Konfigurationen dieser hybriden Mensch-Maschine-Körperlichkeit sind das Ergebnis.

Die Intensivierung der Arbeit ist nicht nur das Ergebnis des Wettbewerbs mit anderen Kapitalien, sondern ergibt sich notwendigerweise auch unabhängig davon. Obwohl die Konkurrenz die Kapitalakkumulation vorantreiben und eskalieren lassen kann, ist sie nur ein Symptom der grundlegenden Logik des Kapitals. In Bezug auf die erste Form der Intensivierung, die massenhafte Einführung von Maschinen, schreibt Marx:

> »Das Hereinkommen der Maschinerie zu entwickeln aus der Konkurrenz und dem von ihr ausgelösten Gesetz der Reduktion der Produktionskosten ist leicht. Es handelt sich hier darum, sie aus dem Verhältnis des Kapitals zur lebendigen Arbeit, ohne Rücksicht auf anderes Kapital zu entwickeln.«[34]

Die Intensivierung ist darin begründet, dass sowohl die Maschinen als auch die Arbeiter nur durch ihre möglichst schnelle Abnutzung Wert haben. Marx' Kritik richtet sich hauptsächlich gegen die Unfähigkeit des Kapitals, den realen Reichtum außerhalb dieses Wertesystems zu begreifen und einzusetzen, und gegen die damit einhergehende Reduktion allen Gebrauchswerts auf Instrumentalität, auf produktive Konsumtion und damit auf Tauschwert.

Aus der Perspektive der kapitalistischen Produktion wird der Wert allein durch die Menge berechnet, die die Maschine zu produzieren vermag, bevor sie sich abnutzt. Wenn eine gut konstruierte Maschine schnell verschleißt, bedeutet das, dass sie gut produziert hat oder mit einem Maximum an Effizienz verbraucht wurde. Auch hier ähneln sich Maschine und Arbeiter: Sie erfüllen ihre Funktion nur, indem sie sich so schnell wie möglich aufbrauchen. Und das meiste lässt sich aus ihnen herausholen, wenn sie auf dem Höhepunkt ihrer Kraft sind, bevor Ermüdung oder Überalterung einsetzt. Außerdem werden gefügige Arbeiter geschätzt, für die es kaum oder gar keine andere Lebensoptionen gibt.

Erschöpfung in ihren verschiedenen Erscheinungsformen – die »Abnutzung« bei Marx, die »Müdigkeit« des 19. Jahrhunderts bei Anson Rabinbach und der »Stress« des 20. Jahrhunderts bei Donna Haraway[35] – wird nur dann zu einer so wichtigen Kategorie, wenn eine produktivistische Metaphysik zur unhinterfragten Norm geworden ist. Wenn dies der Fall ist, wird die Erschöpfung selbst zum Ziel aller Vorgänge. Genuss oder Nützlichkeit eines Prozesses treten zugunsten der Erschöpfung in

34 Marx: Grundrisse, MEW, Bd. 42, S. 668.

35 Rabinbach: Motor Mensch, S. 51–58; Haraway: Manifest, S. 39.

den Hintergrund. Wenn das angestrebte Ziel darin besteht, alle Prozesse durch Abnutzung oder Tod obsoleszent werden zu lassen, dann werden Genuss oder ein Nutzen, der sich auf zukünftige Produktion richten würde, im Denken wie im Handeln unmöglich.

Mit der Unterscheidung zwischen fixem und zirkulierendem Kapital am Anfang des »Maschinenfragments« legte Marx den Grundstein für die Analyse des Mehrwerts, die er im »Kapital« geben sollte: die Erklärung, wie der Tauschwert dem Arbeiter entzogen und vom Kapitalisten akkumuliert wird. Gegen Ende des Textes machte Marx diesen Zusammenhang explizit:

> »Die auf die Produktion von Capital fixe verwandte Arbeitszeit verhält sich innerhalb des Produktionsprozesses des Kapitals selbst zu der auf Produktion des Capital circulant verwandten wie Surplusarbeitszeit *zur notwendigen*. Im Maße, wie die auf Befriedigung des unmittelbaren Bedürfnisses gerichtete Produktion produktiver, kann größerer Teil der Produktion gerichtet werden auf Befriedigung des Produktionsbedürfnisses selbst oder Produktion von Produktionsmitteln.«[36]

Der verbilligte Lebensunterhalt der Arbeiter bedeutet die Produktion eines riesigen Überschusses an Reichtum. Das Kapital steht nicht so sehr vor dem Problem der Knappheit, sondern vielmehr vor dem der Aufrechterhaltung der Rentabilität angesichts des sich ständig akkumulierenden überflüssigen Reichtums, ein Punkt, der am besten von Georges Bataille herausgearbeitet wurde.[37] Marx zeigt, dass alles fixe Kapital an seiner Wurzel ein Produkt der Überschussproduktion ist – einer Produktion, die weit über die Befriedigung unmittelbarer Bedürfnisse hinausgeht und die zunächst zu einer Anhäufung von Ressourcen und später zur Schaffung fortgeschrittener Produktionsmittel geführt hat. Als Produkte von Gesellschaften mit einem bereits entwickelten Bestand an realem Reichtum werden Wissenschaft und Technik historisiert und sind selbst Anhäufungen von zusätzlichem realen Reichtum.

Maschinen, als fixes Kapital *par excellence,* spiegeln eine Konzentration und Akkumulation von überschüssigen materiellen, intellektuellen und sozialen Ressourcen wider. Angesichts des Mangels und der Armut, in der der Arbeiter der industriellen Revolution lebt, ist dieser Überschuss schwer zu ertragen. Marx zeigt, wie Überproduktion mit der ihr zugrunde liegenden erschöpfenden Logik des konstanten Tauschwerts zu Armut führt. Armut ist ein »natürlicher« Begleiter, wenn Produkti-

36 Marx: Grundrisse, MEW, Bd. 42, S. 605; Hervorhebung im Original.

37 Batailles Buch über die politische Ökonomie entwickelt diesen Punkt; vgl. Bataille: Das theoretische Werk I. In seinem gesamten Werk thematisiert Bataille auch erotische Verausgabung, Genuss und Zerstörung als nicht-produktive Antworten auf die produktivistische Metaphysik.

onsmittel angehäuft werden, denn die Ressourcen, die gehortet werden, müssen ja irgendwo herkommen.

Das bedeutet nicht, dass Marx einen einfachen Luddismus als Lösung für die Umverteilung des Reichtums befürwortete. Die wissenschaftlichen und technologischen Ressourcen, die während der kapitalistischen Periode akkumuliert wurden, müssen nicht neu akkumuliert werden. Das Fundament für die moderne Industrie in ihrer kommunistischen Form, für die »alternative Moderne«, wie Feenberg sie nennt, ist bereits gelegt.[38] Die fortgesetzte maschinelle Produktion in der kommunistischen Produktionsweise sollte nicht nur zu fortgesetztem, sondern zu steigendem gesellschaftlichen Reichtum führen, weil die kapitalistischen Fesseln des wissenschaftlich-technischen Fortschritts abgestreift werden. Infolgedessen wird der reale Reichtum frei sein, sich als Erweiterung anderer als materieller Bedürfnisse zu entwickeln: insbesondere als Entwicklung der künstlerischen, sozialen, politischen und wissenschaftlichen Fähigkeiten der menschlichen Gesellschaften.

Im »Maschinenfragment« schlug Marx vor, das kapitalistische Modell der Wertbestimmung, das nach wie vor weltweit von Bedeutung ist, an der Wurzel anzugehen. Dazu muss ein anderes Mittel zur Berechnung des Werts als eine auf »Vernutzung« basierende Produktivität skizziert und ein anderes Telos für das fixe Kapital aufgestellt werden. Dem fixen Kapital selbst sollte ein Gebrauchswert außerhalb der Tauschökonomie zukommen. Ebenso sollte ein qualitativer Begriff von menschlicher Tätigkeit den degradierenden Begriff von Arbeit ersetzen, der in allen kapitalistischen Auffassungen dieser Tätigkeit herrscht.

Maschinen sollten für das geschätzt werden, was sie zu unserem Leben hinzufügen, einschließlich der Erweiterung des materiellen Wohlstands und der ästhetischen Genüsse, die sie ermöglichen. Darüber hinaus sollten wir in der Lage sein, eine Art menschlicher Tätigkeit ohne Schmerzen zu konzipieren, deren Ausübung ihr Selbstzweck ist und die nicht den Verzicht auf unsere instinktiven Triebe, sondern deren Verstärkung und Ausleben fördert. In ein schlüssiges Konzept gefasst, könnte eine solche Vorstellung die Begriffe »Arbeit« und »Mühe« überflüssig machen. Das Bedürfnis nach einer solchen Tätigkeit wird die erste Entwicklung sein, die auf realem Reichtum beruht.

Viele Denkerinnen und Denker in der marxschen Tradition haben Vorschläge eines nicht-instrumentellen Gebrauchswerts für eine solche Perspektive unterbreitet und weitergehende Vorstellungen von der praktischen Tätigkeit des Menschen entwickelt, als dies allein mit dem Begriff »Arbeit« zu erfassen ist. Dies gilt insbesondere für Denkerinnen und Denker der sozialistischen utopischen Tradition, der Phänomenologie

38 Feenberg: Questioning Technology, S. 183.

und der Kritischen Theorie. In Anlehnung an Donna Haraway, Georges Bataille und Herbert Marcuse[39] schlage ich vor, den Gebrauchswert als Genuss oder Vergnügen zu begreifen, und zwar in dem komplexen Sinn, für den Ethiker wie John Stuart Mill und Aristoteles plädieren. Ein solches Vergnügen sollte nicht ethisch verdächtig sein, weil es ein Hindernis für die Arbeit darstellt, sondern ethisch wünschenswert, weil es zum Leben anregt.

Mit Genuss meine ich etwas anderes als puren Hedonismus, der in der Moderne selbst oft von der Logik der Erschöpfung getrieben ist. Wenn ich mich erhole oder wie eine Maschine »Dampf ablasse«, um am nächsten Tag produktiver zu arbeiten, dann ist meine Freizeitbeschäftigung ebenso von der Logik der Erschöpfung kommodifiziert wie meine Arbeit. Formen der Erholung, die auf Selbstauslöschung angewiesen sind, folgen oft dieser Struktur.

Formen des Vergnügens, die innerhalb der unangefochtenen kapitalistischen produktivistischen Metaphysik vorherrschen, sind in der Regel gar kein Vergnügen, sondern eher Zwänge zur Förderung der Produktion oder zur Durchsetzung der Normen des Produktionssystems. So ist es mit den Partys, die ich besuchen muss, um für die Arbeit Kontakte zu knüpfen, um mich beim Chef beliebt zu machen. Genauso verhält es sich mit dem Trinken, das ich als soziale Begleiterscheinung der Arbeit zu erledigen habe. (Es ist bezeichnend, dass Heranwachsende in den repressivsten Umgebungen in das Trinken als einem reinen Vergnügen eingeweiht werden: ein Vergnügen, das so erfüllend ist, dass es erhebliche Verbote verdient. Obwohl niemand diese wirklich respektiert, dienen sie dazu, die Aktivität selbst hervorzuheben.) Genauso verhält es sich mit einer Sexualität, die sich auf das Genital eines Mitglieds des anderen Geschlechts fixiert: eine Sexualität, die zumindest eine marginale Chance hat, nachfolgende Generationen von Arbeitern dazu zu bringen, dieselben Regeln zu befolgen.[40] (Jüngste Angriffe, ökonomische und andere, auf Formen der Geburtenkontrolle, einschließlich der Abtreibung, legen nahe, dass es Interessen gibt, diese Begrenzungen zu verstärken). Ähnlich sieht es mit dem Instinkt für Grausamkeit aus, der nicht ausreichend unterdrückt, sondern eher als Mittel zur Verstärkung der Herrschaft von Menschen gefördert wird.

39 Donna Haraway: Simians, Cyborgs, and Women: The Reinvention of Nature, New York 1991; dies.: Modest-Witness@Second-Millennium, FemaleMan-meets-OncoMouse, Feminism and Technoscience, New York 1997; Georges Bataille: Oeuvres Complètes, Bd. 8, Paris 1976; ders.: Das theoretische Werk I; Herbert Marcuse: Triebstruktur und Gesellschaft. Ein philosophischer Beitrag zu Sigmund Freud, Schriften, Bd. 5, Frankfurt a.M. 2004.

40 Foucault findet diese Erklärung zu einfach. Während ich zustimme, dass sie die kapitalistische Sexualität, die neben aufrichtigen auch oppositionelle Formen hat, nicht umfassend erklärt, denke ich, dass die Unterdrückung auch oder vielleicht gerade dann regulierend bleibt, wenn Sexualität sich im Diskurs entlädt. Die Forderung nach Offenlegung ist selbst ein Weg, die Bedeutung des sexuellen Bereichs der menschlichen Erfahrung hervorzuheben und ihn unter medizinische Kontrolle zu bringen; vgl. Michel Foucault: Sexualität und Wahrheit, Bd. 1: Der Wille zum Wissen, Frankfurt a.M. 1977.

Mit Genuss meine ich die Art der Kultivierung, die in kapitalistischen Strukturen für alle, selbst für die Privilegiertesten, verdrängt wird. Genießen sollte in erster Linie die Kultivierung des Geistes, des Körpers und der Emotionen beinhalten, und zwar als sich nicht gegenseitig ausschließende Lebensweisen, als zusammenwirkende Systeme. Und sie sollten die gleichzeitige Kultivierung von Sozialität und Einsamkeit einschließen sowie ein Verhältnis von öffentlicher und privater Sphäre, das weder zwangsweise integrierend noch dichotomisiert ist. Ein solches Genießen setzt voraus, dass soziale Strafmaßnahmen für Formen vermeintlicher und tatsächlicher Unproduktivität abgeschafft werden. Derartige Strafmaßnahmen führen derzeit zur Abwertung der Arbeit von denjenigen, die sich aus Liebe um Kinder oder andere abhängige oder unabhängige Menschen kümmern; zur Feindseligkeit gegenüber einigen Formen religiöser Praxis; zum Verbot von nicht-reproduktivem Sex; zum Ende der Erziehung des Verstandes, des Körpers und des Geistes im Alter von 22 Jahren, wenn nicht früher; zur Vernachlässigung von angemessener Ruhe und Zeit zum Nachdenken; und zum Lächerlichmachen von philosophischer Praxis.

V Der Mensch selbst als fixes Kapital: die Symbiose von Mensch und Maschine bei der Produktion von materiellem Reichtum

Im »Maschinenfragment« zeigt Marx, wie die Symbiose von Mensch und Maschine die flüchtige Alchemie für die Produktion von realem Reichtum bildet. In der kommunistischen Produktionsweise sollen Mensch und Maschine nicht antagonistisch, sondern in einem glücklichen Miteinander auftreten. Dies ist ein ungewöhnliches Bild, wie der französische Phänomenologe und Technikphilosoph Gilbert Simondon in seiner Studie »Du mode d'existence des objets techniques« feststellt.[41] Die Möglichkeit einer Mensch-Maschine-Symbiose wird meist vernachlässigt und Mensch und Maschine werden als irgendeine Art von Gegensatz gesehen. In typischen Darstellungen wird eine der beiden Gestalten analysiert und durch die andere als kontrastierender und abgrenzender Begriff erklärt. Der Mensch ist das, was die Maschine in irgendeiner mystischen Eigenschaft übersteigt; die Maschine ist ein seelenloses oder geistloses System. Die Zusammenfügung der beiden und das Potenzial dieser Kopplung für die Verkörperung und die Produktion von Reichtum sind weitaus weniger verbreitet. Gleichzeitig ist eine solche Kopplung ein grundlegender Bestandteil der modernen Wirklichkeit.[42]

Dies sagt uns viel über die Bedingungen der menschlichen Körperlichkeit in der modernen Industrie: Die Menschen sind so weit gekommen, mit und unter Maschinen zu leben und sich selbst als Maschinen zu begreifen. Marx kritisierte, was er als Abwertung der menschlichen

41 Gilbert Simondon: Die Existenzweise technischer Objekte, Zürich 2012.

42 Haraway: Simians, Cyborgs, and Women.

Tätigkeit wahrnahm, aber insofern er in seinem Werk das energetizistische Modell übernahm, das ich in Kapitel 2 beschrieben habe, bemühte er sich, diese menschliche Tätigkeit nicht mit einem geistigen Status auszustatten, um sie von den Maschinen zu trennen, mit denen sie vollzogen wird. Marx hat den Menschen als ein materielles, nicht als ein geistiges Ding darstellen und den Wert seiner Materialität begründen wollen. Das bedeutet, dass man sich Menschen nach Art der Wissenschaft des 19. Jahrhunderts weiterhin als komplizierte, stoff-ähnliche Strukturen vorstellt, denn diese Wissenschaft betrachtet den Menschen als maschinenähnlich und insofern auch als wertvoll. Der Mensch soll ehrenwert im materiellen Sinn sein, ohne Rückgriff auf Gott oder das Göttliche im Inneren. Darüber hinaus behält menschliche Tätigkeit keine der okkulten Qualitäten, die in den vitalistischen Erklärungen des schöpferischen Aktes der Arbeit enthalten sind.

Für den vom Energetizismus beeinflussten Marx sind Menschen und Maschinen kontinuierliche Kräfte. Sie gleichen sich in ihrer materiellen Substanz und in der Art der Funktionen, die sie ausführen; dies erlaubt auch ihre Interaktion und ihre Fähigkeit, sich gegenseitig zu regulieren und zu ersetzen. In seiner historischen und genealogischen Darstellung hat Marx gezeigt, dass Maschinen die geronnene Arbeit der Vergangenheit sind und somit in ihrem Inhalt menschlich und äußerst politisch. Umgekehrt ist der Mensch, wenn er energetisch betrachtet wird, maschinenähnlich. In der Produktion können Menschen und Maschinen gemeinsam einen enormen materiellen Reichtum produzieren, den Mangel beseitigen und Zeit für die freie Entfaltung des Individuums über seine Arbeitskraft hinaus zur Verfügung stellen.

Diese Kontinuität und Symbiose zwischen Mensch und Maschine wird vor allem am Ende von Marx' »Maschinenfragment« deutlich. Hier formulierte Marx: »Dies fixe Kapital ist der Mensch selbst«,[43] und machte dies zum Prinzip seines Humanismus. Damit wandte er die Bewertungsweise des Kapitals gegen dieses selbst, um den verlorenen Gebrauchswert des Menschen wiederherzustellen. Dies stellt für ihn die Möglichkeit dar, die Priorität des Menschen auf einer weltlichen Ebene ansatzweise wiederherzustellen.

Rufen wir uns ins Gedächtnis, dass Marx Zeuge eines Zeitalters war, in dem Maschinen eine Zeit lang wertvoller, weil berechenbarer waren als ihre Bediener, deren Wert »unter aller Berechnung« lag. Marx will uns daran erinnern, dass das fixe Kapital, eine Investition von Energie und Ressourcen, nicht auf die produktiven Maschinen der Fabriken beschränkt sein sollte. Vor allem *der Mensch* sollte als Ort der Investition von Energie und Ressourcen betrachtet werden. Eine Gesellschaft, die

43 Marx: Grundrisse, MEW, Bd. 42, S. 607, Fn 37.

diesem Prinzip folgte, würde sich im Reichtum der Art von Menschen ausdrücken, die sie produziert, und in der Art von Maschinen, die sie herstellen würde. Dieser Reichtum würde sich in den neuen Tätigkeitsformen dieser Menschen, in der Nutzung von Wissenschaft und Technik und in den Formen der sozialen und politischen Organisation, die sie entwickeln, niederschlagen.

Das Ausblenden des einzigen Zwecks des fixen Kapitals zeigt sich auch in Marx' Forderung, den Menschen als fixes Kapital zu behandeln. Was könnte aus dem Menschen werden, wenn so viel Energie in ihn investiert würde wie derzeit in Maschinen? Das Geniale an Marx' Vorschlag ist, dass er hier, um seine Vision zu erhärten, nicht auf Kategorien des menschlichen Geistes zurückgreift, sondern auf das materielle Wohlbefinden. Als regulatives Ideal strebt der Mensch nicht danach, seinen Göttern ähnlicher zu werden, sondern seinen Maschinen: den weltlichen Produkten der investierten Energie und der Ressourcen, der Konstruktion und der Akkumulation. Der überschüssige Reichtum löst sein Versprechen für die menschliche Entwicklung endlich ein.

Die Freiheit, auf die Marx in der Schlusspassage des »Maschinenfragments« hoffte, ist für diese Menschen »keineswegs *Entsagen vom Genuss*, sondern Entwickeln von power, von Fähigkeiten zur Produktion und daher sowohl der Fähigkeiten wie der Mittel des Genusses«.[44] Machtentfaltung und Genuss sind in diesem Text keine Gegensätze, sondern sie ergänzen sich, und dies stellt die bürgerliche Vorstellung von Macht als Verzicht infrage. Die bürgerliche Auffassung von Macht erfordert den Verzicht auf Genuss als Bedingung für die Anhäufung von Reichtum und dessen Begleiterscheinungen, einschließlich der politischen Macht.

Eine Lehre kann aus dem Horten gezogen werden, welches das bürgerliche Leben charakterisiert. Dass es nämlich nicht ausreicht, über Objekte zu verfügen, denen ein Gebrauchswert in Bezug auf Genuss und Vergnügen zukommt: Der Mensch muss auch die Möglichkeit haben, in einem sozialen und politischen Umfeld zu leben, das den Genuss solcher Objekte erlaubt. Die Menschen müssen in der Lage sein, gut zu konsumieren, sich selbst als Investition zu betrachten. Sie müssen dazu erzogen werden, zu genießen und nicht nur sich selbst und andere nach dem Diktat der kapitalistischen produktivistischen Metaphysik zu erschöpfen. Objekte, Körper, Personen und Vergnügen müssen sowohl einen inhärenten als auch einen instrumentellen Wert haben.

Am Ende des »Maschinenfragments« forderte Marx freie Zeit im Sinne von »Zeit für die volle Entwicklung des Individuums« ein.[45] Diese muss außerhalb einer Tauschwirtschaft stattfinden, innerhalb derer eine solche Entwicklung kalkuliert würde. Marx konnte die Frage noch nicht

44 Ebd., S. 607; Hervorhebung im Original.
45 Ebd.

beantworten, wagte es aber, sie zu stellen: Was heißt es, gut konsumieren zu können? Wenn die Technik den gesellschaftlichen Reichtum zur Realität gemacht hat, was würde es dann für *alle* Menschen bedeuten, die Mittel und Fähigkeiten des Konsums zu besitzen, ihre Macht zu entfalten und den Gebrauchswert zu genießen? In diesem Idealzustand ist der Mensch zugleich Produzent und Konsument. Aber er empfindet keine der beiden Tätigkeiten als Arbeit. Die Tätigkeit des voll entwickelten Individuums, befreit vom Zwang der Not, wird zum Spiel, ohne deshalb die materielle und geistige Kultur zu untergraben. Stattdessen wird die Kultur, wie die Macht, durch das Vergnügen eher verstärkt als aufgehoben.

Gleichwohl wich Marx am Ende des »Maschinenfragments« von diesen radikalen Schlussfolgerungen zurück und setzte die Arbeit wieder als den normativen Modus menschlicher Aktivität ein. Er hat die ökonomische Funktion des Menschen (d.h. die Arbeit) als Ontologie übernommen, auch wenn er alle derartigen Ontologien als historisch und aufgezwungen kritisierte. Letztlich begriff er den Menschen als arbeitend, und zwar im Kontext eines produktiven Systems. Die Konsumtion wird als »größte Produktivkraft«[46] oder als produktiver Konsum gerechtfertigt. Marx' Darstellung griff zurück auf das Telos der Produktivität und die Notwendigkeit der Arbeit.

In seiner Fortführung der produktivistischen Metaphysik unterscheidet sich Marx von seinen zeitgenössischen Sozialisten, den Utopisten. Insbesondere sein Beharren auf der Notwendigkeit von Arbeit ist eine Antwort auf Charles Fourier. Fourier entwarf ausgeklügelte soziale und politische Systeme, die er Phalansterien nannte: 810 Typen des menschlichen Charakters wurden analysiert und ihre Varianten erforscht. In Fouriers System gibt es auf jedem Tisch täglich frisch geschnittene Blumen, die Beziehungen zwischen den Geschlechtern sind völlig egalitär, und die Kinder bringen den Müll hinaus, weil sie sich gern schmutzig machen.[47] Im »Maschinenfragment« schreibt Marx: »Die Arbeit kann nicht Spiel werden, wie Fourier will, dem das große Verdienst bleibt, die Aufhebung nicht der Distribution, sondern der Produktionsweise selbst in höhre Form als ultimate object ausgesprochen zu haben.«[48] Fouriers Rezept für eine bessere Welt enthielt veränderte Beziehungen zur Produktion und die Aufhebung der Produktion als Arbeit. Arbeit, ein Begriff menschlicher

46 Ebd.

47 Kolakowski schreibt, Fourier (1772–1837) erfreue sich »allgemein des verdienten Rufes eines beispiellosen Phantasten und fanatischen Sonderlings [...], fast seine gesamte Freizeit [widmete] er dem Schreiben und nur einen minimalen Bruchteil der Lektüre« (Kolakowski: Hauptströmungen des Marxismus, Bd. 1, S. 226). »Die ungezügelte Fantasie, die Fouriers Feder lenkte [...] und die es ihm erlaubte, in voller Naivität insbesondere die eigenen Neigungen (das Bedürfnis ständiger sexueller Abwechslung, Naschsucht, Vorliebe für Blumen und Katzen usw.) auf die Menschheit zu projizieren, führte dazu, dass er sich den Ruf eines Wunderlings und Wirrkopfs erwarb, der verschiedene vernünftige und scharfsinnige Beobachtungen in seinen Traktaten überschattete.« (Ebd., S. 230)

48 Marx: Grundrisse, MEW, Bd. 42, S. 607.

Tätigkeit, der notwendigerweise mit Leiden identifiziert wird, wird durch einen angenehmen Begriff der Tätigkeit ersetzt, der dennoch den gesellschaftlichen Herausforderungen angemessen ist.

Obwohl Marx die undifferenzierte, entfremdete Arbeit als eine dem Kapitalismus eigentümliche historische Kategorie anerkannte, die vielleicht dazu bestimmt sei, unterzugehen, war er zumindest ambivalent, was die Obsoleszenz der Arbeit betrifft. In einigen Passagen sind Produktion und Arbeit universelle, anthropologische Konstanten. Wo dies so ist, wurde der Begriff Arbeit von Marx wie von Hegel verwendet, um die ursprüngliche Schnittstelle zwischen dem Menschen und der Natur zu beschreiben. Leidvolle Arbeit an der Natur und am Selbst ist der Preis für ihre Verwandlung und die Macht über die Welt beruht auf dem Verzicht des Genusses. Marx' Zögern vor den radikalen Konsequenzen seiner eigenen Analyse bewahrt die Spuren einer Verurteilung der *acedia*.

Moishe Postone argumentiert, dass Arbeit als Kategorie der menschlichen Tätigkeit auf die Ära des Kapitals beschränkt ist und dass Marx daher weder eine produktivistische Metaphysik beibehält noch die Ontologisierung der Arbeit und auch nicht die Arbeitswerttheorie der politischen Ökonomen. Postone hat recht, wenn er feststellt, dass die radikale Schlussfolgerung von Marx' Analyse das Ende der Arbeit ist. Indem er es jedoch versäumt, Marx' eigene Begrenzungen angesichts dieser Konsequenzen anzuerkennen, rückt er ihn auch ein wenig zu nahe an die utopischen Sozialisten heran, von denen sich Marx zu distanzieren versuchte. Die Arbeit *könnte* zum Spiel werden, wenn die »Grundrisse« Postone zufolge nur den Beweis dafür lieferten, dass Marx dem Ende der Arbeit verpflichtet war.[49] Wenn Marx eine veränderte Produktionsweise entwirft, behält diese Vision manchmal in der Tat überkommene Züge der alten Produktionsweise: In den kurzen Skizzen, die wir von der kommunistischen Zukunft erhalten, tauchen Arbeit und die produktivistische Metaphysik erneut auf. Dies kann uns auch helfen zu verstehen, warum der historische Kommunismus die Arbeit glorifizierte und fetischisierte und sie nicht kritisierte oder versuchte, sie abzuschaffen.[50]

VI Klassenverwandtschaft und die Umverteilung der Produktionsmittel

Im »Kapital« bleibt die Bedeutung der Arbeit erhalten. Die Kraft von Marx' reifer politischer Kritik kann in seiner Betonung der *Umverteilung* der Produktionsmittel gesehen werden. Sie konzentriert sich nicht mehr so sehr, wie es in den »Grundrissen« noch der Fall war, auf die

49 Vgl. Postone: Zeit, Arbeit und gesellschaftliche Herrschaft, S. 59.

50 In Ländern, in denen der Kommunismus fest im politischen Leben verankert war, bildete die unvollständige Überwindung der Knappheit, das heißt ihre Nicht-Industrialisierung, ebenfalls einen Faktor für diese ideologische Wendung.

Obsoleszenz der Arbeit in der freien Entfaltung der Individuen, auf die Umverteilung der Konsumtions- und Genussmittel oder auf die Form der menschlichen Tätigkeit, die an die Stelle der Arbeit treten soll. Sowohl in der kapitalistischen als auch in der folgenden kommunistischen Ära sind die Produktionsmittel Maschinen, und die Macht besteht im Zugang zu ihnen. So schließt das »Maschinenfragment« nicht mit dem Bild von Menschen, die sich in reichlich freier Zeit entwickeln, sondern mit dem Bild von Arbeitern, die nun die Produktionsmaschinen besitzen und lenken. Wie wir sehen werden, wird dieses Bild durch die Ausweitung des bürgerlichen Begriffs des Privateigentums auf die Arbeiterklasse gerechtfertigt: Man soll die Dinge besitzen, die man durch seine Arbeit geschaffen hat. Marx weitet den Bereich des Eigentums auf die Dinge aus, die historisch von den Mitgliedern der eigenen Klasse geschaffen wurden.

Dies ist eine gewaltige Veränderung gegenüber der kapitalistischen Art der Bewertung. Die Herrschaft des Kapitals über die Lohnarbeit beruht auf der Trennung des Arbeiters von den Produktionsmitteln. Vielleicht weiß Marx sogar, dass das Eigentum des Arbeiters an den Maschinen in der kommunistischen Zukunft ein Zwischenschritt wäre, und zwar einer, der vor der Spekulation über das kommunistische Individuum und seine Lebensformen vollzogen werden muss. Die Arbeiter wurden erst dann vollständig von der Lohnarbeit abhängig, als sie aufhörten, die Produktionsmittel zu besitzen, das heißt, als die Werkzeuge, Instrumente und Maschinen der Produktion in den Körper des Kapitalisten und nicht in den des Arbeiters eingingen. Diese Form der körperlichen Aneignung charakterisiert die Ära der Manufaktur.

Marx hat also recht, wenn er festhält, dass sozioökonomische Klassen sich nicht einfach durch den Zugang zu monetären Ressourcen definieren. Das Verhältnis eines Menschen zu den Produktionsmitteln ist entscheidend, davon ist der Zugang zu Geld nur ein Ausdruck. Der Kommunismus fordert in seinen ersten Stadien den verlorenen Zugang zur Körperlichkeit zurück, die entstand, als der Arbeiter zum ersten Mal von seinen Werkzeugen getrennt wurde. Was im Kommunismus wiederhergestellt wird, ist das Recht zu arbeiten und das Eigentum an den von ihm geschaffenen überschüssigen Ressourcen, einschließlich dieser Werkzeuge, zu behalten.

Wenn Marx sich der Klassenverwandtschaft und Fragen der gerechten Umverteilung des akkumulierten Reichtums des Kapitalismus zuwendet, hat er nicht das genießerische Konsumieren im Sinn, sondern die gerechte Umverteilung der Produktionsmittel. Die politische Verteilungskritik von Marx folgt der bekannten Struktur, die Verhältnisse zwischen dem Teil und dem Ganzem zu beleuchten, und erfordert in diesem Fall eine klassenbezogene Analyse, damit wir die wahren Verhältnisse sehen können. Ich bekomme die Früchte meiner Arbeit, aber »ich« und »mein« werden nicht individuell, sondern als die konglomeraten Anhäufungen der proletarischen Klasse rezipiert. Meine Verwandtschaft mit den Mitgliedern meiner Klasse und die Früchte ihrer Arbeit bedeuten, dass ich den Reichtum der Produktion meiner Klasse in Übereinstimmung mit dieser alternativen Verwandtschaftsstruktur erben sollte und nicht nach irgendwelchen Rechten der Geburt.

Schauen wir uns an, wie Marx' Verteilungskritik bei der Frage der Maschinen funktioniert. Die materielle Übereinstimmung zwischen Mensch und Maschine ist die Voraussetzung für eine Verwandtschaft zwischen beiden. Werden Mensch und Maschine als gegensätzliche Begriffe einander gegenübergestellt, ist diese Verwandtschaft weniger sichtbar. Wie jegliches Kapital lassen sich sowohl die Menschen als auch die Maschinen, mit denen sie arbeiten, analytisch auf eine geronnene Form vergangener Arbeit reduzieren: also auf tote oder vergegenständlichte Arbeit, wie Marx es nennt. Arbeitende Menschen sind das Produkt der (oft begrenzten) Überschussenergie von Arbeitereltern. Maschinen sind das Produkt der überschüssigen Arbeit von Generationen von Arbeitern und Technikern, die in wissenschaftliche Innovationen kanalisiert wurde.

Hier offenbaren Produktion und Reproduktion ihre gemeinsame Geschichtlichkeit und als der lebendige Stoff der Welt tragen sie das Zeichen dieser Geschichtlichkeit.

Genealogien können für Dinge ebenso wie für Personen erstellt werden: Hier hat die Arbeit des Technikhistorikers ihre Parallele zu der des Anthropologen.[51] Ich möchte ein Beispiel skizzieren, das sich auf die Klassenverwandtschaft von Mensch und Maschine bezieht und das den klassenbedingten Anspruch des Arbeiters auf die Maschine illustriert.

Eine Arbeiterin bedient in der Fabrik eine Maschine. Sie ist die Nachfahrin von Generationen von Arbeitern; die Maschine ist der Nachfahre von Generationen von Mehrwert, den Arbeiter geschaffen haben. In der Maschine steht die Arbeiterin der Arbeit gegenüber, die von den Angehörigen ihrer eigenen Klasse abgepresst, in Mehrwert verwandelt und dann wieder in fixes Kapital umgewandelt wurde. Die ursprüngliche Umwandlung versorgte nicht nur den Eigentümer der Fabrik und seine Angehörigen, sondern auch eine neue und wachsende Klasse von Experten in Wissenschaft und Technik. Durch das Studium von Fortschritten in der Mechanik, der Chemie, der Verfügbarkeit von Materialien und den daraus resultierenden neuen Formen der thermodynamischen Energieerzeugung haben diese Experten den neuen Maschinen Elemente hinzugefügt, die zur weiteren Steigerung ihrer Produktivität beigetragen haben.

51 Arjun Appardurai: The Social Life of Things: Commodities in Cultural Perspective, Cambridge 1986.

All diese Kräfte kommen in der Maschine zusammen, die diese Arbeiterin bedient. Dann wird eine neue Maschine an ihre Stelle gesetzt, die ihre Funktion übernimmt und sie arbeitslos macht. Es ist, als ob die Erschöpfung ihrer Mutter und Großmutter sie aus der Arbeit treibt – als ob sie selbst sich gegen sie stellen würden. Dieselben Mächte, die sie geschaffen haben, die Mächte ihrer Klasse, Mächte, die ihre eigenen Mächte sein sollten, unterminieren sie. Anstelle der Klassenverwandtschaft zwischen Maschine und Arbeiter tritt der Streit zwischen dem Arbeiter und der Maschine.

Eine klassenbezogene Analyse beleuchtet diese Verwandtschaft. Sie versteht das Proletariat als eine Art Konglomeratkörper, in dem Maschinen und Menschen eine Kontinuität aufweisen, und sie ersetzt die familiäre Verwandtschaft durch die Klasse. Die Klassenverwandtschaft offenbart die folgenden falschen Ideologien: Vorstellungen der Arbeiterschaft, die in einzelne Einheiten aufgesplittert und an die Grenzen des eigenen Körpers gebunden sind, Vorstellungen von traditionellen Familiennetzwerken und von einer völlig unüberbrückbaren Diskontinuität zwischen dem Menschlichen und dem Maschinellen. Diese Ideologien sind nicht nur illusorische Fiktionen, sondern bewusste, politisch eingeschlagene Wege, um die Wahrheit der gelebten Beziehungen, die diesen Vorstellungen nicht entsprechen, zu verschleiern. Als Ideologien wirksam, verbergen sie die Wahrheit, dass die Arbeiter von ihren eigenen historisch akkumulierten Kräften heimgesucht werden, die ihnen in der Verkleidung eines mechanischen Feindes geraubt und durch die sie verdinglicht werden. Nur Arbeiterinnen und Arbeiter, die nach den neuen Modellen einer klassenbasierten Verwandtschaft begriffen werden, können zeigen, wie die Arbeit der Arbeiterklasse ungerecht verteilt wurde, um denen außerhalb der »Familie« zu nutzen.

Eine gerechte Verteilung in Übereinstimmung mit der Klasse würde die Arbeiter zu Eigentümern der Maschinen und, weiter gefasst, der Wissenschaft und Technologie machen.

Aber in der bürgerlichen Ära wird das Ideal der individuellen Leistung hochgehalten. Dieses Ideal wird mit alten aristokratischen Vorstellungen von Vererbung vermählt. Das Ergebnis ist die patriarchalische Weitergabe von Eigentum, das der Vater erarbeitet hat. Dies unterscheidet sich von der aristokratischen Vorstellung von Vererbung, die ausschließlich auf dem Stammbaum, dem Familiennamen und der sozialen Position basiert und nicht auf Arbeit als Quelle jeglicher Ansprüche.

So beruhen die Systeme der Klassenverwandtschaft, wie Marx sie sich vorstellt, immer noch auf der bürgerlichen Vorstellung von durch Arbeit verdientem Erbe. Anstatt jedoch von der eigenen Familie begünstigt zu werden, würde man von den Mitgliedern der eigenen Klasse begünstigt. Dies würde die letzten Überreste der Blutlinie aus dem Konzept der Vererbung eliminieren. Die Arbeiter würden als Eigentümer von Maschinen und anderem akkumulierten Kapital, das ihre Vorfahren zu produzieren hatten, reich werden. Dies würde den Streit zwischen Arbeitern und Maschinen beseitigen, die Arbeiter würden sie besitzen, anstatt sie zu zerschlagen. Und wenn die Arbeiter Maschinen besitzen, wird die Entfremdung zur einfachen Vergegenständlichung, denn der Körper und die Arbeit des Arbeiters werden ihm zurückgegeben. Im hegelschen Sinne bietet die mit der Vergegenständlichung einhergehende Wiedervereinigung und Rückkehr die Möglichkeit zur Selbsterkenntnis und damit zu einem größeren Selbstbewusstsein. Auf diese Weise erhält der Arbeiter das »Familienerbe« der Arbeiterklasse gemäß einer gerechten Umverteilung der Produktionsmittel.

Historisch gesehen wurden solche Klassenverwandtschaften bekanntlich durch andere Identifikationen verdrängt, insbesondere durch Identifikationen mit unterdrückerischen familiären oder quasi-familiären Strukturen. Marxistische Feministinnen haben darum gekämpft, eine Klassenverwandtschaft unter Frauen zu entwerfen und aufrechtzuerhalten, die stärker ist als die Affinitäten von Frauen zu den Männern, mit denen sie zusammenleben.[52] Kritiker des Feminismus der ersten Welle haben behauptet, dass die ethnische Zugehörigkeit von Frauen ihre Identifikation mit anderen Frauen verdrängt: dass der Feminismus der ersten Generation mehr durch sein Weißsein gekennzeichnet war und sich um die Probleme des Weißseins gesorgt hat als durch irgendeine »rassenübergreifende» Identifikation zwischen Frauen.[53] In der Geschichte des Kommunismus wird der Moment, als die Arbeiterklassen der verschiedenen europäischen Nationen während des Ersten Weltkriegs gegeneinander in den Kampf zogen, allgemein als der Moment der politischen Niederlage des Kommunismus angesehen. Hier war der Nationalismus stärker als die Klassenverwandtschaft. So bildet die Lehre von der Klassenverwandtschaft – und ihr Scheitern – die Grundlage für spätere, unaufgelöste Entwicklungen des falschen Bewusstseins.

In diesen drei Beispielen verkörpern die Familie, die ethnische Zugehörigkeit und die Nation die *Symbolik des Blutes* und des Stammbaums gegenüber Formen der klassenbasierten Identifikation.[54] Selbst wenn die Klassenidentifikation für die Gestaltung der eigenen Erfahrung bedeutsamer ist, übt sie nicht mehr automatisch soziale Macht aus, dient nicht

52 Ich beziehe mich hier auf Simone de Beauvoirs Konzept vom »anderen Geschlecht«. Sie schreibt: »Sie leben verstreut unter den Männern, sind durch Wohnung, Arbeit, ökonomische Interessen und die soziale Stellung enger mit bestimmten Männern – sei es der Vater oder der Ehemann – verbunden als mit anderen Frauen.« (Simone de Beauvoir: Das andere Geschlecht. Sitte und Sexus der Frau, Reinbek 2008, S. 15)

53 bell hooks: Ain't I a Woman. Black Women and Feminism, Boston 1981; Alice Echols: Daring to Be Bad: Radical Feminism in America, 1967–1975, Minneapolis 1989.

54 Zur Definition und Analyse der »Symbolik des Blutes« vgl. Foucault: Sexualität und Wahrheit, S. 149ff.

als Magnetnadel für die Selbstbestimmung oder fungiert nicht als Verwandtschaftsstruktur. Stattdessen wird die Klasse oft durch dominantere, wenn auch historisch anachronistische Formen der Identifikation verdrängt, selbst wenn diese die Erfahrung nicht so leicht oder so genau definieren wie die soziale Klasse.

Der aristokratische Begriff des Stammbaums, wie er sich in den bürgerlichen Begriffen von Familie, »Rasse« und Nation manifestierte, hat diese Art von Anziehungskraft behalten. Er behält diese Macht sogar in einer Umgebung, in der die Klasse, die sich auf ihre Privilegien stützte, historisch überholt wurde und in der andere, auffälligere Identifikationen als Klasse möglich sind. Der Stammbaum entspricht somit der Definition dessen, was in der Marx-Forschung und in den Technologiewissenschaften als »Überrest« bezeichnet wird.[55] Ein Überrest ist ein Objekt aus der Vergangenheit, das das Zeichen seiner Historizität trägt und dennoch weiterhin Machteffekte produziert, obwohl sie anachronistisch sind. Es bringt die Vergangenheit in die Gegenwart.[56] Wir leben in sozialen Beziehungen, die aus einer anderen Epoche überkommen sind, die nicht unbedingt unsere Situation beschreiben und die unsere Möglichkeiten der Zugehörigkeit, des Handelns und der Selbstbestimmung einschränken.

Fazit

Ich wende mich nun Marx' vollständig entwickelter Darstellung der Maschinerie im Ersten Band des »Kapital« zu. Dort ist sein begrifflicher Rahmen viel ausgefeilter und seine Sätze sind abgeschlossen. Aber trotz dieser Vorteile ist der Text nicht unbedingt leichter zu interpretieren. Das Thema des »Kapital« ist nicht mehr an die Gespenster der nicht-entfremdeten menschlichen Aktivität und des materiellen Reichtums gebunden,

55 Das Vokabular des Überlebens stammt von Althusser, während sowohl Kolakowski als auch Cohen ein anderes Vokabular verwenden, um die gleiche Idee zu beschreiben. Der soziologische Begriff der »Hysteresis« von Pierre Bourdieu folgt einer ähnlichen Struktur; Pierre Bourdieu: Die feinen Unterschiede. Kritik der gesellschaftlichen Urteilskraft, Frankfurt a.M. 1998. Bei technologischen Veränderungen der Produktionsmittel und auch im politischen Leben geht es regelmäßig um Effekte der Hysteresis. Obwohl er die Sprache des Überlebens nicht verwendet, schreibt vielleicht niemand pointierter über die Frage des technologischen Überlebens als Simondon. Wenn er das Automobil mit dem Flugzeug vergleicht, ist Simondon erstaunt über die fortgesetzte Verwendung des Ersteren, das mit immer mehr Zubehör versehen wurde, wobei sein Status als konkretes Objekt seinen abstrakten Zweck des schnellen Reisens verdeckt. Simondon behauptet, dass technologische Objekte zwei Phasen durchlaufen: eine Phase der Implementierung und eine Phase der Ornamentierung. Letztere gehört immer dann zu den Technologien, wenn sie zu Überbleibseln werden; vgl. Simondon: Existenzweise. Ein Beispiel für ein technologisches Überleben in unserer eigenen Zeit ist die zeitgenössische Computertastatur, die zwar ergonomisch an die Hände angepasst ist, aber die Anordnung der Buchstaben beibehalten hat, die von den gegenüberliegenden Hebeln der mechanischen Schreibmaschine vorgegeben wurde.

56 Derrida diskutiert diese Abhängigkeit der fixen Strukturen der Gegenwart von der Vergangenheit auch in der Metapher des Spuks; Jacques Derrida: Marx' Gespenster. Der verschuldete Staat, die Trauerarbeit und die neue Internationale, Frankfurt a.M. 1995. Überreste sind Phänomene, mit denen die Vergangenheit die Gegenwart heimsucht. Die »Hauntologie« von Derrida ist nichts weniger als eine materialistische Darstellung des Geistes!

die auch Europa heimsuchten. Wie wir gesehen haben, sind diese hegelianischen politischen Ideen einem vitalistischen, humanistischen wissenschaftlichen Paradigma geschuldet, das Marx durch die kapitalistische Produktionsweise als überwunden ansieht.

Im »Kapital« ist die Übernahme des energetizistischen Paradigmas durch Marx viel vollständiger als in den »Grundrissen«. Die Arbeit wird nicht mehr in vitalistischen Begriffen beschrieben und somit wird ihr Status als Quelle allen Werts und Reichtums zweideutig. Marx widmete sich nun den Widersprüchen der kapitalistischen Welt in einer Diskussion, die in den Kontext der kapitalistischen Produktionsweise eingeordnet wird und wenig Bezug auf andere mögliche Produktionsweisen nimmt. In der kapitalistischen Produktionsweise werden Maschinen nicht optimal eingesetzt und sogar zu Mitteln der Intensivierung der Ausbeutung der Arbeiterschaft. Dieser ausschließliche Bezug der Maschinen auf ihre Verwendung in der kapitalistischen Produktionsweise kann zu Missverständnissen über den letztlich positiven Begriff der Technisierung führen, der das gesamte Werk von Marx charakterisiert.

Die fortgesetzte Entwicklung und Entfaltung der Technisierung, die in der kapitalistischen Periode beginnt, sind daher notwendige Bedingungen für die kommunistische Auffassung der Produktion. Die Technisierung begründet das wichtigste Merkmal dieser Produktionsweise: Die Fülle des realen Reichtums, produziert mit minimaler Arbeit, ist die Grundlage für freie Zeit. Vollständig entwickelt, ist die Technisierung allein sogar eine hinreichende Bedingung für die kommunistische Produktionsweise, denn die ständige Anhäufung von realem Reichtum beseitigt sowohl die Arbeit als auch die Handlungsmotive aus Mangel, die Marx zufolge Herrschaftsverhältnisse begründen. Die politische Revolution allein, ohne diese Akkumulation, wird für die Einführung einer neuen Produktionsweise nicht ausreichend sein. In verschiedenen Briefen, die er zwischen 1877 und seinem Tod im Jahr 1883 geschrieben hat, drückte Marx seine Vorbehalte gegenüber einer kommunistischen Revolution im feudalen Russland aus, einem Land, das einfach nicht über die technologische Infrastruktur verfügte, die notwendig war, um diesen politischen Wandel zu unterstützen.[57]

Das Verhältnis von Marx' Narrativ der Entwicklungskontinuität zu seinem Narrativ des absoluten revolutionären Bruchs bleibt ungeklärt. Hier sehen wir das energetizistische Paradigma in direktem Konflikt mit dem vitalistischen, weil Ersteres eine Physik der Kontinuität unterstützt, Letzteres hingegen ihr Gegenteil: Diskontinuität und absolute Typenvielfalt. Marx' Geschichtsphilosophie besteht darauf, dass Entwicklung und revolutionärer Bruch nicht voneinander entkoppelt werden können.

57 Vgl. insbesondere den Brief vom November 1877 an den Herausgeber der Petersburger literarisch-politischen Zeitschrift Otetschestwennyje Sapiski, in: MEW, Bd. 19, S. 107–112.

Die kommunistische Revolution soll in einer Umgebung stattfinden, die bereits mit einer entwickelten technologischen Basis auf sie vorbereitet ist. Gleichwohl ist diese Entkopplung genau das, was historisch im feudalen Russland und später in China geschehen ist. In den Worten von Georges Bataille können politische Revolutionen untrennbar mit dem Zusammenbruch feudaler Ordnungen verbunden sein.[58] Wenn dem so ist, scheinen Revolutionen entweder den Feudalismus oder seine Überreste zu bekämpfen, und sie sind nicht so sehr ein Name für gewaltsame politische Veränderungen im Allgemeinen, sondern ein historisch spezifischer Name für die Art von politischen Veränderungen, die in der modernen Welt auftreten.

In dieser Lesart vollendet die kommunistische Revolution einfach das Werk der vorangegangenen bürgerlichen Revolutionen. Solche Revolutionen räumen mit der Symbolik des Blutes auf und erweitern die Ansprüche der Arbeit. Aber historisch gesehen begründeten diese Revolutionen auch die verwandtschaftlichen Beziehungen der bürgerlichen Familie, anstatt diese Beziehungen grundlegend zu verändern. Sie verstärkten und verherrlichten auch die Arbeit, anstatt auf ihre Abschaffung hinzuarbeiten.

Darüber hinaus sind Revolutionen der vitalistischen Metaphysik der prä-thermodynamischen Ära geschuldet: Sie bekräftigen den Vorrang des Menschen vor der natürlichen Welt. Die Welt des Blutes und der Natur wird zur Welt der Arbeit, der Technologie und der menschlichen Industrie. In der Revolution wird das menschliche politische Leben eher durch Gestaltung als durch materielle oder strukturelle Erfordernisse geformt.

Aber wir haben in den »Grundrissen« gesehen, dass Marx in der Lage war, sich unter Kommunismus etwas jenseits dieser Vervollkommnungen oder sogar Radikalisierungen der bürgerlichen Revolutionen vorzustellen, nämlich einen anderen Modus menschlicher Tätigkeit. Leider sind das Überlegungen, die Marx im »Kapital« nicht fortgeführt hat. Dort ist der Gegensatz zwischen einem willensbasierten revolutionären Projekt und der strukturellen Krise der kapitalistischen Gesellschaft ausgeprägter. In dem Maße, wie diese beiden inkommensurabel sind, erweist sich das revolutionäre Projekt als Verlierer.

Als Teil seiner fortschreitenden Auslöschung der hegelschen vitalistischen Metaphysik im »Kapital« kam Marx nicht auf die Unterscheidung zwischen Vergegenständlichung und Entfremdung zurück – eine Unterscheidung, die sein Frühwerk mit seinem späteren Werk verbindet. In den »Grundrissen« wird der Begriff Vergegenständlichung verwendet, um die allgemeinen Merkmale der nicht-entfremdeten Produktion der menschlichen Gattung als Ganzes zu beschreiben. In der Vergegenständlichung

58 Bataille: Das theoretische Werk I, S. 253.

durchdringt der Mensch die Natur mit seiner eigenen, geordneten Natur und bearbeitet die Welt nach dem Bild der menschlichen Gattung.

Sinnbildlich für diese Form der Produktion, sind Wissenschaft und Technik zu wertvoll, um als Privateigentum behandelt zu werden. Für Marx sollte die menschliche Kultur Wissenschaft und Technik weniger als Ware betrachten, sondern eher so, wie wir große Kunst betrachten. Wenn Wissenschaft und Technik unentgeltlich aus dem Fundus des menschlichen Wissens angeeignet werden, können sie Marx zufolge letztlich nur positive Folgen für die Menschheit als Ganzes haben. Insofern er seinen Vitalismus beibehält, bleibt Marx' romantische Kritik an den momentanen historischen Übeln der Technik in seinen aufklärerischen Glauben an das letztendliche Wohl der wissenschaftlichen und technologischen Praxis für die menschliche Gattung eingeschlossen.

4 — Maschinen in der kapitalistischen Wirklichkeit[1]

I Zwischen Thermodynamik und Humanismus: Annäherungen an das »Kapital«

Das »Kapital« zu lesen gleicht eher, jemandes Denken zu verfolgen, als sich auf eine geradlinige Abhandlung einzulassen. Marx übernimmt darin Eigenschaften und Begriffe, die der kapitalistischen Gedankenwelt eigen sind. Mit anderen Worten, er spricht im Text mit einer Vielzahl von Stimmen, aber selten mit seiner eigenen. Wenn er mit seiner eigenen Stimme spricht, ist sie durch die Normen des kapitalistischen Denkens gezügelt. Obwohl »Das Kapital« uns viel über den Kapitalismus und seine Funktionsweise erzählt, sagt es uns wenig über Marx, der in dem Text nicht direkt spricht. Daher müssen wir den Text mit einiger Sorgfalt entschlüsseln.[2]

Marx' Methode im »Kapital« ist stark von Hegels »Logik« geprägt. Logische Kategorien werden verwendet, um die empirische kapitalistische Realität zu bestimmen: »Gebrauchswert«, »Tauschwert» und »Ware« ersetzen die eher universalen und transhistorischen Begriffe »Produktion«, »Konsumtion«, »Distribution« und »Tausch« der »Grundrisse«. Im Gegensatz zu Hegels Kategorien werden die von Marx verwendeten zunehmend von der Geschichte umgeschrieben und auf die logischen Substrukturen des kapitalistischen Denkens und der kapitalistischen Realität begrenzt. Wenn Marx im Nachwort zur zweiten deutschen Ausgabe behauptete, die hegelsche Methodologie aus ihrer mystifizierten Umhüllung befreit zu haben, bezog er sich auf diese Substitution, in der er die Kategorien der hegelschen Logik historisiert hat.[3]

Marx hat zwar Hegels Kategorien durch historisierte Versionen ersetzt, aber er hat die Struktur der organisierenden Kategorien, die

1 Eine frühere Version von Kapitel 4 wurde veröffentlicht unter dem Titel »Rough, Foul-Mouthed Boys. Women's Monstrous Laboring Bodies«« in: Radical Philosophy Today 5/2007, S. 49–67.

2 Aufgrund der Komplexität, die mit der Interpretation des »Kapital« verbunden ist, unterlässt Postone das gänzlich und stützt seine Interpretation von Marx' kritischer Theorie vollständig auf die »Grundrisse«; vgl. Postone: Zeit, Arbeit und gesellschaftliche Herrschaft, S. 40 u. 49. Postone führt, was er »die Krise des traditionellen Marxismus« nennt, auf die Schwierigkeiten zurück, das »Kapital« richtig zu interpretieren.

3 Die Passage wurde in Kapitel 1, Abschnitt I dieses Buches zitiert. Hier sei darauf verwiesen: Marx: Der achtzehnte Brumaire, MEW, Bd. 8, S. 118.

die empirische Wirklichkeit bestimmen, nicht beseitigt. Die Kategorien erzeugen die Vorstellung des zu beschreibenden Ereignisses ebenso sehr, wenn nicht mehr, wie das Ereignis bestimmt, welche Kategorien verwendet werden.

Marx behauptete, in den Sachverhalten, die er in den ersten drei Bänden des »Kapital« vorgestellt hat, die grundlegende logische Substruktur der kapitalistischen Produktionsweise gefunden zu haben: die Begriffe »lebendige Arbeit«, »Gebrauchswert«, »Tauschwert« und »Ware«. In diesen Bänden hat Marx die empirischen Befunde hinsichtlich ihrer Bedeutung für diese Kategorien aufgeschlüsselt. Erst im vierten Band wandte er sich dem zu, was er die »historisch-literarische« Rekapitulation seiner Erkenntnisse nannte. Diese Rekapitulation wurde, so hoffte er, von den logischen Kategorien gerahmt, die er in den frühen Kapiteln skizziert hat. In verschiedenen Briefen von Mitte der 1860er-Jahre beschrieb er seine Methode:

> »Im ersten Heft war allerdings die Darstellungsweise sehr unpopulär. Es lag dies teils an der abstrakten Natur des Gegenstands, dem beschränkten Raum, der mir vorgeschrieben war, und dem Zweck der Arbeit. Dieser Teil ist leichter verständlich, weil er konkretere Verhältnisse behandelt. Wirklich populär können *wissenschaftliche* Versuche zur Revolutionierung einer Wissenschaft niemals sein.«[4]

Später heißt es:

> »Es sind noch 3 Kapitel zu schreiben, um den theoretischen Teil (die 3 ersten Bücher) fertigzumachen. Dann ist noch das 4. Buch, das historisch-literarische, zu schreiben, was mir relativ der leichteste Teil ist, da alle Fragen in den 3 ersten Büchern gelöst sind, dies letzte also mehr Repetition in historischer Form ist.«[5]

Marx' Beschreibung seiner Methode sagt uns viel über die Bedeutung der »Wissenschaft«, mit der er operierte, einer Wissenschaft, die er explizit mit der hegelschen Arbeit des Begriffs verband, um zu bestimmen, welche Wirklichkeiten in einer gegebenen historischen Umgebung möglich und denkbar werden: eine Wissenschaft, die Marx in seinem eigenen Frühwerk negativ als Abstraktion charakterisiert hat. Marx berief sich dabei explizit auf die Selbstkritik der Wissenschaft: Seine eigene hegelianische Methode wird als revolutionäre Kraft auf den Bereich der bürgerlichen ökonomischen Wissenschaft angewendet. Die Wissenschaft im engeren Sinn wird durch die Wissenschaft im weiteren Sinn revolutioniert.

4 Marx an Ludwig Kugelmann, 28.12.1862, in: MEW, Bd. 30, S. 640; Hervorhebung im Original.

5 Marx an Engels, 31.7.1865, in: MEW, Bd. 31, S. 132.

Im »Kapital« versuchte Marx also nicht, alle Aspekte der empirischen Realität zu erfassen. Vielmehr ging es ihm darum, das begriffliche Wesen der herrschenden Produktionsweise darzustellen und das Historische als Folge dieser begrifflichen Essenz zu erklären. Marx' historische Darstellung ist eingeschlossen in die Schlüsselkategorien der kapitalistischen Produktionsweise und logisch umschrieben durch das Wesen dieser Produktionsweise.

Im »Kapital« argumentiert Marx implizit immer im Kontext der Entfremdung. Er dokumentiert die Normen der kapitalistischen Welt nach ihrer logischen Essenz, nicht die Normen einer möglichen Welt. Marx' Entscheidung, die entfremdete kapitalistische Welt zu skizzieren, war nicht nur konzeptionell bedingt, sie wurde auch durch historische Ereignisse ausgelöst. Eine Rebellion nach der anderen gegen die kapitalistische Produktionsweise und ihre politische Entsprechung in der Herrschaft der Bourgeoisie scheiterte. Vom Kontinent vertrieben und in England lebend, war Marx Zeuge der ersten Generation des ungehemmten Kapitalismus, des damit verbundenen Elends und der ersten Welle von soziologischen Befunden, die diese Produktionsweise hervorbrachte. Am Ende von »Der achtzehnte Brumaire des Louis Bonaparte« von 1851 kam er zu dem Schluss, dass sich die Revolution auf einer Reise durch das Fegefeuer befand,[6] danach richtete Marx seine Aufmerksamkeit darauf, die ihr in den 1860er-Jahren folgenden Prozesse zu dokumentieren. Mit anderen Worten, er unternahm es, die Details der Entfremdung zu erklären, wie sie im ökonomischen Leben (d.h. in der Welt des Tauschwerts) existiert. Entfremdung wird als eine »Tatsache« der bürgerlichen Existenz behandelt.

Prognosen über das künftige gute Leben sind im »Kapital« selten. Revolutionäre Anleitungen und hoffnungsvolle Visionen, die in den »Grundrissen« noch neben der ökonomischen Analyse stehen, hat Marx in seinem späteren Werk nicht wieder aufgenommen. Verschwunden sind auch seine philosophische Anthropologie und die möglichen positiven Veränderungen des menschlichen Daseins durch die Symbiose mit Maschinen. Die Versprechen der Vergegenständlichung aus der Aufklärung werden durch die Realität der Entfremdung in den Hintergrund gedrängt. Die Mensch-Maschine-Symbiose bringt für die Arbeiterklasse nur monströse und deformierte Lebensformen hervor, nicht aber Reichtum, Genuss oder freie Zeit.

Im »Kapital«, besonders wenn es isoliert von Marx' anderen Texten gelesen wird, ist die Aussicht auf eine unmittelbar bevorstehende revolutionäre Zukunft, die durch den politischen Willen herbeigeführt würde, nebulöser geworden. Die Rolle des menschlichen Handelns bei der Her-

6 Marx: Der achtzehnte Brumaire, MEW, Bd. 8, S. 196.

beiführung der Revolution wird aufgeschoben oder durch andere, eher strukturelle Überlegungen, wie die Entwicklung der Technologie selbst, in den Hintergrund gedrängt. In einer beiläufigen Bemerkung behauptet Marx die Notwendigkeit der systemischen Selbstüberwindung des Kapitals; tatsächlich ist diese Überwindung die stets implizite und meist explizite Schlussfolgerung der Analyse selbst. Diese Charakteristika erlaubten es Engels und später Lenin, Marx als einen ökonomischen und technologischen Deterministen zu interpretieren. Die Unvermeidlichkeit der Revolution beruhe nicht auf dem Klassenbewusstsein, sondern auf der systemischen Krise und dem Zusammenbruch. Doch dies ist ein Interpretationsfehler. Denn es war nicht Marx, der eine fatalistische Krise anstelle einer willensbasierten Revolution forderte; vielmehr ist es das kapitalistische Denken, das diese Form der menschlichen Handlungsfähigkeit aufhebt.

Es ist daher nicht überraschend, dass der Mensch, wenn er im »Kapital« auftaucht, nur als Archetyp erscheint: eine Marionette, an den Fäden der Warenbeziehungen, ein erbärmlicher Wicht, ein verschlossener und in sich gefangener Ausbeuter oder ein Rädchen in einer Fabrik.[7] Im thermodynamischen Bild sind die Menschen gleichgültige Teile der Systeme des Energieaustauschs. Sie haben keine charakteristischen Eigenschaften, die besondere Betrachtung verdienen, keine Eigenschaften, die sie von Tieren oder Maschinen unterscheiden würden, jedenfalls keine anderen Eigenschaften als sie ihnen Marx, in seinem lediglich moralisch motivierten Insistieren, zugesteht.

So wird im »Kapital«, anders als in den »Grundrissen«, das energetizistische Bild der Verkörperung im Menschen als vollendet dargestellt. Zugleich sieht das romantische kapitalistische Denken diese Vollendung als eine Verunglimpfung des menschlichen Wesens. Innerhalb der Grenzen des kapitalistischen Denkens wird ein eigentümlicher oppositioneller Humanismus entfesselt – ein Humanismus, den Marx' Denken im »Kapital« ausgeführt hat und den ich »kapitalistischen Humanismus« nennen werde. Das Hauptmerkmal dieses oppositionellen Humanismus ist, dass er als reaktionäre Antwort auf die Lehren des wissenschaftlichen Materialismus gestaltet ist. Obwohl er eine Spielart des älteren hegelschen Humanismus zu sein scheint – und er hat sicherlich eine Beziehung dazu –, ist er eigentlich nicht von der gleichen Art. Der kapitalistische Humanismus ist vielmehr eine Gegenreaktion auf Veränderungen im modernen industriellen Leben, durch die traditionelle Privilegien, die dem Menschen aufgrund seines Vorrangs eingeräumt wurden, aufgehoben zu werden drohen. Dazu gehören die patriarchalischen Privilegien der produzierenden Klassen, das männliche Geschlecht und der

7 Aus diesen Gründen kritisieren Negri wie auch Elster Marx' Vision der Arbeiterklasse im »Kapital«; vgl. Elster: Making Sense of Marx; Negri: Über das Kapital hinaus.

geschlechtsspezifische Gebrauch von Werkzeugen in der Zunftarbeit. Als solcher entfesselt der kapitalistische Humanismus besonders heftig Misogynie, Antisemitismus, Rassismus und Technophobie.

Das »Kapital« ist also kein geradliniges politisches Werk wie etwa das »Kommunistische Manifest«. Es ist gleichwohl ein politisches Werk, indem es die kapitalistische Produktionsweise und ihre Auswirkungen auf das menschliche Denken zu enthüllen sucht, indem es der Leserschaft sowohl die logische Struktur als auch die materiellen Realitäten der Gesellschaft, an der wir teilhaben, vor Augen führt. Marx möchte zeigen, dass die kapitalistische Gesellschaft sowohl eine wissenschaftliche als auch eine humanistische Illusion aufbaut. In der wissenschaftlichen Illusion wird der Mensch auf seine Funktion als produktive Tier-Maschine reduziert. In der humanistischen Illusion kommt eine romantische Sehnsucht nach vorkapitalistischen Formen der Arbeit und des politischen Lebens zum Ausdruck.

Die kapitalistische Gesellschaft hat die notwendige Umstellung auf den thermodynamischen, energetizistischen Begriff der Arbeitskraft vollzogen. Sie hat die vitalistische Sprache als Werkzeug zur Beschreibung von Arbeit eliminiert. Menschen, Tiere und Maschinen sind funktional austauschbar in den Handlungen, die sie ausführen. Aber trotz dieser Eliminierungen ist eine Vielzahl von gegenläufigen Diskursen entstanden, einschließlich des romantischen, kapitalistischen Humanismus. Der Kapitalismus entfaltet sich nicht nur nach den Normen der Thermodynamik, sondern auch als eine Reaktion auf diese Normen. Der Kapitalismus ist also das Produkt der Verschränkung von Thermodynamik und Humanismus und spiegelt die Krise der Abwertung des Menschen im neuen wissenschaftlichen Paradigma wider.

Marx zeigt dies im »Kapital«. Als Produktionssystem unterhält der Kapitalismus Unterströmungen, die weder empirisch noch wissenschaftlich den Vorgaben des neuen Paradigmas entsprechen, sondern humanistisch und vitalistisch im Sinne des reaktionären Paradigmas sind. Die wichtigste davon ist die Unterscheidung zwischen menschlicher Arbeitskraft und anderen Arten von Arbeitskraft, insbesondere solchen, die von Tieren und Maschinen verrichtet werden. Um den Vorrang des Menschen zu betonen, bezieht sich der Kapitalismus auf die menschliche Arbeit und die menschliche Arbeitskraft als eine besondere Entität. Damit produziert er einen Gegendiskurs zum wissenschaftlichen Materialismus, der die humanistischen und vitalistischen Kennzeichen dieser Energieform eliminieren würde.

Dies geschieht, weil der kapitalistische Profit auf menschlicher Arbeit beruht, nicht auf der Produktion von materiellem Reichtum, der entsteht, wenn diese billige Form der Arbeit durch Maschinen ersetzt wird. Daher kommt der Kapitalismus nicht ohne eine belastbare und fetischisierte

Vorstellung von menschlicher Arbeit als einer besonderen und unersetzlichen aus, so sehr er auch ständig mit der Ersetzung menschlicher Arbeit drohen will, um sie in Schach zu halten.

Zwar diagnostizierte Marx diesen kapitalistischen Humanismus, aber im »Kapital« arbeitete er auch daran, seine eigene Bestimmung der menschlichen Arbeit (abgeleitet von Hegel und Ricardo) zu klären und diese in die neue Idee der Arbeitskraft zu integrieren. Er schreibt: »Schneiderei und Weberei, obgleich qualitativ verschiedene produktive Tätigkeiten, sind beide produktive Verausgabung von menschlichem Hirn, Muskel, Nerv, Hand usw., und in diesem Sinn beide menschliche Arbeit. Es sind nur zwei verschiedene Formen, menschliche Arbeitskraft zu verausgaben.«[8] In dieser Aussage sehen wir Marx' Unterscheidung von Arbeit, die qualitative, und Arbeitskraft, die nur quantitative Eigenschaften haben kann. In seinem Beharren auf der qualitativen Differenz menschlicher Arbeitstypen besteht Marx auch darauf, die Arbeit aus einer menschlichen Perspektive zu untersuchen, einer Perspektive, die nicht auf die produktive Verausgabung menschlicher Gehirne, Nerven und Muskeln reduziert werden kann. In diesem Bestreben, die qualitativen Dimensionen der Arbeit wiederherzustellen, flirtet Marx mit genau dem kapitalistischen Humanismus, den sein eigenes Werk diagnostiziert.

Zum Beispiel kritisiert Marx das Konzept der lebendigen menschlichen Arbeit als mystisch und okkult. Im »Kapital« stieß Marx auf das Problem, dass einige politische Ökonomen mystische Darstellungen der menschlichen Arbeit vertreten. Er warnt daher in Bezug auf Wert und Reichtum: »In keinem Fall aber entspränge sein Mehrprodukt aus einer der menschlichen Arbeit eingeborenen, okkulten Qualität.«[9] Stattdessen sollte die menschliche Arbeit der gleichen materialistischen Erklärung unterliegen, die für jedes andere energetische Phänomen gilt. Gleichzeitig beruft sich Marx immer wieder auf die okkulten Qualitäten der menschlichen Arbeit: »Dass dieselbe Arbeit nach einer anderen Seite hin allgemeines wertbildendes Element ist, eine Eigenschaft, wodurch sie sich von allen andren Waren unterscheidet, fällt außerhalb des Bereichs des gewöhnlichen Bewusstseins.«[10] Weit davon entfernt, das vitalistische Vokabular aufzugeben, bezieht sich Marx auch auf die »tierischen Geister« der menschlichen Arbeit, wobei er eine Sprache verwendet, die er direkt aus Liebigs Darstellung der Tierphysiologie übernommen hat.[11]

Als Materialist weiß Marx, dass bestimmte Beschreibungen der Einzigartigkeit der menschlichen Arbeit okkultistisch sind. Gleichzeitig

8 Marx: Kapital I, MEW, Bd. 23, S. 58–59.

9 Marx: Kapital I, MEW, Bd. 23, S. 538.

10 MEGA², Bd. II/9, S. 503.

11 »[...] erzeugt bei den meisten produktiven Arbeiten der bloße gesellschaftliche Kontakt einen Wetteifer und eine eigene Erregung der Lebensgeister (animal spirits), welche die individuelle Leistungsfähigkeit des Einzelnen erhöhen« (MEGA², Bd. II/6, S. 323).

scheint er auf dieser Einzigartigkeit zu bestehen, um zu zeigen, wie der Kapitalismus sich auf die menschliche Arbeit als Quelle allen Werts und Reichtums stützt. Dies ist nicht einfach nur eine Verwirrung von seiner Seite. Vielmehr handelt es sich um das anachronistische Vertrauen des Kapitalismus auf antiquierte Formen menschlicher Arbeit. Im begleitenden kapitalistischen Humanismus muss sich die menschliche Arbeit irgendwie von der Aktivität von Maschinen und Tieren unterscheiden, ebenso wie von der toten Arbeit früherer Generationen von Arbeitern.[12] Um die menschliche Arbeit von der Arbeitskraft zu unterscheiden, die Maschinen produzieren, nutzt der Kapitalismus einen residualen und operativen Humanismus und Vitalismus, der fortbesteht, selbst wenn er verleugnet wird.

In seiner Darstellung des kapitalistischen Humanismus im »Kapital« thematisierte Marx die Besonderheit, den Vorrang und die Bedeutung der menschlichen Kraft. Um die menschliche Arbeit von den unbewussten (wenn auch zielgerichteten) Handlungen von Tieren und Maschinen zu unterscheiden, vertrat er die Auffassung, dass der menschliche Produzent der ungeformten Natur eine Form gibt. Die Arbeit des menschlichen Produzenten wird daher unterschieden mit Bezug auf die Aneignung der aristotelischen Darstellung von Arbeit durch den deutschen Idealismus. Marx schreibt:

> »Wir unterstellen die Arbeit in einer Form, worin sie dem Menschen ausschließlich angehört. Eine Spinne verrichtet Operationen, die denen des Webers ähneln, und eine Biene beschämt durch den Bau ihrer Wachszellen manchen menschlichen Baumeister. Was aber von vornherein den schlechtesten Baumeister vor der besten Biene auszeichnet, ist, dass er die Zelle in seinem Kopf gebaut hat, bevor er sie in Wachs baut.«[13]

Dieses Produktionsmodell greift auf die menschliche Vergeistigung und Rationalisierung der natürlichen Welt zurück, die für das ältere hegelsche Paradigma charakteristisch sind. Als solches ist es eine Version des neuen kapitalistischen Humanismus, errichtet im Bewusstsein der Bedrohungen für die Besonderheit der menschlichen Arbeit. Bei Aristoteles oder Hegel waren es nicht Maschinen, die diese Besonderheit bedrohten, im »Kapital« kommt ihnen in dieser Hinsicht jedoch eine prominente Rolle zu. Dort ist die lebendige menschliche Arbeit ständig von der Assimilation an die Handlungen von Tieren und Maschinen bedroht.

12 Für Marx sind die Menschen keine Tiere oder nicht ausschließlich Tiere. Sie unterscheiden sich von den Tieren, wie wir in den folgenden Abschnitten sehen werden, durch das Vermögen der Vorstellungskraft.

13 Marx: Kapital I, MEW, Bd. 23, S. 193.

Marx' Darstellung des kollektivistischen Charakters der Arbeit in der kommunistischen wie in der kapitalistischen Form der modernen Industrie scheint diese Beschreibung der fantasievollen individuellen wissenschaftlichen Produktion jedoch zu konterkarieren. Das Gleiche gilt für seine materialistische Darstellung des Herstellens, in der die Struktur der Vorstellungskraft nicht völlig von der Materialität getrennt werden kann, ebenso wenig wie dies für Materie und Form gilt. Zumindest muss die Vorstellungskraft des Architekten sich auf die Materialien, aus denen das Gebäude entstehen soll, beziehen, insbesondere wenn das Gebäude nicht nur in der Vorstellung, sondern auch in der Realität gebaut werden soll. Aber nach der Thermodynamik ist die Fantasie des Architekten bereits eine energetische Konstellation: eine Verschmelzung von Materie und Form, die eher mit energetischen Begriffen erklärt werden muss, als ein Formgeber, der von den Einflüssen der Materialität befreit ist.

Darüber hinaus ist diese Darstellung der menschlichen intellektuellen Gestaltung und Herrschaft über die Realität das genaue Gegenteil der Eigenschaften, die Marx im Anschluss an Smith und Hegel dem politischen Leben des Kapitalismus zuzuschreiben scheint. Im politischen Leben (wie es Marx später beschrieb) kommt es zu revolutionären Krisen, weil die Menschen eher wie Spinnen und Bienen agieren, die kollektiv etwas gestalten, von dem sie noch keine zukünftige Vorstellung haben (siehe Kapitel 2). Das heißt, der menschliche Wille ist aus der revolutionären Gleichung eliminiert worden. Sollte dies aber geschehen, handelt der Mensch nicht als Mensch in der von Marx skizzierten Weise, sondern als Tier oder Maschine.

Marx meint, dass die Menschen auf einer bestimmten Entwicklungsstufe, die er allerdings in eine ungewisse Zukunft verlegte, ihre Gesellschaften wieder bewusst planen und konstruieren werden. Indem er die unbewusste Spontaneität der politischen Produkte der gegenwärtigen Generation mit der bewussten Planung derjenigen zukünftiger Generationen kontrastiert, schreibt Marx:

> »Die Gestalt des gesellschaftlichen Lebensprozesses, d.h. des materiellen Produktionsprozesses, streift nur ihren mystischen Nebelschleier ab, sobald sie als Produkt frei vergesellschafteter Menschen unter deren bewusster planmäßiger Kontrolle steht. Dazu ist jedoch eine materielle Grundlage der Gesellschaft erheischt oder eine Reihe materieller Existenzbedingungen, welche selbst wieder das naturwüchsige Produkt einer langen und qualvollen Entwicklungsgeschichte sind.«[14]

14 Ebd., S. 94; Hervorhebungen A.W.

Hier gibt es eine entscheidende Umkehrung. Das menschliche Handeln leistet nicht die Vorarbeit für eine bessere Gesellschaft; stattdessen legt die Gesellschaft hinter dem Rücken der menschlichen Handelnden den Grundstein für zukünftiges menschliches Handeln. Marx hat die veränderte materielle Umwelt erkannt, aber nicht die Tatsache, dass diese Umwelt Modelle menschlichen Handelns und Wandels erfordern wird, die sich von denen der Neuzeit unterscheiden. Die Vorstellung des Vertragstheoretikers hinsichtlich der freien Assoziation und die Top-down-Strategien des utopischen Sozialisten hinsichtlich der fantasievollen Gestaltung der Gesellschaft müssen durch Typen politischen Handelns ersetzt werden, die innerhalb der materiellen Strukturen wirken. Anstatt eine solche Handlungsfähigkeit zu skizzieren, appelliert Marx an die Wiederkehr dieser älteren Fiktionen: Die Menschen werden wieder in der Lage sein, sich Gesellschaften vorzustellen und diese Vorstellungen einer formbaren Realität aufzuzwingen.

Im »Kapital« thematisiert Marx oft die Ungeheuerlichkeit als Begleiterscheinung und Zeichen des neuen kapitalistischen Humanismus. Wenn der Mensch zu sehr an seine tierischen oder mechanischen Funktionen angeglichen wird, ein Wesen ohne Fantasie oder Willen, oder wenn die lebendige Arbeit in eine Reihe mit der vergangenen Arbeit gestellt wird (was Marx »tote Arbeit« nennt), ist das Ergebnis eine Ungeheuerlichkeit. Ungeheuer markieren die Grenzen, an denen der Kapitalismus nicht willens oder in der Lage ist, das thermodynamische Paradigma vollständig zu integrieren, das die Menschen in eine Reihe mit den Tieren und den Maschinen und die Lebenden in eine Reihe mit den Toten stellt und alle diese Kräfte als Formen von Energie betrachtet. Die Verwendung von Ungeheuern als Anklage gegen die kapitalistische Produktion ist, wie wir sehen werden, in Marx' Darstellung der technologisch vermittelten Arbeit im »Kapital« besonders ausgeprägt.

Wie die »Grundrisse« lässt auch das »Kapital« die Forschungen erkennen, zu denen Marx' verdichtete und rhetorisch polemische Arbeiten der späten 1840er- und frühen 1850er-Jahre ihn geführt haben. Wir haben gesehen, dass ein wesentlicher Teil dieser Forschungen die Gebiete Wissenschaft, Technik und Gesellschaft betrafen – und insbesondere die Maschinentechnik und ihre Beziehung zum Klassenkampf. Wir haben auch gesehen, dass diese Forschungen Marx' Konzept von Arbeit und Arbeitskraft veränderten. Diese Transformation setzt sich durch das »Kapital« hindurch fort. Marx' Darstellung von Maschinen im »Kapital« unterscheidet sich jedoch von der in den »Grundrissen«.

Einerseits ist die Darstellung im »Kapital« schlicht umfassender. Als Marx daran schrieb, hatte er seine in den 1840er-Jahren begonnenen Studien zur Technik weitgehend abgeschlossen und griff auf dieses Material in seiner ausgefeiltesten Form zurück. Das »Kapital« enthält Marx' ausführlichste und historisch detaillierteste Darstellung der Maschinerie: das lange 13. Kapitel.[15] Aber der Ton dieses Kapitels unterscheidet sich radikal von dem der fragmentarischen »Grundrisse«. Marx beschränkt seine Beschreibung der Technik auf die Rolle, die diese in der kapitalistischen Produktionsweise spielt. Das ließ ihn immer weniger optimistisch sein, was ihren letztendlichen Nutzen für die menschliche Gattung angeht. Weil der Kapitalismus, will er Profit erzielen, von der menschlichen Arbeit abhängt, wird Technologie im Kapitalismus nur eingesetzt, um die menschliche Arbeit zurechtzustutzen und zu disziplinieren, niemals um sie zu beseitigen.

Im Folgenden greife ich drei Aspekte aus Marx' Darstellung von Maschinen im »Kapital« heraus. Jede dieser Erörterungen hebt die Rolle hervor, die Maschinen im Kontext einer entfremdenden Produktionsweise spielen. Darüber hinaus habe ich versucht, den Spannungsbogen des Kapitalismus zwischen dem thermodynamisch-energetischen Paradigma der Produktion und dem reaktionären kapitalistischen Humanismus, der den Vorrang der menschlichen Arbeit wiederherstellen will, aufzuzeigen.

Zunächst beschreibe ich, was für Marx eine Maschine ist und wie historische Epochen durch den Gebrauch, den sie von der Technologie machen, gegeneinander abgegrenzt werden. Zweitens zeige ich, wie der übergreifende Bogen der Entfremdung im »Kapital« die Möglichkeit einer positiven Darstellung von technologisch vermittelter Arbeit untergräbt. Dazu diskutiere ich Marx' Vokabular der Monstrosität in Bezug auf Maschinen. Drittens untersuche ich zwei Ungeheuerlichkeiten, auf die der kapitalistische Humanismus abzielt: den arbeitenden weiblichen Körper und den »rassisch« andersartigen Körper. Zum Schluss wende ich mich den wenigen Kommentaren im »Kapital« zu, in denen Marx einen Weg zwischen dem gegenwärtigen, entfremdenden Einsatz von Maschinen und ihrem Einsatz in der revolutionären Zukunft skizzierte. Ich betone dabei seine zunehmende Verwirrung darüber, wie dieser Übergang nicht nur behauptet werden könnte, sondern auch zu erklären wäre.

II Die Maschinerie als historische Kategorie der Produktion

Im »Kapital« schreibt Marx: »Nicht was gemacht wird, sondern wie, *mit welchen Arbeitsmitteln* gemacht wird, unterscheidet die ökonomischen Epochen.«[16] Marx nennt Maschinen »Produktionsinstrumente« und »Produktionsmittel«. Der zweite Begriff hat gegenüber dem ersten den

15 In der englischen Ausgabe handelt es sich um Kapitel XV und trägt den Titel »Machinery and Modern Industry«. Es entspricht dem Kapitel XIII in den deutschen Ausgaben des Werks, wo der Titel »Maschinerie und große Industrie« lautet. Die englische Version des »Kapital« folgt der Überarbeitung, die Marx für die französische Ausgabe vorgenommen hat, wo das Kapitel über Maschinen ebenfalls Kapitel XV ist: »Le machinisme et la grande industrie.« Für eine gute französischsprachige Leseausgabe des »Kapital« vgl. Karl Marx: Le Capital: Critique de l'Économie Politique, Livre Premier, Paris 1978.

16 Marx: Kapital I, MEW, Bd. 23, S. 194–195; Hervorhebung A.W.

Vorzug, dass seine größere Allgemeinheit es ihm erlaubt, eine breitere Palette von Objekten zu umfassen und er weniger auf eine bestimmte wirtschaftliche Epoche beschränkt ist. Das ist wichtig, denn, wie wir sehen werden, hat die Maschine Eigenschaften, die sie über ihren Status als Instrument im engen Sinne des Begriffs hinausgehen lassen.

Marx definiert ein Produktionsmittel/Instrument, um eine ökonomische Epoche abzugrenzen. Die Bestimmung einer ökonomischen Epoche wird zu seinem Prinzip für die Abgrenzung historischer Epochen. Auf der allgemeinsten Ebene der Analyse ist das, »was hergestellt wird« (d.h. die Produkte der menschlichen Konsumtion), weitgehend gleich: Nahrung, Kleidung, Unterkunft. Auf einer individuelleren Ebene tragen die Artikel die Zeichen der Instrumente oder Mittel, mit denen sie hergestellt wurden. Zum Beispiel verleiht eine Cola-Dose aus Aluminium ihrem Produkt einen metallischen Geschmack. Oder: Ein mit einer Worterkennungssoftware gescannter Text ist mit typografischen Fehlern versehen. Diese Merkmale spezifizieren die Erfahrung des Konsums in Übereinstimmung mit einem bestimmten Produktionsmittel.

So wie das Werkzeug das Produktionsmittel war, das für das Zeitalter der Manufaktur steht, und die Hand das Produktionsmittel, das bei Marx und Hegel für die sogenannte »Vorgeschichte« steht,[17] ist die Maschine das Produktionsmittel, das für die moderne Industrie steht. Der Gebrauch der Maschine trennt die Epoche der modernen Industrie von der Epoche der Manufaktur, die ihr in der marxschen Geschichte unmittelbar vorausgeht.

Im »Kapital« geht es Marx darum, die Umstände und die Produktionsinstrumente zu beschreiben, die zum Kapitalismus führten und die sich innerhalb der kapitalistischen Produktionsweise entwickeln und funktionieren. In seinem Frühwerk und sogar noch im »Kapital« bis zum 13. Kapitel diskutiert Marx die Auswirkungen der Maschinerie, ohne zu definieren, was Maschinen – die Produktionsmittel des 19. Jahrhunderts *par excellence* – für ihn sind. Diese Lücke wird im ersten Abschnitt des 13. Kapitels gefüllt. Marx schreibt:

> »Alle entwickelte Maschinerie besteht aus drei wesentlich verschiednen Teilen, der Bewegungsmaschine, dem Transmissionsmechanismus,

17 Marx folgte Hegels Geschichtsphilosophie, wenn er den Begriff des »Prähistorischen« gebrauchte. Marx' Thema war der Kapitalismus, und er griff auf das Prähistorische nur zurück, um den Kapitalismus, seine Entstehung und seine revolutionäre Überwindung zu erklären. Damit fiel Marx der teleologischen Fortschrittserzählung zum Opfer, die Westeuropa als Ort ihrer endgültigen Erfüllung hat. Vielleicht überschreitet Marx' Doktrin des revolutionären Internationalismus Hegels Diskussionen über die engeren Grenzen des Geistes. Vielleicht übertrifft sie auch die aufklärerischen Mythen vom edlen Wilden, wenn sie die Subjektivität des Arbeiters anerkennt und ihn nicht einfach als eine natürliche Kraft oder als ein Gegenmittel gegen die korrupte Zivilisation sieht. Vielleicht aber auch nicht. Der Sozialismus hat sich als äußerst gefährlich erwiesen, wenn er zu einem Vehikel für einen nationalistischen, imperialistischen oder primitivistischen Appell an den edlen Wilden im Inneren wird.

> endlich der Werkzeugmaschine oder Arbeitsmaschine. Die Bewegungsmaschine wirkt als Triebkraft des ganzen Mechanismus. Sie erzeugt ihre eigene Bewegungskraft, wie die Dampfmaschine, kalorische Maschine, elektromagnetische Maschine usw., oder sie empfängt den Anstoß von einer schon fertigen Naturkraft außer ihr, wie das Wasserrad vom Wassergefäll, der Windflügel vom Wind usw. Der Transmissionsmechanismus, zusammengesetzt aus Schwungrädern, Treibwellen, Zahnrädern, Kreiselrädern, Schäften, Schnüren, Riemen, Zwischengeschirr und Vorgelege der verschiedensten Art, regelt die Bewegung, verwandelt, wo es nötig, ihre Form, z.B. aus einer perpendikulären in eine kreisförmige, verteilt und überträgt sie auf die Werkzeugmaschinerie. Beide Teile des Mechanismus sind nur vorhanden, um der Werkzeugmaschine die Bewegung mitzuteilen, wodurch sie den Arbeitsgegenstand anpackt und zweckgemäß verändert. Dieser Teil der Maschinerie, die Werkzeugmaschine, ist es, wovon die industrielle Revolution im 18. Jahrhundert ausgeht. Sie bildet noch jeden Tag von Neuem den Ausgangspunkt, so oft Handwerksbetrieb oder Manufakturbetrieb in Maschinenbetrieb übergeht.«[18]

Wie ein Organismus arbeiten die Teile der Maschine in einer Symbiose und Veränderungen in einem Teil führen zu Veränderungen in den anderen.

Der erste Teil der Unterscheidung, die Marx hier trifft, geht auf Charles Babbage zurück. In seinen Exzerpten zu »On the Economy of Machinery and Manufactures« von Babbage übernimmt Marx dessen Aufteilung: »1) Maschinen angewandt, um Kraft zu produzieren; 2) Maschinen, die einfach zum Zwecke haben *de transmettre la force et d' exécuter le travail.*«[19] In Anerkennung des Schlüsselelements der industriellen Revolution des 19. Jahrhunderts unterstreicht Marx die Passagen, bei denen es Babbage um Maschinen geht, die direkt Kraft produzieren, im Gegensatz zu denen, die lediglich die Kraft von Wind und Wasser übertragen. Die Unterscheidung, die Marx von ihm übernimmt, ist die zwischen der Gewinnung von Kraft und ihrer bloßen Übertragung.[20] Die industriellen Revolutionen des 17. und frühen 18. Jahrhunderts veränderten die Übertragungsmechanismen grundlegend. Es wurden Maschinen konstruiert, die die detaillierten Funktionen der hierarchisch geteilten Zunftarbeit aufbrechen sollten. Die industriellen Revolutionen des späten 18. und 19. Jahrhunderts brachten

18 Ebd., S. 393.

19 Marx: Exzerpte über Arbeitsteilung, S. 72.

20 Im weiteren Text von Babbage, den Marx partiell transkribiert hat, geht es um die Größenvorteile, die die Einführung von Maschinen in der Industrie regeln: »Wann immer es nötig ist, eine große Menge von Dingen zu beschaffen, die alle von genau der gleichen Art sind, ist die richtige Zeit für die Einrichtung von Werkzeugen oder Maschinen gekommen, durch die sie hergestellt werden können.« Der Text ist im Exzerpt auf Englisch, vgl. ebd., S. 102. Ich komme auf die Beziehung zwischen Marx und Babbage in Kapitel 5 zurück.

Kraft in Form von selbsttätigen Motoren hervor, insbesondere Dampfmaschinen, und setzten diese Kraft industriell ein.

In Vorwegnahme der Debatten über die Periodisierung der industriellen Revolution unter den Technikphilosophen des 20. Jahrhunderts arbeitete Marx während der Abfassung des 13. Kapitels sogar an einer Theorie der technischen Entwicklung.[21] Marx schrieb in einem Brief an Engels, dass

> »die [erste] industrielle Revolution nicht von der *bewegenden Kraft* ausgeht, sondern von dem Teil der Maschinerie, den der Engländer die *working machine* nennt [...] Andererseits ist es ebenso wenig eine Frage, dass, sobald es sich nicht mehr um die historische Entwicklung der Maschinerie handelt, sondern um Maschinerie auf Basis der jetzigen Produktionsweise, die Arbeitsmaschine (z.B. bei der Nähmaschine) die allein entscheidende ist, [...] jeder heutzutage weiß, dass man je nach der Dimension des Dings es durch Hand, Wasser oder Dampfmaschine bewegen kann.«[22]

Über weite Strecken des 13. Kapitels beschäftigte sich Marx mit der Entwicklung und Anwendung dieses zweiten revolutionären Elements: der Dampfmaschine und ihrer Kraftverstärkung.

In der Wissenschaft und Technik des 19. Jahrhunderts gab es keine Veränderung, die so häufig auftrat wie die der verfügbaren Energiequellen. Der Mechanismus des Motors wurde zum revolutionärsten Element der Produktion. Die chemische und thermodynamische Wissenschaft wurde auf die bereits revolutionierte Mechanik und auf die zwar nicht transformierten, aber vervielfältigten Handwerkzeuge angewendet. Konstruktionsänderungen in den verwendeten Maschinentypen hatten Rückwirkungen auf die Konstruktion der Arbeitsmaschinen, die diesen Kräften angepasst werden mussten, was zu neuen Entdeckungen in der Metallurgie und zur Standardisierung der Apparaturen führt.

In seinen Notizbüchern studierte Marx die Maschinenkonstruktion, um die technische Funktionsweise der neuen Motoren zu verstehen. Der Motor führt entweder eine Kraft ein oder überträgt eine vorhandene Kraft in den Produktionsprozess. »Die Bewegungsmaschine wirkt als Triebkraft für den ganzen Mechanismus« und sie antwortet auf alle logischen Probleme der Verursachung, die mit jeder Antriebskraft verbunden sind. Die erste englische Ausgabe des »Kapital« verwendet sogar den philosophisch aufgeladenen Begriff »self-acting prime

21 Für eine Theorie des Verhältnisses zwischen der Periodisierung der industriellen Revolution, dem Maschinenzeitalter in der Kunst und den kulturellen Logiken der Moderne und Postmoderne vgl. Frederic Jameson: Postmodernism, or The Cultural Logic of Late Capitalism, Durham (NC) 1991, S. 32–38.

22 Marx an Engels, 28.1.1863, in: MEW, Bd. 30, S. 320–321.

mover«, wenn die Rede ist »von einem sich selbstbewegenden ersten Motor«.[23]

In den Abschnitten von Hegels »Vorlesungen über die Geschichte der Philosophie«, die sich mit Aristoteles' »Metaphysik« befassen, gibt es unterschiedliche Bezeichnungen für diese Kraft: »das Unbewegte, was bewegt« und »die erste Ursache«.[24] Dies deutet darauf hin, dass Marx sich nicht explizit auf eine Verbindung zwischen der Maschine und Gott oder zwischen der Maschine und den metaphysischen Paradoxien, die mit dem unbewegten Beweger verbunden sind, beruft. Nichtsdestotrotz muss die Dampfmaschine der ersten Generation ihrer Anwender wie eine magische Energiequelle erschienen sein, vor allem im Vergleich zu Wind- und Wasserkraft, deren Mechanik leichter sichtbar war und deren Kraft von den Segnungen der Natur abhing. Dies führte zu Uneinigkeit in der Gesellschaft, wie die Maschine funktioniert und woher sie ihre Energie und ihren Wert bezieht, zusammen mit einer beträchtlichen Fetischisierung von Maschinen als Objekte.

In Marx' Darstellung ist der Motor daher entweder *causa sui* oder von der Natur verursacht – entweder eine thermodynamische Maschine oder ein Apparat zur Nutzung von Wind- oder Wasserkraft. Die Dampfmaschine ist das neue Produktionsmittel zu Marx' Zeiten, das die alten Produktionsmittel, die Mühle oder das Rad, ablöst. Die scheinbar selbstverursachende thermodynamische Maschine ist ein Motor im eigentlichen Sinn. Wenn er von der Natur verursacht wird, ist ein Motor tatsächlich ein Übertragungsmechanismus für Naturkräfte. Außerdem kann er nur arbeiten, wenn diese Kräfte günstig sind, das heißt, wenn der Wind weht oder das Wasser fließt. Dennoch hat Marx' Maschine drei Teile, nicht zwei, was darauf schließen lässt, dass es die Entwicklungen des späten 18. und 19. Jahrhunderts in Bezug auf thermodynamische Motoren sind, die er in dieser Darstellung des Motors als Quelle der Bewegung in einer Fabrik wirklich im Sinn hatte.[25]

Obwohl er der ersten Generation von Produzenten, die ihn benutzten, magisch erschienen sein mag, bezieht der Motor des 19. Jahrhunderts seine Kraft aus spezifischen Quellen, nämlich aus der angewandten thermodynamischen Wissenschaft, technologischen Entdeckungen und der Verstärkung der »natürlichen« Kraft. Dies verändert die Bedeutung der Natur und das Verhältnis zwischen Mensch und Natur grundlegend. Die

23 Marx: Kapital I, MEW, Bd. 23, S. 393 u. 401–402.

24 Georg Wilhelm Friedrich Hegel: Vorlesungen über die Geschichte der Philosophie II, Frankfurt a.M. 1993, S. 161.

25 Für weitere Verbindungen zwischen Marx und thermodynamischer Wissenschaft und Technologie vgl. Rabinbach: Motor Mensch; Donald S. L. Cardwell: From Watt to Clausius. The Rise of Thermodynamics in the Early Industrial Age, Ithaca (NY) 1971; John B. Foster/Paul Burkett: Ecological economics and classical Marxism. The »Podolinsky Business« reconsidered, in: Organization and Environment 1/2004, S. 32–60; dies.: Classical Marxism and the second law of thermodynamics. Organization and Environment 3/2008, S. 3–33.

menschlichen Fähigkeiten konnten das Wirken dieser Naturkräfte im alten Sinne nicht in vollem Umfang miterleben, da das volle Ausmaß der Wind- oder Wasserkraft außerhalb der Grenzen der menschlichen Wahrnehmung lag. Auch konnten diese Kräfte nicht beherrscht werden, außer in dem geringen Maß, in dem man sich das zunutze machte, was unter diesen Bedingungen nur als eine unentgeltliche Kraft erscheinen kann. So lagen die Operationen der Naturkräfte weitgehend außerhalb der Reichweite des menschlichen Verstandes und Willens und erforderten zur Erklärung einen Begriff wie Gott. Aber die Dampfmaschine erschien den zeitgenössischen Naturphilosophen als eine Kraftquelle, die vollständig dem menschlichen Willen unterworfen war, eine Konstruktion auf der Grundlage der Beherrschung der Natur im Sinn von Bacon.

Das bestätigt sich, wenn Marx schreibt, dass es dem Menschen mit der Maschinerie: »zum ersten Mal gelingt, das Produkt seiner vergangenen Arbeit unentgeltlich arbeiten zu lassen, wie die Kräfte der Natur«.[26] Die Aussage paraphrasiert Bacons Vorstellung aus dem 17. Jahrhundert, Erfindungen hätten die Funktion, die menschliche Spezies zu verbessern und die Natur zu unterwerfen, indem sie ihren Gesetzen folgen.[27] Die Arbeit der Vergangenheit ist der Natur insofern »ähnlich«, als sie die Kraft unentgeltlich anbietet, d.h. ohne zusätzliche menschliche Arbeit. Wiederum hat Marx die Dampfmaschine im Sinn. Die in diesem technischen Gerät akkumulierte menschliche Arbeit ist in der Lage, die Naturkraft zu verdrängen. Die Dampfmaschine ist der Naturkraft nicht nur wegen ihrer größeren Kraft überlegen, sondern auch, weil sie kontrolliert, das heißt nach Belieben ein- und ausgeschaltet werden kann. Die Selbstverursachung der Kraft durch den menschlichen Intellekt, der die Maschine konstruiert hat, und durch den menschlichen Willen, der sie ein- oder ausschaltet, ist eine göttliche Macht.[28]

Für Marx beeinflusst der Gebrauch von Maschinen auch die menschliche Körperlichkeit. Die Einverleibung einer Reihe von Instrumenten in das menschliche Körperschema definiert die menschliche Gattung als solche. Im 13. Kapitel führt Marx die leibliche Inkorporierung von Werkzeugen an, um den Menschen vom Tier abzugrenzen und ihn über die Natur zu erheben. Er schreibt:

26 Marx: Kapital I, MEW, Bd. 23, S. 409; Hervorhebung A.W.

27 Francis Bacon: Das neue Organon [1620], Berlin 1962, S. 136.

28 Die Denker des 17., 18. und 19. Jahrhunderts waren von der Erfindung und den Implikationen eines Perpetuum mobile besessen. Dies lässt sich durch die symbolische Funktion von Maschinen als Überwindung und Verdrängung des Natürlichen erklären. Eine Maschine, die, einmal in Bewegung gesetzt, diese Bewegung unbegrenzt aufrechterhalten konnte, hätte nichts weniger als die technologische Verfügungsgewalt des Menschen über die Kräfte der Schöpfung, der Selbstverursachung, bedeutet; vgl. Henry Dircks: Perpetuum mobile. Or, a history of the research of self-motive power from the 13th to the 19th century [1861], Amsterdam 1968; Paul Scheerbart: Das Perpetuum Mobile: Die Geschichte einer Erfindung, Leipzig 1910. Der Traum hielt bis in die Mitte des 20. Jahrhunderts an.

> »So wird das Natürliche selbst zum Organ seiner Tätigkeit, ein Organ, das er seinen eignen Leibesorganen hinzufügt, seine natürliche Gestalt verlängernd, trotz der Bibel. [...] Der Gebrauch und die Schöpfung von Arbeitsmitteln, obgleich im Keim schon gewissen Tierarten eigen, charakterisieren den spezifisch menschlichen Arbeitsprozess, und Franklin definiert daher den Menschen als ›a toolmaking animal‹, ein Werkzeuge fabrizierendes Tier.«[29]

Hier identifizierte Marx Mensch und Maschine, wobei der »Mensch« immer als primärer Begriff fungiert, um beide vom tierischen Leben abzugrenzen. Aufgrund des traditionellen Menschenbegriffs, der in dieser Passage verwendet wird, verfolgt Marx diese philosophische Anthropologie nicht bis zu ihren historischen Konsequenzen: dass die Einverleibung verschiedener Formen von Werkzeugen verschiedene Arten von Menschen hervorbringt, so wie der Gebrauch verschiedener Instrumente verschiedene Arten von Gesellschaft hervorbringt.[30]

Außerdem sind die Veränderungen, die die hybride Verkörperung von Mensch und Maschine mit sich bringt, nicht allesamt prometheische Siege über die Götter. Marx verschiebt den Schwerpunkt rasch und betont die negativen Aspekte dieser Form der Körperlichkeit im Kapitalismus. Denn obwohl die menschliche Spezies als Ganzes einige mächtige Organe annektiert haben mag, erlitten die Menschen der Arbeiterklasse als Folge der Interaktion dieser Körper mit den Maschinen direkte körperliche Schäden.

Marx behauptet, dass Maschinen, wenn sie vom Kapital eingesetzt werden, sich wie Vampire betätigen und die Fähigkeiten und Kräfte der menschlichen Arbeiter, die an ihnen arbeiten, kooptieren. Wenn ein Motormechanismus die menschliche Kraft ersetzt, tritt er an die Stelle der akkumulierten Kraft: das menschliche Analogon des mechanischen Begriffs »Kraft«. Ich betone die Kooptation von Stärke oder Kraft durch den Motormechanismus, weil in Marx' Analyse der Auswirkungen der Maschinenproduktion auf die Arbeit die Kategorie Stärke/Kraft angesichts der Betonung der durch den Übertragungsmechanismus kooptierten Fähigkeiten zu verschwinden droht.

In seinem gesamten Werk spricht Marx von der Dequalifizierung der Arbeitskräfte; er stellt wiederholt auch ihre körperliche Schwächung fest. In der Formulierung der Entfremdung in den »Ökonomisch-philosophi-

29 Marx: Kapital I, MEW, Bd. 23, S. 194.

30 Diese Erweiterung wird in Donna Haraways berühmter Figur der Cyborg angeboten. Haraways umfassende Vertrautheit mit dem »Kapital« und mit Marx' ethnologischen Notizbüchern legt nahe, dass ihre Cyborg seinen Ursprung in Marx' Idee der körperlichen Aneignung haben könnte; zumindest ist die Cyborg bei Marx präfiguriert. So ersetzt auch Haraways »Manifest für Cyborgs« den Begriff »kommunistisch« durch einen Identifikationsbegriff, der humanistische und vitalistische Rückstände zu korrigieren sucht. Vgl. Haraway: Simians, Cyborgs, and Women; dies.: Manifest.

schen Manuskripten« von 1844 schreibt Marx, der Arbeiter sei unglücklich, weil er seine geistigen *und körperlichen* Energien nicht frei entwickeln könne.[31] In einer Passage über den Einsatz von Maschinen im Kapitalismus im »Maschinenfragment« schreibt Marx: »[...] die Maschine, die für den Arbeiter Geschick *und Kraft* besitzt, ist selbst der Virtuose.«[32] Im 13. Kapitel des »Kapital« wird Marx sogar die leichte Arbeit als Tortur bezeichnen, weil nicht nur das intellektuelle, sondern auch jedes körperliche Interesse an der Arbeit aufgehoben wird.

Aber Marx neigte in der Folge bei der Frage der Degradierung der Arbeitskraft zu deren Überbetonung und betrachtete die Bedeutung der Kraft zunehmend weniger kritisch. Am Ende des »Maschinenfragments« hat Marx sie aus seiner Darstellung der entfremdeten Arbeit gestrichen und durch den Intellekt ersetzt. Er schreibt: »Das *Wissen* erscheint [dem Arbeiter] in der Maschinerie als fremdes außer ihm.«[33]

Kraft kann als eine Art von Qualifikation betrachtet werden. Es ist allerdings unklar, wie man zum Beispiel die erworbene Fertigkeit oder das Wissen eines Körpers klassifizieren kann. Um ein Beispiel von Aristoteles zu nehmen, bei dem es um Gewöhnung geht: Der Töpfer entwickelt die Muskeln, die er zum Treten seiner Scheibe braucht, durch die Übung des Tretens selbst. Aber Marx macht die aristotelische Verbindung zwischen Fähigkeit und Kraft in seinen veröffentlichten Werken selten – wenn überhaupt – explizit.

Marx analysierte das Wissen oder die intellektuellen Fähigkeiten, die in der Maschine enthalten sind, in seiner Darstellung ihres zweiten Teils, des Übertragungsmechanismus. Er listet die Geräte der mechanischen Wissenschaft auf, deren Aufgabe es ist, die Bewegung (d.h. die Kraft) des Motormechanismus zu regulieren und auf die Arbeitsmaschinen zu übertragen. Die »Verbesserungen«, die im 19. Jahrhundert eine höhere mechanische Produktivität ermöglichten, bestanden größtenteils aus leistungsfähigeren Motormechanismen und konstruktiven Änderungen der Übertragungsmechanismen. Die Arbeitsmaschinen selbst blieben weitgehend unverändert.

Die Arbeitsmaschine entwickelte sich aus dem Werkzeug, das in der Werkstatt des Fabrikanten mit menschlicher Kraft geführt wird. Für den Einsatz an Maschinen wurde dieses Werkzeug in zweierlei Hinsicht entscheidend verändert. Erstens muss es nicht durch den menschlichen Körper, sondern durch den Motor und die Übertragungsmechanismen in Bewegung gesetzt werden. Das Werkzeug wird also in der Weise modifiziert, dass es in diese neuen Mechanismen als Kraftquelle und Richtungsgeber passt. Das bedeutet, dass es unklar ist, wo der Übertragungsmecha-

31 Marx: Ökonomisch-philosophische Manuskripte, MEW, Bd. 40, S. 514; Hervorhebung A.W.

32 Marx: Grundrisse, MEW, Bd. 42, S. 593; Hervorhebung A.W.

33 Ebd., S. 595; Hervorhebung A.W.

nismus aufhört und die Arbeitsmaschine beginnt. In dem Maße, in dem sich diese an den Übertragungsmechanismus anpasst, werden einige seiner Eigenschaften in die Arbeitsmaschine oder das Werkzeug eingebaut.

Zweitens ist die Arbeitsmaschine ein quantitativ vervielfachtes Werkzeug. Es gibt nicht ein, sondern viele Werkzeuge, die gleichzeitig arbeiten. Jeder untergeordnete Teil der Maschine spiegelt eine numerische Vermehrung wider: Ein Motormechanismus kann über mehrere Übertragungsmechanismen Tausende von Arbeitsmaschinen steuern. Die Tendenz ist eine Vermehrung der Teile, aber eine Zentralisierung der Kraft.

Die Wechselbeziehung zwischen den drei Teilen der Maschine ist wichtig, um Marx' Begriff der Technik von seinen klassischen und frühneuzeitlichen Vorgängern zu unterscheiden. Die eigentliche Maschine des 19. Jahrhunderts ist weder ein Werkzeug noch ein mechanisches Gerät, das durch Wind oder Wasser angetrieben wird. Sie impliziert einen technologischen wie kulturellen Kontext: die Fabrik in ihrer Gesamtheit. Hier gibt es einen Motor, der Wärme produziert, sowie Werkzeugmaschinen, die ihre Kraft über die Materialität der hergestellten Waren und den Körper der Arbeiter übertragen. Dies geschieht mit maximaler Geschwindigkeit und Intensität in einer Ökonomie, in der das Prinzip der größtmöglichen Produktivität eine unhinterfragte Norm ist.

Abstrakt hat Marx das schon im »Maschinenfragment« der »Grundrisse« beschrieben:

> »In den Produktionsprozess des Kapitals aufgenommen, durchläuft das Arbeitsmittel aber verschiedne Metamorphosen, deren letzte die *Maschine* ist oder vielmehr *ein automatisches System der Maschinerie* [...], in Bewegung gesetzt durch einen Automaten, bewegende Kraft, die sich selbst bewegt; dieser Automat, bestehend aus zahlreichen mechanischen und intellektuellen Organen, sodass die Arbeiter selbst nur als bewusste Glieder desselben bestimmt sind.«[34]

Im »Kapital« ist Marx' Bild der Maschinerie viel konkreter. Er füllt die Abstraktion »Maschine«, die bisher Gegenstand seiner Erörterung war, mit dem Inhalt des Motors, des Übertragungsmechanismus und der Arbeitsmaschine aus und präzisiert das Verhältnis zwischen den drei Teilen weiter. Seine Betonung liegt nicht mehr auf dem Bewusstsein des Arbeiters, sondern auf dem in der Maschine verkörperten Bewusstsein.

Im Rahmen der Entfremdung ist es nicht mehr klar, dass der Arbeiter ein Bewusstsein hat. Auch andere traditionell »menschliche« Eigenschaften behält er nicht und muss sie auch nicht behalten. Im Kapitalismus

34 Ebd., S. 592; Hervorhebungen im Original.

ist die Maschine über den Motormechanismus beseelt und über den Übertragungsmechanismus sich ihrer Absicht bewusst. Ihr menschlicher Bediener wird Marx zufolge auf die Rolle des »Wächters und Regulators« reduziert.[35] Diese repetitive und langweilige Tätigkeit ist eine Beleidigung für den »animalischen Geist« des menschlichen Arbeiters, der sich natürlich nach Abwechslung sehnt. Aber im Vergleich zu welchem früheren Zustand ist der Arbeiter reduziert, wenn nicht zum Modell der feudalen Arbeit, in der ein einzelner Handwerker ein Werkzeug führte? Marx warf hier ein Problem auf, das er wahrscheinlich nicht lösen konnte. Nach der Revolution werden die Menschen nicht zur feudalen Arbeit zurückgeführt. Vielmehr arbeiten sie in dieser »reduzierten« Form mit Maschinen weiter – ein scheinbarer Widerspruch, den ich in Kapitel 5 näher untersuchen werde.

Die quantitative Vervielfältigung der Arbeitsmaschine hat Analogien in den qualitativen Vervielfältigungen, die für alle drei Teile der Maschine charakteristisch sind. Der Motormechanismus multipliziert quantitativ die Kraft, der Übertragungsmechanismus die Geschicklichkeit, die Arbeitsmaschine die Produktion von Subsistenzgütern. Aus dieser quantitativen Vervielfältigung ergeben sich qualitative Verschiebungen, die die Merkmale und den Charakter der maschinellen Produktion im Kapitalismus abgrenzen. Eine dieser Verschiebungen sind die unerheblichen Kosten, zu denen menschliche Arbeiter im Vergleich zu dem Wert, den sie produzieren, erhalten werden können.

Der Maschinenkörper des 19. Jahrhunderts hat Herz, Kopf und Hände bzw. Motor-, Übertragungs- und Arbeitsmaschinen. In seiner Darstellung der Auswirkungen von Maschinen auf die Körperlichkeit des Arbeiters betrachtet Marx den Maschinenkörper nicht mehr mit Blick auf seine technologische Abstammung, sondern mit Blick auf den Arbeiter, den die Maschine ersetzt. Es ist also immer eine implizite Analogie im Spiel zwischen der Funktionsweise des Arbeiters und dem Funktionieren der Maschine. Die Ähnlichkeit zwischen Arbeiter und Maschine ist die Grundannahme von Marx in dieser Darstellung. Er wiederholt die Erkenntnisse der Wissenschaft und der Technik seiner Zeit und kritisiert sie gleichzeitig. Die Annahme einer Homologie zwischen Arbeiter und Maschine folgt dem Beharren der materialistischen Wissenschaft auf der Ähnlichkeit der beiden. Gleichzeitig stellt die marxistische Kritik der entfremdeten Arbeit die Vorstellung infrage, dass Arbeiter lediglich als funktionale Maschinen oder Arbeitskräfte behandelt werden sollten. Marx' eigene Analyse zeigt, wie Arbeiter und Maschinen funktional austauschbar sind, zugleich aber auch, wie gerade diese Anschauung ein Produkt der kapitalistischen Wissenschaft sein kann.

35 Ebd., S. 604.

Die Vision menschlicher Maschinen ist im »Kapital« explizit, weil sie in der ökonomischen Literatur von Marx' Zeit explizit war. Am Ende des Ersten Bandes, in den Abschnitten über die Akkumulation, paraphrasiert Marx einen Text von Edmund Potter, den er das »auserwählte Organ der Baumwollfabrikanten« nennt. Dieser »unterscheidet doppelte ›Maschinerie‹, deren jede dem Kapitalisten gehört und wovon die eine in seiner Fabrik steht, die andre des Nachts und sonntags auswärtig in cottages haust«.[36] Das heißt, aus der Perspektive der politischen Ökonomen sind die Arbeiter selbst nichts als Maschinen, fixes Kapital, das neben anderen Formen des fixen Kapitals unterhalten werden muss, obwohl es billiger zu benutzen ist als andere Formen des fixen Kapitals. Marx klagt Potter für diese Angleichung aus Gründen an, die man nur als moralisch bezeichnen kann. Für Marx im »Kapital«, wie für viele andere humanistische Denker der Zeit, ist der Mensch zu schützen, weil er ein Mensch ist, nicht weil dies zu produktiverer Arbeit führt.

Die Austauschbarkeit von Menschen und Maschinen hat im Kapitalismus noch eine weitere heimtückische Folge. Maschinen werden auf konterrevolutionäre Weise eingesetzt. Die funktionale Austauschbarkeit von Mensch und Maschine bedeutet, dass die Kapitalisten die Oberhand behalten, indem sie den Wert der menschlichen Arbeitskraft immer weiter senken. Der Kapitalismus entwickelt selektiv Technologien, um die Arbeiterklasse ihrer Forderungen nach besseren Bedingungen zu berauben, weil ihre Arbeitskraft immer durch Maschinen ersetzt werden kann. Marx schreibt: »Man könnte eine ganze Geschichte der Erfindungen seit 1830 schreiben, die bloß als Kriegsmittel des Kapitals wider Arbeitermeuten ins Leben traten.«[37] Mit der Organisation des neuen Motormechanismus und des Transmissionsmechanismus wird die Maschine bei Aufgaben, die materiellen Reichtum produzieren, zum ersten Mal zu einem direkten Konkurrenten der menschlichen Arbeit. Im Kapitalismus hat das Streit und Konkurrenz zwischen dem Arbeiter und der Maschine zur Folge, die ihn aus der Arbeit vertreiben. Marx schreibt:

> »Als Maschine wird das Arbeitsmittel sofort zum Konkurrenten des Arbeiters selbst. [...] Sobald die Führung des Werkzeugs der Maschine anheimfällt, erlischt mit dem Gebrauchswert der Tauschwert der Arbeitskraft. [...] Daher mit ihr zum ersten Mal die brutale Revolte des Arbeiters gegen das Arbeitsmittel.«[38]

Im Gegensatz dazu ist es in den zukünftigen Formen der kommunistischen Produktion, die Marx in den »Grundrissen« skizziert hat, gerade

36 Marx: Kapital I, MEW, Bd. 23, S. 601.

37 Ebd., S. 459.

38 Ebd., S. 454–455.

diese Austauschbarkeit zwischen Mensch und Maschine, die dem Menschen Freiheit gibt, anderen Formen der Tätigkeit als der Arbeit nachzugehen. Der Anspruch wird die Freiheit von der Arbeit insgesamt sein, nicht das Recht, sie in anachronistischen Formen zu verrichten. Aber in der kapitalistischen Produktion ist der revolutionäre Einsatz von Maschinen nirgends in Sicht, weder für den Arbeiter oder für den Kapitalisten noch für Marx selbst, der seine Beschreibungen auf das beschränkt hat, was der kapitalistischen Produktionsweise angemessen ist.

III Maschinen, Züge und andere kapitalistische Ungeheuer

Wenn wir Marx' politische Theorie isoliert von ihrem historischen Kontext behandeln, vergessen wir allzu oft, dass wir den Kapitalismus in einer viel stärker gesetzlich geregelten Form geerbt haben als jener, die er in seinem Hauptwerk skizziert hat. Wenn Menschen den Kapitalismus verteidigen, ist es gewöhnlich nicht der von ihm dargestellte. In den westlichen Ländern entstand eine umfangreiche Gesetzgebung, mit der die kapitalistische Produktion reguliert und transformiert wurde und die sich zwischen Marx' Verständnis des Kapitalismus und dem unseren geschoben hat. Zynisch würde Marx argumentieren, dass diese Veränderungen in der kapitalistischen Produktion nur aus bürgerlichem Eigeninteresse und nicht aus humanitären Gründen erfolgten. Angesichts des Falls der Profitrate und der Verwundbarkeit einzelner Kapitalisten im Rahmen des Wettbewerbs haben weitsichtige Mitglieder der Bourgeoisie die ursprünglichen Fabrikgesetze in England unterstützt. Sie handelten keineswegs altruistisch, sondern reagierten auf die Erkenntnis, dass ihre langfristigen Geschäftsinteressen auf dem Spiel standen. Ein derartiger Zynismus wäre möglicherweise übertrieben, da diese Gesetzgebung zumindest teilweise durch fortschrittliche Empathie motiviert war. Aber was auch immer die Gründe waren, in den meisten westlichen Nationen sind wir nicht mehr mit den Folgen eines unregulierten Kapitalismus konfrontiert. Wenn es diese Erscheinungen noch gibt, dann sind sie zumindest in sicherer Entfernung außerhalb unserer Sichtweite und meist an Orte jenseits unserer Grenzen verbannt.

Marx war mit dem Schauspiel des *unregulierten* Kapitalismus konfrontiert. Indem er die Schrecken des Fabriklebens dokumentierte, entwickelte er eine moralische Argumentation über den menschlichen Anstand und sein Versagen, über die schrittweise und systematische Ermordung einer Klasse von Menschen aus Profitgründen, über ein System der Sklaverei, in dem das Leben des Sklaven nicht einmal wert ist, über die pure Funktionalität hinaus erhalten zu werden. Vor diesem Hintergrund ist es verständlich, dass Marx' analytischer und wissenschaftlicher Anspruch in den Hintergrund tritt und er bei der Skizzierung dieses entsetzlichen Systems auf eine flammende Rhetorik zurückgreift. Gleichwohl können einige dieser Beschreibungen den Anschein erwecken, er hätte einer Aversion gegen Technik das Wort geredet, die er, wenn man seine Technikphilosophie insgesamt betrachtet, nicht befürwortete.

Marx gibt folgende Beschreibung des veränderten Bilds der Produktion, wenn die Fabrik, die mithilfe von entfremdeter Arbeit betrieben wird, die Werkstatt ersetzt hat:

> »Sobald die Arbeitsmaschine alle zur Bearbeitung des Rohstoffs nötigen Bewegungen ohne menschliche Beihilfe verrichtet und nur noch menschlicher Nachhilfe bedarf, haben wir ein automatisches System der Maschinerie, das indes beständiger Ausarbeitung im Detail fähig ist. [...] An die Stelle der einzelnen Maschine tritt hier ein mechanisches *Ungeheuer*, dessen Leib ganze Fabrikgebäude füllt und dessen dämonische Kraft, erst *versteckt durch die fast feierlich gemessene Bewegung seiner Riesenglieder*, im fieberhaft tollen Wirbeltanz seiner zahllosen eigentlichen Arbeitsorgane ausbricht.«[39]

Unendlich verfügbare Hände, Hände jenseits allen Maßes, der Gigantismus eines automatisierten Maschinensystems: Sie sind dämonisch. Für Marx stellen sie Kräfte vergangener oder toter menschlicher Arbeit dar, die erstarrt sind und der lebendigen Arbeit gegenüberstehen. Die Lebenden werden, wie Derrida erklärte, von den untoten Toten heimgesucht.[40]

Faszinierend an Marx' Beschreibung der monströsen Fabrikszene ist die Art und Weise, in der die Maschinerie selbst als Körper geschildert wird, mit einer zentralen Kraftquelle (oder einem Herz) im Motormechanismus, einem Gehirn im Übertragungsmechanismus und einer Unzahl von Händen in den Arbeitsmaschinen. Angesichts eines solchen Systems haben die »natürlichen« Grenzen der menschlichen Kraft keine Bedeutung mehr: Die Maschine kann rund um die Uhr in jedem Tempo arbeiten. Der Arbeiter ist nicht auf Tagesarbeit oder auf ein Tempo beschränkt, das durch die menschlichen Fähigkeiten beim Führen eines Handwerkzeugs vorgegeben ist. Umgekehrt hat die Monstrosität der Maschinen keine Bedeutung ohne den Kontrast zur »natürlichen« menschlichen Kraft – ein Kontrast, den Marx in diesem Abschnitt mehrfach bemüht. In diesem Bild des kapitalistischen Einsatzes von Maschinen wird die Technik nicht vom menschlichen Körper in Besitz genommen, indem sie zu seiner Statur beiträgt. Stattdessen stellen Maschinen die menschliche Macht in den Schatten und demütigen sie, indem sie als ihre Feinde und Widersacher erscheinen.

Im 19. Jahrhundert spielten die Maschinen nicht nur eine materielle, sondern auch eine höchst symbolische Rolle und standen für die kapita-

39 Ebd., S. 402; Hervorhebungen A.W.

40 Derrida: Marx' Gespenster.

listische Modernität als Ganzes. Marx verwandte oft das Vokabular der Monstrosität, um Maschinen innerhalb der Fabrikszene zu beschreiben, und kritisierte mit diesem Vokabular die kapitalistische Modernität. Maschinen, Monstrosität und Entfremdung wurden in seiner Rhetorik zu Verbündeten. Marx hat dann das Vokabular der Maschinen erweitert, um die monströsen Merkmale der kapitalistischen Produktion und des kapitalistischen politischen Lebens insgesamt zu beschreiben. Er zeichnete den Kapitalismus als einen »gesellschaftlichen Mechanismus, worin er [der Mensch] nur ein Triebrad ist«.[41]

Diese technikfeindlichen rhetorischen Effekte finden sich im »Kapital« weder erstmalig, noch sind sie auf diesen Text beschränkt. Wenn Marx im letzten Teil von »Der achtzehnte Brumaire des Louis Bonaparte« dazu überging, Bonapartes Polizeistaat zu beschreiben, dann bezeichnete er dessen Regime als »Staatsmaschinerie«.[42] Dies spiegelt die hobbessche Tradition in der politischen Philosophie wider, in der der Staat selbst als eine Maschine betrachtet wird, die politische Entfremdung veranschaulicht und verschlimmert: Kräfte, die über das menschliche Subjekt hinausgegangen sind, dessen Interessen sie dienen sollten.

Ein solcher Staat ist monströs, unpersönlich und wendet seine Gesetze mechanisch und gleichgültig auf seine Untertanen an. Marx griff die Rhetorik der Maschinerie auf, um diesen politischen Staat zu beschreiben. Dies knüpft an die marxistische Konzeption des Staates an, für die dieser lediglich ein Vehikel für Kapitalisten und andere Opportunisten ist und daher niemals mehr als ein Instrument des Klassenkampfs sein wird. Ein derartiger Staat ist identisch mit der kapitalistischen bürgerlichen Gesellschaft und der Bourgeoisie, deren Interessen er schützt, er ist eine Maschine, die es zu zerschlagen, mit Gewalt zu überwinden gilt, weil sich parlamentarische Maßnahmen zur Beseitigung von Unrecht als unwirksam erwiesen haben.

Durch die rhetorische Verbindung von Maschinen, Monstrosität und entfremdetem Leben in kapitalistischen Kulturen werden Maschinen zu einem Synonym für die Entfremdung, die wir bei der Arbeit, im politischen Leben und in unserem eigenen Körper erleben, eine Tatsache, die sich in unsere Sprache eingeschrieben hat. Im »Kommunistischen Manifest« heißt es: »Die Bildung, deren Verlust er [der Bourgeois] bedauert, ist für die enorme Mehrzahl die Heranbildung zur Maschine.«[43] Aber diese Behauptung, obwohl sie aus den besten Motiven heraus aufgestellt wurde, veranschaulicht auch die Technophobie, die Marx' Zeitalter und seinen kapitalistischen Humanismus charakterisierte. Diese Technopho-

41 Marx: Kapital I, MEW, Bd. 23, S. 618; Hervorhebung A.W.

42 Marx: Der achtzehnte Brumaire, MEW, Bd. 8, S. 197.

43 Karl Marx/Friedrich Engels: Manifest der Kommunistischen Partei, in: MEW, Bd. 4, S. 459–493, hier S. 477.

bie ist eine politisch prekäre Haltung, die am ehesten zu einer feudalen Aristokratie passt, die sich gegen die Industrialisierung und die mit ihr verbundenen Verschiebungen der politischen Macht wehrte, einschließlich der Eisenbahnen, die die feudalen Ländereien zerstückelten. Technophobie ist ein Kennzeichen der feudalen Gesellschaft, die hier auf eines der Symptome ihrer eigenen Beseitigung reagierte. Technophobie kann kaum die ideale Haltung für die aufstrebende Arbeiterklasse sein, die Marx sich vorstellte.

Nichtsdestotrotz erscheint in einigen Passagen bei Marx die Maschinerie selbst als Mittel, das an der Unterdrückung und der Verarmung der menschlichen Tätigkeit in der Arbeit beteiligt ist. Er charakterisiert die moderne Industrie als einen »Riesen«: eine mythologische Figur, die die natürlichen Grenzen überschreitet. Das Vokabular der Monstrosität, das Marx zur Charakterisierung der Maschinerie verwendete, stammt aus Engels' Schrift »Die Lage der Arbeiterklasse in England«. David Pollack schreibt:

> »Engels' eindrucksvolle Beschreibung des Lebens der Arbeiter in den Textilfabriken wird von Marx in seinen ausgedehnten Beobachtungen im Ersten Band des ›Kapital‹ über die ›ungeheuerlichen‹ und ›dämonischen‹ Aspekte des automatisierten Fabriklebens und ihre Auswirkungen auf den menschlichen Geist noch erheblich erweitert. Wenn Marx den Terminus ›zyklopisch‹ auf sechs Seiten nicht weniger als sechs Mal verwendet, um Maschinen zu beschreiben, dann illustriert dies die Art der irrationalen Reaktion, die Maschinen im Menschen hervorrufen können.«[44]

Im »Kommunistischen Manifest« heißt es über die katastrophalen Auswirkungen von Maschinen und Arbeitsteilung: »Die Arbeit der Proletarier hat durch die Ausdehnung der Maschinerie und die Teilung der Arbeit allen selbstständigen Charakter und damit allen Reiz für die Arbeiter verloren. Er wird ein bloßes Zubehör der Maschine.« Dabei sind die Arbeiter »nicht nur Knechte der Bourgeoisklasse, des Bourgeoisstaates, sie sind täglich und stündlich geknechtet von der Maschine [...]«.[45] Maschinerie und Arbeitsteilung erscheinen als schuldige Akteure, und die vormoderne Arbeit ist im Gegensatz dazu reizvoll. Marx ist in solchen Passagen näher an der negativen romantischen als an der positiven aufklärerischen Bewertung von Wissenschaft und Technik.[46]

44 David Pollack: The creation and repression of cybernetic man. Technological fear and the secrecy of narrative, in: Clio 18/1988, S. 1–21, hier S. 7.

45 Marx/Engels: Manifest, MEW, Bd. 4, S. 468–469.

46 Für einen Überblick über antike, aufklärerische und romantische Kommentare zur Technik vgl. Carl Mitcham: Three Ways of Being-With Technology, in: Robert V. Scharff/Val Dusek (Hrsg.): Philosophy of Technology, the Technological Condition. An Anthology, Oxford 2003, S. 490–506.

Man muss zugeben, dass Marx im »Kommunistischen Manifest« am polemischsten auftrat. Der Text weist nicht die Sorgfalt der Unterscheidungen auf, die er in seinen längeren Werken zu erreichen vermag. Der Marxismus wurde im 19. und im frühen 20. Jahrhundert fast nur durch zwei Werke popularisiert: das »Kommunistische Manifest« und Engels' Aufsatz »Die Entwicklung des Sozialismus von der Utopie zur Wissenschaft«. Beide waren in ihrer Absicht polemisch und penible Differenzierungen, fanden daher keinen Eingang in die kommunistischen Bewegungen.[47] Dieser extrem enge Zugang zu Marx' Ideen als Ganzes liefert eine Erklärung für das begrenzte Wissen über Marx, mit dem so viele Gelehrte, Aktivisten, Politiker und Revolutionäre in den frühen Jahren arbeiteten.

Die technophobe Rhetorik des »Kommunistischen Manifests« hilft uns auch, die rhetorische Form zu verstehen, in der die Technophobie an fast alle späteren Formen des Marxismus weitergegeben wurde und mit ihr ein Konservatismus, den Marx schwerlich anerkannt und sicherlich nicht gebilligt hätte. Marx' positive Darstellungen der Technik und des wissenschaftlichen Lebens, die sich auf das Manuskriptmaterial außerhalb des »Kapital« und auf einige detaillierte Passagen in den zentralen Kapiteln des »Kapital« beschränken, werden oft von den Anklagen der Technik in anderen berühmten Werken in den Schatten gestellt.

Selbst für Marx war die Unterscheidung zwischen den Produktionsmitteln und der Produktionsweise schwer aufrechtzuerhalten in einem Kontext, in dem fast jeder Maschineneinsatz die Entfremdung der Arbeit verschärfte. Wenn Maschinen niemals so arbeiten, dass sie Wohlstand produzieren und Arbeit minimieren, ist es schwierig zu argumentieren, dies sei ihr ultimativer Zweck oder Ziel. Die rationale Unterscheidung, die Marx machte, hilft in einer solchen Situation nicht immer weiter, oder es braucht erhebliche Vorstellungskraft, um zu sehen, wie die Mittel, durch die die Entfremdung der Arbeit verschlimmert wird, selbst die Mittel zur Befreiung der Arbeit sein könnten. Diese Befreiung ist jedoch nicht eine Wiederherstellung der Selbstbestimmung der Arbeit in agrarischen oder bürgerlichen Formen; sie bedeutet vielmehr die Einführung der freien Zeit, die ich oben skizziert habe. Das heißt, es handelt sich um eine Befreiung, die selbst durch die Anhäufung wissenschaftlicher und technologischer Ressourcen für die Produktion von Reichtum durch das kapitalistische Industrieleben bedingt ist.

In einer entfremdeten Produktionsweise ist es zumindest verständlich, dass die Arbeiter versucht sind, Maschinen zu zerschlagen. Die

47 Keinen der populären Texte hat Marx allein geschrieben. Das »Kommunistische Manifest« von 1848 hat er gemeinsam mit Engels verfasst. Engels' Aufsatz »Die Entwicklung des Sozialismus von der Utopie zur Wissenschaft« wurde nach Marx' Tod geschrieben und entstand in den 1880er- und 1890er-Jahren in Frankreich und England; vgl. Robert C. Tucker: The Marx-Engels Reader, New York 1978, S. 683.

Maschinen selbst erscheinen als Zeichen für die Einführung der barbarischeren Formen der Arbeit, nicht für deren fortschreitende Abschaffung.

Um die daraus resultierende Technophobie des 19. Jahrhunderts zu skizzieren, möchte ich mich dem viktorianischen Kontext zuwenden, in dem Marx schrieb. Den Marx des Jahres 1848 zu historisieren ist etwas anderes als den von 1867, nachdem er emigriert war und fast 20 Jahre in London gelebt hatte. Im viktorianischen London war die Fabrik nicht der einzige Ort, an dem die monströse Dampfmaschine ihren Auftritt hatte. Es gab auch die Eisenbahn.

Charles Dickens überlebte einen schrecklichen Eisenbahnunfall, um dann für den Rest seines Lebens an dem zu leiden, was wir heute als posttraumatische Belastungsstörung bezeichnen würden. Aber obwohl der Begriff »Unfall« anormale Umstände impliziert, waren Eisenbahnunfälle und ihre Schrecken ein regelmäßiges Merkmal des viktorianischen Lebens, so wie Autounfälle ein regelmäßiges Merkmal unseres Lebens sind. In der ersten Zeit der Eisenbahnnutzung waren die »Macken« der Technik noch nicht voll entwickelt. Das System von Regeln, das später auch die Standardisierung der Zeit in den englischen Städten einschließen sollte, war noch nicht ausgearbeitet worden.

Die Eisenbahn prägte nicht nur die materiellen Verhältnisse der viktorianischen Zeit, sondern auch die künstlerische Reflexion dieser Verhältnisse im Theater. Nicholas Daly hat ein neues Genre des Theaters analysiert, das im London der 1860er-Jahre auftauchte: das Sensationsdrama. Die Eisenbahn war darin eine Hauptfigur und die menschliche Flucht vor einem entgegenkommenden Zug eine der zentralen Erzählungen. Laut Daly funktionierte das Sensationsdrama als eine Form der industriellen Erziehung, indem es die Sinne darauf trainierte, tausend kleine Schocks (z.B. blinkende Lichter und laute Geräusche) zu absorbieren, während es gleichzeitig die Aufmerksamkeit auf die Aufgabe des Beobachtens und Überwachens richtete. Das Sensationsdrama bereitete seine Zuschauer so auf das industrielle Leben und die industriellen Herausforderungen vor; es modernisierte die Sinne. Daly schreibt:

> »[Ein] Diskurs über Aufmerksamkeit, der sich mit der Schaffung aufmerksamer Subjekte, der Messung von Aufmerksamkeit und dem Schutz vor Ablenkung und Ermüdung befasst, entwickelt sich fast aus dem Nichts heraus ab den 1850er-Jahren zu wissenschaftlicher Seriosität in den 1870er-Jahren. […] Es ist verlockend, die Entstehung des populären ›Sensationsdramas‹ mit seinen hypnotisierenden Sensationsszenen auch vor diesem größeren Hintergrund der Probleme zu sehen, die durch die Kollision der Modernisierung mit den (widerständigen, aber vermutlich dehnbaren) Grenzen des menschlichen Sensoriums entstehen. Was wir [im Theater] sehen, ist ein Publikum,

> das dem Verschleiß der Industriekultur mit ihren Anforderungen an Aufmerksamkeit, Wachsamkeit und Konzentration zu entfliehen sucht, nur um festzustellen, dass Aufmerksamkeit auch der Preis ist, der für das Vergnügen des Volkstheaters zu zahlen ist.«[48]

In Dion Boucicaults berühmtem Stück »After Dark« von 1868 »liegt ein Mann bewusstlos auf den Gleisen der Londoner U-Bahn; ein Schnellzug rast auf ihn zu, seine Lichter schneiden durch die Dunkelheit; ein zweiter Mann ergreift mit heldenhaftem Schwung den am Boden Liegenden und rollt mit ihm zur Seite, also in Sicherheit, während der Zug vorbeirauscht«.[49] Hier haben wir es im wahrsten Sinne des Wortes mit der Konfrontation des Menschen mit der monströsen Maschine zu tun, die den Ansturm der Moderne und ihrer veränderten Lebensformen repräsentiert. In der Erzählung besiegt der Mensch die Maschine in einer ausweglosen Situation. Daly schreibt, dass die »Modernität sichtbar wird – sie ist auf der Bühne verkörpert im Schnellzug – und somit zu schlagen ist, wodurch die pastorale Idylle wieder hergestellt wird.«[50] Die Ironie besteht darin, dass das Spektakel, das die Sinne darauf trainiert, sich an die Moderne anzupassen, in seinem Konzept eine Anklage gegen diese Modernität enthält.

»After Dark« kam ein Jahr nach dem ersten Erscheinen des »Kapital« auf Deutsch heraus und vereinte die Elemente der Eisenbahndramen, die bereits 1863 ihren Weg auf die Bühne gefunden hatten. Doch Boucicaults Stück offenbarte eine zusätzliche und beunruhigende Dimension der Technophobie, die das sich industrialisierende London erfasst hatte und oft zusammen mit anderen Haltungen auftrat: Die Dämonisierung von Maschinen wird von einer allgemeineren Dämonisierung der Moderne begleitet. Boucicaults Stück dämonisiert nicht nur Maschinen, sondern auch Juden, Industrielle und andere zentrale Figuren der industriellen Moderne. Boucicaults Bösewichte sind die zentralen Figuren dieser Moderne und seine Helden kommen aus den alten militärischen und aristokratischen Institutionen.

Der Hauptschurke in »After Dark« ist ein Industrieller. Er konspiriert mit einem jüdischen Spielhallenbesitzer. Durch die Intrigen dieser beiden finsteren Gestalten der Moderne wird der Gefangene an die Bahngleise gefesselt. Umgekehrt ist der Held des Dramas ein junger Aristokrat, der mittellos bleiben wird, bis er die Tochter des anderen Helden, eines pensionierten Offiziers, heiratet. In dem Drama werden die Helden von den alten Institutionen der Aristokratie und des Militärs gespielt und die Bösewichte von den neuen Vertretern der Moderne: Judentum und

48 Nicholas Daly: Literature, Technology, and Modernity, 1860–2000, Cambridge 2004, S. 25.

49 Ebd., S. 1.

50 Ebd., S. 25.

Industrialisierung. Die beiden letztgenannten Gestalten treten in der viktorianischen Vorstellungswelt gemeinsam auf und werden mit dem Ansturm der Mechanisierung identifiziert. Daly schreibt:

> »›Der Jude‹ wird zu einer entscheidenden Figur für die Vorstellung der modernen britischen Identität. Matthew Arnolds ›Culture and Anarchy‹ (1869) mit seiner Analyse der ›hebräischen‹ und ›hellenischen‹ Strömungen des britischen Lebens ist dafür ein bekanntes Beispiel, in dem Arnold letztlich die schlechte, unkultivierte Modernität der viktorianischen Bourgeoisie mit dem ›Hebräischen‹ assoziiert. Aber schon lange vorher brachten die beruflichen Beschränkungen im Großbritannien vor der Emanzipation es mit sich, dass Juden im Geschäfts- und Finanzwesen tendenziell überrepräsentiert waren, und dies ließ wiederum ein Bild der britischen Juden als ›Personifizierung des Kapitalismus‹ entstehen.«[51]

Antisemitische Elemente in Marx' »Kapital« sind komplex, bekannt und viel diskutiert, aber wir haben den subtilen und sublimierten Formen, die der Antisemitismus im kapitalistischen Humanismus annimmt, noch nicht genügend Aufmerksamkeit geschenkt. Neben Maschinen wie der Eisenbahn und den automatisierten Fabriksystemen gehören zu den am häufigsten beschworenen Monsterfiguren im »Kapital« der Vampir und der Werwolf.[52] Aus heutiger Sicht zeigt sich die Enge des kapitalistischen Humanismus in den Regeln, denen diese Konzepte von Monstrosität notwendigerweise folgen: In ihnen partizipiert das Zeitalter nicht nur am wissenschaftlichen Vitalismus der Zeit, sondern auch an seinem Rassismus und Antisemitismus.

Insbesondere die Figur des Vampirs ist fast immer antisemitisch: ein Blutsauger mit semitischen Zügen, der den guten, heidnischen Europäern den Lebenssaft aussaugt.[53] Im »Kapital« schreibt Marx: »Das Kapital ist verstorbne Arbeit, die sich nur vampyrmäßig belebt durch Einsaugung lebendiger Arbeit und umso mehr lebt, je mehr sie davon einsaugt.«[54] Der Werwolf wird in ähnlicher Weise eingesetzt: Marx spricht vom »Werwolfsheißhunger des Kapitals nach Mehrarbeit«.[55] Verbindungen zwischen einem Antiökonomismus, der in dieser Diskussion über den Mehrwert anwesend ist, und seinen antisemitischen Metaphern sind seit

51 Ebd., S. 27.

52 Vgl. vor allem den ersten Teil des Kapitels über den Arbeitstag im »Kapital«, wo diese Bilder der Monstrosität konzentriert sind; Marx: Kapital I, MEW, Bd. 23, S. 247, 258, 271 u. 280.

53 Vgl. Sander L. Gilman: I'm down on whores. Race and gender in Victorian London, in: David Theo Goldberg (Hrsg.): Anatomy of Racism, Minneapolis 1990, S. 146–170; Donna Haraway: Modest-Witness, insb. S. 215.

54 Marx: Kapital I, MEW, Bd. 23, S. 247.

55 Ebd., S. 280.

dem Frühwerk von Marx sichtbar, insbesondere bei seiner Betrachtung des politischen Verhältnisses zwischen einer partikularen Gruppe und dem universellen Staat in »Zur Judenfrage«. Robert Tucker schreibt im einleitenden Essay zu diesem Text:

> »Im zweiten Teil geht Marx zur Kritik der Ökonomie oder des Kommerzes über, die er mit dem ›Judentum‹ gleichsetzt. Sein abschließender Aufruf zur ›Emanzipation der Gesellschaft vom Judentum‹ (der gelegentlich als ein Manifest des Antisemitismus gesehen wurde) ist in Wirklichkeit ein Aufruf zur Emanzipation der Gesellschaft von dem, was er hier ›Schacher‹ nennt, oder von dem, was er später ›Kapitalismus‹ nennen sollte.«[56]

Wie sich die gegen den Kommerz mobilisierte Rhetorik zum Antisemitismus bei Marx verhält, verdient eine nähere Betrachtung. In der Figur des Vampirs drückt sich ein subtiler Antisemitismus nicht nur in den frühen, sondern auch in seinen späteren Werken aus. Wichtiger noch: Wir müssen fragen, ob eine nicht-antisemitische Kritik des Wirtschaftslebens im 19. Jahrhundert möglich war und ob Marx' Kritik der ökonomischen Motivationen sowie seine Dämonisierung des kommerziellen Lebens von daher abgeleitet werden können. Schließlich müssen wir uns vor all den Ideen hüten, die die Technophobie begleiten, wenn ihre hässliche Ahnentafel historisch als Rechtfertigung für Gewalt gegen Menschen diente und sie als Bedrohung einer pastoralen Idylle wahrgenommen wurden.

Marx' Monstrositäten-Kabinett im »Kapital« ist nicht auf moderne Ungeheuer wie die Maschine, den Vampir und den Werwolf beschränkt. In zahlreichen Passagen nennt Marx auch den Zyklopen,[57] ein klassisches Monster. Die Zyklopen waren einäugige Riesen, die bei Hesiod Donnerkeile herstellten. Im Folgenden sehen wir, dass nur solche Ungeheuer geeignet wären, unter kapitalistischen Verhältnissen eine Eisenbahn zu betreiben. Wieder einmal kämpft das Hellenistische gegen das Industrielle. Marx schreibt:

> »Ein großes Eisenbahnunglück hat Hunderte von Passagieren in die andre Welt expediert. Die Nachlässigkeit der Eisenbahnarbeiter ist die Ursache des Unglücks. Sie erklären vor den Geschwornen einstimmig, vor 10 bis 12 Jahren habe ihre Arbeit nur 8 Stunden täglich gedauert. Während der letzten 5 bis 6 Jahre habe man sie auf 14, 18 und 20 Stunden aufgeschraubt und bei besonders lebhaftem Zudrang der Reiselustigen, wie in den Perioden der Exkursionszüge, währe sie

56 Tucker: The Marx-Engels Reader, S. 26.

57 Marx: Kapital I, MEW, Bd. 23, S. 405.

> oft ununterbrochen 40 bis 50 Stunden. Sie seien gewöhnliche Menschen und keine Zyklopen. Auf einem gegebnen Punkt versage ihre Arbeitskraft.«[58]

Monsterfiguren wie die Maschine, der Vampir, der Werwolf und der Zyklop haben Zugang, wenn auch einen unnatürlichen Zugang, zu übermäßigen Energien und Kräften. Niemand kann Marx vorhalten, dass er die Aufmerksamkeit auf die Missbräuche der Arbeit gelenkt hat, die auftreten, wenn Maschinen in die kapitalistische Produktionsweise eingeführt werden und wenn die Arbeitszeit der Arbeiter absurd verlängert wird. Aber der Effekt seiner Diskussion im »Kapital« ist, dass er eher die menschlichen Schranken hervorhebt als die menschliche Formbarkeit und Verstärkung angesichts der technischen Produktionsmittel.

Im »Kapital« prangerte Marx oft die Monstergestalten der Moderne an. Er betonte wiederholt die Begrenztheit des »natürlichen« menschlichen Körpers. Auf diese Weise beteiligte er sich an der Anrufung pastoraler Idyllen und der Technophobie seiner Zeit und am kapitalistischen Humanismus. Er versäumte es auch, die positiven Aspekte der kapitalistischen Produktion und Maschinerie, über die er in den »Grundrissen« so eindringlich Auskunft gegeben hatte, erneut hervorzuheben. Schließlich suggeriert Marx nicht, dass sein Blick auf den menschlichen Körper verengt sein könnte: angesichts bereits überwundener feudaler Normen, einschließlich traditioneller Geschlechterrollen, des Ideals eines einzelnen Handwerkers, der ein Werkzeug führt, und anderer Formen der Körperlichkeit, die noch nicht durch den Kontakt mit der Dampfmaschine, dem Handel und anderen Aspekten des industriellen Lebens und seinen gesellschaftlichen Folgen geprägt wurden.

Wenn der kapitalistische Humanismus gefährlich ist, dann zum Teil deshalb, weil er sich nach der Rückkehr zu den Normen einer ungleichen Gesellschaft sehnt, die nur eine begrenzte Anzahl von Subjekten schützte, und dies oft auf Kosten anderer. Diese Subjekte waren überwiegend männliche, nicht-koloniale Handwerker. Aber die Formen von Körperlichkeit und die Fähigkeiten, die diese Form der Subjektivität regulierten, werden in der industriell-technologischen Synthese zunehmend ausgelöscht.

Was im kapitalistischen Humanismus nicht herausgehoben wird, ist die Rolle der Technologie für viele positive Entwicklungen: die Erweiterung menschlicher Fähigkeiten, die Schaffung großen Reichtums, die Befreiung vom Zugriff der patriarchalischen Familie und andere Veränderungen im sozialen Leben. Die Monstergestalten im »Kapital« erscheinen jedoch oft als Symptome dieser positiven Aspekte oder ihres

58 Ebd., S. 267–268.

Potenzials – als umgekehrte und dämonisierte Bilder positiver sozialer Veränderungen. In diesem Sinne übernimmt die Monsterfigur bei Marx ihre ursprüngliche etymologische Funktion, nämlich etwas anderes zu zeigen oder zu offenbaren, also als Warnung oder Vorzeichen zu erscheinen. Der Zyklop, auf den Marx sich beruft, war in Manchem bereits historisch überholt, indem etwa in einigen englischen Dörfern Uhren aufgestellt wurden. Dadurch wurde die Funktion eines Wächters entbehrlich. In anderen Bereichen verringerten solche technischen Einrichtungen den Spielraum für menschliches Versagen und die Notwendigkeit ständiger menschlicher Überwachung, sodass die Zahl der Eisenbahnunfälle zurückging. Letztendlich gab ein automatisiertes System den Arbeitern zudem die Freiheit, anderswo zu arbeiten.

In Marx' Darstellung erscheinen Ungeheuer auch an den sich verschiebenden Grenzen zwischen Mensch und Maschine, Mensch und Tier, lebendig und tot. Die Fabrik ist ein Ort, an dem solche Grenzen infrage gestellt werden. Das Verschwinden dieser Grenzen charakterisiert eine energetische Weltsicht, in der diejenigen, die ein wahres menschliches Wesen besitzen, nicht mehr durch besondere Zeichen erkennbar sind. Indem Marx Ungeheuer auftreten lässt, die diese Grenzen überwachen, demonstriert er die Reaktion des kapitalistischen Humanismus auf das neue Paradigma.

Wenn wir solche Monstrosität nicht für bare Münze nehmen, stellen wir fest, dass diejenigen, deren Körper nach den engen Grenzen des kapitalistischen Humanismus ungeheuerlich sind, heute kaum noch monströs sind. Im Folgenden will ich dies an zwei besonderen Beispielen zeigen: am arbeitenden weiblichen Körper und am »rassisch« andersartigen Körper. Dass diese Körper, wie im 19. Jahrhundert geschehen, als monströs bezeichnet wurden, ist von Feministinnen und im Rahmen kritischer Theorien von *race* gut dokumentiert worden.[59] Der kapitalistische Humanismus reagierte auf den weitverbreiteten Eintritt von Frauen in die lohnabhängige, produktive Arbeit, auf die Veränderungen des auf Sklavenarbeit basierenden Produktionssystems in den US-amerikanischen Südstaaten und auf das koloniale Produktionssystem, das Teil der globalen Entfaltung des Kapitalismus ist, indem er die Körper von arbeitenden Frauen und »rassisch« Andersartigen als Monstrositäten betrachtete.

59 Rosi Braidotti: Mothers, monsters, and machines, in: N. M. Kate Conboy/Sarah Stanbury (Hrsg.): Writing on the Body. Female Embodiment and Feminist Theory, New York 1997, S. 59–79; Ewa Gunnarson/Lena Trojer (Hrsg.): Feminist Voices on Gender, Technology, and Ethics. Luleå 1994; Haraway: Manifest; dies.: Simians, Cyborgs, and Women; dies.: Modest-Witness; Judy Wajcman: Feminism Confronts Technology, Cambridge 1991; dies.: Techno-Feminism, Cambridge 2004.

IV Rohe, bösmäulige Buben: monströse arbeitende Frauenkörper

Im »Kapital« zitiert Marx Fabrikberichte aus dem Jahr 1866:

> »Das größte Übel des Systems, welches junge Mädchen zu dieser Art Arbeit verwendet, besteht darin, dass es sie in der Regel von Kindheit an für ihr ganzes späteres Leben an das verworfenste Gesindel festkettet. Sie werden rohe, bösmäulige Buben (rough, foul-mouthed boys), bevor die Natur sie gelehrt hat, dass sie Weiber sind. Gekleidet in wenige schmutzige Lumpen, die Beine weit über das Knie entblößt, Haar und Gesicht mit Dreck beschmiert, lernen sie alle Gefühle der Sittsamkeit und der Scham mit Verachtung behandeln. Während der Essenszeit liegen sie auf den Feldern ausgestreckt oder gucken den Jungen zu, die in einem benachbarten Kanal baden. Ist ihr schweres Tagewerk endlich vollbracht, so ziehen sie bessre Kleider an und begleiten die Männer in Bierkneipen.«[60]

Hier beschwor Marx das Ende der viktorianischen Weiblichkeit als eines der monströsen Produkte der kapitalistischen Industrialisierung. Die beschriebenen Arbeiterinnen sind in zweierlei Hinsicht ungeheuerlich. Erstens weisen sie Abartigkeiten auf, insbesondere die Übernahme von Merkmalen des anderen Geschlechts. Sie sind Jungen, keine Mädchen. Zweitens sind sie schmutzig, nicht sauber. Es ist nicht schwer zu erkennen, dass es hier nicht um den Schmutz an sich geht, sondern um die Sexualität der Frauen. Man sagt uns, *sotto voce*, dass Frauen aus der Arbeiterklasse die Angewohnheit haben, sexuelle Wünsche zu formulieren und vielleicht sogar auszuleben. Sie sind fähig zu den Indiskretionen des Voyeurismus und den Perversionen der Skopophilie. Sie sind zweifelsohne anfällig für die verschiedenen Ausprägungen einer lockeren oder sogar aggressiven Sexualität, die typischerweise mit Trunkenheit einhergehen. Und was könnten sie sonst tun, während sie ausgestreckt auf den Feldern liegen?

Der Text gehört zu den wesentlichen von Marx veröffentlichten Überlegungen zur weiblichen Arbeit und zur Geschichte der Frauen. Es ist kein Zufall, dass er sich im 13. Kapitel des »Kapital« befindet, dem Kapitel, das der Maschinerie gewidmet ist. Marx zufolge hat die moderne Industrie, genau wie jedes andere Produktionssystem, gesellschaftliche Konsequenzen. Insbesondere wirkt sich die Einführung von Maschinen in die Produktion auf die traditionelle Arbeitsteilung aus, vor allem auf die Verteilung nach Geschlecht, Alter und »Rasse«.

Erstens entfällt durch die Einführung von Maschinen die Notwendigkeit, einen Arbeiter mit dem Spezialwissen eines Handwerkers einzustel-

60 Marx: Kapital I, MEW, Bd. 23, S. 488.

len. Dieses Wissen ist zu einer Eigenschaft der Maschine selbst und nicht mehr des Arbeiters geworden. Die Maschine erfordert jemanden, der sie überwacht und schürt, also jemanden, der abstrakte Arbeit verrichtet. Abstrakte Arbeit misst sich nicht an den nützlichen Produkten, die sie herstellt, sondern an der Dauer der Zeit, in der sie stattfindet. Abstrakte Arbeit wird mit einer anderen Abstraktion, einem Lohn, entlohnt und nicht mit dem Produkt, das sie hergestellt hat.

Die Forderung nach abstrakter, undifferenzierter Arbeit kann von jedem erfüllt werden, unabhängig von Alter, Geschlecht oder »Rasse«. Maschinen verringern sowohl die tatsächliche körperliche Kraft als auch die Fähigkeiten, die in früheren Produktionssystemen erforderlich waren. So kann das Kapital Arbeitskräfte einsetzen, die nach den bisherigen natürlichen Kategorien als schwach oder ungelernt eingestuft wurden. Da es sie auch billiger beschäftigen kann, breitet sich die Fabrikarbeit schnell über die gesamte Bevölkerung aus.

Außerdem werden in der kapitalistischen Produktionsweise »Stärke«, »Schwäche« und »Geschicklichkeit« zu sozialen statt zu natürlichen Kategorien. Die kleinen geschickten Finger einer Frau oder eines Kindes werden zu Stärken, während Kraft und Masse als Schwächen betrachtet werden können, wenn die Einführung von Maschinen in die Arbeit sie überflüssig gemacht hat. Verschiedene Schwächen, wie zum Beispiel die Eintönigkeit und Präzision der traditionellen Frauenarbeit unter Zunftbedingungen, werden ebenfalls zu Stärken. Diese Verschiebung zeigt die wesentliche Formbarkeit der Kategorien Stärke und Schwäche, die sich je nach den herrschenden Produktionsmitteln verändern. Sie zeigt auch die wesentliche Formbarkeit der Kategorie Qualifikation, die ich in Kapitel 3 diskutiert habe.

Bei Frauen war es weniger wahrscheinlich als bei Männern, dass sie Fähigkeiten aufgrund spezieller Stärke und Geschicklichkeit erwarben, weil die Beschränkungen der Zünfte es ihnen meist nicht erlaubten, bestimmte Berufe zu erlernen.[61] Als solche waren Frauen optimale Subjekte für die abstrakte kapitalistische Arbeit, und Kapitalisten zogen, wenn sie die Wahl hatten, in der Tat oft formbare weibliche gegenüber widerspenstigen männlichen Arbeitskräften vor.

Der weitverbreitete Eintritt von Frauen in die Lohnarbeit rief eine Vielzahl von Gegenreaktionen hervor. Die Männer der Arbeiterklasse ärgerten sich über die Frauen, die die Zahl der verfügbaren menschlichen Arbeitskräfte anschwellen ließ. Diese Frauen, die billig zu haben waren, waren keine Konkurrentinnen, sondern sie erschienen als Überflüssige

61 Clare Crowston gibt einen guten Überblick über die schwierigen Beziehungen zwischen Gender und Zünften im frühneuzeitlichen Europa, wobei sie auch die damit verbundenen Debatten und Dogmen untersucht; vgl. Clare Crowston: Women, Gender, and Guilds in Early Modern Europe. An Overview of Recent Research, in: International Review of Social History 53/2008, S. 19–44.

auf dem Markt für qualifizierte männliche Arbeitskräfte. Im Bürgertum rief das sichtbare Spektakel weiblicher Arbeitskraft ebenfalls Widerstand hervor und verstärkte die ideologische Vorstellung der natürlichen Schwäche der Frauen. Man betrachtete Frauen als untauglich für die Arbeit und hoher sozialer Status wurde durch Freizeit demonstriert. Aber die angebliche Schwäche wurde auf Schritt und Tritt durch die Realitäten der weiblichen Arbeit der Arbeiterklasse konterkariert.

Die Frauen der Arbeiterklasse im viktorianischen London verrichteten nicht nur die abstrakte Arbeit der Überwachung von Industriemaschinen, sondern auch viele mühsame Aufgaben ohne mechanische Hilfe, einschließlich der Arbeit in Kohlebergwerken. Ein Arbeiter wurde nicht durch eine Maschine ersetzt, nur weil sich durch eine neue Maschine die Funktion des Arbeiters erübrigte. Menschliche Arbeit im Allgemeinen war oft billiger als die maschinelle Arbeit, die zu ihrem Ersatz erforderlich gewesen wäre. Dies galt noch mehr für weibliche Arbeitskräfte, die billiger waren als männliche Arbeitskräfte. Also wurden Frauen angeheuert, um mühsam das zu erledigen, was eine Maschine schneller hätte machen können. Arbeit, die technologisch gesehen anachronistisch war, kam in vielen Industriezweigen vor. Es lag nicht im Interesse des Kapitalisten, eine teure Maschine zu kaufen, wenn menschliche und vor allem weibliche Arbeitskraft so billig zu haben war.

In einer Umgebung, in der Frauen aus der Arbeiterklasse sichtbar harte Arbeit verrichteten, war der Diskurs über die natürliche Schwäche der Frauen schwer aufrechtzuerhalten.[62] Aus diesem Grund mussten Arbeit und Weiblichkeit voneinander getrennt werden. Im Bürgertum wurde der Diskurs über die natürliche Schwäche und Untauglichkeit von Frauen für die Arbeit umso eindringlicher geführt und inszeniert. Als die Frauen der arbeitenden Klassen des 19. Jahrhunderts in die Fabriken, Kanäle und Bergwerke gingen, wurde die Tätigkeit der bürgerlichen Frauen zunehmend eingeschränkt. Um sowohl ihrer Klasse als auch ihrer Weiblichkeit zu entsprechen, musste eine bürgerliche Frau immer den Anschein erwecken, wohlhabend zu sein.

Anne McClintock weist jedoch darauf hin, dass die Realität der bürgerlichen Frau ganz anders aussah als ihre mythologische Verklärung. Sie schreibt:

> »Abgesehen von der winzigen, wirklich vermögenden Elite war Müßiggang weniger ein Regime der Trägheit, das den verwelkenden Ehefrauen und Töchtern der Mittelklasse auferlegt wurde, als vielmehr

62 Für eine parallele Betrachtung der Arbeit von Frauen in der Fleischverpackungsindustrie in den Vereinigten Staaten um die Jahrhundertwende vgl. Roger Horowitz: Meatpacking, in: Nina E. Lerman/Ruth Oldenziel/Arwen P. Mohun (Hrsg.): Gender and Technology, Baltimore (MD) 2003, S. 267–294, hier S. 279.

> eine mühsame und zeitraubende *Charakterrolle*, die von Frauen erfüllt wurde, die zur ›respektablen Klasse‹ gehören wollten. Für die meisten Frauen, deren Ehemänner oder Väter sich nicht genug Dienerschaft für echten Müßiggang leisten konnten, musste die häusliche Arbeit von der historisch beispiellosen Arbeit begleitet werden, jedes Zeichen dieser Arbeit unsichtbar zu machen [...] Müßiggang war weniger die Abwesenheit von Arbeit als eine demonstrative Arbeit des Nichtstuns.«[63]

Solche bürgerlichen Frauen mussten die Hausarbeit unentgeltlich erledigen und sie gleichzeitig unsichtbar machen. Das bedeutet, dass ein großer Teil der Frauenarbeit notwendigerweise kulturell als Arbeit unkenntlich gemacht wurde, um eine Identifikation mit den abgelehnten Merkmalen der Arbeiterklasse zu verhindern.

Da das Konzept von Weiblichkeit strikt von Arbeitsleistung abgetrennt wurde, mussten die progressiven Reformkräfte der viktorianischen Ära die Vorstellung der Geschlechterbinarität übernehmen, die wir im obigen Auszug über die Knabenhaftigkeit von Arbeitermädchen gesehen haben. Wenn die Definition von Weiblichkeit die Verrichtung von Lohnarbeit ausschloss und auf ihrem Höhepunkt die Verrichtung von absolutem Müßiggang vorschrieb, dann waren Mädchen der Arbeiterklasse keine Mädchen, sondern Jungen. Das Konzept von Weiblichkeit selbst ist durch die Klasse geprägt und auf einen engen Kreis von Subjekten beschränkt, die entweder die vom Konzept geforderte Muße besaßen oder sie zumindest simulieren konnten.

Einige Frauen der Arbeiterklasse waren sich damals dessen bewusst. Eine Anekdote, die McClintock wiedergibt, erzählt von einer Liebesaffäre zwischen Angehörigen zweier unterschiedlicher viktorianischer Klassen. Die Hausangestellte Hannah Cullwick wurde die Geliebte ihres Arbeitgebers aus der Oberschicht, Arthur Munby. Munby, unverheiratet und selbst entsetzt über seine sexuellen Kontakte mit Cullwick außerhalb der Grenzen der bürgerlichen Ehe, belagerte sie mit Heiratsanträgen. Hartnäckig und wiederholt lehnte sie diese ab. 1864 schrieb sie über die Aussicht, sich dieser Ehe zu unterwerfen und sich damit in die Reihen der Bourgeoisie einzureihen: »Es ist zu sehr, wie *eine Frau* zu sein!«[64]

63 Anne McClintock: Imperial Leather. Race, Gender, and Sexuality in the Colonial Conquest, New York 1995, S. 162; Hervorhebung im Original.

64 Ebd., S. 177; Hervorhebung A.W. Ich kann hier nicht auf die Bedeutung der Klasse bei der Entstehung des Begriffs »Frau« eingehen. Pierre Bourdieu erinnert daran: »Die geschlechtsspezifischen Merkmale sind ebenso wenig von den klassenspezifischen zu isolieren wie das Gelbe der Zitrone von ihrem sauren Geschmack: Eine Klasse definiert sich wesentlich auch durch Stellung und Wert, welche sie den beiden Geschlechtern und deren gesellschaftlich ausgebildeten Einstellungen einräumt. Darin liegt begründet, warum es ebenso viele Spielarten der Verwirklichung von Weiblichkeit gibt wie Klassen und Klassenfraktionen, und warum die Arbeitsteilung zwischen den Geschlechtern auf der Ebene der Praxis wie der Vorstellungen innerhalb der verschiedenen Gesellschaftsklassen höchst unterschiedliche Ausprägungen annimmt.« (Bourdieu: Die feinen Unterschiede, S. 185)

Als Cullwick schließlich in die Ehe einwilligt, geschieht dies zu ihren Bedingungen, nicht zu den seinen. Cullwick heiratet Munby in einer geheimen Zeremonie und willigt ein, von Zeit zu Zeit in der Öffentlichkeit als seine Frau aufzutreten. Aber sie wird nie ganz zur Frau nach den Maßstäben ihrer Zeit. Tatsächlich wohnt sie nur vier Jahre lang bei Munby. Während ihrer gesamten Ehe führt Cullwick die ihr zugewiesenen häuslichen Aufgaben aus und besteht darauf, dass Munby ihr dafür weiterhin einen Lohn zahlt. Ihr Tagebuch spiegelt wider, dass dies ihr erlaubt, ihre psychische Unabhängigkeit zu bewahren.

Dies bringt mich zu einem Problem mit Marx' Darstellung der Entfremdung, die jeder Lohnarbeit innewohnt. Frauen haben nach ihren eigenen Angaben Lohnarbeit nicht immer als entfremdend erlebt. In der Tat enthält der Lohn eine starke Anerkennung der Tätigkeit des arbeitenden Subjekts. Durch den Lohn wird die Tätigkeit als sinnvoll anerkannt, und die Person, die sie ausübt, erhält eine unmissverständliche gesellschaftliche Anerkennung. Innerhalb der patriarchalischen Borniertheit wurde die Tätigkeit der Frau nicht als eigenständig angesehen, aber der Lohn bedeutete die Anerkennung, dass die Tätigkeit eine gewisse Selbstständigkeit besaß. Die Lohnarbeit, mit oder ohne Maschinen, war für Frauen ein Weg, eine wesentliche Unabhängigkeit vom Patriarchat zu erlangen und den Weg zur ökonomischen Unabhängigkeit einzuschlagen, der später über Wellen der liberalen feministischen Bewegungen des 20. Jahrhunderts zur politischen Unabhängigkeit führen sollte.

In patriarchalischen Systemen waren Frauen größtenteils von der Ausbildung in Zünften und von der Entwicklung zünftiger Fertigkeiten ausgeschlossen. Historisch gesehen waren Frauen auch vom Besitz von Eigentum ausgeschlossen, egal wie viel Arbeit sie darin eingebracht hatten, und damit auch von dieser Form der bürgerlichen politischen Subjektivität. Zugespitzt gesagt: Man kann nicht verlieren, was man nicht hat. Aus dieser Perspektive kann die Entfremdung, die der Lohnarbeit innewohnt, nur als ein männliches Lamento erscheinen.

Ich möchte mich hier vorsichtig ausdrücken. Ich will nicht behaupten, dass die unqualifizierte Arbeit von Frauen und Kindern, die in den ersten Generationen der industriellen Revolution ums bloße Überleben kämpften, eine ebenso untaugliche Befreiung war. Wie viele historische Situationen war auch diese voller Zweideutigkeit. Man sollte sich vor Augen halten, dass die Frauen der Arbeiterklasse nur deshalb auf den Arbeitsmarkt gelassen wurden, um die Ausbeutung der Arbeiterklasse weiter voranzutreiben, den Familienlohn auf mehrere Beteiligte aufzuteilen, den Mehrwert zu maximieren und die Arbeiterklasse zu spalten. Wir sollten auch nicht die Tatsache aus den Augen verlieren, dass Frauen als industrielle Lohnarbeiterinnen begehrt waren, weil sie geringer bezahlt werden mussten, effektiver herumkommandiert werden konnten und von geringerem gesellschaftlichem Wert waren. Isoliert von verwandtschaftlichen Strukturen, die sie unterstützen konnten, hatten Arbeiterinnen auch viel zu verlieren, wenn sie ihren Arbeitsplatz nicht behielten.[65] Außerdem hatten sie weniger Erfahrung als Männer darin, die Anforderungen an intensive Arbeit durch verschiedene Arten von Ausweichmanövern abzumildern. Die Fabrikbesitzer machten sich dies schnell zunutze. Marx berichtete in einer furchterregenden Einschätzung von der Verletzlichkeit der Arbeiterinnen und der Kinder: »[...] dass aber Frauenzimmer und Kinder, wenn einmal im Zug, mit wahrem Ungestüm [...] ihre Lebenskraft verausgaben, während der erwachsene männliche Arbeiter so heimtückisch ist, damit, so viel er kann, hauszuhalten.«[66]

Der Eintritt von Frauen in die Lohnarbeit markiert aber auch einen Ort der Befreiung. An diesem Ort bedingt der Kontakt der Frauen mit der Technologie die Befreiung von den bürgerlichen Einengungen in Bezug auf die Weiblichkeit und von älteren Strukturen patriarchaler Unterdrückung, einschließlich der Beschränkungen für die Entwicklung weiblicher Fähigkeiten. Die Befreiung ist zweifach. Erstens sprengt die Technologie das naturalistische Funktionieren von Kategorien wie Kraft und Geschicklichkeit. Zweitens bedingt die Aussicht, in den neuen industriellen Ökonomien Lohn zu verdienen, die Befreiung der Frauen aus der wirtschaftlichen Abhängigkeit vom *familiären* Patriarchat. Die Abhängigkeit der Frauen vom *kapitalistischen* Patriarchat – insbesondere die Lohnunterschiede, die Arten von Arbeit, die Frauen routinemäßig zugewiesen werden, und die häufige Anwesenheit männlicher Aufsicht über ihre Arbeit – gehören zu den Bedingungen, die noch auf Abhilfe warten, aber sie sind durch die Industrialisierung und die auf Lohn basierende Anerkennung der Tätigkeit von Frauen als Arbeit bedingt.

V Lohnarbeit und »Rasse«

Marx' Diskussion über die Entfremdung, die der Lohnarbeit innewohnt, ist nicht nur im Fall von Frauen problematisch, sondern auch im Fall von Subjekten, deren Tätigkeit vom familiären Patriarchat verwaltet wurde. Ich denke dabei an die »rassische« Sklaverei in den US-amerikanischen Südstaaten vor dem Bürgerkrieg. Marx war mit deren Merkmalen vertraut, weil er in den 1850er-Jahren als Europakorrespondent für die *New*

65 Wie Marx sind auch wir skeptisch gegenüber Familienwerten und anderem »bürgerlichen Geschwätz«, das Familienstrukturen romantisiert, die nur für einige wenige Privilegierte möglich waren. Allerdings können wir neben dieser Skepsis dennoch anerkennen, dass verwandtschaftliche Strukturen manchmal ein Zufluchtsort vor dem Individualismus einer kapitalistischen Ökonomie waren, wenn etwa das Teilen von Ressourcen es verwandtschaftlichen Gruppen erlaubte, die Wechselfälle der Beschäftigung ihrer Mitglieder aufzufangen. Man beachte auch die Aneignung des Begriffs Familie in den Queer-Theorien und durch schwule, lesbische, bisexuelle und transsexuelle Personen, um die selbstgewählten Verwandtschaftsgruppen zu beschreiben, die versuchen, sich einige Merkmale des familiären Zufluchtsorts anzueignen, allerdings ohne deren unterdrückerische, patriarchale Struktur.

66 Marx: Kapital I, MEW, Bd. 23, S. 723.

York Daily Tribune von Charles Anderson Dana arbeitete, eine abolitionistische Zeitung. Die Artikel, die Marx für diese Zeitung schrieb, waren die Grundlage seiner Beobachtungen über den unpolitischen Zustand der versklavten Menschen in den Südstaaten der USA, die im gesamten »Kapital« verstreut sind. Seine spezifische Sorge über diese moderne Form der Sklaverei stellt eine unterschätzte Quelle seiner Rhetorik über die Sklaverei des Lohnarbeiters dar. Er zeigte sich allgemein beunruhigt über die Sklaverei als Produktionsweise, einschließlich derjenigen in der Antike. Darüber hinaus war sein Werk vom Abolitionismus und von der durch diese Bewegung publik gemachten Situation der versklavten Völker in beiden Amerikas beeinflusst.

Im »Kapital« neigte Marx dazu, die Lage dieser Völker ähnlich zu behandeln wie die Lohnarbeiterschaft im kapitalistischen System. Er argumentierte, dass der Unterschied zwischen Sklaverei und Lohnarbeit nur ein Unterschied in der Art und Weise sei, Profit zu machen, und dass dieses Ziel das Hauptmerkmal beider Herrschaftssysteme sei. Marx schreibt: »Nur die Form, worin diese Mehrarbeit dem unmittelbaren Produzenten, dem Arbeiter, abgepresst wird, unterscheidet die ökonomischen Gesellschaftsformationen, zum Beispiel die Gesellschaft der Sklaverei von der Lohnarbeit.«[67] Er gab sich auch einige Mühe zu zeigen, dass sich das System der Sklaverei in den Südstaaten von den Charakteristika patriarchaler Produktionssysteme hin zu denen kapitalistischer Produktion verändert habe. So heißt es bei ihm:

> »Sobald aber Völker, deren Produktion sich noch in den niedrigren Formen der Sklavenarbeit, Fronarbeit usw. bewegt, hineingezogen werden in einen durch die kapitalistische Produktionsweise beherrschten Weltmarkt, der den Verkauf ihrer Produkte ins Ausland zum vorwiegenden Interesse entwickelt, wird den barbarischen Greueln der Sklaverei, Leibeigenschaft usw. der zivilisierte Greuel der Überarbeit aufgepfropft. Daher bewahrte die Negerarbeit in den südlichen Staaten der amerikanischen Union einen gemäßigt patriarchalischen Charakter, solange die Produktion hauptsächlich auf den unmittelbaren Selbstbedarf gerichtet war. In dem Grade aber, wie der Baumwollexport zum Lebensinteresse jener Staaten, ward die Überarbeitung des Negers, hier und da die Konsumtion seines Lebens in sieben Arbeitsjahren, Faktor eines berechneten und berechnenden Systems.«[68]

Marx hat recht, wenn er die globalen ökonomischen Zwänge und ihren Einfluss auf die Sklavenarbeit betont. Es geht mir hier nicht darum, die historischen Analysen zu widerlegen, die uns helfen, die US-amerikani-

67 Ebd., S. 231.
68 Ebd., S. 250.

sche Sklaverei und ihren Zusammenbruch im Zusammenhang mit den Veränderungen im Wirtschaftsleben zu verstehen. Was ich infrage stellen möchte, ist die Reduzierung der Sklaverei und ihres Zusammenbruchs auf Epiphänomene der Weltwirtschaft.

Darüber hinaus müssen wir bei Passagen wie der obigen bedenken, dass Marx einige wichtige politische Unterscheidungen vorschnell tilgte. Wenn er Sklavenarbeit als eine Art unter vielen modernen Möglichkeiten, Mehrwert zu extrahieren, kennzeichnete, dann überging er eine Spezifizierung, die er selbst zuvor im »Kapital« getroffen hatte:

> »Damit ihr Besitzer sie als Ware verkaufe, muss er über sie verfügen können, also freier Eigentümer seines Arbeitsvermögens, seiner Person sein. Er und der Geldbesitzer begegnen sich auf dem Markt und treten in Verhältnis zueinander als ebenbürtige Warenbesitzer, nur dadurch unterschieden, dass der eine Käufer, der andere Verkäufer, beide also juristisch gleiche Personen sind.«[69]

Obwohl Marx im »Kapital« viele Seiten darauf verwendet hat, um zu zeigen, wie diese Beziehung, die scheinbar auf Gleichheit beruht, in Wirklichkeit nicht so ist, ist der Besitz der eigenen Arbeitskraft immer noch ein hervorstechender Unterschied zwischen einem System der Lohnarbeit und einem System der patriarchalischen, »rassisch« bestimmten Sklaverei, selbst wenn Letztere durch den Druck der globalen Ökonomien beeinflusst wurde.

Wie Steven Hahn in seinem Buch »A Nation Under Our Feet« behauptet, war der wirtschaftliche Status von Sklavinnen und Sklaven in den Südstaaten vor dem Bürgerkrieg in verschiedener Hinsicht umstritten. Obwohl ein Sklavenbesitzer prinzipiell ebenso das Anrecht auf den gesamten Ertrag der Sklavenarbeit besaß wie auf Einkünfte aus der Vermietung von Sklavenarbeit, gab es bis Mitte der 1850er-Jahre eine Reihe von Ausnahmen von diesem Prinzip. Zu dieser Zeit wurde den Sklaven in den Südstaaten zunehmend eine eigene Sphäre der »freien Zeit« zugestanden, die den ganzen Sonntag und mindestens die Hälfte des Samstags umfasste. Wenn sie in dieser Zeit arbeiteten, einschließlich eventueller Überstunden für ihre Besitzer, wurden sie dafür oft bezahlt. Im Versorgungssystem, das die späteren Jahre der Sklaverei kennzeichnete, überließen die Herren ihren Sklavinnen und Sklaven die Arbeit, sich selbst zu ernähren und zu kleiden. Damit traten diese in das ein, was Historiker eine interne Ökonomie der Arbeit und des Austauschs der Früchte dieser Arbeit auf dem Markt nennen. Dies geschah neben der fortgesetzten Sklavenarbeit. Wirtschaftliche Aktivitäten des Austausches sowohl

69 Ebd., S. 182.

unter den Sklaven selbst als auch zwischen ihnen und ihren Besitzern begannen also schon vor dem formalen Ende der Sklaverei. Hahn dokumentiert politische Kämpfe zwischen Sklaven und ihren Besitzern um das Setzen von klaren Regeln über freie versus versklavte Zeit. Er betrachtet auch die politischen Kämpfe zwischen den Sklavenbesitzern, die sich gegenseitig beschuldigten, ihren Sklaven zu viel wirtschaftliche Freiheit zu gewähren.

Hahn zeigt, dass die wirtschaftlichen Aktivitäten vor der Abschaffung der Sklaverei die Herausbildung eines erkennbar politischen Bewusstseins unter den Sklaven beeinflussten. Die symbolisch-politische Bedeutung dieser Erfahrung wurde durch die Ideen von John Locke über das Recht auf die Früchte der eigenen Arbeit verstärkt. Diese Ideen sickerten im Jahrhundert nach der Französischen Revolution durch und sie besaßen in den Sklavengemeinschaften ein Eigenleben, selbst während der sehr konservativen 1850er-Jahre. Hahn vertritt die Auffassung, dass »Sklaven mit einem mächtigen, wenn auch umstrittenen, nationalen politischen Diskurs, der die Handarbeit verherrlichte und Freiheit mit wirtschaftlicher Unabhängigkeit assoziierte, vertraut geworden waren und ihn sich aneignen konnten«.[70]

Nach der Emanzipationserklärung von 1862 war die Berufung auf die überlegenen Bedingungen des Patriarchats ein Grundbaustein des weißen Südstaaten-Konservatismus. Man verglich dabei die Lohnarbeit diese Zeit mit derjenigen, die zuvor unter der Obhut eines fürsorglichen Herren verrichtet worden war. Darin zeigt sich die dunkle Kehrseite von Marx' Identifizierung aller Formen von Unterdrückung als Klassenunterdrückung.

In der Zeit unmittelbar nach der Emanzipation, wie auch später, wurde die Kritik der Lohnarbeit zu einem Hauptargument für die Gegenbewegung, dass die Bedingungen für die afroamerikanische Bevölkerung während der Sklaverei mindestens genauso gut, wenn nicht gar besser gewesen seien. Aber wir müssen einen politischen Unterschied erkennen zwischen den Arten der Arbeit, ob es sich um Lohnarbeit oder um Sklaverei handelt. Der Unterschied ist signifikant, auch wenn die Arbeit selbst im Wesentlichen unverändert ist. Noch provokanter könnte man sagen, dass die Arbeit selbst durch die soziale Lage desjenigen, der sie verrichtet, verändert wird: eine Wahrheit, die am Beispiel eines wohlhabenden Touristen besonders klar wird, wenn dieser dafür bezahlt, dass er sich auf dem afrikanischen Kontinent beim Abbau von Diamanten betätigen kann!

Ebenso müssen wir die Arten von Entfremdung oder die Entfremdung vom Selbst, die durch Lohnarbeit bedingt sind, von denjenigen unter-

70 Steven Hahn: A Nation Under Our Feet. Black Political Struggles in the Rural South from Slavery to the Great Migration, Cambridge (MA) 2005, S. 135.

scheiden, die durch Sklaverei ermöglicht werden.[71] Entgegen der marxschen Zusammenführung aller Arten von Klassenunterdrückung in eine einzige Form sind die Systeme der Lohnarbeit und der Sklaverei keine psychologisch indifferenten Mittel zur Erzielung von Profit.

Die Auswirkungen des Diskurses über den Anspruch auf die Früchte der eigenen Arbeit waren so bedeutend, dass nach der Emanzipation ehemalige Sklaven fast durchgängig eine Umverteilung von Land als Teil einer gerechten Entschädigung für die vergangene Arbeit erwarteten, also eine ökonomische Entschädigung für ihre frühere Knechtschaft. Sie versuchten, diese Knechtschaft als Arbeit dahingehend neu zu interpretieren, dass sie einen derartigen Anspruch begründete, was fast ausnahmslos unerfüllt blieb. Wir hören ihren Widerhall in den Debatten, die über die Frage der Reparationen für diese Periode der US-amerikanischen Geschichte geführt oder auch nicht geführt werden. Die mangelnde Bereitschaft unserer Regierung, diese Frage auch nur in Erwägung zu ziehen, zeigt, wie sehr der wirtschaftliche Anspruch dieser afroamerikanischen Arbeiter ein rassistisch belasteter Ort der politischen Auseinandersetzung bleibt.

Insofern stellte die wirtschaftliche Anerkennung, die man durch die Teilnahme an der Lohnarbeit erhielt, eine enorme Befreiung für diese Subjekte des Patriarchats dar. Das Recht, sich auf den Markt zu begeben und die eigene Arbeitskraft zu verkaufen, war mit ökonomischer und politischer Anerkennung verbunden, die mit großem Aufwand erkämpft werden musste. Die Bedingungen des patriarchalen Systems der Sklaverei entsprachen nicht den Bedingungen der frei verkauften Arbeit, die Marx als Voraussetzung für die Teilhabe an der kapitalistischen Welt auflistete, so sehr er auch eine Geschichte der ökonomischen Ausbeutung auf die Geschichte der patriarchalen Ausbeutung aufpfropfen wollte. Die Beziehung von Marx und dem nachfolgenden Marxismus zur *critical race theory* bleibt entsprechend angespannt, vor allem weil Marx und der Marxismus nur das anbieten, was Charles Mills eine »klassenreduktionistische« Karte der Unterdrückung nennt.[72] Eine solche Landkarte ignoriert oder unterminiert die Besonderheiten des Rassismus und seine Nicht-Reduzierbarkeit auf ökonomische Kategorien.

Wenn wir Marx' Verbindung zu den US-amerikanischen abolitionistischen Bewegungen noch einmal in den Blick nehmen, dann erlaubt uns dies jedoch, sein Werk in einem anderen Licht zu sehen. Ich habe oben angedeutet, dass der Abolitionismus einen zentralen Einfluss auf Marx'

71 Vgl. z.B. die Diskussion der »natalalienation« bei Orlando Patterson. Nach Patterson drückt sich die natale Entfremdung des Sklaven in seinem Status als sozial toter Mensch aus. Diese Form des politischen Exils war möglicherweise unvereinbar mit der durch die wirtschaftliche Tätigkeit implizierten Anerkennung, was zu den von Hahn beschriebenen Spannungen führte; vgl. Orlando Patterson: Slavery and Social Death, Cambridge (MA) 1982, S. 5.

72 Charles Mills: Blackness Visible. Essays on Philosophy and Race, Ithaca (NY) 1998, S. 105.

Arbeit in den 1850er-Jahren hatte. Zusätzlich zu seinen Artikeln für Danas abolitionistische Zeitung zeigen die Notizbücher aus dieser Zeit, dass er sich sorgfältige Notizen zu den Büchern »The African Slave Trade« und dessen Fortsetzung »The Remedy« des Abolitionisten Thomas F. Buxton gemacht hat.[73] Marx untersuchte die Kolonisation im Allgemeinen und die afrikanische Sklaverei im Besonderen als Themen, die zum breiteren Feld der politischen Ökonomie einen Bezug haben. Aus diesem Grund hat sein Rückgriff auf das Vokabular der Sklaverei, um die Notlage der Lohnarbeiter zu charakterisieren, nicht nur mit der Sklaverei als klassischer politischer Kategorie zu tun, sondern auch mit dem zeitgenössischen Phänomen der Sklaverei in den Vereinigten Staaten und dem Druck, sie abzuschaffen. Obwohl sich Marx' Arbeit auf Europa konzentrierte, könnten die Sorgen über die Sklaverei in Amerika sich auf Marx' Konzept der sozialen Klasse ausgewirkt haben, da sich dieses Konzept in den 1850er- und 1860er-Jahren entwickelte.

Gleichwohl sind Marx' Konzept der ökonomischen Entfremdung und seine folgende Abkehr vom Projekt der liberalen Freiheitsrechte möglicherweise nicht angemessen für Subjekte, die keine Lohnarbeiter waren, sondern bis weit in die Moderne hinein unbezahlte und nicht anerkannte Teile patriarchaler Systeme, wie Marx' Philosophie zu erklären versucht. Zu diesen Subjekten gehören sowohl Frauen als auch Afroamerikaner. Daher müssen wir die Kritik des liberalen Projekts und die Kritik des Rechtsdiskurses, die der Marxismus eröffnete, aus der Perspektive solcher Subjekte neu überdenken. Wie Patricia Williams in ihrer Diskussion der marxistisch geprägten kritischen Rechtswissenschaft schreibt:

> »Wenngleich Rechte kein Selbstzweck sind, war und ist die Rhetorik der Rechte eine wirksame Form des Diskurses für Schwarze. Das Vokabular der Rechte spricht zu einem Establishment, das den Anschein von Stabilität schätzt. Wenn die Rechte tatsächlich ungesichert sind, mag dieser Hinweis allerdings subtil erscheinen, das macht ihre Rolle als Element der Stabilität aber nicht unbrauchbar. Man muss auf eine Sprache der Rechte für alle Zwecke keineswegs verzichten, sondern man muss versuchen, in der Semantik der Umsetzung von Rechten mehrsprachig zu werden.«[74]

Obwohl ich in diesem Abschnitt die Position von Afroamerikanern und Frauen in Bezug auf Marx' Begriff der Entfremdung zusammengefügt habe, hat eine solche Verbindung ihre Grenzen. Im Anschluss an die Arbeit von bell hooks und anderen haben wir verstanden, dass

73 MEGA², Bd. IV/9, Exzerpte und Notizen, Juli bis September 1851, Berlin 1991, S. 494–501.

74 Patricia Williams: The Alchemy of Race and Rights. Diary of a Law Professor, Cambridge (MA) 1991, S. 149.

die historische Unterwerfung unter ein weißes, männliches Patriarchat für die weißen Frauen und die rassistisch gekennzeichneten Subjekte, einschließlich der Frauen, die mit dem Erbe dieses Patriarchats leben, unterschiedliche Dinge bedeutet hat.[75] Rassistische und sexuelle Unterdrückung sind zwar verwandt, haben aber unterschiedliche Merkmale. Wenn der Marxismus die Notlage des weißen männlichen Lohnarbeiters stets besonders hervorgehoben hat, so hat er sich damit gleichermaßen zur Zielscheibe von feministischen und rassismuskritischen Theorien gemacht, und zwar aus ähnlichen Gründen. Dem entspricht auch meine Kritik daran, Lohnarbeit ausschließlich als entfremdend zu betrachten, was sich sowohl auf Frauen im Allgemeinen als auch auf rassistisch gekennzeichnete Subjekte (einschließlich der Frauen) bezieht.

VI Lohnarbeit und Sexualität

Ich möchte zum Thema Frauen und zu der Passage über »rohe, bösmäulige« Arbeiterinnen zurückkehren. Für den bürgerlichen Viktorianer des 19. Jahrhunderts war die weibliche Lohnarbeit vom Schreckgespenst der weiblichen Sexualität begleitet. Sexualität war eine beliebte bürgerliche Obsession, die mit arbeitenden Frauen und farbigen Frauen assoziiert wurde und daher gewaltsam und lautstark aus den attributiven Zuschreibungen weißer, bürgerlicher Frauen verdrängt wurde. Aber diese Verdrängung war keineswegs einfach, wie uns Michel Foucault erinnert hat. Tatsächlich lenkte die Bourgeoisie die Aufmerksamkeit auf Körper und Geschlecht und betonte deren Bedeutung durch die ausdrücklichen Verbote für weiße Frauen, ihre Sexualität auszudrücken. Deshalb können diese Verbote nicht ohne Bezug auf die soziale Klasse verstanden werden.

Die Kritik an den Mädchen der Arbeiterklasse in Marx' Text besteht darin, dass sie sich diesen Verboten nicht fügen: Die jungen Mädchen bringen weder Anstand noch Schamgefühl zum Ausdruck. Aber das sollen sie auch nicht, denn der Körper der Arbeiterklasse und die Sexualität der Arbeiterklasse sind in der bürgerlichen Gesellschaft nicht wichtig genug, um diese Formen der Aufmerksamkeit zu verdienen. Foucault führt Marx' »Kapital« als Beleg an, wenn er im ersten Band seiner Geschichte der Sexualität schreibt: »Die Lebensbedingungen, die man dem Proletariat vor allem in der ersten Hälfte des 19. Jahrhunderts bereitete, zeigen, dass man weit davon entfernt war, sich um dessen Körper und Sex Sorgen zu machen: egal, ob diese Leute nun leben oder sterben – sowas vermehrte sich sowieso von selbst.«[76]

Zu Recht verortet Foucualt die sexuelle Unterdrückung in den Normen der bürgerlichen Klasse. Diese nutzte die sexuelle Unterdrückung als Mittel, um die Aufmerksamkeit auf die Körper ihrer Mitglieder zu

75 Vgl. bell hooks: Ain't I a Woman.

76 Foucault: Sexualität und Wahrheit, S. 152.

lenken und die Wichtigkeit dieser Körper zu betonen. Die bürgerlichen Körper waren wertvoll genug, um die zusätzlichen sozialen Energien zu rechtfertigen, die die sexuelle Repression erforderte, einschließlich der Regime der Erziehung, der Überwachung und der Selbstbeichte beim Arzt. Sexuelle Unterdrückung, zumindest in ihren stereotypen Formen, ist ein Produkt der bürgerlichen Klasse und kann nicht als allgemeines Phänomen der menschlichen Sozialisation bezeichnet werden. Foucault fährt fort:

> »Hatte das Bürgertum am Ende des 18. Jahrhunderts dem edlen Blut der Aristokratie seine eigenen Körper und seine kostbare Sexualität entgegengesetzt, so sucht es am Ende des 19. Jahrhunderts die Eigenart seiner Sexualität gegenüber derjenigen der anderen hervorzuheben und abzusetzen und eine Grenzlinie zu ziehen [...] Die Theorie der Repression [...] hat da ihren Ursprungspunkt. [Der bürgerliche Diskurs der Sexualität im 19. Jahrhundert] sagte ›Unsere Sexualität ist im Unterschied zu derjenigen der anderen einem so strengen Unterdrückungssystem unterworfen, dass darin die eigentliche Gefahr liegt, [...] dass der Sex ein unheimliches Geheimnis ist, dessen Wahrheit aufgescheucht werden muss – seine ungeheure Gefährlichkeit rührt aber vor allem daher, dass wir ihn allzulange – sei es aus Skrupeln, übertriebenem Sündenbewusstsein oder Heuchelei – zum Schweigen verurteilt haben.‹ Fortan würde die soziale Differenzierung nicht durch die ›sexuelle‹ Qualität des Körpers, sondern durch die Intensität seiner Unterdrückung bestätigt.«[77]

In dieser Hinsicht ist die Forderung nach der Ausweitung von Schuld und Scham auf die jungen Mädchen der Arbeiterklasse tatsächlich ein Angebot, ihre Körper wichtig genug zu nehmen, dass sie gesellschaftlich zu berücksichtigen wären. Es ist ein Angebot vonseiten der behäbigen Reformer, die Klassenmarkierungen der Bourgeoisie zu erweitern.

Was diesem Angebot fehlt, ist die uns heute leichter zugängliche oder zumindest weniger klassisch-bürgerliche Einsicht, dass sexuelle Unterdrückung keine notwendige Bedingung für die Hervorhebung der Bedeutung eines Körpers ist. Sexuelle Unterdrückung und Erziehung zur Weiblichkeit sind auch ein bizarrer Ort, um die Umerziehung der Arbeiterklasse zu beginnen. Zumindest scheinen eine richtige Ernährung und eine Ausbildung in Mathematik wichtiger zu sein. Das zeigt uns, dass die Bourgeoisie selbst in Gestalt ihrer fortschrittlichsten Reformerinnen und Reformer nicht widerstehen konnte, das Geschlecht zu sehen und seine Vorrangstellung zu betonen, wo immer sie hinschaute.

77 Ebd., S. 154–155.

Wenn wir im Gegensatz zu diesen Reformern den arbeitenden, aktiv sexuellen weiblichen Körper nicht als negative Monstrosität, sondern als etwas Positives interpretieren, könnten wir sogar zu dem Schluss kommen, dass die Industrialisierung bestimmte Aspekte der Frauenbefreiung bedingt hat. Dazu gehören die Freiheit und Unabhängigkeit von der patriarchalischen Familie, die die Lohnarbeit bieten kann, die Freiheit, sich die eigene Sexualität außerhalb der engen bürgerlichen Grenzen anzueignen und auszudrücken, und die Freiheit von den Zwängen der weißen Klasse zur Geschlechter-Performance, wie sie von der bürgerlichen Kultur vorgegeben werden. Marx behauptet, dass bestimmte Produktionsmittel die sozialen Merkmale einer historischen Epoche bestimmen. Neue Konfigurationen von Geschlecht und Sexualität sind ein solches soziales Merkmal der neuen industriellen Umgebungen, unabhängig davon, ob wir diese Konfigurationen als befreiend oder monströs lesen. Sie sind in der Tat gleichzeitig befreiend und entfremdend.

Marx' eigene Haltung gegenüber den Körpern der Arbeiterklasse und sonstigen weiblichen Körpern ist schwieriger zu erkennen. Wie bei anderen Passagen im »Kapital« kann Marx' eigene Ansicht nicht ohne Weiteres mit den von ihm zitierten Passagen identifiziert werden, da er solche oft kritisch zitiert. Was wir mit Sicherheit sagen können: Marx, der immer auf der Suche nach der Revolution in einer eher traditionellen Form ist (vorzugsweise mit Barrikaden), erkennt die subtilen Befreiungen, die der Kapitalismus selbst mit sich bringt, nicht immer, obwohl er weiß, dass es sie geben wird. Auch wenn er es nicht gemerkt hat: Die scheinbar festen Strukturen der sexuellen Differenz gehören zu den Phänomenen, die der Kapitalismus in Luft auflöst.

Was die sexuelle Differenz betrifft, so behauptete Marx in der »Deutschen Ideologie« (1846), dass die Arbeitsteilung, die die genealogische Vorlage für alle nachfolgenden Teilungen, einschließlich der Klassenteilungen, bildet, die natürliche Arbeitsteilung zwischen Männern und Frauen ist. Aber in den 1860er-Jahren hat er eine wichtige Konsequenz seiner eigenen Analyse noch nicht gesehen: Dank der Minimierung der Bedeutung der Natur durch das industrielle Leben wird diese Teilung rückgängig gemacht. Ein Mädchen bei der Arbeit ist nicht unbedingt ein roher, bösmäuliger Junge. Es könnte einfach ein rohes, bösmäuliges Mädchen sein, oder, noch besser, ein rohes, bösmäuliges Mischwesen, dessen bloße Existenz die starren Normen des viktorianischen Geschlechts herausfordert.

Obwohl ich mich vor der scheinbar unkritischen Übernahme einiger dieser Normen durch Marx in seiner Darstellung der Frauen im »Kapital« hüte, deuten andere, frühere Texte von ihm über die Geschichte der Frauen darauf hin, dass er eine gewisse Vorstellung davon hatte, wie sich mit der Industrialisierung die Systeme der weiblichen Unterdrückung verändern könnten. Im Juli 1852 begann Marx mit der Arbeit an einer Reihe von Exzerptheften über Frauen und ihren Status unter patriarchalen Herrschaftssystemen. Er hat diese Exzerpte nie zu einem Text ausgearbeitet, wenngleich sie einen Teil der Forschung darstellen, vor deren Hintergrund Engels seine Schrift »Der Ursprung der Familie, des Privateigentums und des Staates« verfasste. In diesen Auszügen machte Marx sich Notizen zu Historikern, die die Veränderungen der Arbeits- und Lebensbedingungen für Frauen im Laufe der Zeit aufgezeichnet haben: vom Matriarchat über primitive Patriarchate bis hin zur höfischen Liebe und schließlich zu den Arbeiterinnen im industrialisierten England. Marx kann sich solche Notizen nicht gemacht haben, ohne darüber nachzudenken, dass die Bedingungen für Frauen im Wesentlichen historisch sind und in den verschiedenen ökonomischen Epochen stark variieren.[78]

Diese Unterschiede sind der Grund, warum Marx' grundlegendste Darstellungen von Frauen im »Kapital« mit seinem Verständnis der maschinellen Produktion und ihrer Auswirkungen auf das gesellschaftliche Leben verbunden sind. Wenn wir vom Viktorianismus im »Kapital« und in Marx' Gesamtwerk absehen, stellen wir fest, dass das, was Marx tatsächlich vollbracht hat, radikaler ist, als es zunächst scheint. Er hat begonnen, den Zusammenhang zwischen maschineller Arbeit und Veränderungen in der Bedeutung der geschlechtlichen Arbeitsteilung zu skizzieren, wie sie in früheren Epochen üblich war. Er hat verstanden, dass das, was wir heute als »Geschlecht« bezeichnen, innerhalb eines breiten Systems sozialer Bedeutung wirkt, das nur lose mit natürlichen Bezeichnungen korrespondiert und in seiner Entfaltung von der sozialen Klasse beeinflusst wird.

Marx erklärt die gesteigerte Bedeutung des Geschlechts für die sich industrialisierende Umwelt mit der Behauptung, dass das Geschlecht auf ein Bedürfnis nach sozialer Variation in einer Umgebung reagiert, in der die Arbeit aufgehört hat, diese zu liefern. Die nivellierte und homogene produktive Arbeit lässt keine große Rollendifferenzierung zu.

78 Exzerpte von Heft XIX, vgl. IISG, Marx-Engels-Nachlass, Sig. B 59 [Heft LIII], B 61 [Heft LIX]. Marx schöpfte die Vorstellung von der Geschichte und dem Charakter der Frau, die er im »Kapital« und späteren Texten verwendete, aus den Schriften, die in seinen Exzerpthefte vertreten sind: J. G. Eichhorn (1799), John Millard (1753), J. Jung (1850), J. A. de Leger (1803), Dr. William Wachsworth (1850), C. Meiners (1788–1800), Thomas de L'Ac (1773), W. Alexander (1782) und Druman (1847). Viele der Schriften dieser Autoren gehören dem Genre der »Querelle des Femmes« (Frauenfrage) an, das die europäische Literatur seit dem 15. Jahrhundert prägte. Gary Kates schreibt: »Die Forschungen jüngeren Datums über die Querelle-des-Femmes-Literatur konzentrieren sich fast ausschließlich auf die Renaissance und das siebzehnte Jahrhundert. Das achtzehnte Jahrhundert wird dabei von den Forscherinnen und Forschern praktisch völlig übersehen [...] Aber wie d'Eons Bibliothek zeigt, verschwand die Querelle des Femmes nicht nach 1700; wenn überhaupt, dann wurde sie sogar kühner.« (Monsieur d'Eon ist eine Frau – Die Geschichte einer Intrige, Hamburg 1996, S. 190) Feministische Themen dieses Genres scheinen oft bemerkenswert zeitgemäß, wenn in der Art von Simone de Beauvoir argumentiert wird, dass Frauen nicht geboren, sondern gemacht werden. Das gesamte Genre wurde möglicherweise zunehmend durch die bürgerlichen Geschlechternormen des 19. Jahrhunderts eingeengt, ebenjenen Normen, die in diesem Kapitel diskutiert werden.

Marx glaubt, dass sowohl das Geschlecht als auch, an anderer Stelle, die »Rasse« diese Lücke in der modernen industriellen Produktion füllen. Eine Frau unterscheidet sich nicht mehr durch ihren Mangel an zünftigen Fertigkeiten, sondern allein durch ihr Geschlecht. Paradoxerweise beseitigt die Industrialisierung nicht die vom Zeitalter als »natürlich« eingestuften Merkmale der Körperlichkeit, zum Beispiel Geschlecht und »Rasse«. Stattdessen steigert sie deren Bedeutung. Infolgedessen werden im kapitalistischen Humanismus virulenter Rassismus und Frauenfeindlichkeit entfesselt, insbesondere wenn Frauen und *people of color* in die Fabriken gehen, um weiße, männliche Arbeitsplätze zu »übernehmen«.

VII Maschinerie und Revolution

Marx beendet das 13. Kapitel des »Kapital« mit einer negativen Einschätzung des Einsatzes der Technik im Kapitalismus: »Die kapitalistische Produktion entwickelt daher nur die Technik und Kombination des gesellschaftlichen Produktionsprozesses, indem sie zugleich die Springquellen alles Reichtums untergräbt: die Erde und den Arbeiter.«[79] Nach dieser Aussage ist es an Marx zu zeigen, wie die Entwicklung der Technik in einer alternativen, kommunistischen Moderne anders gestaltet werden könnte.

Im »Kapital« wird die Notwendigkeit des Übergangs zwar immer wieder behauptet, aber nur unzureichend erklärt. Wie soll die Technik von ihrer ungeheuerlichen, kapitalistischen Verwendung befreit werden? (Und je monströser Marx diese darstellt, desto schwieriger ist diese Frage für ihn zu beantworten.) Wird sich Technik in der kommunistischen Produktionsweise weiterentwickeln oder ist ihr Reichtumspotenzial bereits so weit ausgeschöpft, dass dies nicht mehr nötig ist? Wenn der erste Fall eintritt, wie wird sich die Technik anders entwickeln und wird sie noch unter demselben Konzept erkennbar sein? Was ist schließlich, solange die Revolution noch nicht vollendet ist, angemessenes Handeln, wenn die Technologie als Mittel zur Unterwerfung der Arbeiterklasse eingesetzt wird? Und wie kann gerade diese Klasse eine revolutionäre Veränderung herbeiführen unter Bedingungen, die so entfremdend sind, dass ihr die wichtigsten Merkmale der menschlichen Spezies völlig fehlen, insbesondere Werkzeuggebrauch, Bildung und politische Vorstellungskraft?

Da das »Kapital« das letzte ausgefeilte Werk von Marx ist, werden diese Fragen der Transformation nie zufriedenstellend gelöst. Stattdessen müssen wir aus den wenigen Bruchstücken, die Marx uns hinterlassen hat, spekulativ etwas davon rekonstruieren, was eine solche Darstellung enthalten haben könnte.

Marx kritisierte die Auswirkungen der Maschinenproduktion im entfremdeten Modus des Kapitals. Aber die Maschinenproduktion wird nach

79 Marx: Kapital I, MEW, Bd. 23, S. 529–530.

der proletarischen Revolution, die im »Kommunistischen Manifest« vorhergesagt wurde, weitergehen, nur nicht mehr im entfremdeten Modus. In der Tat sind Maschinen die Grundlage für den Überschussreichtum, den das Leben im Kommunismus erfordern wird. Die vergegenständlichten Kräfte des Menschen, gleichmäßig verteilt, sind die Grundlage für Reichtum und freie Zeit. Deshalb kann Marx' Entfremdungskritik weder für die historische Rückkehr zu primitiveren Produktionsweisen plädieren, noch ist sie kritisch gegenüber dem wissenschaftlichen Fortschritt der Aufklärung und seiner Anwendung in der Produktion oder der verallgemeinerten Arbeit von Wissenschaft und Technik.

Marx bezog sich im 13. Kapitel des »Kapital« auf das »Kommunistische Manifest«, um zu zeigen, wie die beständige Revolutionierung der Produktionsmittel in der kapitalistischen Periode nicht nur eine Reise durch das Fegefeuer, sondern auch eine positive Akkumulation wissenschaftlicher Ressourcen ist. So wie das Fegefeuer eine notwendige Durchgangsstation für den Aufstieg in den Himmel ist, ist die Zeit im kapitalistischen Inferno historisch notwendig, weil sie das Fundament für die kommunistische Produktionsweise legt. Die entfremdete Arbeit ist das Fegefeuer. In ihrem Gefolge legt sie eine überschüssige Vergegenständlichung der menschlichen Arbeit nieder und läutet eine neue ökonomische Ära ein. Dieser Überschuss wird zurückgegeben, wenn die Produktionsweise vom Kapitalismus zum Kommunismus geändert wird.

Marx hat das »Kommunistische Manifest« im Ersten Band des »Kapital« nur an zwei Stellen zitiert, und beide Male in einer Fußnote.[80] Das Zitat aus dem 13. Kapitel ist das erste und es steht an der Stelle, wo Marx die englischen Fabrikgesetze diskutiert. Dort spricht er allgemein von der »allmählichen Änderung des Arbeitsinstruments«.[81] Diese Veränderung der Produktionsmittel wirkt für Marx als historisches Prinzip, wie ich oben ausgeführt habe.

Marx erinnert des Weiteren daran, wie die im Zeitalter der Manufaktur begonnene Arbeit der Analyse in der modernen Industrie fortgesetzt und erweitert wird. Wie wir gesehen haben, bildet dies die Grundlage für seine Definition der modernen Technik als die Arbeit, die Bewegung des menschlichen Körpers in der produktiven Arbeit zu analysieren und mechanisch zu replizieren:

80 Das zweite Zitat aus dem »Kommunistischen Manifest« findet sich am Ende des Buches, in dem Kapitel über die sogenannte ursprüngliche Akkumulation. Die Passage bezieht sich auf die Herrschaft der Bourgeoisie und ihre Auswirkung: »[...] das Proletariat ist ihr eigenstes Produkt« (ebd., S. 791). Unter all ihren Produkten, und diese an Bedeutung übertreffend, bringt die moderne Industrie diese Klasse hervor. Entfremdet, wird die Klasse revolutionär und zerstört die Produktionsweise, die sie ins Leben gerufen hat. Marx' Revolution setzt das ödipale Drama um: Indem es den Code des Vaters, die Produktionsweise, zerstört, behält das Proletariat die Mutter, die Maschinen, die Produktionsmittel, um eine neue Welt hervorzubringen. Die neue Welt ist eher hoffnungsvoll als degeneriert: Sie ist utopisch, nicht tragisch.

81 Ebd., S. 510.

> »Ihr Prinzip, jeden Produktionsprozess, an und für sich und zunächst ohne alle Rücksicht auf die menschliche Hand, in seine konstituierenden Elemente aufzulösen, schuf die ganz moderne Wissenschaft der Technologie. Die buntscheckigen, scheinbar zusammenhangslosen und verknöcherten Gestalten des gesellschaftlichen Produktionsprozesses lösten sich auf in bewusst planmäßige und je nach dem bezweckten Nutzeffekt systematisch besonderte Anwendungen der Naturwissenschaft. Die Technologie entdeckte ebenso die wenigen großen Grundformen der Bewegung, worin alles produktive Tun des menschlichen Körpers, trotz aller Mannigfaltigkeit der angewandten Instrumente, notwendig vorgeht, ganz so wie die Mechanik durch die größte Komplikation der Maschinerie sich über die beständige Wiederholung der einfachen mechanischen Potenzen nicht täuschen lässt.«[82]

Man beachte, dass Marx hier den Übergang zu einem technologischen Bewusstsein dokumentiert, das auf die industrielle Produktion angewandt wird. Am Ende der Passage wird der menschliche Körper nicht in moralischen Begriffen diskutiert, sondern im thermodynamischen Vokabular der produktiven Mechanisierung.

In den »Grundrissen« hatte die moderne Industrie für Marx sowohl kapitalistische als auch kommunistische Komponenten. Beide Perioden hatten die gleichen Produktionsmittel zur Grundlage: Maschinen. Angesichts des größeren Verständnisses der Technikgeschichte, das Marx im »Kapital« zeigt, können wir diese Darstellung modifizieren. Der Kapitalismus wurde durch Entwicklungen des Übertragungsmechanismus hervorgebracht. Diese begannen während der Renaissance und erreichten ihren Höhepunkt in den Technologien des 17. und 18. Jahrhunderts. Mit der Dampfmaschine, dieser eigentümlichen Erfindung des 19. Jahrhunderts, hat der Kapitalismus bereits die Instrumente hervorgebracht, die einer neuen, kommunistischen ökonomischen Ära und dem materiellen Reichtum, den diese Ära erfordert, angemessen sind. Der Grundstein dafür ist die Austauschbarkeit von menschlicher und maschineller Produktion von Reichtum. Der Übergang zur kommunistischen Ära mag zusätzliche Veränderungen der Produktionsmittel hervorbringen, aber diese werden auf den im Kapitalismus erreichten Veränderungen aufbauen und kaum einen Rückschritt zu Handwerkszeugen oder anderen, primitiveren Technologien bedeuten. Das heißt auch, dass Marx ein Interesse daran hat, den spezifischen Unterschied der thermodynamischen Technologie von der Technologie aller vorangegangenen Epochen zu beizubehalten. Die Dampfmaschine ist nicht einfach ein Werkzeug, denn sie

82 Ebd.

kann, was ein Werkzeug nicht kann: vergangene lebendige Arbeit unentgeltlich verrichten zu lassen.

Mit der Erfindung der Dampfmaschine trägt der Kapitalismus die ökonomische Struktur, die ihren Profit allein aus menschlicher Arbeit bezieht, als Fessel oder als Überrest (im technischen Sinne des Wortes) in sich. Daher werden Maschinen das Verhängnis des Kapitals sein. Der revolutionäre Charakter der Maschinen wird seine letzten Früchte in der Überwindung ebenjenes Modus tragen, der diese Maschinen hervorgebracht hat. In der kommunistischen Ära werden die Maschinen endlich ihr Versprechen einlösen, die Plackerei zu lindern. Sie sollen ihren überschüssigen Reichtum in seiner ganzen Fülle als freie Zeit (definiert als Zeit, die nicht mit Arbeit für den Selbsterhalt verbracht wird) realisieren. Darin unterscheiden sich die Maschinen von allen vorangegangenen Produktionsinstrumenten.

Marx beschreibt die moderne Industrie nicht nur als Produzentin von materiellem Reichtum, sondern auch als Produzentin eines bestimmten technischen Bewusstseins. Dieses Bewusstsein ist ständig unzufrieden mit den gegenwärtigen Produktionsmitteln. »Die moderne Industrie betrachtet und behandelt die vorhandne Form eines Produktionsprozesses nie als definitiv. Ihre technische Basis ist daher revolutionär, während alle früheren Produktionsweisen wesentlich konservativ waren.«[83]

Die kontinuierliche Verbesserung der thermodynamischen Maschinen bildet den historischen Hintergrund für Marx' Behauptungen. Solche Maschinen sind ständiger Revision und Auslöschung ausgesetzt; sie werden unentwegt verändert und rekonfiguriert mit dem Ziel von größerer Energieproduktivität und geringerem Wärmeverlust. Hier zeigt der Kapitalismus seine wahre Größe. Gegen seine eigenen konservativen Tendenzen hat er eine im Wesentlichen revolutionäre technische Struktur hervorgebracht und damit die Art und Weise verändert, wie das menschliche Bewusstsein die gegebene, natürliche Welt und die Möglichkeiten dieser Welt betrachtet.

Marx zitierte das »Kommunistische Manifest«, um diesen Punkt zu illustrieren. Der Text, den er anführte, ist die berühmte Passage über das Leben unter bürgerlichen Produktionsbedingungen als ein Leben der ständigen Revolution:

> »Die Bourgeoisie kann nicht existieren, ohne die Produktionsinstrumente, also die Produktionsverhältnisse, also sämtliche gesellschaftlichen Verhältnisse fortwährend zu revolutionieren. Unveränderte Beibehaltung der alten Produktionsweise war dagegen die erste Existenzbedingung aller früheren industriellen Klassen. Die fortwährende

83 Ebd., S. 510–511.

> Umwälzung der Produktion, die ununterbrochene Erschütterung aller gesellschaftlichen Zustände, die ewige Unsicherheit und Bewegung zeichnen die Bourgeoisepoche vor allen früheren aus. Alle festen, eingerosteten Verhältnisse mit ihrem Gefolge von altehrwürdigen Vorstellungen und Anschauungen werden aufgelöst, alle neugebildeten veralten, ehe sie verknöchern können. Alles Ständische und Stehende verdampft, alles Heilige wird entweiht, und die Menschen sind endlich gezwungen, ihre Lebensstellungen, ihre gegenseitigen Beziehungen mit nüchternen Augen anzusehen.«[84]

Die Bourgeoisie selbst revolutioniert permanent die Instrumente der Produktion. Die Maschinen, die ständigen produktivitätssteigernden Veränderungen unterworfen sind, verkörpern diese permanente Umstellung der Produktionsmittel; deshalb sind sie die Produktionsmittel des Kapitals schlechthin.

Zu den revolutionären Verschiebungen, die dem technologischen Bewusstsein eigen sind, gehört ein Verständnis für die gegenseitige menschliche Beteiligung. Dies bekämpft politische Fiktionen, die Menschen als isolierte Einheiten behandeln würden.

Nach Marx zerriss die moderne Industrie, definiert durch den Übergang zur maschinellen Produktion, »den Schleier, der den Menschen ihren eignen gesellschaftlichen Produktionsprozess versteckte«.[85] Maschinen enthüllen den Produktionsprozess in einer nie dagewesenen Weise, weil in der Arbeit mit ihnen die sozialen Beziehungen, die unter Menschen immer bestehen, sichtbar und unleugbar gemacht werden.

Maschinen ähneln dem menschlichen Körper, nicht als individuelle Körper, sondern als Klassenkörper. Sie spiegeln den allgemeinen Stand der Wissenschaft als Summe des gesellschaftlichen Wissens und einen Überschuss an abstrahiertem Reichtum. Umgekehrt setzen sie die Körper der Menschen, die an und mit ihnen arbeiten, neu zusammen und verändern den Begriff des »Menschen« und die Klasse, Geschlecht/Gender, die »Rasse«, die Verwandtschaft und die Klassenverwandtschaft, die dieser Begriff impliziert. Die Industrialisierung bringt Ungeheuer mit Potenzial hervor.

In ihrer ständigen Umwälzung der gegebenen Arbeitsteilung haben Maschinen das Potenzial, das zu revolutionieren, was für Marx die wichtigste Arbeitsteilung ist: die polarisierende Teilung zwischen den beiden Klassen.[86] Deshalb sind im »Kommunistischem Manifest« die Maschi-

84 Ebd., S. 511, Fn 306.

85 Ebd., S. 510.

86 Für Marx hat diese Aufteilung ihre tiefen schematischen Ursprünge in zwei Unterschieden, die in der »Deutschen Ideologie« hervorgehoben werden. Der erste ist der Unterschied zwischen den Geschlechtern, oder genauer gesagt, die aktive/passive Arbeitsteilung im Sexualakt. Der zweite ist der Unterschied zwischen intellektueller und physischer Arbeit. Beide Unterscheidun-

nen selbst Schlüsselelemente für die Entwicklung des revolutionären Bewusstseins sowie die materielle Grundlage für die kommunistische Produktionsweise. Die Gewöhnung an das industrielle Leben kann nicht nur Monstrositäten hervorbringen, sondern auch Befreiung von alten patriarchalen Normen.

In einer wichtigen Passage gegen Ende des 13. Kapitels fasst Marx eine Reihe dieser Themen zusammen: die allmähliche Selbstüberwindung der modernen Industrie zugunsten ihrer zweiten, kommunistischen Form; die darin implizierte Unterscheidung zwischen den Produktionsmitteln und der Produktionsweise; und die noch ältere Unterscheidung zwischen Vergegenständlichung und Entfremdung, die in Kapitel 1 dieses Buches untersucht wurde. Das allgemeine philosophische Argument von Marx ist, dass es sowohl positive als auch negative Aspekte des Einsatzes von Maschinen durch das Kapital gibt. Die positiven sind die Veränderungen in den sozialen Beziehungen, die durch die Veränderungen der Produktionsmittel hervorgerufen werden und das soziale und politische Leben, insbesondere die traditionellen Klassenkategorien, umstürzen. Die negativen sind die Ungeheuerlichkeiten, die das Leben der Arbeiterklasse treffen, obwohl diese auch positive Veränderungen einschließen können, die Marx nicht erkennen kann oder die zumindest innerhalb seiner Darstellung der Logik des entfremdeten Lebens nicht auftauchen. Marx schreibt über die große Industrie:

> »Durch Maschinerie, chemische Prozesse und andere Methoden wälzt sie beständig mit der technischen Grundlage der Produktion die Funktionen der Arbeiter und die gesellschaftlichen Kombinationen des Arbeitsprozesses um. Sie revolutioniert damit ebenso beständig die Teilung der Arbeit im Innern der Gesellschaft und schleudert unaufhörlich Kapitalmassen und Arbeitermassen aus einem Produktionszweig in den andern. Die Natur der großen Industrie bedingt daher Wechsel der Arbeit, Fluss der Funktion, allseitige Beweglichkeit des Arbeiters. Andererseits reproduziert sie *in ihrer kapitalistischen Form* die alte Teilung der Arbeit mit ihren knöchernen Partikularitäten. Man hat gesehen, wie dieser absolute Widerspruch alle Ruhe, Festigkeit, Sicherheit der Lebenslage des Arbeiters aufhebt, ihm mit dem Arbeitsmittel beständig das Lebensmittel aus der Hand zu schlagen und mit seiner Teilfunktion ihn selbst überflüssig zu machen droht; wie dieser Widerspruch im ununterbrochen Opferfest der Arbeiter-

gen beziehen sich auf die klassische Unterscheidung zwischen der Aktivität der Form und der Passivität der Materie. Geist, Form und Intellekt sind gegenüber der Materie oder der Beschäftigung mit ihr privilegiert. Diese Hierarchie wiederholt sich in der sozialen Unterscheidung zwischen Mann und Frau, Ober- und Unterschicht, Weiß und Nicht-Weiß, Christ und Nicht-Christ, Gott und Mensch und den reinen Wissenschaften gegenüber ihrer technischen Anwendung. In der Thermodynamik werden all diese metaphysischen Hierarchien infrage gestellt.

> klasse, maßlosester Vergeudung der Arbeitskräfte und den Verheerungen gesellschaftlicher Anarchie sich austobt. Dies ist die negative Seite.«[87]

In der Darstellung der positiven Seite des Kapitalismus sehen wir Marx am wenigsten technikfeindlich, mit dem vollen Verständnis, dass die hybride Symbiose von Mensch und Maschine neue Konfigurationen menschlicher Aktivität und sozialen Lebens hervorbringen wird. In solchen Passagen übernimmt Marx vollständig das thermodynamische Paradigma und seine Fähigkeit, die positiven Konsequenzen für das soziale und politische Leben auszubuchstabieren. Die Maschinerie und im weiteren Sinn damit auch die Technik allgemein nehmen eine enorme Bedeutung an, während die menschliche Arbeit abnimmt oder verschwindet. Die mit dem technologischen Wandel einhergehende Beseitigung von Knappheit wird zu einem materiellen Katalysator für die politische Vorstellungskraft. Maschinen sind Metaphern für das akkumulierte historische und wissenschaftliche Wissen der menschlichen Spezies sowie dessen Verkörperung und sie gehören zu den ultimativen Verursachern für eine neue Form der politischen Gesellschaft.

87 Marx: Kapital I, MEW, Bd. 23, S. 511; Hervorhebung A.W.

5 —— Entfremdung jenseits von Marx[1]

Marx' Kritik der technologischen Entfremdung kommt in seiner Beschreibung der Rolle der Maschinen im modernen industriellen Leben am stärksten zum Ausdruck. Aber selbst in ihrer ausgereiftesten Form bleibt seine Darstellung der technologischen Entfremdung nicht spannungsfrei, weil die Darstellung der Technologie selbst ambivalent ist, was mit der Zweideutigkeit der gesellschaftlichen Nutzung von Wissenschaft und Technologie in der kapitalistischen Gesellschaft des 19. Jahrhunderts zusammenhängt. Einerseits unterstützte Marx die wissenschaftlich-technische Revolution der Produktionsmittel, die sich im Gebrauch von Maschinen ausdrückt. In dieser Revolution sah er die Chance, dass Maschinen ihr Versprechen erfüllen, die Menschen von der Plackerei zu befreien, die Arbeitszeit und -intensität zu verringern und mehr Zeit für die Kultivierung des Selbst zu lassen, also die Entfremdung zu überwinden oder zu beseitigen. Darin folgte er den utopischen Sozialisten, denen er sonst so kritisch gegenüberstand, und blieb innerhalb der Parameter der aufklärerischen Einstellung zur Technik.

Auf der anderen Seite hat Marx gesehen, dass Maschinen das Gegenteil bewirken. Sie intensivieren die Arbeit in ihren schrecklichsten Formen, weil die Produktionsweise, in der sie eingesetzt werden, ein einziges Maß für die Berechnung des Werts hat: die maximale Produktion von Mehrwert. Die kapitalistische Produktion enthält keine Kategorie zum Verständnis des materiellen Reichtums jenseits dieser Bestimmung, und die kapitalistische Gesellschaft legt keinen Wert auf eine Verringerung der Arbeit, sondern nur auf steigenden Mehrwert. Marx buchstabiert den Widerspruch zwischen dem Versprechen und der Realität der Nutzung von Maschinen aus, wenn er schreibt:

> »Die Maschine selbst produziert in älter entwickelten Ländern durch ihre Anwendung auf einige Geschäftszweige in anderen Zweigen solchen Arbeitsüberfluss (redundancy of labour, sagt Ricardo), dass hier der Fall des Arbeitslohns unter den Wert der Arbeitskraft den

1 Eine frühere Version von Kapitel 5 erschien unter dem Titel »Partial Liberations: The Machine, Gender, and High-Tech Culture« in: International Studies in Philosophy 2/2002, S. 169–185.

> Gebrauch der Maschinerie verhindert und ihn vom Standpunkt des Kapitals, dessen Gewinn ohnehin aus der Verminderung nicht der angewandten, sondern der bezahlten Arbeit entspringt, überflüssig, oft unmöglich macht. […] In England werden gelegentlich statt der Pferde immer noch Weiber zum Ziehen usw. bei den Kanalbooten verwandt, weil die zur Produktion von Pferden und Maschinen erheischte Arbeit ein mathematisch gegebenes Quantum, die zur Erhaltung von Weibern der Surpluspopulation dagegen unter aller Berechnung steht. Man findet daher nirgendwo schamlosere Verschwendung von Menschenkraft für Lumpereien, als gerade in England, dem Land der Maschinen.«[2]

Marx, der die Ära des unregulierten Kapitalismus in England miterlebte, sah, wie diese Produktionsweise den Menschen nicht als qualitativ andersartige, überlegene Form der Energie zu schätzen wusste, dessen Fähigkeiten vorrangig zu behandeln und zu erhalten wären. Maschinen, vermeintlich die materielle Verkörperung des aufklärerischen Fortschrittsnarrativs, wurden nicht nur zu Instrumenten der Folter, der Erschöpfung und des Todes, sie wurden auch wertvoller als die Menschen selbst. Der Mensch der Arbeiterklasse ist weniger wert als in der Feudalzeit, weniger als Tiere, weniger als die Sklaven der Antike und weit, weit weniger als die Industriemaschinen selbst. Maschinen sind weit davon entfernt, die Entfremdung zu überwinden und zu beseitigen, sondern verschärfen sie eher noch.

Ich habe diesen Widerspruch in den Kapiteln 3 und 4 untersucht. In Kapitel 3 habe ich gezeigt, wie Marx' konzeptionelles Erbe in der Tradition von Justus Liebig seine Vorhersage erklärt, welche Rolle die Technik in einer befreiten sozialen Welt spielen wird. Marx behauptete, dass technologische und ökonomische Veränderungen die Grundlage für politische und ideologische Veränderungen bilden. Durch die Überwindung der Knappheit werde die technologisch gesteigerte Produktion eine Gesellschaft schaffen, die den Kampf um knappe Ressourcen in ihren sozialen und politischen Funktionen nicht mehr wiederholen muss. In den »Grundrissen« (1857/58) entwickelte Marx eine Theorie darüber, wie die Maschinerie bereits jetzt das emblematische Produktionsmittel einer befreiten Gesellschaft ist, das zur Produktion von materiellem Reichtum und zur Verringerung des Zeitaufwands für entfremdende Arbeit eingesetzt wird. Um dies zu zeigen, erläuterte er den Gegensatz zwischen materiellem Reichtum und Wert. Zu der ersten Kategorie gehören alle verwertbaren Waren, zur letzten nur die auf Arbeit basierenden Waren, die im kapitalistischen System einen Profit abwerfen. In den »Grundris-

2 Marx: Kapital I, MEW, Bd. 23, S. 415–416.

sen« stellte sich Marx eine Abschaffung des Werts zugunsten des materiellen Reichtums vor; daher sind diese positiven Aspekte der Maschinerie noch sichtbar neben der Entfremdung, die durch den Einsatz von Technik in der kapitalistischen Produktionsweise hervorgerufen wird.

In Kapitel 4 habe ich Marx' Darstellung der Maschinen im »Kapital« erläutert. Anders als in den »Grundrissen« geht es hier um die Art und Weise, wie die Technik in einer entfremdeten Produktionsweise funktioniert, sodass die Arbeit elend und mühsam wird. Indem sie Kraft und Geschicklichkeit von der Arbeit ablösen, geschieht dasselbe auch mit dem Interesse an ihr. Maschinen werden im Kapitalismus nicht optimal eingesetzt, da sie nur zur Produktion von Wert und nicht zur Schaffung von materiellem Reichtum dienen: um Mehrwert abzupressen, statt nützliche Güter zu produzieren.

Im »Kapital« beleuchtete Marx auch die Auswirkungen von Maschinen auf den Begriff Arbeit, um die Veränderungen der Arbeit und des sozialen Status der Frauen in der Moderne zu erklären, sowie allgemeiner, um die sich verändernde Zusammensetzung der arbeitenden Klassen zu betrachten. Seine Gründe dafür werden deutlicher, wenn wir uns seinen Notizbüchern vom August 1852 zuwenden, in denen die von ihm zitierten Historiker das Thema Fortschritt in den Künsten direkt mit der Aufwertung des sozialen und politischen Status der Frauen verbinden.[3]

Aber diese historische These schafft ein Problem, denn Marx zeigt auch, dass die industrielle Revolution die Arbeitskraft von Frauen ausbeutet und ihren Status herabsetzt: Sie werden zum Ziehen von Kanalbooten und für andere anachronistische Aufgaben eingesetzt, die sonst niemand mehr übernimmt. Er zeigt auch, wie ein giftiger Strang des kapitalistischen Humanismus, der frauenfeindlichen Charakter hat, sich als Gegenreaktion auf den weitverbreiteten Eintritt von Frauen in die lohnabhängige Fabrikarbeit bildet. Marx »löst« dieses Problem, indem er die entfremdete Arbeit als eine Periode der Läuterung postuliert, nach der die kommunistische Revolution die richtige historische Parallele zwischen den Fortschritten in den Künsten und in der menschlichen Gesellschaft wiederherstellen wird, was ähnliche Veränderungen hinsichtlich des Status der Frauen einschließt.

In diesem Kapitel werde ich die Entfremdung und die Verbindung zwischen Entfremdung, Wissenschaft und Technologie betrachten, die sich jenseits von Marx entwickelt hat. Dabei verstehe ich »jenseits« in mehreren Bedeutungen. Meine Erörterung blickt über Marx' berühmteste Texte hinaus auf eine Frage, die ihn wirklich für den Rest seines Lebens beschäftigte: die Frage der genauen Rolle von Wissenschaft und Technik in der politischen Produktion. Darüber hinaus betrachte ich seinen zeit-

3 Vgl. Fn 331.

genössischen Kontext, sowohl die Denker, die seine Arbeit beeinflussten, als auch die damals vorherrschenden allgemeinen Einstellungen zur Technologie. Schließlich blicke ich über Marx hinaus auf die Theorien des 20. und 21. Jahrhunderts, die seine Einsichten über Entfremdung wiederholt oder erweitert haben oder aber hinter sie zurückgefallen sind. Mit den Erweiterungen in diese drei Richtungen möchte ich in Anlehnung an Negri einen »Marx jenseits von Marx« erfassen.

Bis jetzt habe ich mich auf die bekannten frühen und späteren Texte von Marx beschränkt und habe insbesondere die »Grundrisse« und das »Kapital« hervorgehoben. Diese Texte sind die bekanntesten zum Problem der Technik bei Marx, obwohl das 13. Kapitel des »Kapital« weiterhin theoretisch unterbelichtet bleibt. In diesem Kapitel will ich über diese Texte hinausschauen – und damit auch über die einschlägige Literatur – auf die seltener analysierten Exzerpte und Manuskripte. Obwohl ich in früheren Kapiteln auf diese Materialien zurückgegriffen habe, geschah dies immer im Zusammenhang mit ihrer Bedeutung für eines der bekannten Werke. In diesem Kapitel geht es um sie selbst.

Das von Marx' Haupttexten vorgegebene Schema kann uns tatsächlich daran hindern, seine Wissenschafts- und Technikphilosophie umfassend zu betrachten, weil er diese Philosophie weder in den »Grundrissen« noch im »Kapital« endgültig dargestellt hat. In der Tat verortet jeder der Haupttexte die Rolle von Wissenschaft und Technik in einer umfassenderen Agenda. Aus diesem Grund will ich mich zwei weniger bekannten und weit weniger analysierten Textgruppen zuwenden: Marx' Exzerptheften zu Wissenschaft und Technik ab den 1850er-Jahren und seinen »Ökonomischen Manuskripten von 1861–63«. Wechselseitig aufeinander bezogen, skizzieren diese Texte einige Implikationen der marxschen Wissenschafts- und Technikphilosophie, die spätere theoretische Entwicklungen vorwegnehmen.

Zunächst will ich die Reichweite und den Inhalt von Marx' Exzerpten zu Wissenschaft und Technik umreißen, den Stand der Forschung über sie und die wichtigsten Stellen, an denen Inhalte dieser Notizbücher in den stärker durchgearbeiteten Texten erscheinen. Danach wende ich mich einem besonderen Fall aus den Notizbüchern zu: den Exzerpten von Charles Babbage, insbesondere wie sie in den »Ökonomischen Manuskripten von 1861–63« wieder auftauchen. Ich benutze den Vergleich zwischen Marx und Babbage als Ausgangspunkt, um einige Beschränkungen in Marx' Darstellung von Wissenschaft und Technik aufzuzeigen und vor allem die Bruchstellen, an denen Marx nicht willens oder nicht in der Lage war, sein Denken in das neue, energetizistische Paradigma einzufügen, das ich in Kapitel 2 beschrieben habe.

Die Auszüge aus Babbage, insbesondere im Vergleich mit den »Ökonomischen Manuskripten«, zeigen auch, dass Marx die mechanische

Geschwindigkeit der maschinellen Produktion als wünschenswerte Folge der Industrialisierung akzeptierte. Dies führt mich zu einem Aspekt technologisch vermittelter Umwelten, der von Marx zwar antizipiert, aber nicht analysiert wurde: das Diktat der modernen, maschinengetriebenen Zeit und die daraus resultierende Entfremdung in der verkörperten Zeitlichkeit. In Anlehnung an Postone meine ich, dass Formen der Zeitlichkeit soziale Herrschaft verkörpern können, dass diese Form der Entfremdung in Marx' Begriff einer befreiten Gesellschaft allerdings nicht angesprochen wird.[4]

Anschließend will ich die für Marx' Zeitalter charakteristische Technophobie diskutieren, eines der auffälligsten Kennzeichen und Symptome des kapitalistischen Humanismus (siehe Kapitel 4). Ich verfolge die politischen Konsequenzen technophober Haltungen im Denken des 19. Jahrhunderts und ihre Ätiologie, um die politische Bedeutung der Diskussionen über Wissenschaft und Technik im 19. Jahrhundert zu kontextualisieren, dem Umfeld also, in dem Marx seine Studien betrieb und seine Schriften verfasste. Mit dieser Rückkehr zu Marx' Hauptwerken will ich auch zeigen, in welchem Maße er selbst Haltungen der Technophobie und Technophilie übernahm.

Im Anschluss an die Genealogie der Technophobie der reaktionären Klassen im 19. Jahrhundert – einer Technophobie, die den schlimmsten Exzessen des kapitalistischen Humanismus entspricht – will ich mich einigen Formen der Technophobie widmen, die in theoretischen Darstellungen der Technologie im 20. Jahrhundert präsent sind. Dabei geht es mir insbesondere um Technophobie in Martin Heideggers »Die Frage nach der Technik« (1953) und in Carolyn Merchants »The Death of Nature« (1980). Ich behaupte, dass Marx uns bereits die Werkzeuge an die Hand gegeben hat, um diese Technophobie als politisch bedenklich zu diagnostizieren. Wie fruchtbar das sein kann, haben Herbert Marcuse und Donna Haraway gezeigt.

Ich behaupte auch, dass Marx' Kritiken der Entfremdung und des Tauschwerts eine frühe Version der Argumentation darstellen, die in Martin Heideggers Anklage gegen die technologische Moderne des 20. Jahrhunderts berühmt werden sollte. Marx' Konzepte sind jedoch politisch wirkmächtiger als die Heideggers, weil sie auf der politischen Gestaltung des begrifflichen Denkens bestehen, einschließlich des philosophischen Denkens über Wissenschaft und Technik und der philosophischen Verwendung des Naturbegriffs. Sie zeigen auch, im Gegensatz zu Heidegger, dass die Technik kein anderes Wesen hat als die historische Produktionsweise, in der sie angewandt wird.

Aus dieser Perspektive erscheinen die Brüche, die sich durch Marx' Darstellungen von Wissenschaft und Technik ziehen, nicht als Schwä-

4 Postone: Zeit, Arbeit und gesellschaftliche Herrschaft.

chen. Sie ergeben sich vielmehr notwendigerweise durch seinen Versuch, die Rationalität der Aufklärung, einschließlich ihrer wissenschaftlichen und technologischen Nachkommen, mit einer Kritik der technologischen Entfremdung zusammenzufügen. Dieser Versuch ist ebenso bewundernswert wie untypisch, da er weder einem unvermittelten Romantizismus noch einem unkritischen Rationalismus folgte. Ähnlich sind auch Marcuse und Haraway vorgegangen, und ihre Projekte haben viel vom Geist der marxschen Analyse, einschließlich einiger ihrer zentralen Widersprüche übernommen.

I Wissenschaft und Technik in Marx' Exzerptheften

Obwohl Marx keine ausgearbeitete Philosophie von Wissenschaft und Technik hinterlassen hat, enthalten seine Texte ab den 1850er-Jahren Hinweise darauf, dass er an einer solchen Theorie gearbeitet hat. Engels äußerte sich dazu nach Marx' Tod in einem Brief an W. Borgius:

> »Unter den ökonomischen Verhältnissen, die wir als bestimmende Basis der Geschichte der Gesellschaft ansehen, verstehen wir die Art und Weise, worin die Menschen einer bestimmten Gesellschaft ihren Lebensunterhalt produzieren und die Produkte untereinander austauschen (soweit Teilung der Arbeit besteht). Also die *gesamte Technik* der Produktion und des Transports ist da einbegriffen. Diese Technik bestimmt nach unserer Auffassung auch die Art und Weise des Austausches, weiterhin der Verteilung der Produkte und damit, nach der Auflösung der Gentilgesellschaft, auch die Einteilung der Klassen, damit die Herrschafts- und Knechtschaftsverhältnisse, damit Staat, Politik, Recht etc.«[5]

Dies offenbart Marx' wachsende Besorgnis über die gesellschaftliche und politische Produktivität der Technik und über die Form, die »die gesamte Technik der Produktion« der daraus resultierenden Gesellschaft zuweist. Den Veränderungen im wissenschaftlichen und technischen Leben gehen Veränderungen im ökonomischen Leben voraus, die sich schließlich auf das politische Leben auswirken. Dies zeigt auch, dass für Marx Wissenschaft und Technik dichte, historisch sedimentierte Praktiken sind, über die eine Geschichte erzählt werden kann. Wissenschaft und Technik haben darüber hinaus anthropologische und ontologische Konsequenzen für die menschliche Körperlichkeit, die Klassenteilungen und den Austausch.

Als Teil seiner Kritik an der kapitalistischen Gesellschaft musste Marx die technische Basis der Produktion entmystifizieren, weshalb er nach

5 Engels an W. Borgius, 25.1.1894, in: MEW, Bd. 39, S. 205; Hervorhebung im Original.

den 1850er-Jahren begann, die Rolle von Wissenschaft und Technik in der Produktion zu untersuchen. Das können wir sowohl in seinen veröffentlichten Werken als auch in seinen unveröffentlichten Exzerptheften sehen. Zwischen den Werken der späten 1840er-Jahre und dem Ersten Band des »Kapital« (1867) hat Marx' Darstellung der gesellschaftlichen Produktivität von Wissenschaft und Technik eine beträchtliche Entwicklung erfahren, und wie wir gesehen haben, wirkte sich diese auf seine Vorstellungen von Arbeit, als Interaktion zwischen Mensch und Natur, und auf seinen Begriff der Revolution aus.

Marx' Briefe an Engels aus dem Jahr 1853 zeigen, dass er daran arbeitete zu bestimmen, welcher Teil einer Maschine ihr »revolutionärstes« Element ist,[6] das heißt das Element, das am ehesten dazu geeignet ist, die menschliche Arbeit zugunsten einer vollständig maschinellen Produktion zu beseitigen. In Texten aus dem Dritten Band des »Kapital«, den Engels erst nach Marx' Tod veröffentlicht hat, untersuchte Marx das theoretische Problem, das am engsten mit der gesellschaftlichen Produktivität von Wissenschaft und Technik verbunden ist: den tendenziellen Fall der Profitrate und die damit verbundene Unfähigkeit des kapitalistischen Systems, sich selbst zu erhalten. Und in den frühen 1880er-Jahren, unmittelbar vor seinem Tod, bekundete Marx großes Interesse an der Rolle, die die Elektrifizierung als dezentrale Energiequelle bei der Transformation des Kommunikationssystems und anderer Systeme einer befreiten Gesellschaft spielen würde, ebenso wie eine befreite Gesellschaft diese Nutzung der Elektrifizierung erfordern und ermöglichen würde. Wir können daraus schließen, dass die soziale und politische Produktivität von Wissenschaft und Technik zu erklären, eines der wichtigsten Anliegen seines reifen Werks blieb.

Das Material in Marx' Exzerptheften der 1850er- und 1860er-Jahre[7] zeigt die wissenschaftlichen Quellen, aus denen Marx seine Vision von Menschen, Maschinen und der durch ihre dynamische Wechselwirkung produzierten Arbeit schöpfte. Diese Exzerpthefte sind keine durchgearbeiteten Texte, eher Notizen, die Marx sich beim Lesen und Forschen machte. Uns heutigen Wissenschaftlern geben sie Auskunft darüber, worüber er zu welchem Zeitpunkt Forschungen betrieb, was für das Verständnis der Formung von Marx' späterem Werk entscheidend ist.

Für Marx' Auffassung von Wissenschaft und Technik, wie sie sich in den 1850er- und 1860er-Jahren entwickelte, sind die wichtigsten Inhalte in

6 Radovan Richta (Hrsg.): Richta-Report – Politische Ökonomie des 20. Jahrhunderts, Frankfurt a.M. 1971, S. 50, Fn 41.

7 Die Aufzeichnungen aus den folgenden Jahren zeigen, dass Marx sich weiterhin für das Thema Technik interessierte und sogar begann, seine Definition von Wissenschaft und Technik über die Grenzen hinaus zu erweitern, die für die politischen Ökonomen typisch waren, die sich auf Maschinen konzentrierten. Zwei Beispiele dafür sind Marx' Interesse an den landwirtschaftlichen Anwendungen der Chemie und an Podolinskys Begriff der Energie (persönliche Mitteilung von Kevin Anderson).

den Exzerpten die Notizen zu folgenden Werken und Autoren: »Thierchemie« von Liebig, »On the Economy of Machinery« von Charles Babbage, die utopischen Fabrikkonzepte von Robert Owen, Eli Whitney, »Geschichte der Technologie« von J. H. M. Poppe, »Technological Dictionary« von Andrew Ure, »Sur l'homme et le développement de ses facultés, essai d'une physique sociale« von Adolphe Quetelet, »History of Machinery« von Knight; außerdem gibt es Anmerkungen zur Entwicklung der Eisenbahnen in Deutschland und Indien.[8] Das sind nur die wichtigsten Namen aus Marx' Lektüreliste. Einige Aspekte dieser Texte fasste er im »Maschinenfragment« der »Grundrisse« und im 13. Kapitel des »Kapital« zusammen (siehe Kapitel 3 und 4).

Die Exzerpte finden sich auch in den »Ökonomischen Manuskripten von 1861–63«, die Marx in der Zeit dazwischen schrieb. Sie enthalten Details seiner Technikphilosophie, die es in den »Grundrissen« noch nicht gibt und die später aus dem »Kapital« wegen dessen besonderer Struktur eliminiert wurden. Insbesondere ist Marx' explizite Vision der Form, die die nachrevolutionäre Arbeit annehmen wird, im Zwischentext enthalten. Ich werde sie weiter unten ausführlicher erläutern. Ein großer Teil der »Manuskripte« steht unter der Überschrift »Über *Wissenschaft* und Kapital« (meine Hervorhebung). Der »Wissenschafts«-Teil des Titels wurde im »Kapital« gestrichen, ebenso einige generalistische Diskussionen über die gesellschaftliche Rolle der Wissenschaft, die Marx in den »Grundrissen« und in den »Manuskripten« geführt hatte.

Marx' Exzerpte über Technik bilden in seinen Skizzenbüchern kein einheitliches Ganzes. Sie sind vielmehr mit seinen fortgesetzten Studien zu den anderen Themen der politischen Ökonomie und auch mit Texten aus der Geschichte der Philosophie durchsetzt. Insbesondere las und exzerpierte Marx immer wieder die »Logik« von Hegel, »Hypothesis Physica Nova« von Leibniz, »Opuscula Posthume« von Descartes, außerdem Texte von Hume und Locke, Teile von »Esprit des Lois« von Montesquieu, eine Geschichte der Frauen und des Paternalismus sowie Notizen zur Arbeitsteilung, wie sie in den klassischen Texten von Xenophon, Platon, Aristoteles, Tacitus, Aelian und Thukydides sowie in den modernen Texten von Smith, Ricardo und Say diskutiert wurde.

Da diese Auszüge über Wissenschaft und Technik unter so vielen anderen Arten von Texten verstreut sind, war es schwierig, sie zu identifizieren, zu katalogisieren und zu untersuchen. Zum Zeitpunkt der Abfassung dieses Buches sind einige dieser Exzerpte noch nicht veröffentlicht worden und liegen nur in Manuskriptform vor. Die Versuche von Rainer

8 IISG, Marx-Engels-Nachlass, Sig. B 45 [Heft XLII], B 48 [Heft XLIII], B 49 [Heft XLIX], B 54 [Heft XLIV], B 55 [Heft XLV], B 58 [Heft LII], B 59 [Heft LIII], B 61 [Heft LIX] und B 62 [Heft LX]; Karl Marx. Die technologisch-historischen Exzerpte, Historisch-kritische Ausgabe, hrsg. von Hans-Peter Müller, Frankfurt a.M. 1982; Marx: Exzerpte über Arbeitsteilung.

Winkelmann und Hans-Peter Müller, Marx' Exzerpte zu Wissenschaft und Technik zu veröffentlichen, weisen gewisse Lücken auf. Sie schrieben in erster Linie Kommentare zu den Technologien des 20. Jahrhunderts und kommentierten die marxistischen Debatten des frühen 20. Jahrhunderts über Marx' Sicht der Technik, zum Beispiel diejenige von Franz Borkenau und Heinrich Grossman darüber, ob Marx einen technologischen Determinismus vertrat oder nicht. Insofern gingen Müller und Winkelmann an die Marx-Exzerpte mit einem Auswahlprinzip heran, das diejenigen Exzerpte bevorzugte, die diesen Zielen entsprachen.

Dieser selektive Umgang mit den wissenschaftlich-technischen Exzerpten ist aber auch ihrem Zustand insgesamt geschuldet. In den 1920er-Jahren hat Marx' erster Herausgeber David Rjazanov sie als wertloses Geschreibsel aus den gesammelten Werken eliminiert. In den 1930er-Jahren wurde dann sogar Rjazanovs begrenztes Projekt der gesammelten Werke (Marx 1927–1935) zusammen mit Rjazanov selbst auf Geheiß Stalins eliminiert. Die Forschungen zu Marx' Texten wurden erst nach Stalins Tod 1953 wieder aufgenommen, allerdings damals schon unter dem ideologischen Druck des Kalten Krieges. Erst in den 1990er-Jahren, mit der neuen Initiative der internationalen Marx-Engels-Gesamtausgabe, kamen die Exzerpte allmählich wieder zum Vorschein. Selbst jetzt werden sie nur in die deutschen Ausgaben der gesammelten Werke aufgenommen, nicht in die englischen.

Zu den Auszügen, die in neuerer Zeit aufgetaucht sind, gehören Marx' Notizen über Charles Babbage. Babbage war ein englischer Mathematiker, dessen Idee für eine »analytische Maschine« von 1842, die den heutigen Computer vorwegnahm, zu finanzieren, das britische Parlament bis in die 1860er-Jahre ablehnte.[9] Marx' Beschäftigung mit Babbage in den Exzerptheften stammt aus den Jahren 1845 und 1860. Er erwähnte Babbage namentlich in der Definition von Maschinen, die er in den »Grundrissen« darlegt.[10] Diese Definition taucht im »Kapital« in den Abschnitten über die Maschinerie und die moderne Industrie in ihrer entwickelten Form wieder auf, allerdings ohne den expliziten Hinweis auf Babbage. Die Hinwendung zu den Exzerpten trägt die Schuld ab, die Marx' Darstellung der Maschinen Babbage verdankt, ein Zusammenhang, der ansonsten zwischen Marx' Exzerptheften und der späteren Darstellung im »Kapital« nach und nach verschwand. Ich werde diesen Zusammenhang im folgenden Abschnitt erörtern.

9 Lance Day/Ian McNeil (Hrsg.): Biographical Dictionary of the History of Technology, New York 1996, S. 33.

10 Marx: Grundrisse, MEW, Bd. 42, S. 590.

II Karl Marx und Charles Babbage: die Geschwindigkeit der Produktion in den »Ökonomischen Manuskripten von 1861–63«

Wie wir in den Kapiteln 3 und 4 gesehen haben, vertritt Marx, dass die ökonomische Basis der modernen Industrie in der Maschinenproduktion die Gesellschaft des 19. Jahrhunderts reif für einen gesellschaftlichen Wandel macht: Arbeit mit Maschinen schafft materiellen Reichtum, der eine befreite Gesellschaft unterstützen könnte, und legt damit die Grundlage für die schnelle Produktion dieses Reichtums, der im Kommunismus notwendig sein wird, um freie Zeit zu sichern. Die Arbeit mit Maschinen unter der Herrschaft des Kapitals fördert die Entfremdung der Arbeiter und forciert den Impuls zur Revolte, was der politischen Revolution zusätzlichen Schwung verleiht. Darüber hinaus bringt die moderne Industrie eine Infrastruktur der Kommunikationsmittel hervor, die das Potenzial hat, diese Revolte schnell und gut zu organisieren, insbesondere die Druckerpresse und die Eisenbahn.

Das deutlichste Bild von der Form, die die Arbeit nach dem Untergang des Kapitalismus annehmen wird, zeichnete Marx in einem Text, den er zwischen den »Grundrissen« und dem »Kapital« schrieb, den »Ökonomischen Manuskripten von 1861–63«.[11] Nachrevolutionäre Arbeit wird durch Geschwindigkeit und durch die maximale Aneignung und Nutzung von Wissenschaft und Technik bestimmt. Marx entwickelte diese Idee, indem er selektiv Material von Charles Babbage verwendete. In seinen Exzerptheften aus den Jahren 1845 und 1860 hat Marx Zusammenfassungen von Babbages berühmter Schrift »Economy of Machinery and Manufacture« exzerpiert. In diesen Notizen schenkte er den Ausführungen von Babbage über die Arbeitsteilung, die Entstehung großer Industriebetriebe und die Einführung von Maschinen in Industrien, die zuvor mit Handarbeit betrieben worden waren, besondere Aufmerksamkeit.

In diesem Abschnitt zeige ich, dass das schnelle Arbeitstempo mit Maschinen die Grundlage der kommunistischen Produktionsweise bleibt, aber auch, dass Marx' Engagement für die revolutionäre Überwindung der Entfremdung ihn daran hinderte, einige konkrete Auswirkungen der Maschinenarbeit auf die Körperlichkeit und Handlungsfähigkeit der Arbeiterklasse zu sehen, und ihn dazu veranlasste, gegenwär-

11 Die Forschung hat diesen Text lange zugunsten der beiden anderen vernachlässigt, teilweise aufgrund von allgemeineren Missverständnissen über die Bedeutung der Manuskripte aus jener Periode und ihrer Beziehung zum »Kapital«. Wenn wir Marx' Manuskripte aus den 1850er- und 1860er-Jahren als Entwürfe zum »Kapital« betrachten, müssen wir darauf achten, dass wir die Rolle eines »Entwurfs« nicht missverstehen. Solche »Entwürfe« enthalten oft vieles, das es nicht in den endgültigen Text geschafft hat, das aber die dortigen Formulierungen maßgeblich geprägt hat. Die Unterschiede zwischen den Manuskripten und dem »Kapital« lassen erkennen, welche Materialien aufgrund der speziellen Methode des »Kapital« weggelassen wurden. Schließlich waren manchmal Fragen, die dort weder beantwortet noch aufgeworfen wurden, zu Marx' eigener Zufriedenheit in früheren Manuskripttexten, die er zur »Selbstklärung« geschrieben hatte, bereits gelöst worden.

tige Interessen zukünftigen zu opfern. Für Marx muss die Entfremdung zugespitzt werden, bevor sie beseitigt werden kann. Aus diesem Grund ignorierte Marx die Passagen aus dem Buch von Babbage, in denen dieser vertritt, dass die Arbeit mit Maschinen nicht alle Qualifikationen beseitigen, sondern vielmehr die Entwicklung neuer technologischer Fertigkeiten in der Arbeiterklasse erleichtern wird. Ein solch nuanciertes Verständnis von Fähigkeiten kam in Marx' Darstellung im »Kapital« nie vor. Darüber hinaus ist für Marx komplizierte Maschinenarbeit nur eine Anhäufung einfacher Arbeiten, in die sie analytisch in Zeiteinheiten unterteilt werden kann, und kein positiv transformatives Prinzip für den Begriff der Arbeit selbst. Babbage hatte diese Auffassung in seinem Werk bereits infrage gestellt, wie ich weiter unten zeigen werde.[12]

Heute beruht der Ruhm von Charles Babbage fast ausschließlich auf seiner Entwicklung von analytischen Maschinen, die sowohl komplexe, programmierte Berechnungen ausführen als auch ein Gedächtnis besitzen. Obwohl diese Maschinen die Vorläufer der heutigen Computer waren, war der praktische Nutzen solcher Geräte zu seinen Lebzeiten noch unklar. Seine Manie, sie zu entwickeln, entsprang seiner leidenschaftlichen Liebe zur Mechanisierung des Rechnens, einem Prozess, durch den menschliche Rechen- und Schreibfehler eliminiert werden konnten. Babbages Manie führte dazu, dass ihn seine romantischen, humanistischen Zeitgenossen mit einigem Misstrauen beäugten.

Babbage interessierte sich für Maschinen, weil man ohne ausreichende mechanische Fortschritte die Wissenschaft der Berechnung nicht automatisieren und in Maschinen integrieren konnte. Wie wir in Kapitel 2 gelernt haben, begann Marx sich der Maschinerie zuzuwenden, weil – er um seine Prognosen für das gesellschaftliche und politische Leben zu untermauern – die zeitgenössischen Veränderungen der menschlichen produktiven Arbeit erklären musste. So wie Babbage durch seine Sorge um die Wissenschaft dazu gebracht wurde, gegen die Klassenspaltung zu agitieren, wurde Marx durch seine Sorge um die Klassenspaltung dazu gebracht, die gesellschaftliche Rolle der Wissenschaft zu erforschen.

Anders als heute, da technologisches Know-how die Domäne einer bestimmten gebildeten Klasse und der Besitz von technischen Objekten ein Zeichen von relativem Reichtum ist, neigten die wohlhabenderen Klassen zur Zeit von Babbage dazu, die Maschinentechnologie nicht zu nutzen und schlecht über ihre Möglichkeiten informiert zu sein. Zu dieser Zeit war die Bildung der Oberschicht in England noch weitgehend

12 Antonio Negri erhebt hier ebenfalls Einspruch und behauptet, dass dies eine jener Annahmen bei Marx ist, die korrigiert werden müssen, wenn wir seine Philosophie für die heutige Zeit brauchbar machen wollen: »Die komplexe, produktive, wissenschaftliche Arbeit ist definitiv irreduzibel auf elementare zeitliche Einheiten.« (Negri: Time for Revolution, S. 27). Diese Irreduzibilität betrifft die Bedeutung »der produktiven Funktion der intellektuellen oder wissenschaftlichen Arbeit« (ebd., S. 24).

theologisch geprägt. Das mathematische Genie von Babbage reichte nicht aus, ihn davor zu bewahren, bei den Abschlussprüfungen am Trinity College in Cambridge durchzufallen, da er die These verteidigen wollte, Gott sei ein materieller Akteur.[13] Um dies in die Perspektive der Terminologie von Marx zu rücken: Die Oberschicht des 19. Jahrhunderts – insbesondere auf besonders virulente Weise die herrschenden Klassen – war immer noch von Überbleibseln der überholten Ideologien des Feudalismus durchdrungen, die sich gegen Wissenschaft, Demokratie und andere Kennzeichen des bürgerlichen Lebens wehrten.

Umgekehrt wurden die arbeitenden Klassen zu gewohnheitsmäßigen Nutzern von Maschinen in der Produktion. Dies war eine praktische, materialistische Erziehung. Begabte Personen aus diesen Klassen erlangten einen guten Ruf als Maschinenkonstrukteure.[14] Babbage empfahl, »sich mit den Werkstätten [Englands] [...] bekannt zu machen, diesen von den höheren Klassen nur allzu oft vernachlässigten reichen Fundgruben des Wissens.«[15] In einer vielsagenden Bemerkung charakterisierte er die Zukunft der Wissenschaft als eine Praxis, die zu Versammlungen veranlasst, deren größter Vorteil darin bestünde, »dass sie verschiedene Klassen der Gesellschaft in gesellige Berührung miteinander bringen«.[16] Babbage wollte den Wandel der herrschenden kulturellen Vorstellungen beschleunigen, von alten feudalen zu neuen wissenschaftlichen Normen. Er hoffte, die metaphysischen Vorurteile, die den wissenschaftlichen Fortschritt in der Oberschicht behinderten, würden beseitigt, und schlug vor, die Klassen unverzüglich untereinander zu mischen. Babbage selbst vervollkommnete seine technische Bildung, indem er inkognito Englands Manufakturen bereiste. Dies erklärt, wie Babbage 1835 seinen Bestseller »The Economy of Machinery and Manufacture« veröffentlichen konnte. Wie Büchners »Stoff und Kraft«, mit dem es etwa zeitgleich erschien, wurde das Buch von Babbage sofort in alle europäischen Sprachen übersetzt.

Während seines Exils 1845 in Paris begann Marx, das Buch von Babbage in französischer Übersetzung zu lesen. In den Exzerptheften dieses Jahres über Babbage führte Marx die Vorteile von Maschinen an, die die menschliche Kraft verstärken und dem Arbeiter Zeit sparen. Er zitierte auch Babbages Einteilung der Maschinen in »1) Maschinen, angewandt,

13 Doron Swade: The Difference Engine. Charles Babbage and the Quest to Build the First Computer, New York 2001, S. 19.

14 Für die Konstruktion seiner Differenzmaschinen benötigte Babbage die Vollzeitmitarbeit eines solchen berühmten Arbeitermaschinisten: Joseph Clement. Clement konnte kaum lesen und schreiben, konnte aber für seine einzigartigen mechanischen und zeichnerischen Fähigkeiten jeden beliebigen Preis verlangen. Sein Hauptbeitrag zu Babbages Erfindung und zur Geschichte der Technik war die Standardisierung von Maschinenteilen (z.B. Schraubengewinde), sodass diese austauschbar wurden; vgl. ebd. S. 40–48.

15 Charles Babbage: Die Ökonomie der Maschine [1835], Berlin 1999, S. 2.

16 Ebd., S. 277.

um Kraft zu produzieren; 2) Maschinen, die einfach zum Zweck haben *de transmettre la force et d'exécuter le travail*«.[17] Für Marx legt die Produktivität der kraftproduzierenden Maschinen den Grundstein für den nachrevolutionären Status, den Maschinen haben werden, um die unnötige Plackerei der Arbeit zu lindern. Wir haben in Kapitel 4 auch gesehen, wie er die von Babbage hier zitierte Unterteilung im »Kapital« als die technische Unterscheidung zwischen Motor und Übertragungsmechanismus übernommen hat.

Die Entwicklung von thermodynamischen Maschinen im 19. Jahrhundert, die Kraft erzeugen, und insbesondere die Entwicklung der Dampfmaschine, war die dem Zeitalter entsprechende spezifische technologische Ergänzung zu den Übertragungsmechanismen und Werkzeugen, die in der Renaissance entstanden waren.

Technikphilosophen, angefangen mit Marx – oder besser gesagt, mit Babbage, von dem er die Unterscheidung übernahm –, teilen die Moderne in zwei industrielle Revolutionen ein. Die erste Revolution fand bei den Werkzeugen und bei den Techniken der Arbeitsteilung statt, die in der Werkstatt des 17. Jahrhunderts aufblühten; die zweite Revolution transformierte die Energiequellen, die die Produktion im 19. Jahrhundert bedingten.

In seinen veröffentlichten Werken zitierte Marx Auszüge von Babbage zum ersten Mal in »Das Elend der Philosophie« (1847), seiner Kritik an Pierre-Joseph Proudhon, den er des Hegelianismus beschuldigte, und zwar eines schlechten Hegelianismus.[18] Laut Marx hat Proudhon nicht verstanden, wie sich eine Maschine von den Werkzeugen, die ihr vorausgingen, unterscheidet. Proudhon glaubte, dass die Maschinerie durch die Vereinigung der detaillierten Arbeitsvorgänge die Arbeitsteilung, die in der Manufaktur vorhanden war, aufheben und somit eine »Wiederherstellung« und »Synthese« für den Arbeiter leisten würde.[19]

Marx zitierte Babbage, um zu zeigen, dass Maschinen, statt die verlorene Funktionalität des Arbeiters wiederherzustellen, tatsächlich zur Intensivierung der Arbeitsteilung beitragen, die gerade begann, die auffälligen internationalen Merkmale zu haben, die Ökonomen heute als Nord-Süd-Spaltung bezeichnen. Marx schreibt:

> »Die Maschine ist eine Vereinigung von Arbeitswerkzeugen und keineswegs eine Verbindung der Arbeiten für den Arbeiter selbst. ›Wenn durch die Arbeitsteilung jede besondere Arbeitsleistung auf die Handhabung eines einfachen Instrumentes reduziert wurde, so bildet die Vereinigung aller dieser durch einen einzigen Motor in Bewegung

17 Marx: Exzerpte über Arbeitsteilung, S. 72.

18 Marx: Elend der Philosophie, MEW, Bd. 4, S. 153.

19 Ebd., S. 149.

> gesetzten Werkzeuge eine Maschine.‹ (Babbage, Traité sur l'économie des machines, etc., Paris 1833 [S.230].) [...] Wir brauchen nicht daran zu erinnern, dass die großen Fortschritte der Arbeitsteilung in England nach der Erfindung der Maschinen begonnen haben. [...] Dank der Maschine kann der Spinner in England wohnen, während der Weber gleichzeitig in Ostindien lebt. [...] Dank der Anwendung der Maschinen und des Dampfes hat die Arbeitsteilung eine derartige Ausdehnung nehmen können, dass die von nationalem Boden losgelöste Großindustrie einzig und allein vom Welthandel, vom internationalen Austausch, von einer internationalen Arbeitsteilung abhängt.«[20]

Marx fährt fort, indem er die Entfremdung des Arbeiters von der Arbeit durch ihre Teilung so skizziert: Die Arbeit wird aus ihren konkreten Bindungen an verkörperte Kraft und Geschicklichkeit herausgelöst. Die Arbeit schafft nicht mehr ein bestimmtes komplettes Objekt, das der Arbeiter weiter benutzt. Die Arbeit hat sich in das verwandelt, was Marx im »Kapital« »abstrakte Arbeit« nennen wird, hier aber noch Arbeit heißt, die »jeden Spezialcharakter verloren hat«. Darüber hinaus muss sich diese abstrakte Arbeit der »unveränderlichen Regelmäßigkeit der Bewegung einer großen selbsttätigen Maschine« anpassen.[21] Die abstrakte Arbeit wird also in Symbiose mit anderen abstrakten Arbeiten und mit der Maschine selbst vergesellschaftet.

Für Marx leiten diese negativen Merkmale nicht die von Babbage behauptete positive technologische Bildung der Arbeiterklasse ein. Stattdessen bewirken sie eine Verschiebung des Bewusstseins, die die Klassenverwandtschaft unter den Arbeitern offenbart, die nun alle an der abstrakten Arbeit teilnehmen. Diese Nivellierung erhöht die Wahrscheinlichkeit, dass sich die Arbeiter zu kollektiven politischen Aktionen zusammenfinden, weil keine hierarchischen Trennungen zwischen ihnen bestehen bleiben. Marx zufolge sei dies »eine revolutionäre Seite der automatischen Fabrik«: »der Augenblick, wo jede besondere Entwicklung aufhört, macht sich das Bedürfnis nach Universalität, das Bestreben nach einer allseitigen Entwicklung des Individuums fühlbar«.[22]

Die Klassen der Manufakturperiode waren untereinander durch ihre Hierarchie von spezialisierten Fähigkeiten gespalten. Nach Marx wird die zunehmende Entfremdung von diesen alten Fertigkeiten die Spaltungen unter den Arbeitern aufheben und die Arbeiterklasse und die Menschheit als Ganzes festigen. Aus diesem Grund musste er die Frage der Entwicklung neuer Fertigkeiten durch Maschinen, die die Arbeiterklasse wieder aufspalten könnten, vernachlässigen. Er konnte die Fähigkeit oder Fer-

20 Ebd., S. 153–154.
21 Ebd., S. 155 (Zitat von Ure) u. 157.
22 Ebd., S. 157.

tigkeit, mit bestimmten Maschinen umzugehen, nicht als einen neuen »Spezialcharakter« der Arbeit ansehen. Wenn sich diese Kompetenz als eine neue, spezialisierte Fähigkeit entwickelte, würde das Bewusstsein der universellen Menschheit durch neue, von den unterschiedlichen Qualifikationen getriebene Klassenspaltungen gestört.

Marx' Darstellung der negativen Rolle der Maschinenarbeit in Bezug auf die Entwicklung eines allgemeinen Bewusstseins der Arbeiterklasse war noch nicht seiner positiven Einschätzung der Rolle der Maschinenproduktivität nach der Revolution gewichen. Dafür müssen wir uns an die »Ökonomischen Manuskripte von 1861–63« halten. Für Marx schuf die intensivierte Produktion der technologisch optimierten Maschinenarbeit schnell eine große Zahl von Gebrauchswerten. Deshalb machte er kurze Phasen hochproduktiver abstrakter Arbeit mit Maschinen zur Grundlage der kommunistischen Produktionsweise.

Im Exil in London machte sich Marx 1860 erneut Notizen zu dem Buch von Babbage, diesmal anhand der englischen Ausgabe. Diese Notizen sind kürzer als die im Notizbuch von 1845. Sie beginnen dort, wo die anderen aufgehört haben: mit der Skizzierung der Unterscheidung zwischen Maschinen, die Kraft übertragen, und solchen, die Kraft erzeugen. Marx schrieb dann Zusammenfassungen aus der zweiten Hälfte des Buches, die in seinen Notizen von 1845 fehlten. Diese betonen weiterhin die Überlegenheit von Maschinen gegenüber natürlichen Vorgängen, einschließlich menschlicher Kraft und präziser Geschicklichkeit mit Handwerkzeugen.[23]

In den »Ökonomischen Manuskripten von 1861-63« zog Marx dieses Material heran, um die durch Maschinen vermittelte Überproduktivität der Arbeit zu erklären. Er verwendete Babbages Definition von Maschinen als Bewegung einer »Zusammensetzung von Instrumenten durch *einen* Motor, welches immer dieser Motor sei, die menschliche Hand und Fuß, animalische Kräfte, elementarische Kräfte oder ein Automat«.[24] Marx kam zu dem Schluss: »Von dem Augenblick, wo die menschliche direkte Beteiligung an der Produktion nur noch darin bestand, dass er als einfache *power* wirkte, war das Prinzip der Arbeit durch Maschinerie gegeben. Der Mechanismus war da; die Triebkraft selbst konnte später durch Wasser, Dampf etc. ersetzt werden.«[25] Dies markiert den ersten Teil der Entwicklung der Maschinerie.

Marx wandte sich dann der zweiten industriellen Revolution zu: dem Einsatz der Dampfmaschine, einem Übergang, an dem er weitaus mehr interessiert war. Die schiere Kraft, die der Dampf zur Verfügung stellt,

23 Marx: Exzerpte über Arbeitsteilung, S. 101–103.

24 Karl Marx: Ökonomisches Manuskript 1861–1863, Teil II, in: MEW, Bd. 44, S. 25; Hervorhebung im Original.

25 Ebd., S. 28; Hervorhebung im Original.

unterscheidet sich quantitativ und qualitativ von den Antriebskräften, die aus menschlicher Kraft und anderen Quellen, zum Beispiel Wind und Wasser, entspringen. Mit der Dampfmaschine lässt der Mensch seine angesammelte Arbeitskraft der Vergangenheit für sich arbeiten und ersetzt die Naturkraft durch den menschlichen Einfallsreichtum, der in Maschinen verkörpert ist.

Der enorme Zuwachs an Kraft, den die Dampfmaschinen verkörpern, führt zu einer sowohl extensiven als auch intensiven Entwicklung der Produktivkraft der Arbeit. Maschinen rund um die Uhr laufen zu lassen hält die Profite hoch, solange die Maschine noch neu ist. In der zweiten Hälfte seines Buches beschrieb Babbage einen Fabrikbesitzer, der schnell erkannt hatte, »dass er mit demselben Grundkapital und einem geringen Zusatz 24 Stunden hindurch arbeiten konnte«.[26] Marx übernahm Babbages Theorien zur Obsoleszenz der Maschinen sowie zur Verlängerung der Arbeitszeit und gab sie ohne explizite Zuschreibung zu dieser Quelle im »Kapital« wieder.[27]

Im Großen und Ganzen hat Marx uns wenig Konkretes über die Form hinterlassen, die die Arbeit nach der kommunistischen Revolution annehmen wird. Aber wir lernen in den »Ökonomischen Manuskripten von 1861–63«, dass die intensive Steigerung der Arbeitsproduktivität wesentlich für seine Vorstellung der nachrevolutionären Arbeit ist. Marx schreibt:

> »Erst auf einem höheren Entwicklungsgrad der Produktion tritt diese Tendenz hervor, die extent durch degree ersetzt. Es ist dies eine gewisse Bedingung des gesellschaftlichen Fortschritts. Es wird so *freie Zeit* auch für den Arbeiter geschaffen und die Intensivität in einer bestimmten Arbeit hebt daher nicht die Möglichkeit der Tätigkeit in andrer Richtung auf, die im Gegenteil dagegen als Erholung erscheinen kann, wirken kann. Daher die außerordentlich wohltätigen Folgen, die dieser Prozess – statistisch erwiesen – auf die körperliche, moralische und intellektuelle Amelioration der working classes in England ausübte.«[28]

Mit der Intensivierung der Arbeitsproduktivität, die durch die Akkumulation vergangener Arbeit in dampfbetriebenen Maschinen erreicht wurde, ist die technologische Grundlage für den Kommunismus gelegt. Freiheit für den Arbeiter wird die Form von freier Zeit annehmen. Es wird nur eine kurze Periode abstrakter Arbeit erforderlich sein, weil der hohe Pro-

26 Babbage: Die Ökonomie der Maschine, S. 162.

27 Moene argumentiert, dass dieser Aspekt von Maschinen den Arbeitern auf eine unerwartete Weise Macht verleiht: »Maschinen laden zu Streiks ein, indem sie es für den Arbeitgeber teurer machen, Kapital im Leerlauf zu haben.« (Zit nach: Elster: Making Sense of Marx, S. 145–146)

28 Marx: Ökonomisches Manuskript II, MEW, Bd. 44, S. 22; Hervorhebung A.W.

duktivitätsgrad bedeutet, dass das Notwendige schnell produziert wird, und diese kurze Arbeitsperiode wird als ein entspannendes Intervall erscheinen, das durch andere Formen der Aktivität aufgehoben wird.

Marx sah keine Rückkehr von der abstrakten Arbeit zu den konkreten Formen der Arbeit vor, sondern nur die Minimierung der mit abstrakter Arbeit verbrachten Zeit. Deshalb schreibt er in den »Grundrissen«, dass »die Maschinen nicht aufhören werden, Agenten der gesellschaftlichen Produktion zu sein, sobald sie zum Beispiel Eigentum der assoziierten Arbeiter werden.«[29] Die Entfremdung wird überwunden, weil die Arbeiter die Maschinen besitzen, anstatt wenig bis gar keine Kontrolle über die Produktionsmittel und die Akkumulation vergangener menschlicher Arbeit zu haben, die sich in ihnen verkörpert. Dennoch abstrahiert die Arbeit von den Qualifikationen oder zumindest von den Fertigkeiten, wie sie Marx definierte.

Daraus ergeben sich für Marx mindestens zwei Probleme. Erstens wird die abstrakte, entfremdete Arbeit als praktische Lebenstätigkeit in dieser Vision einer schnellen nachrevolutionären Produktion weder eliminiert noch qualitativ transformiert: Es wird lediglich erreicht, dass sie einen minimalen statt eines maximalen Teils der praktischen Lebenstätigkeit einnehmen wird. Die abstrakte Arbeit wird also nur minimiert, hört aber nicht auf, als Modus menschlicher Tätigkeit zu existieren. Zweitens werden die Gefahren des Maschinenbetriebs, die bereits in der britischen Fabrikgesetzgebung dokumentiert sind, in der kommunistischen Zukunft nicht behoben. Marx' Sorge um die Zeit, eine ältere Form der Berechnung der extensiven Größe der Arbeit, verdeckt seine Sorgen um die Energie, eine neuere Form der Berechnung der intensiven Größe der Arbeit. Die kommunistische Zukunft müsste uns jedoch etwas mehr bieten als freie Zeit vor dem Hintergrund eines unveränderten Arbeitsbegriffs. Sie muss uns qualitative Veränderungen in der praktischen Lebenstätigkeit des Menschen bieten, nicht einfach eine Reduzierung der abstrakten Arbeit und eine Fortsetzung der Gefahren, die die mechanische Produktion für den Menschen darstellt.

In Bezug auf diese Zukunft höhlt Marx auch den qualitativen Begriff der Freiheit im Sinn von Kant und Hegel aus, bis er nur noch eine leere Hülle darstellt, die durch die freie Zeit repräsentiert wird. Im nächsten Abschnitt werden wir sehen, dass ein derartiges Konzept von Zeit und Freiheit durch die kapitalistische Produktionsweise und ihre produktivistische Metaphysik bedingt ist. Marx selbst war nicht immer in der Lage, sich von der kapitalistischen Wertform zu befreien, die er in anderen Teilen seiner Analyse so tiefgreifend kritisiert hat, und ebenso wenig, diese Kritik zu ihren letzten Konsequenzen zu treiben.

29 Marx: Grundrisse, MEW, Bd. 42, S. 723.

Am Ende von Babbages »Economy of Machinery and Manufactures«, in Passagen, die Marx offensichtlich gelesen hat, auch wenn er sie nicht eigens kommentierte, sprach sich Babbage für eine uneingeschränkte Kooperation in Manufakturbetrieben aus, das heißt, die Funktion des Arbeiters und des Kapitalisten würden ineinander übergehen, weil beide die Produktionsmittel besitzen und an den Profiten des Betriebs teilhaben: Babbage spricht von »Partnerschaft«.

Babbage ging es dabei nicht um den Menschen, sondern um die Optimierung der Technik, eine Optimierung, die er durch das System der Profitabpressung unterminiert sah. Er forderte,

> »1) ein beträchtlicher Teil des Lohns eines jeden Angestellten muss von dem Gewinn der Anstalt abhängen; und 2) alle damit in Verbindung stehenden Leute müssen von jeder, ihrer Anstalt zugewendeten neuen Verbesserung größere Vorteile ziehen, als dies auf irgendeinem anderen Wege möglich wäre.«[30]

Die Passage ist ein weiterer Beleg für Babbages materialistische, von unten nach oben gerichtete Sicht auf den Fortschritt von Wissenschaft und Technik. Für ihn machen Wissenschaft und Technik weit mehr Fortschritte durch industrielle Anwendung als durch Vorträge in der Londoner Royal Society. Sein Gespür für die transformative Handlungsfähigkeit und das Wissen der Arbeiterklasse über Technik gehörte ebenfalls nicht zu dem Material, das Marx sich in seinen Auszügen von ihm aneignete. Während Marx natürlich wusste, dass Vergnügen und Wissen bei der Arbeit mit Maschinen wichtige Qualifikationen sein konnten, die die Arbeiterklasse beim Übergang zu technologisch vermittelter Arbeit erlangte, konnten seine Überlegungen zu Entfremdung, Dequalifizierung und politischer Revolution diese Einsicht zuweilen verdecken.

Diese Einsicht hätte Marx helfen können zu erklären, wie die technologische Basis der kapitalistischen Produktionsweise bereits die Grundlage für Veränderungen der Machtverhältnisse zwischen den Klassen lieferte. Aber aufgrund der Teleologie, die Marx von Hegel und Smith geerbt hat, schloss er die Möglichkeit aus, die Arbeiterklasse könne sich ihr ureigenstes Wissen und ihre Handlungsfreiheit vor dem revolutionären Untergang des Kapitalismus aneignen.[31] Würden die Vorschläge

30 Babbage: Die Ökonomie der Maschine, S. 190.

31 Für eine Beschreibung des Wiederauftretens dieses Problems bei Marx vgl. Negri: Über das Kapital hinaus; siehe auch Kapitel 3 in diesem Buch. Man beachte schließlich die negative Sicht auf die Arbeiterklasse in der Kritischen Theorie, insbesondere bei Theodor W. Adorno: Minima Moralia. Reflexionen aus dem beschädigten Leben, Frankfurt a.M. 2001; Max Horkheimer: Materialismus und Metaphysik in: Zeitschrift für Sozialforschung 1/1933, S. 1–33; Herbert Marcuse: Der eindimensionale Mensch. Studien zur Ideologie der fortgeschrittenen Industriegesellschaft, Schriften, Bd. 7, Springe 2004; Walter Benjamin: Das Kunstwerk im Zeitalter seiner

von Babbage zur Profitbeteiligung umgesetzt, dann wäre dies eine einfache Reform, durch die sich der Arbeitsmarkt selbst zerstörte, was die politische Revolution aufhalten könnte, indem die Bedingungen für die Arbeiterklasse erträglicher würden.

Marx' synchrone Analyse der als Kapitalismus bekannten Produktionsweise betont die praktischen Auswirkungen der entzaubernden und mörderischen Arbeit auf den Arbeiter. Die zunehmende Entfremdung des Arbeiters von jeglichem Interesse an der Arbeit oder jeglichem Können darin treibt diesen jedoch zur Erkenntnis seines universellen Status in einem Reich, in dem alle undifferenzierte und abstrakte Arbeit ausführen, und legt so die Grundlage für revolutionäres Bewusstsein. John Elster hat diese Struktur in »Explaining Technical Change« als das leibnizsche Erbe aller funktionalen Erklärungen in den Human- und Sozialwissenschaften beschrieben: »[...] das Argument, dass alle scheinbaren Übel in der Welt vorteilhafte Konsequenzen für das größere Muster haben, das sie rechtfertigt und erklärt.«[32]

Obwohl man Marx' Beharren auf einer kompromisslosen Vision der Freiheit von Arbeit und Entfremdung als Telos der Industriegesellschaft bewundern mag, sollte man dennoch zögern, bevor man das Wohlergehen mehrerer Generationen der Logik dieses Telos opfert. In einer solchen Doktrin dient jede Verbesserung der Arbeitsbedingungen nur dazu, den Zeitpunkt hinauszuschieben, an dem die Entfremdung schrecklich genug geworden ist, um eine Revolution herbeizuführen. Paradoxerweise wird die Verschärfung ebenjener Entfremdung, die Marx kritisiert, zu einem der notwendigen Zwischenschritte seines Projekts.

Babbage überlegte, dass niedrige Löhne einen geringeren gesellschaftlichen Druck für Innovationen zur Folge hätten, weil in einem solchen System menschliche Arbeit immer billiger sei als neue Maschinen. Die ausgebeuteten Arbeiter hätten auch keinen Anreiz, eigene Innovationen in den Produktionsprozess einzubringen, da sie nicht von einer Steigerung der Rentabilität profitieren konnten. Die Lösung von Babbage bestand darin, die Löhne zu erhöhen.

Marx' Weigerung, bürgerliche Werte zu übernehmen, führt dazu, dass er Babbages Strategie der Profitbeteiligung als Mittel zur Verbesserung der Arbeitsbedingungen und der technologischen Entwicklung verachtete. Aus demselben Grund vernachlässigte er auch dessen positive Darstellung der sich entwickelnden technologischen Handlungsfähigkeit der Arbeiter selbst. Nur eine totale Revolution, eine Parallele zur nietzscheanischen Umwertung aller Werte, die das Gute und das Schlechte aus öko-

technischen Reproduzierbarkeit. Werke und Nachlass, Bd. 16, Frankfurt a.M. 2012. Bei Adorno reicht die Bedrohung durch den Faschismus als vorgebliche Bewegung der Arbeiterklasse aus, um eine wehmütige Nostalgie für die Bourgeoisie zu erzeugen.

32 Elster: Explaining Technical Change, S. 56.

nomischen Gründen infrage stellt, war für Marx gut genug. Daher sind für ihn etwa Plädoyers für bessere Löhne nichts anderes als konterrevolutionär: Solche Denkfiguren illustrierten lediglich, dass der Arbeiter die bürgerlichen Wertvorstellungen übernommen habe.

Darüber hinaus bezweifelte Marx, dass derartige Maßnahmen, obwohl sie den Nominallohn, der dem Arbeiter zustand, erhöhen konnten, die Kaufkraft über das für den Lebensunterhalt der Arbeiterklasse erforderliche Minimum hinaus steigern würden. Dessen ungeachtet ist aus Marx' Notizbüchern ersichtlich, dass er Babbage weniger ablehnte als andere politische Ökonomen, wahrscheinlich wegen dessen positiver Einstellung zur Arbeiterklasse, dessen Ärger über die Fesselung des wissenschaftlichen Fortschritts durch die britische Royal Society sowie seiner dezidierten Aufmerksamkeit für Maschinen und schließlich wegen der Qualität seiner Arbeit.

Marx' Diagnose des entfremdenden sozialen Effekts des Maschinengebrauchs in der kapitalistischen Produktionsweise ist gekoppelt mit seiner Bewunderung für die größer gewordenen Möglichkeiten zur Produktion von Reichtum, die in späteren Produktionsweisen, zum Beispiel in der kommunistischen, freie Zeit schaffen werden. So ist Marx' Darstellung der Technik noch ganz vom aufklärerischen Optimismus durchdrungen, den der Technikphilosoph Carl Mitcham wie folgt beschrieben hat: Technik ist die Quintessenz menschlicher Aktivität, die sowohl Individuen sozialisiert als auch öffentlichen Reichtum schafft. Mit diesem Aufklärungsoptimismus geht eine Metaphysik einher, die behauptet, dass Natur und Technik nach denselben mechanischen Prinzipien funktionieren.[33]

Zugleich ist Marx' Erklärung von Natur und Artefakten nicht streng mechanistisch. Wäre sie es, würde sie von einer Metaphysik begleitet, die jede endgültige Verursachung eliminiert und diese transhistorischen Strukturen auf zeitgleiche effiziente und materielle Kausalitäten reduziert. Stattdessen hielt Marx in seinen Erklärungen des gesellschaftlichen Lebens an der Teleologie des späten Kant und Hegels fest. Die Widersprüche einer bestimmten Epoche werden durch die Berufung auf ein übergreifendes historisches Schema aufgelöst.

Im »Kapital« bot Marx in seiner Darstellung der entfremdeten Arbeit sogar eine Variante der romantischen Skepsis gegenüber der Technik an. Sie stützte sich, wie wir sehen werden, auf eine Vorstellung von qualifizierter Arbeit, die durch das Ideal des Menschen, der ein Werkzeug führt, bedingt und begrenzt ist: das heißt, bedingt und begrenzt durch die Fertigkeiten, die für die feudale Zeit und für die Manufakturarbeit charakteristisch sind, nicht durch die neuen Fertigkeiten, die für die Arbeit

33 Mitcham: Three Ways, S. 502.

mit Maschinen entwickelt werden könnten. Für Marx wird nur eine Wiederholung der grundlegenden politischen Geste der Aufklärung, das heißt die Revolution, ausreichen, um den aufklärerischen Optimismus eines befreienden Verhältnisses zur Technik wiederherzustellen, und damit den angemessenen politischen Ausdruck einer bereits vollendeten ökonomischen und gesellschaftlichen Realität. Die dunkle Periode der Technikbeziehungen im Kapitalismus wird nur dazu gedient haben, die technologischen Grundbedingungen der Produktion für das Leben in der kommunistischen Ära zu legen. So manifestiert sich die von Elster beschworene leibnizsche Theodizee in Marx' Denken insgesamt und die Französische Revolution als Modell für politischen Wandel wirft weiterhin ihren langen Schatten auf die Konzeptualisierungen der spätmodernen politischen Philosophie.

Marx' mangelnde Bereitschaft, die Teleologie seiner Geschichte zu desavouieren, kann die beunruhigende politische Konsequenz haben, dass einem, so Elster, erlaubt wird, »die vorkommunistischen Individuen einzig als viele Schafe für die Schlachtbank zu betrachten«,[34] was die schlimmsten Probleme des eschatologischen Denkens aufzeigt. Aus dieser Perspektive betrachtet, reproduziert Marx' Argumentation eine Struktur, die er bereits in den »Grundrissen« verworfen hatte (siehe Kapitel 3). Das heißt, der Gedanke, Generationen zu opfern, ist näher an den hegelschen, smithschen, darwinschen und malthusianischen Geboten, die Eingriffe in das Funktionieren der Natur verbieten, als an Liebigs humanitärer Forderung, in die Natur einzugreifen und ihr Potenzial für den unmittelbaren menschlichen Gebrauch zu erweitern. Dieser Gedanke verwandelt die gegenwärtigen Generationen von Arbeitern in einen Tauschwert für zukünftige Generationen. Aber nach Marx' eigenen Kriterien sollte eine solche instrumentalistische Sicht auf die Menschheit ausgeschlossen sein.

III Maschinen und Zeitlichkeit: der Tretmühleneffekt und die freie Zeit

Marx' fortgesetzte Hoffnung auf Maschinentechnologie für die nachrevolutionäre Arbeit bringt uns zu einem weiteren blinden Fleck in Marx' Theorie über Wissenschaft und Technologie. Wie ich in Kapitel 4 dargelegt habe, gibt es Veränderungen in den Zeitvorstellungen, die durch die wissenschaftliche und technologische kapitalistische Lebenswelt eingeleitet werden. Im Kapitalismus wird die Zeit selbst zu einem Instrument sozialer Herrschaft und sozialer Befreiung. Diese Zeitlichkeit spiegelt sich in Marx' außergewöhnlichem – und philosophisch einzigartigem – Begriff der Freiheit als »freie« Zeit wider.

34 Elster: Making Sense of Marx, S. 118.

Ein Teil der Monstrosität von Maschinen ist ihr Affront gegen die ländliche Zeit und die ländliche Zeiteinteilung. Die Geschwindigkeit, mit der Maschinen arbeiten – Geschwindigkeiten, die manchmal das menschliche Auffassungsvermögen übersteigen –, tragen zur dämonischen Mythologie der Maschinen bei. Wie wir am Beispiel der Eisenbahn in Kapitel 4 gesehen haben, verlief die Gewöhnung der Menschen an die Rhythmen des modernen industriellen Lebens kaum ohne Störungen. Es dauerte Generationen, bis sie vollendet war, und sie ist dies vielleicht immer noch nicht ganz. In einem Brief an seinen Onkel berichtete Marx aus London:

> »Hier ist jetzt politisch und gesellschaftlich Windstille. [...] Die Monotonie wird nur unterbrochen einen Tag über den andern durch Berichte von schrecklichen railway accidents. Das Kapital steht hier nicht so viel unter polizeilicher Aufsicht wie auf dem Kontinent, und es kömmt den railway directors daher durchaus nicht drauf an, how many people are killed during an excursion season, if only the balance looks to the comfortable side. Alle Versuche, diese railway Könige verantwortlich zu machen für ihre homicidal neglect of all precautionary measures, sind bis jetzt gescheitert an dem großen Einfluss, den das railway interest im House of Commons ausübt!«[35]

Der Eisenbahnunfall war ein fester Bestandteil der viktorianischen Kultur und es bedurfte keines scharfen Auges wie dem von Marx, um dies zu bemerken. Nicholas Daly schreibt:

> »Was ich betonen möchte, ist das Typische dieses Unfalls. Die Wiederholungen über das Unverzögerte des Zusammenstoßes in den zeitgenössischen Berichten weisen bei allen Unfällen mit industrieller Technologie auf eine gängige Wahrnehmung von etwas qualitativ anderem hin: Sie ereignen sich in ›Maschinenzeit‹, nicht in menschlicher Zeit. Der Mensch kann in der Regel nicht schnell genug eingreifen, sodass es nur selten zu einer Rettung kommt. Tatsächlich sind solche Unfälle oft zu schnell für das Auge, die Wahrnehmung findet erst nach dem Ereignis statt: Wenn man es sieht, lebt man noch. Vor diesem Hintergrund lässt sich der Reiz von ›Eisenbahnrettungs‹-Stücken verstehen: Sie stellen Szenarien vor, in denen ein menschlicher Agent einen maschinellen Agenten besiegen kann; der Mensch tritt für einen Moment in die zeitliche Welt der Maschine ein und beherrscht sie.«[36]

35 Marx an Lion Philips, 17.8.1864, in: MEW, Bd. 30, S. 669–670.

36 Daly: Literature, Technology, and Modernity, S. 23.

Mit dem Aufkommen der Eisenbahn als technischem und theatralischem gesellschaftlichen Akteur muss sich der Mensch an die zeitliche Welt der Maschine anpassen. Maschinen bestimmen und teilen Rhythmus und Zeitlichkeit der modernen Welt ein und prägen sie. Die markantesten Merkmale dieses Rhythmus und dieser Zeitlichkeit sind ihre Anfänge in einer Geschwindigkeit jenseits der menschlichen Wahrnehmung. Ständige kleine Steigerungen der Geschwindigkeit, mit der die Menschen ihre Arbeitskraft in die Produktion einbringen müssen, werden ebenfalls in der zeitlichen Welt der kapitalistischen Maschinen erzwungen.

Um innerhalb dieser Zeitlichkeit zu funktionieren, sind die Menschen zunehmend auf das angewiesen, was Postone als abstrakte Zeit bezeichnet, also eine »gleichförmige, kontinuierliche, homogene, ›leere‹ Zeit«, die er mit der konkreten Zeit eines Ereignisses kontrastiert,

> »etwa die Zeit, die man zum Reiskochen benötigt, oder um ein *Vaterunser* aufzusagen [...]. Konkrete Zeit wird weniger durch ihre Richtung charakterisiert als durch den Umstand, dass sie eine abhängige Variable ist. In den traditionellen jüdischen und christlichen Geschichtsvorstellungen zum Beispiel finden die genannten Ereignisse nicht innerhalb von Zeit statt, sondern strukturieren und bestimmen sie.«[37]

Wir beziehen uns auf abstrakte Zeit, wenn wir sagen, dass der Zug um 17.35 Uhr ankommen soll. Wir beziehen uns auf konkrete Zeit, wenn wir etwas beschreiben, das nach der Ankunft des Zuges eintritt. Wir beziehen uns auf abstrakte Zeit, wenn wir die römische Invasion Karthagos auf das Jahr 146 n. Chr. datieren. Wir beziehen uns auf konkrete Zeit, wenn wir ein Ereignis als »vorsintflutlich« beschreiben. Unser derzeitiges Datierungssystem ist eine Mischung aus abstrakter und konkreter Zeit. Sie ist abstrakt, indem sie in Jahren gerechnet wird, die analytisch und gleichmäßig in noch kleinere abstrakte Einheiten unterteilt werden können, und konkret, indem sie ihren Ausgangspunkt im Anno Domini oder in der allgemeinen Zeitrechnung hat.

Die abstrakte Zeit wird in Jahren, Monaten und Wochen berechnet sowie in Stunden, Minuten, Sekunden und Nanosekunden, aus denen diese zusammengesetzt sind. Nach Joseph Needham entwickelte sich die abstrakte Zeit erst im modernen Westeuropa während des Aufstiegs des Kapitalismus. Die abstrakte Zeit war materiell mit der Entwicklung der mechanischen Uhr verbunden und von ihr abhängig – einer Erfindung, die in derselben Zeit perfektioniert wurde.[38] Im Laufe der kapitalistischen Entwicklung wurde der Gebrauch der Uhr allgemein, aber erst in

37 Postone: Zeit, Arbeit und gesellschaftliche Herrschaft, S. 308–310.

38 Ebd. S. 202–203.

der Mitte des 19. und zu Beginn des 20. Jahrhunderts wurden die Uhren verschiedener Städte synchronisiert, zunächst im nationalen Raum und später international.[39] Von diesem Zeitpunkt an befand sich die abstrakte Zeit mit derjenigen in anderen Räumen in einem Kontinuum. Heute wird diese Eigenschaft im globalen Kapitalismus als selbstverständlich vorausgesetzt und sie hat die praktische Konsequenz, dass ich nach Asien fliegen kann, dort nach Zeitplan lande, meine Uhr neu stelle und mich im gleichen Feld der abstrakten Zeit bewege.

Um die zeitliche Welt der kapitalistischen Maschine zu erobern, ist der Mensch immer mehr auf das Mittel der abstrakten Zeit angewiesen. Ein Beispiel für die Nützlichkeit der abstrakten Zeit haben wir bereits bei der Erörterung der Eisenbahn in Kapitel 4 gesehen. Eine der ersten weitreichenden sozialen Veränderungen, die die Eisenbahn mit sich brachte, war die Synchronisierung der Zeiten in den englischen Städten, und zwar genau dazu, um Industrieunfälle zu vermeiden, die sich sonst ereigneten, weil das menschliche Sehvermögen zu fehlbar war, um sie vorherzusehen. Diese soziale Veränderung setzt das reibungslose Funktionieren der mechanischen Uhr voraus. Vor dieser Synchronisierung bewegte sich die Zeit in den englischen Städten in lokalen, nicht sehr präzisen Rhythmen, die eher der konkreten Zeit als der abstrakten Zeit glichen.

Marx sah die abstrakte Zeit als das angemessene Maß für abstrakte Arbeit an. Das heißt, die Zeit ist die einzige Möglichkeit, Arbeit zu messen, die von allen qualitativen Dimensionen befreit wurde. Für Marx produzieren die kapitalistischen Maschinen diese Form der Zeitlichkeit, weil sie, nachdem sie die hergebrachten Fähigkeiten der Arbeiter übernommen haben, die Möglichkeit der abstrakten Arbeit produzieren. Weil abstrakte Arbeit keine qualitativen Merkmale hat, muss sie einem externen Standard unterworfen sein, einem Maß, das für jede Art von Arbeit gleich gültig gilt, um ihren Wert zu bestimmen. Die abstrakte Zeit ist dieser Maßstab. Im »Kapital« schrieb Marx über den Wert eines Gebrauchsgegenstands: »Wie nun die Größe seines Werts messen? Durch das Quantum der in ihm enthaltenen ›wertbildenden Substanz‹, der Arbeit. Die Quantität der Arbeit selbst misst sich an ihrer Zeitdauer, und die Arbeitszeit besitzt wieder ihren Maßstab an bestimmten Zeitteilen, wie Stunde, Tag usw.«[40]

In der Fabrikarbeit ist es nicht möglich, die Arbeit jedes Individuums in einem Produkt zu messen, weil dieses nicht ein ganzes Produkt herstellt. Arbeit kann daher nicht an qualitativen Merkmalen gemessen werden, wie wenn ein Handwerker einen Schuh herstellt. Stattdessen wird

39 Zur Diskussion der Auswirkungen der Synchronisation auf Albert Einstein, der in einem Berner Patentamt arbeitete und die Erfindungen dokumentierte, die zur Erreichung dieser Synchronisation beitrugen, vgl. Peter Louis Galison: Einsteins Uhren, Poincarés Karten. Die Arbeit an der Ordnung der Zeit, Frankfurt a.M. 2003.

40 Marx: Kapital I, MEW, Bd. 23, S. 53.

die reine Arbeit, die in Abstraktion von einer bestimmten Aufgabe stattfindet, in abstrakter Zeit gemessen. Ich stemple eine Uhr und komme nach Hause, um zu berichten, dass ich an diesem Tag zwölf Stunden gearbeitet habe, nicht, dass ich drei Schuhe gemacht, zwei Kapitel redigiert oder 22 Fotos gemacht habe. Pausen von der Arbeit werden auf die gleiche Weise berechnet: Sie füllen die leere Klammer der abstrakten Zeit. Bald wird das gesamte kapitalistische Leben, nicht nur die Arbeit, auf diese Weise bestimmt. Die resultierenden leeren Klammern der Zeit sind die Verdinglichung der Möglichkeit abstrakter menschlicher Aktivität.

Sobald die abstrakte Zeit als gesellschaftlicher Quantifizierer eingeführt wurde, unterliegt sie einer weiteren Modifikation. Dies ist die Einführung eines gesellschaftlichen Durchschnitts der Produktion, der »gesellschaftlich notwendigen Arbeitszeit«, die benötigt wird, um einen bestimmten Gegenstand zu produzieren. Sobald die abstrakte Zeitlichkeit als Mittel zur Berechnung des Werts eingeführt ist, kann mit Bezug auf die Gesellschaft als Ganzes eine zeitliche Norm für die Produktion eines beliebigen Gegenstands berechnet werden. Die Zeit der Produzenten muss mit dieser Norm übereinstimmen, und jegliche überflüssige Zeit in beide Richtungen muss eliminiert werden, wenn das eigene Produkt der Norm entsprechen soll. Im Bulletin der American Philosophical Association heißt es zum Beispiel: »Es dauert normalerweise zwei Monate relativ ununterbrochener Arbeit, um ein gutes Kapitel zu verfassen, also wird es sechs Monate sehr harter Arbeit erfordern, um mehr als die Hälfte einer Thesis zu verfassen«.[41] Damit wird eine gesellschaftliche Norm, quantifiziert in abstrakter Zeit, für einen konkreten Arbeitsaufwand aufgestellt.

Wenn dies geschieht, wird die durchschnittliche Produktionszeit von ihrem Ursprung in der menschlichen Gemeinschaft entfremdet. Stattdessen wird die gesellschaftlich notwendige Zeit der Produktion zu einer objektiven zeitlichen Norm, die über den Produzenten steht. Postone schreibt:

> »Als Kategorie der Totalität bringt die gesellschaftlich notwendige Arbeitszeit eine quasi-objektive gesellschaftlich Notwendigkeit zum Ausdruck, die den Produzenten gegenübertritt. Es ist die der abstrakten Herrschaft innewohnende Zeitdimension, welche die Strukturen entfremdeter gesellschaftlicher Beziehungen im Kapitalismus kennzeichnet. Die von der Arbeit als objektive allgemeine Vermittlung konstituierte Totalität ist durch eine Zeitlichkeit charakterisiert, worin *Zeit zur Notwendigkeit wird.*«[42]

41 American Philosophical Association: Proceedings and Adresses of the American Philosophical Association. 78 (2005) 5.

42 Postone: Zeit, Arbeit und gesellschaftliche Herrschaft, S. 294.

Es gibt noch eine letzte Wendung. Da die Produktionsmittel ständig umgewandelt und die Maschinen verbessert werden, werden die Gegenstände mit ständig zunehmender Geschwindigkeit produziert. Das führt zu einer Dialektik zwischen der Arbeit, die in, sagen wir, einer Stunde verrichtet wird, und der gesellschaftlich notwendigen Arbeitszeit, die ebendiese Stunde bestimmt. Der Effekt dieser Dialektik ist, dass die intensiven Größen der abstrakten Einheiten ständig zunehmen. Die diesjährige Stunde wird gesellschaftlich als arbeitsintensiver bestimmt als die letztjährige, und die diesjährige Stunde wird der neue Ausgangspunkt für die Bestimmung dessen, was eine Stunde bedeutet. Postone nennt dies den »Tretmühleneffekt«.[43] Im Kapitalismus erhöht dieser Effekt ständig die Intensität der Arbeit, von der gesellschaftlich erwartet wird, dass sie in einer bestimmten Einheit abstrakter Zeit geleistet wird. Man muss 20 Minuten laufen, genau wie früher, aber in einem schnelleren Tempo, weil »20 Minuten« durch die gesellschaftliche Notwendigkeit intensiver bestimmt worden sind.[44]

Im Kapitalismus sind die Auswirkungen der abstrakten Zeit entweder nicht auf das produktive Leben beschränkt oder das produktive Leben durchdringt die Gesellschaft als Ganzes. In jedem Fall durchdringt die abstrakte Zeit alle Bereiche, in denen die Warenform die sozialen Beziehungen vermittelt. Alle für den Kapitalismus charakteristischen gesellschaftlichen Verhältnisse sind durch ihre zeitliche Dimension und abstrakte Quantifizierbarkeit charakterisiert.[45] Die Tätigkeit selbst wird quantifizierbar und messbar nach einer präzisen Skala von Minuten, Stunden, Tagen oder Monaten. In dem Maß, wie die Vorstellung von der Zeit, die eine bestimmte Aufgabe in Anspruch nehmen sollte, an Bedeutung gewinnt, wird die Tätigkeit den Entfremdungen der gesellschaftlich notwendigen Zeit und dem Tretmühleneffekt unterworfen. So wird die kapitalistische Zeit zur Verkörperung einer neuen Form sozialer Herrschaft: neu, weil die abstrakte Zeit eine historisch junge Vorgabe des Bewusstseins ist und weil diese die gelebte Erfahrung allgegenwärtig beeinflusst.

Die kapitalistische Zeit wird zu einer Vorgabe nicht nur für die Fabrikhalle oder den Bahnsteig, sondern für die Gesellschaft als Ganzes. Die Übernahme der abstrakten Zeitlichkeit wird zunächst zu einer bewussten Vorgabe des kapitalistischen Lebens. Aber später wird sie zu einem konstitutiven, sogar halbbewussten Merkmal der modernen menschlichen Körperlichkeit, vor allem insofern diese Körperlichkeit von kapitalisti-

43 Ebd., S. 431.

44 Veränderungen in der intensiven Größenordnung waren auch der Grund, warum Marx zunehmend unzufrieden mit der Verwendung der Zeit als Maß für die Arbeit war. Solche Veränderungen waren Folge des neuen Standards zur Messung von Arbeit, den ich in Kapitel 2 beschrieben habe: Energiequanten.

45 Postone: Zeit, Arbeit und gesellschaftliche Herrschaft, S. 287ff.

schen Normen bestimmt wird. Letztlich wird ein inneres Bewusstsein sowohl für die abstrakte Zeit als auch für die gesellschaftlich notwendige Zeit, die für die Aufgaben benötigt wird, die man regelmäßig ausführt, zu einer Voraussetzung für das Funktionieren in der kapitalistischen Welt.

Unsere Fähigkeit, unsere Tätigkeiten in abstrakten Zeiteinheiten zu quantifizieren, ist ein Zeichen für die Durchdringung unseres Lebens mit abstrakter Zeitlichkeit. Heute kennen wir das Timing der meisten unserer rituellen Tätigkeiten mit absoluter Präzision. Wir wissen, ob eine bestimmte Tätigkeit mit besonderer Eile ausgeführt wurde. Wir wissen auch, ob sie zu lange gedauert hat: Wir kennen die gesellschaftlich notwendige Arbeitszeit. Die Fahrt zu einem Laden dauert nicht immer gleich lang: Sie dauert 15 Minuten, bei wenig Verkehr 13 Minuten, bei Stau manchmal 20 Minuten. Der Flug nach Philadelphia dauert eine Stunde, etwas weniger, wenn es Rückenwind gibt, etwas mehr, wenn das Flugzeug auf die Freigabe der Startbahn warten muss.

Oft brauchen wir nicht einmal einen Blick auf unsere Armbanduhr zu werfen, um auch nur die geringsten Schwankungen in diesen Rhythmen zu bemerken, und wir können unsere Zeitpläne im Laufe des Tages variieren, ohne dass diese Elemente vollständig in unser Bewusstsein treten. So empfinden wir oft unsere Wahrnehmung der gesellschaftlich notwendigen Zeit, etwa als Aufregung bei einer Verlangsamung oder Freude bei einer unerwarteten Schnelligkeit. Wir wissen, wie sich eine Stunde, eine Minute und zehn Sekunden anfühlen; wir passen diese abstrakten Größen in den historischen Kontext des gesellschaftlich Notwendigen ein. Auf diese Weise verinnerlichen wir abstrakte Zeitlichkeit durch die Eingewöhnung unseres Wahrnehmungs- und Gefühlslebens. Im Sinne verfremdeter Projektionen der Tätigkeiten und Möglichkeiten des Menschen wird die Zeit zum neuen Gott. Wir retten sie, wir gehorchen ihr, wir hinterfragen nicht ihre Existenz oder ihre Geschichte und ihre Gesellschaftlichkeit bleibt unsichtbar.

Vor diesem Hintergrund ist Marx' einzigartige Aufmerksamkeit für den Teil der abstrakten Zeit zu verstehen, der nicht vom produktiven Leben absorbiert wird. Marx beruft sich auf »freie Zeit« für den Arbeiter als Endprodukt der kapitalistischen Akkumulation von Reichtum. Im »Maschinenfragment« der »Grundrisse« schreibt er:

> »Die *Schöpfung von viel disposable time* außer der notwendigen Arbeitszeit für die Gesellschaft überhaupt und jedes Glied derselben (d.h. Raum für die Entwicklung der vollen Produktivkräfte der Einzelnen, daher auch der Gesellschaft), diese Schöpfung von Nicht-Arbeitszeit erscheint auf dem Standpunkt des Kapitals, wie aller früheren Stufen, als Nicht-Arbeitszeit, freie Zeit für einige. Das Kapital fügt hinzu, dass es die Surplusarbeitszeit der Masse durch alle Mittel

> der Kunst und Wissenschaft vermehrt, weil sein Reichtum direkt in der Aneignung von Surplusarbeitszeit besteht; da sein *Zweck direkt Wert,* nicht der Gebrauchswert. Es ist so, malgré lui, instrumental in creating the means of social disposable time, um die Arbeitszeit für die ganze Gesellschaft auf ein fallendes Minimum zu reduzieren und so die Zeit aller frei für ihre eigene Entwicklung zu machen. Seine Tendenz aber immer, einerseits *disposable time zu schaffen, andrerseits to convert it into surplus labour.* [...] Denn der wirkliche Reichtum ist die entwickelte Produktivkraft aller Individuen. Es ist dann keineswegs mehr die Arbeitszeit, sondern die disposable time das Maß des Reichtums.«[46]

Im »Kapital« vertrat Marx die Auffassung, dass diese verfügbare abstrakte Zeit die materielle Bedingung für Freiheit und politische Selbstbestimmung sei. Ein Teil der Verletzlichkeit des Arbeiters besteht darin, dass er nicht in der Lage ist, zu unterscheiden, wann er arbeitet, um seine eigene Arbeitskraft zu ersetzen, und wann er arbeitet, um Mehrwert an das Kapital abzugeben. Er oder sie ist nicht der bewusste Herr über diese Zeiten, die zusammen fast alle seine oder ihre Lebensenergien absorbieren. Unter Berufung auf die Begrenzung des gesetzlichen Arbeitstages durch die britischen Fabrikgesetze zitierte Marx aus den Berichten der Fabrikinspektoren: »›Indem sie‹ (die Fabrikgesetze) ›sie zu Herrn ihrer eignen Zeit gemacht haben, haben sie ihnen eine moralische Energie gegeben, die sie dahinführt, möglicherweise die politische Macht in Besitz zu nehmen.‹«[47] Marx erkannte das Potenzial des kapitalistischen Gebrauchs der Zeit, den Arbeiter zu entfremden und zu beherrschen, anstatt von ihm beherrscht zu werden. Er zeigt auch, warum die Zeit selbst ein wichtiges politisches Kampffeld ist.

Umgekehrt muss aber auch Marx' Betonung der freien abstrakten Zeit der Kritik unterworfen werden. Ein solcher Begriff wird dialektisch gegen die Arbeit gesetzt. Wenn nun, gemäß der radikalsten Variante der marxschen Analyse, die Arbeit verschwindet, muss dann nicht auch die freie Zeit verschwinden? Darüber hinaus zeigt Marx mit seiner Forderung nach frei verfügbarer Zeit, dass er sich die kapitalistische Zeitlichkeit zu eigen macht, in der Zeit als eine abstrakte Klammer betrachtet wird, die gefüllt oder geleert, verschwendet oder benutzt werden kann. Wenn Marx nicht vor der kapitalistischen Kolonisierung der Zeitlichkeit kapitulieren will, muss die abstrakte Zeit in ihrer entfremdeten Form nicht nur entbehrlich sein, sondern ganz und gar entsorgt werden.

Nur Wert, nicht Reichtum, kann in Abstraktionen wie Zeit und Geld gemessen werden. Erinnern wir uns daran, dass Marx mit »Reichtum«

46 Marx: Grundrisse, MEW, Bd. 42, S. 603–604; Hervorhebungen im Original.
47 Marx: Kapital I, MEW, Bd. 23, S. 320, FN 201.

Gegenstände des Gebrauchs und mit »Wert« Gegenstände des profitablen Austauschs meint. Obwohl Wert eine Abstraktion ist, die ein abstraktes Maß erfordert oder fungibel ist, ist Reichtum Gebrauch, und Gebrauch ist nicht abstrakt. Mit der abstrakten Zeit selbst kann ich nichts anfangen, sie ist eher eine Form der Darstellung als direkt nützlich. Wie das Geld ist auch die abstrakte Zeit enger mit dem Wert als mit dem Reichtum verbunden und deshalb ist sie an den Kapitalismus gebunden.

In der kommunistischen Zukunft, die nicht dem Kalkül des Werts unterliegt, muss die Zeit daher an Bedeutung verlieren. Wenn wir Marx' Visionen von freier Zeit extrapolieren, dürfen wir sie uns daher nicht nur als Verlängerung der verfügbaren Stunden vorstellen, die der Arbeiter zwischen kurzen Perioden produktiver Arbeit markiert. Wir müssen sie uns stattdessen als modernes Leben vorstellen, das von der Zeit befreit ist, oder zumindest als eines, das von der abstrakten und entfremdenden Herrschaft der Zeit befreit ist. Dieses moderne Leben würde die Zeit als ein gesellschaftliches Produkt begreifen, das nützlich ist, um Zugunfälle zu vermeiden, aber nicht als einen verdinglichten und absoluten Standard, der das gesamte menschliche Schaffen, die menschliche Körperlichkeit und die menschlichen Leidenschaften bedingt.

IV Technophobie und Technophilie

In den vorangegangenen Kapiteln (vor allem aber in den Kapiteln 2 und 4) habe ich angedeutet, dass die Einstellungen des 19. Jahrhunderts zu Wissenschaft und Technik – und die entsprechende Rezeption dieser Einstellungen – hochgradig politisiert waren. Daran möchte ich nun anknüpfen und die Konfliktlinien definieren, die im 19. Jahrhundert die drei zentralen Klassen in Bezug auf die Technik und insbesondere in Bezug auf die Mechanisierung der Arbeit unterschieden. Diese Klassen sind die Bourgeoisie, das Proletariat und die feudale Aristokratie.[48]

Jede Klasse ist gekennzeichnet durch ihre Beziehung und ihre Einstellung zu den Veränderungen der Produktionsmittel, die sich aus der Anwendung der thermodynamischen Wissenschaft (insbesondere der Dampfmaschine) ergeben. Daher ist jede Klasse auch durch den Grad der Bereitschaft gekennzeichnet, das von der thermodynamischen Wissenschaft angebotene Verständnis von Mensch, Natur und Arbeit zu akzeptieren und es zu integrieren. Einige soziale Klassen sind eher bereit, die menschliche Arbeit auf kalorische Verausgabung in Übereinstimmung mit den thermodynamischen Gesetzen zu reduzieren. Andere wehren sich dagegen, Menschen und Maschinen in der gleichen Terminologie

48 Diese Klassentypen sind natürlich idealtypische Verallgemeinerungen. Aus Platzgründen kann ich weder in angemessener Weise auf das eingehen, was Pierre Bourdieu zu Recht als Klassenfraktionen bezeichnet, noch auf die Übergänge in der Klassenstruktur selbst; vgl. Bourdieu: Die feinen Unterschiede.

zu konzeptualisieren. In der folgenden Analyse bezeichne ich Erstere als »technophil« und Letztere als »technophob« und werde zeigen, wie diese Identitäten nach sozialer Klasse verteilt sind.

Die Bourgeoisie ist technophil, sie ist den Veränderungen in der wissenschaftlichen Produktion verpflichtet, an die ihr steigender industrieller Erfolg gebunden ist. Aber historisch gesehen ist die fortschrittlichste politische Opposition gegen die bürgerliche Ausbeutung der Arbeit ebenfalls technophil: Physiologen, die den arbeitenden Körper auf der Grundlage von energetizistischen Modellen rekonstruierten, die Anforderungen der Ermüdungskurve aufzeichneten und auf der Basis ihrer Entdeckungen begannen, Arbeitsfragen zu schlichten. Wie ich in Kapitel 2 gezeigt habe, nahm Marx, obwohl er darauf achtete, seine sozialen und politischen Ansichten von denen der wissenschaftlichen Materialisten abzugrenzen, dennoch einiges von dieser energetischen Vorstellung von Arbeit auf.

Im Gegensatz zu den Bourgeoisie-Fraktionen beider Couleurs zeigt sich sowohl bei der aristokratischen als auch bei der proletarischen Klasse eine ausgeprägte Technophobie: die erste in Opposition zu den Machtbestrebungen der Bourgeoisie, die letztere in Opposition zu Veränderungen der Arbeit, die ihre eingeübten Arbeitsgewohnheiten überflüssig machen. Obwohl Marx' Werdegang im deutschen Idealismus von seiner Kritik an bestimmten Aspekten des Idealismus gekennzeichnet war, stattete diese privilegierte Erziehung Marx in seinen prägenden Jahren dennoch mit Konzepten aus, die leicht in eine reaktionäre antitechnologische Romantik umschlagen können, und sie hat das auch bei anderen Denkern sicherlich getan. Marx hat ein Verständnis der proletarischen Geschichte des Widerstands gegen Technologien erst spät entwickelt, mithilfe der Lektüre von Engels, Babbage, J. H. M. Poppe und durch eine kritische Lektüre von Andrew Ure.

Obwohl Marx sich vor der bürgerlichen Technophilie hütete, erkannte er auch, dass Technophobie eine Form von falschem Bewusstsein ist. Marx war mehr über die Technophobie in den arbeitenden Klassen besorgt als über ihre nachklingenden Affekte in der Aristokratie. Die Fetischisierung von Maschinen als Verursacher von Klassenungleichheiten führt zu eigentümlichen ideologischen Beziehungen zwischen den Arbeitern und den Produktionsmitteln, das heißt zu Unfrieden. Im »Kapital« veranschaulichte Marx dies am Beispiel einer Bandmühle, die im 17. Jahrhundert in Hamburg öffentlich auf einem Scheiterhaufen verbrannt wurde.[49] Diese Bandmühlen waren die technologischen Vorläufer

49 Der Präzedenzfall dafür waren eindeutig Hexenverbrennungen, selbst ein Resultat des gesellschaftlichen, ökonomischen und demografischen Drucks des Übergangs der frühen Neuzeit zum Kapitalismus. Brian Levack erklärt die Geschichte der frühneuzeitlichen europäischen Hexenverfolgungen im Zusammenhang mit Hass und Angst vor den unteren Klassen, Frauenfeindlichkeit und sozialem Wandel. Levack schreibt: »[...] wenn wir nach einem historischen

der durch Maultiere oder Dampf betriebenen Webstühle der industriellen Revolution. In einem klassischen Beispiel für die Verkennung, die die Entfremdung mit sich bringt, wurde der Webstuhl beschuldigt, er enthalte okkulte Kräfte, und wurde daher verbrannt.[50]

Nach fast 400 Jahren fällt im Rückblick die Sinnlosigkeit der Verbrennung einer Maschine auf einem öffentlichen Platz am Vorabend der industriellen Revolution ins Auge. Aber es gab bei diesem Akt der Zerstörung noch eine größere Absurdität und er hatte auch eine tiefere Bedeutung. Hier sehen wir zwei historische Epochen der Produktion im Konflikt, jede mit einem anderen materiellen Substrat und einer anderen Lebensweise. Wir sehen den Widerspruch eines einzelnen Volkes mit sich selbst und seinen Produkten.

Marx zeigte auf, dass insbesondere Aufstände gegen die Bandmühle unter den arbeitenden Menschen in ganz Europa verbreitet waren. Diese Revolten hielten bis weit ins 19. Jahrhundert hinein an, als isolierte Arbeiteraufstände ihrem gerechten Zorn auf das fixe Kapital der Fabriken Luft machten, indem sie Maschinen zerschlugen. (Die Ludditen sind das berühmteste Beispiel für eine Gruppe, die solche Rebellionen unternahm.)

Die Passage aus dem »Kapital« endet so: »Es bedarf Zeit und Erfahrung, bevor der Arbeiter die Maschinerie von ihrer kapitalistischen Anwendung unterscheiden und daher seine Angriffe vom materiellen Produktionsmittel selbst auf dessen gesellschaftliche Exploitationsform übertragen lernt.«[51] Die Verbrennung der Maschine ist ein Beispiel für die Schwierigkeit, die diejenigen haben, die innerhalb einer gegebenen Produktionsweise agieren, eine angemessene und umfängliche Kritik zu formulieren, im Gegensatz zu den Mitteln (oder Instrumenten), durch die sich diese ausdrückt. Um mit Marx zu sprechen, geben die Arbeiter dem Schießpulver, das ihre Wunden ausbrennen könnte, die Schuld daran, dass es sie verletzt.

Die Maschine wird öffentlich verbrannt, weil das Handwerk mit ihrer Produktivität nicht konkurrieren kann. Anstatt ihre Fähigkeiten zu diversifizieren und ihre traditionelle Arbeitsweise aufzugeben, versuchen die Arbeiter, sich das Recht auf mühselige Arbeit zu bewahren, während

Faktor fragen, der nicht nur die Herausbildung und Überlieferung des kumulativen Konzepts von Hexerei stützte, sondern auch auf höchst wirksame Weise den Glauben daran, dass der Teufel auf die Geschicke der Menschen Einfluss nahm, dann führt uns die Suche zu der Furcht vor Rebellion, Aufstand und Unordnung, welche die Oberschichten in diesen Jahren erfasst hatte. Es ist keineswegs ein Zufall, dass die ersten Beschreibungen des Hexensabbats bekannt wurden, als im späten 14. Jahrhundert soziale Unruhen Europa erschütterten, und es ist auch keine zufällige Koinzidenz, dass der gelehrte Glaube an organisierte Hexerei in einer Zeit großer Instabilität und chronischer Rebellion überall in Europa Fuß fasste. Das Zeitalter der großen Hexenjagd war auch das große Zeitalter der Volksrebellion in der europäischen Geschichte […].« (Brian Levack: Hexenjagd. Die Geschichte der Hexenverfolgungen in Europa, München 1995, S. 74)

50 Marx: Kapital I, MEW, Bd. 23, S. 451, Fn 194.

51 Ebd., S. 452.

Maschinen diese schnell erledigen könnten. Sie versuchen also, ihre traditionellen Lebensstandards aufrechtzuerhalten, und machen sich damit mitschuldig am Weiterbestehen der regressiven politischen Formen, durch die dieses Leben geregelt wird. Die Arbeiter werden mitschuldig an der Zerstörung von potenziellem materiellem Reichtum zugunsten der Erhaltung des Tauschwerts von mühsamer, zeitraubender Arbeit.

Im »Kommunistischen Manifest« hieß es kritisch über die aufstrebenden Proletarier:

> »Sie richten ihre Angriffe nicht nur gegen die bürgerlichen Produktionsverhältnisse, sie richten sie gegen die Produktionsinstrumente selbst; sie vernichten die fremden konkurrierenden Waren, sie zerschlagen die Maschinen, sie stecken die Fabriken in Brand, sie suchen die untergegangene Stellung des mittelalterlichen Arbeiters wiederzuerringen.«[52]

Die Rebellion gegen Instrumente oder Produktionsmittel (d.h. Maschinen) ist symptomatisch für eine Form von falschem Bewusstsein. Das eigentliche Ziel des proletarischen Zorns sollte nicht die Maschinerie sein, sondern sollten die Bedingungen sein, die zu Ungleichheiten in der Verteilung der Produktionsmittel führen, die Bedingungen, die die Maschinerie zu einer ausschließlich kapitalistischen Verwendung zwingen.

Die Klassen sind durch ihr Verhältnis zum Eigentum an den Produktionsmitteln getrennt, das heißt durch die Fähigkeit, über die Kräfte der Wissenschaft und Technik zu bestimmen. Die Machtungleichheit zwischen Maschine und Werkzeug zielt also auf die Proletarier, die davon ausgeschlossen sind, Wissenschaft und Technik in ihrem eigenen Interesse zu mobilisieren. Anstatt der Gesellschaft als Ganzes zu nützen, wird der Zugang zur Technologie zum Marker der Klassendifferenzierung und werden die Maschinen zum Instrument des Klassenkampfes. Ebenso werden die Geschlechter durch ihren Zugang zur Technologie eingeteilt, einschließlich der Möglichkeit, eine wissenschaftliche und technologische Ausbildung zu erhalten. Und weil in der kapitalistischen Produktionsweise Maschinen nur zur Steigerung des Werts oder Profits eingesetzt werden und nicht zur Steigerung des gesamtgesellschaftlichen Reichtums, kommen ihre potenziellen Vorteile den Arbeitern bzw. Frauen nicht zugute.

Die Technophobie der Arbeiterklasse hat ihr Gegenstück in der aristokratischen Ideologie. Hass auf und Ablehnung von Technologie waren charakteristisch für entmachtete Aristokraten, die an der Wiederherstellung ihrer früheren Privilegien interessiert waren. Laurent Portes,

52 Marx/Engels: Manifest, MEW, Bd. 4, S. 470.

Kurator der Bibliothèque Nationale, hat gezeigt, dass das Misstrauen gegenüber dem technischen Fortschritt eine besondere Genealogie hat. Zunächst in aristokratischen Kreisen entstanden, breitete sich die Technikfeindlichkeit schnell auf den Rest der Gesellschaft aus. Portes schreibt:

> »Konterrevolutionäre, reaktionäre und aristokratische Kreise bilden die ersten Reihen [derjenigen, die die Praktiken der Technologie anprangern]; ihre Missbilligung hatte nicht nur etwas mit dem angeblichen Egalitarismus dieser sogenannten Zukunft zu tun [...] Aber es dauerte nicht lange, bis die Kritik an der technologischen Gesellschaft, die zunächst mit einer elitären Mentalität verbunden war, die gesamte Gesellschaft erfasste.«[53]

Die Aristokraten hassten die Technik als Sinnbild für die Ideale und das Projekt der Aufklärung, das sie als Klasse aussterben ließ. Dampfgetriebene Maschinen bewegten sich auf den neuen Eisenbahnlinien, die feudale Ländereien zerschnitten. Dieser Hass wurde von einem Antikosmopolitismus begleitet, der sich, wie wir in Kapitel 4 gesehen haben, mit dem Antisemitismus und der Antiindustrialisierung dieser Form des kapitalistischen Humanismus verband.

Die Technophobie war in der deutschen Gesellschaft besonders ausgeprägt, sowohl als Reaktion auf die wissenschaftlichen Materialisten als auch weil Deutschland seine Aristokratie länger als andere europäische Mächte beibehielt. Technophobie ist ebenfalls ein Grundpfeiler der Romantik. Weder technophob noch technophil, hat Marx beide Haltungen als Herausforderung für seine Kritik gesehen.

Die reaktionäre Technophobie in der Aristokratie breitete sich auch in sozialen Schichten aus, für die damit verbundene ökonomische Vorteile nicht gelten sollten. Dies veranschaulicht Marx' Idee der psychologischen Entfremdung aus der »Deutschen Ideologie«, eine Art der Entfremdung, die ich in Kapitel 1 untersucht habe. Bei der psychologischen Entfremdung infizieren die oberen Klassen die unteren Klassen mit ihren Ideologien. Für die Unterschichten verbindet sich die Vorstellung, dass Maschinen böse sind, mit der Berufung auf die Arbeit und ihre Verteidigung, und insofern mit der Wiederholung des Gründungsmoments des bürgerlichen Subjekts – anstatt mit der Abschaffung der Arbeit zugunsten der Freizeit. Es besteht keine Notwendigkeit, den Zugang der arbeitenden Klassen zu jenen Instrumenten zu beschränken, die sie befreien könnten; sie beschränken sich selbst, indem sie sich die Technophobie zu eigen machen.

53 Laurent Portes: Utopia and anti-utopia in the twentieth century, in: Roland Schaer/Gregory Claeys/Lyman Tower Sargent (Hrsg.): Utopia. The Search for the Ideal Society in the Western World, New York 2000, S. 230–248, hier S. 244.

Die Arbeiter als Maschinen oder maschinenähnliche Wesen aufzufassen mag ein Mittel gewesen sein, sie vor bestimmten Exzessen zu schützen, aber dies war auch eine disziplinierende Technik, die Arbeiter als eine Art Rohmaterial zu konzipieren, das durch Gewöhnung in jede mögliche Form zu bringen sei, solange die physikalischen Gesetze respektiert würden. Nach einem Besuch in einer von Owens Fabriken im Jahr 1829 berichtete Robert Southey:

> »[Owens] Humor, seine Eitelkeit, seine Naturverbundenheit (all das hat seinen Anteil) führt ihn dazu, diese *menschlichen Maschinen*, wie er sie nennt (und buchstäblich glaubt, dass sie es sind), so glücklich zu machen, wie er kann, und ihr Glück zur Schau zu stellen. Und er kommt zu dem ungeheuerlichen Schluss, dass, weil er dies mit 2210 Personen tun kann, die völlig von ihm abhängig sind, die gesamte Menschheit mit der gleichen Glückseligkeit regiert werden könnte.«[54]

Obwohl Marx der Kritik der Metaphysik ebenso wie der Kritik der Religion zustimmte, für einen Materialismus eintrat, der die theologische Verursachung aus der natürlichen Erklärung eliminiert hat, und sich sogar teilweise einer energetischen Sprache bediente, wenn er die menschliche Arbeit beschrieb, wehrte er sich dagegen, die Menschen der Arbeiterklasse als lediglich oder ausschließlich maschinenartig zu beschreiben.

Stattdessen entwarf Marx eine Genealogie der maschinellen Arbeit, die Maschinen als Abkömmlinge der menschlichen Industrie verortet und ihre historische Entwicklung aus dieser Industrie (und damit aus der Menschheit) hervorhebt. In dieser Darstellung sind Maschinen das Produkt von Generationen menschlicher Arbeit – sowohl wissenschaftlicher und technologischer Arbeit als auch der gewöhnlichen menschlichen Arbeit, die ihrer Erschaffung zugrunde liegt. Die menschliche Schöpfung, selbst ihre fremdartige Form der Arbeit, blieb für Marx der grundlegende Begriff, und die Kraft der Natur blieb in menschliche und nicht-menschliche Typen unterteilt. Folglich bleibt den menschlichen Arbeitern etwas erhalten, was Maschinen nicht ersetzen können, obwohl Marx' Übernahme des energetizistischen Vokabulars es zunehmend schwieriger macht, zu bestimmen, was das sein soll.

Gleichzeitig präsentierte Marx eine historische und genealogische Darstellung der Maschinen und des Aufstiegs wissenschaftlicher und technischer Unternehmer als Ganzes und bestand auf deren Schuld gegenüber dieser historischen, sozialen, menschlichen Arbeit. Aus öko-

54 Zit. nach: Humphrey Jennings/Mary-Lou Jennings/Charles Madge: Pandaemonium. The Coming of the Machine as Seen by Contemporary Observers, 1660–1886, New York 1985, S. 157–158; Hervorhebungen im Original.

nomischen Gründen folgte Marx John Stuart Mill, der im Gegensatz zu den politischen Ökonomen betonte, dass Maschinen die Arbeit eher mehr als weniger bedrückend machten, indem sie den Arbeitstag verlängerten und die Arbeit unerträglich langweilig, ermüdend, repetitiv oder sonstwie entfremdend gestalteten. Marx zufolge ist solches »jedoch auch keineswegs der Zweck der kapitalistisch verwandten Maschinerie. Gleich jeder andren Entwicklung der Produktivkraft der Arbeit soll sie Waren verwohlfeilern und den Teil des Arbeitstags, den der Arbeiter für sich selbst braucht, verkürzen, um den andren Teil seines Arbeitstags, den er dem Kapitalisten umsonst gibt, zu verlängern.«[55] Er setzte sich für eine Produktionsweise ein, in der das Potenzial der Maschinen verwirklicht werden könnte. Er versuchte somit, den Widerspruch zu verstehen, wie es kommt, dass Maschinen, Werkzeuge für die Produktion von materiellem Reichtum, zur Verarmung führen, wenn sie zur Produktion von Tauschwert eingesetzt werden, und kam deshalb auf das Problem der Entfremdung zurück, das im Kapitalismus im Zentrum der Arbeit angesiedelt ist (Kapitel 3 und 4).

Wie wir gesehen haben, weist Marx' Entmystifizierung der Technik im besten Fall kritisch auf den technologischen Determinismus hin, eine Haltung, die Veränderungen in der menschlichen Arbeit und im gesellschaftlichen Leben verkennt und die Eigenschaften dieser Veränderungen den Maschinen selbst zuschreibt und nicht der Produktionsweise, die sie prägt. Marx lernte dadurch, Einstellungen zur Technik als Zeichen und Symptome von tieferen politischen und ökonomischen Einstellungen zu lesen, so wie Feuerbach gelernt hatte, Einstellungen zur Theologie als Zeichen und Symptome zu lesen, die eine bestimmte menschliche Gemeinschaft auf ihre Götter projiziert hatte. In diesem Prozess enthüllte Marx, wie Maschinen ein Depot für alle Arten von gesellschaftlichen Haltungen sind. Seine Darstellung der gesellschaftlichen Produktivität von Wissenschaft und Technik wird somit von seiner Darstellung des Kapitals als Ganzes eingerahmt. Er will diese Produktionsweise entmystifizieren, damit sie nicht in ihrer entfremdeten Form akzeptiert und rezipiert wird: als eine natürliche, unausweichliche Gegebenheit, in der die historischen Eigenschaften der menschlichen Arbeit fälschlicherweise als den Maschinen zugehörig wahrgenommen werden.

In Bezug auf die Technologiefrage behauptete Marx, dass die vorhandenen ökonomischen und politischen Produktionsmittel kein Synonym für den ausbeuterischen Modus sein müssen, in dem sie eingesetzt werden. Die Entfremdung kommt nur dann zu einem Ende, wenn die Technik weiter eingesetzt wird, allerdings in einem Wertsystem, in dem die Tyrannei des Tauschwerts beseitigt ist und der Gebrauchswert wieder zu

55 Marx: Kapital I, MEW, Bd. 23, S. 391.

seinem Recht kommt. Der Einsatz von Technik wird dann die Menge an materiellem Reichtum erhöhen und damit die Menge an Arbeit reduzieren, die notwendig ist, um eine Gesellschaft zu erhalten, die in einem anderen Modus arbeitet.[56] Marx sah die Möglichkeit der Produktion von materiellem Reichtum, die nicht die Produktion von Wert und damit die Beseitigung der menschlichen Arbeit als letzten Zweck hat – abstrakt als Standard des Produktionssystems, konkret als Praxis. Außerdem werde es neue Maschinen geben, die nicht durch die Normen des Kapitalismus von Befehl und Kontrolle geprägt sind.[57]

Marx bestand auch weiterhin darauf, dass es einen Unterschied zwischen Maschinen und der Gesellschaft gebe, die ihre Entwicklung unterstützen, also zwischen den Produktionsmitteln und der Produktionsweise. Er hätte diese Einsicht ausbuchstabieren und gleichzeitig anerkennen können, dass der Kapitalismus Maschinen mit politisch negativen Eigenschaften hervorbringt, wenn er Zugang zu einer Idee gehabt hätte, die im Werk Andrew Feenberg anschaulich wird. Es handelt sich dabei um die Vorstellung, technologische Objekte könnten auf verschiedenen Stufen stehen, je nach dem Grad ihrer Politisierung. Feenberg schreibt:

> »[Die These, dass Technologie politisch neutral ist] verdinglicht Technologie, indem sie von allen kontextuellen Überlegungen abstrahiert. Dieser Ansatz ist relativ überzeugend; ebenso wie in anderen Fällen formaler Verzerrung *sind* die dekontextualisierten Elemente, aus denen das verzerrte System aufgebaut ist, in ihrer abstrakten Form tatsächlich neutral. Die Zahnräder und Hebel des Fließbandes, wie auch die Ziegel und der Mörtel des Panoptikums, haben keine intrinsische wertbezogene Implikation. Die Illusion, Technik sei neutral, entsteht, wenn tatsächliche Maschinen und Systeme nach Maßgabe der abstrakten technischen Elemente verstanden werden, die sie in werthaltigen Kombinationen vereinen. Die Kritische Theorie zerschlägt diese Illusion, indem sie die vergessenen Kontexte wiederentdeckt und ein historisch konkretes Verständnis von Technik entwickelt.«[58]

56 Wenn Hannah Arendt Lenin für dessen Formulierung des Kommunismus als »Sowjetmacht plus Elektrifizierung« kritisierte, dann demonstrierte sie eher ihr eigenes als Lenins Missverständnis von Marx in der Technologiefrage. Sie hielt Lenin vor, seine Formel lege zu viel Gewicht auf die technischen Mittel und nicht genügend auf die Vergesellschaftung und den Sozialismus. Aber die kommunistische Produktionsweise erfordert tatsächlich die Entwicklung der Technik (Elektrifizierung) zusammen mit der Möglichkeit einer alternativen gesellschaftlichen Organisation (Sowjets). Lenin folgte dem späteren Marx in der Betonung der Dialektik des Verhältnisses von Produktionskräften und Produktionsverhältnissen; vgl. Arendt: Über die Revolution. Im Allgemeinen ist Lenins Werk missverstanden worden, was zum Teil auf schlechte Übersetzungen aus dem Russichen durch diejenigen zurückzuführen ist, die mit seinem marxistischen/hegelianischen Erbe vertraut waren – oder auch nicht; vgl. dazu Michael Marder: On Lenin's »Usability«, or how to Stay on the Edge, in: Rethinking Marxism 1/2007, S. 110–127.

57 Feenberg: Questioning Technology, S. 50.

58 Ebd., S. 82; Hervorhebung im Original.

Weil Marx die Neutralität der Technik als Substrat einer neuen, nichtkapitalistischen Gesellschaft aufrechterhalten wollte und dennoch die politische Formung der Apparate innerhalb der kapitalistischen Produktionsweise wahrnahm, stand er oftmals vor genau dem Problem, das seine Analyse offenbarte. Marx verwendete manchmal den Begriff »Maschinerie« als Kurzform für »Entfremdung« und »Produktionsmittel« für die »kapitalistische Produktionsweise«. Wie wir in Kapitel 4 gesehen haben, war dies gewöhnlich von einem Vokabular der Monstrosität begleitet, durch das Marx die Maschinerie dämonisierte. Diese rhetorischen Effekte, die im »Kapital« und im »Kommunistischen Manifest« stärker ausgeprägt sind als in den »Grundrissen«, können dazu führen, dass man Marx' sorgfältige Unterscheidung zwischen Produktionsmitteln und Produktionsweise übersieht.

Für Marx stellten Wissenschaft und Technik nicht nur eine Verschlechterung der alten Gesellschaft dar, sondern auch die Grundlagen der neuen Gesellschaft. Die Ausdehnung des materiellen Reichtums, die durch menschliches Wissen in Form von Wissenschaft und Technik bewirkt wird, kann dann genutzt werden, um die kommunistische Produktionsweise möglich zu machen. Marx schreibt: »[...] was heißt wachsende Produktivkraft der Arbeit andres, als dass weniger unmittelbare Arbeit erheischt ist, um ein größeres Produkt zu schaffen, und dass also der gesellschaftliche Reichtum sich mehr und mehr ausdrückt in den von der Arbeit selbst geschaffenen Bedingungen der Arbeit [...].«[59] Diese Bedingungen können gut oder schlecht sein, je nachdem, wie der akkumulierte gesellschaftliche Reichtum bzw. Wissenschaft und Technik und der Zugang zu ihnen verteilt sind. Wenn die Menschen als Gattung Zugang dazu haben und dieser nicht radikal geteilt ist, liegt darin das Potenzial, prometheische Kräfte in die Hände aller zu legen.

Die fortschreitende Entwicklung der produktiven Vergegenständlichung wird die materielle Grundlage für die darauffolgenden politischen Veränderungen bilden, die Marx voraussagte, einschließlich der Revolution. Die kommunistische Entwicklung dieser Produktionsmittel oder der technische Fortschritt selbst werden ihre Umverteilung oder Revolution begleiten. Nach dieser Umverteilung wird die Entwicklung der Produktionsmittel weitergehen, nicht mehr beeinträchtigt durch die Konkurrenz, die die kapitalistische Wissenschaft und den technologischen Fortschritt bremst.

In diesem Sinne liefert uns Marx eine Kritik des Werts, aber weder eine Kritik der leitenden Motivationen von Wissenschaft und Technik noch eine Kritik des Menschen als Krone der Schöpfung. Er stellt nie den Gebrauchswert der Produktionssteigerung in Form von vermehrten

59 Marx: Grundrisse, MEW, Bd. 42, S. 722.

materiellen Ressourcen infrage, sondern nur die Steigerung von Profit und Ausbeutung durch die Produktion. Und obwohl Marx die Ausbeutung des Planeten begreift, die der Kapitalismus ermöglicht, verallgemeinert er diese Gefahr nicht auf die gesamte Moderne. In Marx' Sicht auf die Maschinennutzung nach der Revolution akkumuliert sich nur der Reichtum, es akkumulieren sich aber nicht die Abfälle, die Verschmutzung und die Umweltzerstörung, die zu den anhaltenden Folgen der Industrialisierung gehören. Auch dies ist ein Kennzeichen von Marx' Übernahme der aufklärerischen Sichtweise der Technik.

Wie der aristotelische Tauschwert muss auch die Technik durch die angemessenen Schranken der menschlichen Wohltätigkeit begrenzt werden. Innerhalb dieser Grenzen ist der Einfluss der Technik jedoch breit gefächert und wertvoll. Wie Elaine Scarry schreibt: »So menschlich ist der Materialismus in seinen Prämissen, dass Marx niemals auf den Gedanken verfällt, der Kultur könnte besser gedient sein, wenn man den Drang nach materiellem ›Erzeugen‹ zurücknähme, sofern dies überhaupt möglich ist.«[60] Solange fortschreitende wissenschaftliche und technologische Veränderungen das menschliche Vergnügen und die Entwicklung zum Ziel haben und nicht als Instrumente des Klassenkampfs eingesetzt werden, sind sie fraglos gut.

V Technophobie und die Theorie des 20. Jahrhunderts

Ich habe die politische Typologie von Technophobie, Technophilie und ihrer Kritik bei Marx hier aus historischen Gründen skizzenhaft entwickelt. Diese Typologie verbessert einerseits unser Verständnis des 19. Jahrhunderts samt der Kluft zwischen seinen herrschenden Ideen und seiner materiellen Situation und andererseits unser Verständnis von Marx. Aber ich habe die Typologie auch aus konzeptionellen und genealogischen Gründen vorgestellt. Denn obwohl Marx vielleicht zu den ersten Philosophen gehörte, die sich mit Technik beschäftigten, war seine Darstellung nur der Beginn eines bedeutenden, bis ins 21. Jahrhundert hinein andauernden Augenmerks für die Kategorie »Technik« selbst[61] und für die Fragen des Lebens mit der Technik.

Dieses Augenmerk zeichnet sich durch ein besonderes Merkmal aus. Wie Technik seither dargestellt wird, reicht nicht weit über das hinaus, was Marx uns bereits angeboten hat, was zeigt, wie vorausschauend er war und dass seine Einschätzung nach wie vor Bedeutung hat. Die Tech-

60 Elaine Scarry: Der Körper im Schmerz. Die Chiffren der Verletzlichkeit und die Erfindung der Kultur, Frankfurt a.M. 1992, S. 357.

61 Schatzberg zufolge ist die englische Übersetzung des »Kapital« aus dem Jahr 1887 einer der frühesten Fälle, in denen das deutsche Wort Technik mit »technology« übersetzt wurde; vgl. Eric Schatzberg: Technik comes to America. Changing meanings of Technology before 1930, in: Technology and Culture 3/2006, S. 486–512, hier S. 496–497.

nikphilosophie des 20. und 21. Jahrhunderts bewegt sich im besten Fall zwischen den Polen von Marx' Darstellung, indem eine Beziehung zwischen dem Technischen und dem Politischen aufgezeigt wird und außerdem, wie diese Beziehung durch den Kapitalismus bedingt ist. In dieser Hinsicht sind die Darstellungen von Donna Haraway und Herbert Marcuse beispielhaft.

Doch bevor wir uns den Ausführungen von Haraway und Marcuse zuwenden, müssen wir auch feststellen, dass die Technikphilosophie des 20. und 21. Jahrhunderts mit den wichtigsten Erkenntnissen von Marx über die Technik nicht Schritt gehalten hat. Einige technologiekritische Ansätze haben insbesondere Marx' entscheidende Einsicht ignoriert, dass Technophobie eine Haltung ist, die die rückwärtsgewandete Empfindsamkeit des kapitalistischen Humanismus enthält: einen neofeudalen, romantischen und antidemokratischen Konservatismus gegenüber der Natur und dem menschlichen Leben. Darüber hinaus stellen technophobe Technikphilosophien den für den kapitalistischen Modus charakteristischen degradierenden Einsatz von Technik als das Wesen der modernen Technik dar, wodurch sie die Produktionsmittel mit ihrem Einsatz in einer ausbeuterischen Produktionsweise verwechseln und dementsprechend ihre Bedeutung mit diesem Einsatz einklammert. Schließlich verwenden technophobe Technikphilosophien oft einen unkritischen Naturbegriff als Herausforderung der technischen Welt.

Im Folgenden will ich kurz zwei wichtige Beispiele technophober Anklagen der Moderne anführen, die – ob gewollt oder nicht – diesen dreifachen Konservatismus weitertragen: Martin Heideggers »Die Frage nach der Technik« und Carolyn Merchants »The Death of Nature«. Ich verbinde meine Erörterung der beiden Texte mit dem, was man als ihr jeweiliges marxistisches Korrektiv betrachten kann: Heidegger mit Marcuse und Merchant mit Haraway. Die ontologische Anklage der Technologie, die wir bei Heidegger und Merchant finden, wird durch die politische Diagnose der Technologie bei Marcuse und Haraway pariert. Der Fehler, den sowohl Heidegger als auch Merchant machen, besteht darin, Marx' Unterscheidung zwischen Produktionsmitteln und Produktionsweise aufzuheben und die ausbeuterischen Eigenschaften der Technologie, die sich durch ihren Einsatz in der kapitalistischen Produktionsweise ergeben, als das Wesen der Technologie selbst zu betrachten.

Heideggers Aufsatz »Die Frage nach der Technik« erschien 1953 auf Deutsch, 1977 auf Englisch und hatte enormen Einfluss auf kritische Darstellungen der Technik, die versuchen, Technik als entfremdend zu entlarven. Heidegger argumentiert, dass das wahre Wesen der Technik darin besteht, alles in einen »Bestand« zu verwandeln oder, um Marx' mit einem ähnlichen Begriff wieder aufzugreifen, alles in einen Tauschwert für etwas anderes zu verwandeln.[62] Die Technik drängt uns somit zu einer grundlegenden philosophischen Untersuchung des Begriffs der Instrumentalität. Für Heidegger ist die Technik selbst das Kennzeichen einer entfremdeten Welt, die den Begriff des nicht-instrumentellen Werts verloren hat, oder, wie er es ausdrückte: »Dieses Fördern bleibt jedoch im Voraus darauf abgestellt, anderes zu fördern, d.h. vorwärtszutreiben in die größtmögliche Nutzung bei geringstem Aufwand.«[63] Darüber hinaus macht die Technik den Menschen selbst zum »Bestand«, also zum Tauschwert.

Schließlich ist die Instrumentalisierung der Technik durch eine ursprüngliche Haltung gegenüber der Natur bedingt. Indem Heidegger diese Haltung anklagt, klagt er nicht nur die moderne Technik, sondern das moderne wissenschaftliche Projekt insgesamt an. Er schreibt:

> »Wenn also der Mensch forschend, betrachtend der Natur als einem Bezirk seines Vorstellens nachstellt, dann ist er bereits von einer Weise der Entbergung beansprucht, die ihn herausfordert, die Natur als einen Gegenstand der Forschung anzugehen, bis auch der Gegenstand in das Gegenstandlose des Bestandes verschwindet. [...] Die neuzeitliche physikalische Theorie der Natur ist die Wegbereiterin nicht erst der Technik, sondern des Wesens der modernen Technik.«[64]

Heideggers Kritik stützt sich auf einen Naturbegriff, der sich der menschlichen Begrifflichkeit irgendwie entzieht, genauer: auf einen unkritischen Begriff des Natürlichen.

Wir haben gesehen, wie für Marx die Natur zu einem vollständig kritischen Begriff wurde: ein Begriff, der nicht nur von menschlicher Beobachtung und Untersuchung geprägt ist, sondern durch sie sogar transformiert wird. Gegen die modernen Denker, die die Natur als unabhängig von menschlicher Formung begreifen, argumentiert Marx für die notwendige Abhängigkeit dieses Begriffs von der menschlichen Welt, die ihn formt. Diese Formung kann zum Guten oder zum Schlechten sein: Die Bourgeoisie begreift die Natur zum Beispiel als ein Schlachtfeld um knappe Ressourcen und den Menschen als geizigen Konkurrenten um diese Ressourcen. Dieses Naturverständnis wird insofern ideologisch, als es den Menschen erlaubt, die Verhältnisse der kapitalistischen Gesellschaft als natürliche Gegebenheiten zu nutzen und diese Gegebenheit

62 Siehe meine Analyse des Paradoxons von Gebrauchs- und Tauschwert in Kapitel 3. In dieser Hinsicht sehen wir, dass Heidegger nicht der erste Philosoph war, der sich mit einer entfremdeten, vom instrumentellen Gebrauch getriebenen Welt beschäftigte; die Sorge war bereits von Marx geäußert worden.

63 Martin Heidegger: Die Frage nach der Technik, in: Vorträge und Aufsätze, Frankfurt a.M. 2000, S. 5–36, hier S. 16.

64 Ebd., S. 19 u. 23.

nicht einer politischen Untersuchung und Veränderung zu unterziehen. Für Marx – im Gegensatz zu Heidegger – eliminiert die Technologie die Knappheit der natürlichen Ressourcen, die den Mythos einer geizigen Natur fortführen könnten. Aber darüber hinaus hielt Marx es weder für möglich noch für wünschenswert, einen Begriff von Natur zu haben, der unabhängig von menschlicher Gestaltung ist. Die moderne Wissenschaft und der praktische Ausstoß dieser Wissenschaft (z.B. technische Geräte) sind ebenso das Kennzeichen einer befreiten wie einer entfremdeten Welt (siehe Kapitel 3).

Heideggers Analyse ist also nicht einfach antitechnologisch, sondern letztlich antimodern. Er argumentierte nicht nur gegen die Instrumentalität, sondern auch gegen die Neugier auf die Grenzen der natürlichen Welt und darauf, wie diese Grenzen infrage gestellt werden könnten. Er beruft sich dabei auf ältere, theologische Verbote, die vor einer Manipulation der empfangenen Welt warnen. Es ist jedoch unklar, was Heideggers Analyse für eine Politik leistet, die sich innerhalb der modernen Welt bewähren muss. Vor diesem Hintergrund könnte eine solche Analyse sogar schädlich sein, weil sie die Suche nach nicht-ausbeuterischen Verwendungen von Wissenschaft und Technologie, die Knappheit beseitigen und materiellen Reichtum gerecht verteilen, unterbindet; sie könnte die Denker sogar von der politischen Auseinandersetzung insgesamt wegführen. Daher arbeitet Heideggers Analyse symbiotisch mit genau den Kräften zusammen, die sie zu bekämpfen vorgibt – als ein Symptom dieser Kräfte.

Herbert Marcuse bringt ebendies in Texten zum Ausdruck, die sich nicht explizit auf Heidegger beziehen, aber sein Denken eindeutig aufgreifen. In seinem 1941 (ursprünglich auf Englisch) erschienenen Aufsatz »Some Social Implications of Modern Technology« schreibt Marcuse:

> »Die Technik hemmt die individuelle Entwicklung nur insofern, als sie in einen gesellschaftlichen Apparat eingebunden ist, der den Mangel verlängert, doch hat derselbe Apparat die Kräfte freigesetzt, die die besondere historische Form zerschlagen können, in der die Technik verwertet wird. Aus diesem Grund dienen alle Programme mit antitechnologischem Charakter, alle Propaganda für eine anti-industrielle Revolution nur denjenigen, die die menschlichen Bedürfnisse als Nebenprodukt der [gegenwärtigen] Verwertung der Technik betrachten [...]. Die Philosophie des einfachen Lebens, der Kampf gegen die Großstädte und deren Kultur dient gegenwärtig dazu, den Menschen Misstrauen den möglichen Instrumenten ihrer Befreiung gegenüber einzuflößen.«[65]

65 Herbert Marcuse: Einige gesellschaftliche Folgen moderner Technologie, Schriften, Bd. 3, Frankfurt a.M. 1993, S. 286–319, hier S. 315–316.

Marcuses Analyse folgt der Unterscheidung zwischen gutem und schlechtem Gebrauch der Technik bei Marx. Sie wiederholt auch dessen Vorhersage, dass der Mythos der Knappheit angesichts der fortgesetzten technologischen Entwicklung nicht aufrechterhalten werden würde. Marcuse kritisiert dann Heideggers Technophobie als ein Programm mit antitechnologischem Charakter, das es versäumt habe, die Produktionsmittel von ihrer Verwendungsweise zu unterscheiden. Indem er Marx' Erkenntnisse über die Technophobie des 19. Jahrhunderts auf Heideggers Philosophie des 20. Jahrhunderts anwendet, argumentiert Marcuse sogar, dass die Technophobie als Ideologie auftaucht, um die drohende Knappheit einer entfremdeten Welt zu verstärken, eine Ideologie, die mit der ausbeuterischen Industrialisierung, die sie zu bekämpfen vorgibt, Hand in Hand geht. Nach Marcuses Ansicht ist Heideggers Antimodernismus Teil der Lektion, der Befreiung zu misstrauen, so wie im 19. Jahrhundert die Technophobie ein Mittel war, den Arbeiter von den Werkzeugen fernzuhalten, die ihn hätten befreien können.

Häufig ist Marcuses Denken auf seine Studienzeit bei Heidegger zurückgeführt worden. In der neueren Forschung wird dagegen die Auffassung vertreten, dass der Marxismus ihn intellektuell stärker und dauerhafter geprägt und ihn dazu veranlasst habe, sich von Heidegger in entscheidenden philosophischen Punkten abzugrenzen, einschließlich von dessen Diagnose der Technik.[66] Die Spannungen in Marx' Darstellung leben auch bei Marcuse fort und wie bei Marx kommen sie in verschiedenen Werken zum Ausdruck.

In »Eros and Civilisation« behält Marcuse das Postulat des materiellen Reichtums und die utopische Sicht der Technologie bei. Er behauptet dort: »[...] die Entschuldigung mit der Lebensnot, die der institutionalisierten Unterdrückung von Anfang an als Rechtfertigung diente, wird immer hinfälliger, je mehr Möglichkeiten zur Bedürfnisbefriedigung sich mit zunehmendem Wissen und wachsender Naturbeherrschung ergeben.«[67] Wenn überhaupt, ist Marcuse weniger utopisch als Marx, denn er postuliert ein leichtes, aber erträgliches Absinken des Lebensstandards in befreiten Gesellschaften, während Marx glaubte, dass dieser sich weiter erhöhen werde. Aber Marcuses Darstellung der Technologie in »Der eindimensionale Mensch« präsentiert eine Vision, in der die Technologie in ihrer entfremdenden, kapitalistischen Verwendung enthüllt wird.[68] So bewahrt Marcuse eine kritische Darstellung der Verwendung

66 John Abromeit/Richard Wolin (Hrsg.): Heideggerian Marxism: Herbert Marcuse, Lincoln 2005.

67 Marcuse: Triebstruktur und Gesellschaft, S. 83. Der Text erschien zuerst unter dem Titel »Eros und Kultur«.

68 »Der eindimensionale Mensch« wurde sogar von Haraway kritisiert, weil in diesem Buch ein politisch verhängnisvoller Primitivismus empfohlen wird, anstatt zu einer kontinuierlichen Auseinandersetzung mit einer technologisch vermittelten Gesellschaft zu ermutigen; vgl. Haraway: Simians, Cyborgs, and Women. Haraways Kritik war vermutlich voreilig.

von Technologie im Kapitalismus neben einem fortgesetzten Glauben an die Fähigkeit der aufklärerischen Vernunft und Wissenschaft, die menschliche Lage zu verbessern.

Die Überreste der Technophobie haben auch ihren Weg in die feministischen philosophischen Debatten über Wissenschaft und Technologie gefunden, die in den 1980er-Jahren begannen. Unter Berufung auf Marx kritisierte Carolyn Merchant in »The Death of Nature« (1980) die moderne Wissenschaft und Technologie als Quelle einer verschärften Unterwerfung von Natur und Frauen. Ihr Werk war bahnbrechend und gab den Anstoß zu Arbeiten des Ökofeminismus und des kulturellen Feminismus, die zur Rückeroberung einer verlorenen, natürlichen und »organischen« Weltsicht gegen eine Fortsetzung der modernen technologischen Beherrschung der Natur aufforderten. In ihrem abschließenden Kapitel folgert Merchant: Eine Neueinschätzung »jener Werte und Handlungshemmungen, die historisch mit dem organischen Weltverständnis verbunden sind, mag für eine lebbare Zukunft unerlässlich sein«.[69] Die Werte und Zwänge, die mit der organischen Weltanschauung verbunden waren, auf die sich Merchant beruft, waren jedoch feudal und als solche kaum in einem uneingeschränkten Sinne befreiend für Frauen oder viele andere Gruppen. Außerdem sehen wir hier den gleichen Fehler wie bei Heidegger: die Verwechslung der Produktionsmittel mit dem ausbeuterischen Modus, in dem sie historisch eingesetzt wurden.

Haraway zielt explizit auf die Ideen von Merchant und Heidegger ab und kritisiert deren Technophobie in einer Weise, die Marx möglicherweise gebilligt hätte:

> »Es gibt die umfassende Tradition einer gewissen Ablehnung von Wissenschaft und Technologie – sie seien die Domäne des Antihumanen –, die Teil des Problems ist, wenn man sich für diese Art von Wissenspraktiken verantwortlich fühlt. Das ist das Spannende an den Science Studies als Forschungsrichtung. [...] In all diesen Kritiken wird die wissenschaftliche Praxis als eine dichte, semiotische und materialreiche historische Praxis verstanden, und keine von ihnen zeigt sich besonders beeindruckt von diesen negativen Philosophien und politischen Theorien, wenn es um die Instrumentalität von Technik geht.«[70]

Wie Marx deutet auch Haraway an, dass Wissenschaft und Technologie nicht unschuldig sind und dass sogar besonders virulente Formen der

69 Carolyn Merchant: Der Tod der Natur. Ökologie, Frauen und neuzeitliche Naturwissenschaft, München 1994, S. 278.

70 Donna Haraway: How Like a Leaf. An Interview with Thyrza Nichols Goodeve, New York 2000, S. 23.

Unterdrückung mit bestimmten Verwendungen von Technologie einhergehen. Technologie kann mitschuldig sein an der Verlängerung der Entfremdung und an der Mystifizierung ihrer Ursprünge. Haraway warnt jedoch vor der Verfälschung der wissenschaftlichen und technologischen Tradition, die entsteht, wenn man nur ihre Oberfläche betrachtet. Diese Oberfläche ist oft eine Maske der eigenen Selbstmythologien der Wissenschaft hinsichtlich ihrer Objektivität. Um die Arbeit zu verstehen, die Wissenschaft wirklich leistet, muss diese Maske weggezogen werden. Kritik an Wissenschaft und Technik ist dann besonders problematisch, wenn sie es ermöglicht, die Praktiken von Wissenschaftlern abzulehnen oder zu ignorieren und/oder unfähig ist, sachliche Behauptungen aufzustellen. Ebenso ist eine Kritik der Politik besonders problematisch, wenn sie den Verlust von politischer Hoffnung und Aktion ermöglicht.[71] Wie Marx und Feenberg argumentiert Haraway, dass eine größere Aufmerksamkeit dafür, wie Technologie funktioniert und was sie in bestimmten Fällen bewirkt, mehr Klarheit in die Diskussionen über ihre politische Bedeutung bringen wird.

Haraway setzt ihre marxistisch-feministische Philosophie von Wissenschaft und Technologie fort,[72] indem sie argumentiert, Frauen müssten genau das tun, was Marx den Arbeitern vorgeschlagen hatte: sich Maschinen aneignen und benutzen. Es gehe darum, »für andere Formen von Macht und Lust in technologisch vermittelten Gesellschaften zu kämpfen«.[73] Und Haraway bezeichnet Technophobie als eine oppositionelle Ideologie, die als oppositionelles Symptom einer vollständig technologischen Realität erscheint.[74]

Erinnern wir uns an Marx' Feststellung bezüglich der Arbeiter, die am Vorabend der industriellen Revolution auf einem öffentlichen Platz eine Maschine verbrannten, und an seine Analyse der unauthentischen Bewusstseinsformen, durch die sie dazu verleitet werden, gegen ihre eigene Befreiung zu kämpfen. Oppositionelle Ideologien wie die von Heidegger und Merchant sind die Maschinenzerstörungen der Theorie des 20. und 21. Jahrhunderts: Hier werden zahlreiche Veränderungen, die

71 Vgl. dazu auch Bruno Latour: Why has critique run out of steam? From matters of fact to matters of concern, in: Critical Inquiry 2/2004, S. 225–248.

72 Sandra Harding ist eine weitere wichtige Begründerin der Tradition des wissenschaftlichen und technologischen Feminismus. Aus Platzgründen kann ich hier nicht auf ihr Werk eingehen. Hardings Studie über die Beziehung zwischen gesellschaftlichen Befreiungsbewegungen und wissenschaftlicher Objektivität (Feministische Wissenschaftstheorie. Zum Verhältnis von Wissenschaft und sozialem Geschlecht, Hamburg 1990) führte erkenntnistheoretisch zu ihrer marxistischen Wendung der feministischen Standpunkt-Theorie; vgl. dies.: Das Geschlecht des Wissens. Frauen denken die Wissenschaft neu, Frankfurt a.M./New York 1994.

73 Dieses Zitat stammt aus Haraways »A Cyborg Manifesto: Science, Technology, and Socialist Feminism in the Late 20th Century«. Der vollständige Titel macht das sozialistische intellektuelle Erbe des inzwischen berühmten Aufsatzes besser sichtbar. Eine frühe Version des Aufsatzes wurde in der Zeitschrift *Socialist Review* (Nr. 80/1985, S. 65–108) veröffentlicht; vgl. Haraway: Manifest, S. 40.

74 Mehr zu Haraways Definition einer oppositionellen Ideologie in der Einleitung.

bereits stattgefunden haben, erkannt und abgelehnt – Veränderungen, die nur zeitlich gesehen vorwärts führen.

Die Natur selbst, wie sie in den Texten dieser Denker vorkommt, muss eine solche Ideologie sein, denn kein Naturbegriff könnte auf undifferenziertem Boden als selbstbewusst natürlich hervortreten. Die Idee des »Natürlichen«, wie sie in der Theorie des 20. und 21. Jahrhunderts verfolgt wird, muss daher ein Produkt des Technischen sein, ein Produkt der begrifflichen Formung, wie sie für die moderne Welt charakteristisch ist. Und in ihrem Misstrauen gegenüber unkritischen und ahistorischen Verwendungen des Naturbegriffs und den ideologischen und politischen Gefahren dieser Verwendungen sind die kritischen Theorien von Marcuse und Haraway tief und nachhaltig von Marx geprägt.

Literatur

Texte und Exzerpte von Karl Marx und Friedrich Engels

Marx, Karl: Die technologisch-historischen Exzerpte, Historisch-kritische Ausgabe, hrsg. von Hans-Peter Müller, Frankfurt a.M. 1982.

Marx, Karl: Exzerpte über Arbeitsteilung, Maschinerie und Industrie, Historisch-kritische Ausgabe, hrsg. von Rainer Winkelmann, Frankfurt a.M. 1982.

Marx, Karl/Friedrich Engels: Exzerpte, Sig, B 1–168, Internationales Institut für Sozialgeschichte in Amsterdam (IISG), Marx-Engels-Nachlass, Online: https://hdl.handle.net/10622/ARCH00860.

Marx, Karl/Friedrich Engels: Gesamtausgabe [MEGA^2], Vierte Abteilung, Exzerpte, Notizen, Marginalien, Bd. 9, Exzerpte und Notizen, Juli bis September 1851, Berlin 1991.

Marx, Karl/Friedrich Engels: Werke [MEW], Berlin 1956ff.

Monografien und Aufsätze

Abromeit, John/Richard Wolin (Hrsg.): Heideggerian Marxism: Herbert Marcuse, Lincoln 2005.

Adorno, Theodor W.: Minima Moralia – Reflexionen aus dem beschädigten Leben, Frankfurt a.M. 2001.

Agamben ,Georgio: Das Offene. Der Mensch und das Tier, Frankfurt a.M. 2003.

Althusser, Louis /Etienne Balibar: Das Kapital lesen, Münster 2015.

Althusser, Louis: Für Marx, Frankfurt a.M. 1968.

American Philosophical Association: Proceedings and Adresses of the American Philosophical Association, 78 (2005) 5.

Appardurai, Arjun: The Social Life of Things: Commodities in Cultural Perspective. Cambridge 1986.

Arendt, Hannah: Über die Revolution, München 2000.

Aristoteles: Die Nikomachische Ethik, München 1972.

Aristoteles: Politik, Hamburg 2019.

Avineri, Shlomo: The Social and Political Thought of Karl Marx, Cambridge 1968.

Babbage, Charles: Die Ökonomie der Maschine, Berlin 1999 [1835].

Bacon, Francis: Das neue Organon, Berlin 1962 [1620].

Bataille, Georges: Oeuvres Complètes, Bd. 8, Paris 1976.

Bataille, Georges: Das theoretische Werk I: Die Aufhebung der Ökonomie, München 1985.

Bataille, Georges: Theorie der Religion, Berlin 1997.

Beauvoir, Simone de: Das andere Geschlecht. Sitte und Sexus der Frau, Reinbek 2008.

Benjamin, Walter: Das Kunstwerk im Zeitalter seiner technischen Reproduzierbarkeit. Werke und Nachlass, Bd. 16, Frankfurt a.M. 2012.

Blumenberg, Hans: Die Legitimität der Neuzeit, Frankfurt a.M. 1996.

Bourdieu, Pierre: Die feinen Unterschiede. Kritik der gesellschaftlichen Urteilskraft, Frankfurt a.M. 1998.

Braidotti, Rosi: Mothers, monsters, and machines, in: N. M. Kate Conboy/Sarah Stanbury (Hrsg.): Writing on the Body. Female Embodiment and Feminist Theory, New York 1997, S. 59–79.

Brush, Stephen G.: Die Temperatur der Geschichte. Wissenschaftliche und kulturelle Phasen im 19. Jahrhundert, Braunschweig 1987.

Büchner, Ludwig: Stoff und Kraft, Frankfurt a.M. 1855.

Büchner, Ludwig: Force and Matter or Principles of the Natural Order of the Universe. With a System of Morality Based Thereon, New York 1920.

Caporaso, James A./David P. Levine (Hrsg.): Theories of Political Economy, Cambridge 1992.

Cardwell, Donald S. L.: From Watt to Clausius. The Rise of Thermodynamics in the Early Industrial Age, Ithaca (NY) 1971.

Carver, Terrell: Marx's commodity fetishism, in: Inquiry 18/1975, S. 39–63.

Cohen, G. A.: Karl Marx's Theory of History. A Defense, Princeton (NJ) 1978.

Crowston, Clare: Women, Gender, and Guilds in Early Modern Europe. An Overview of Recent Research, in: International Review of Social History 53/2008, S. 19–44.

Daly, Nicholas: Literature, Technology, and Modernity, 1860–2000, Cambridge 2004.

Day, Lance/Ian McNeil (Hrsg.): Biographical Dictionary of the History of Technology, New York 1996.

Derrida, Jacques: Marx' Gespenster. Der verschuldete Staat, die Trauerarbeit und die neue Internationale, Frankfurt a.M. 1995.

Dircks, Henry: Perpetuum mobile. Or, a history of the research of self-motive power from the 13th to the 19th century, Amsterdam 1968 [1861].

Dyer, Richard: White, New York 1997.

Echols, Alice: Daring to be Bad. Radical Feminism in America, 1967–1975, Minneapolis 1989.

Ehrenreich, Barbara: Arbeit poor – Unterwegs in der Dienstleistungsgesellschaft, München 2001.

Elkana, Y. (Hrsg.): The Interaction between Science and Philosophy, Atlantic Highlands (NJ) 1974.

Elster, Jon: Explaining Technical Change: A Case study in the Philosophy of Science, Cambridge 1983.

Elster, Jon: Making Sense of Marx, Cambridge 1985.

Feenberg, Andrew: Questioning Technology, New York 1999.

Feenberg, Andrew: Transforming Technology: A Critical Theory Revisited, New York-Oxford 2002.

Feuerbach, Ludwig: Sämtliche Werke, Bd. 11: Philosophische Kritiken und Grundsätze, Stuttgart-Bad Cannstadt 1959.

Feuerbach, Ludwig: Das Wesen des Christentums, Stuttgart 1994 [1841].

Forest, Denis: Fatigue et normativité, in: Revue Philosophique de la France et de l'Etranger 1/2001, S. 3–25.

Foster, John B./Paul Burkett: Ecological economics and classical Marxism. The »Podolinsky Business« reconsidered, in: Organization and Environment 1/2004, S. 32–60.

Foster, John B./Paul Burkett: Classical Marxism and the second law of thermodynamics, in: Organization and Environment 3/2008, S. 3–33.

Foucault, Michel: Die Ordnung der Dinge. Eine Archäologie der Humanwissenschaften, Frankfurt a.M. 1966.

Foucault, Michel: Sexualität und Wahrheit, Bd. 1: Der Wille zum Wissen, Frankfurt a.M. 1977.

Frison, Michel: Linnaeus, Beckmann, Marx and the foundation of technology. Between natural and social sciences. A hypothesis of an ideal type, in: Technology and Culture 2–3/1993, S. 139–160.

Galison, Peter Louis: Einsteins Uhren, Poincarés Karten. Die Arbeit an der Ordnung der Zeit, Frankfurt a.M. 2003.

Gilman, Sander L.: I'm down on whores: Race and gender in Victorian London, in: David Theo Goldberg (Hrsg.): Anatomy of Racism, Minneapolis 1990, S. 146–170.

Godels, Greg: Marx, Engels, and the idea of exploitation, in: Nature, Society, and Thought 4/1997, S. 509–522.

Gould, Stephen Jay: American polygeny and craniometry before Darwin. Blacks and Indians as separate, inferior species, in: Sandra Harding (Hrsg.): The Racial Economy of Science, Indianapolis 1993, S. 84–115.

Gregory, Frederick: Scientific Materialism in Nineteenth Century Germany, Dordrecht/Boston 1977.

Gunnarson, Ewa/Lena Trojer (Hrsg.): Feminist Voices on Gender, Technology, and Ethics. Luleå 1994.

Hahn, Steven: A Nation Under Our Feet. Black Political Struggles in the Rural South from Slavery to the Great Migration, Cambridge (MA) 2005.

Haraway, Donna Jeanne: Primate Visions. Gender, Race, and Nature in the World of Modern Science, New York 1989.

Haraway, Donna Jeanne: Simians, Cyborgs, and Women. The Reinvention of Nature, New York 1991.

Haraway, Donna Jeanne: Ein Manifest für Cyborgs, in: dies.: Die Neuerfindung der Natur. Primaten, Cyborgs und Frauen, Frankfurt a.M. 1995, S. 33–72.

Haraway, Donna Jeanne: Modest-Witness@Second-Millennium, FemaleMan-meets-OncoMouse: Feminism and Technoscience, New York 1997.

Haraway, Donna Jeanne: How Like a Leaf: An Interview with Thyrza Nichols Goodeve, New York 2000.

Haraway, Donna Jeanne: Cyborgs to companion species. Vortrag an der University of Oregon bei der Konferenz: »Taking nature seriously: Citizens, science, and the environment«, Februar 2001.

Harding, Sandra G.: Feministische Wissenschaftstheorie. Zum Verhältnis von Wissenschaft und sozialem Geschlecht, Hamburg 1990.

Harding, Sandra G.: Das Geschlecht des Wissens. Frauen denken die Wissenschaft neu, Frankfurt a.M./New York 1994.

Hardt, Michael/Antonio Negri: Empire. Die neue Weltordnung, Frankfurt a.M. 2002.

Hegel, Georg Wilhelm Friedrich: Vorlesungen über die Geschichte der Philosophie II, Frankfurt a.M. 1993.

Hegel, Georg Wilhelm Friedrich: Phänomenologie des Geistes, Hamburg 1999 [1807].

Hegel, Georg Wilhelm Friedrich: Grundlinien der Philosophie des Rechts, Hamburg 1999 [1820].

Heidegger, Martin: Die Frage nach der Technik, in: Vorträge und Aufsätze, Frankfurt a.M. 2000, S. 5–36.

Heller, Agnes: Theorie der Bedürfnisse bei Marx, Berlin 1976.

Heller, Agnes: Paradigm of production: Paradigm of work, in: Dialectical Anthropology 6/1981, S. 71–79.

hooks, bell: Ain't I a Woman. Black Women and Feminism, Boston 1981.

Horkheimer, Max: Materialismus und Metaphysik in: Zeitschrift für Sozialforschung 1/1933, S. 1–33.

Horowitz, Roger: Meatpacking, in: Nina E. Lerman/Ruth Oldenziel/Arwen P. Mohun (Hrsg.): Gender and Technology, Baltimore (MD) 2003, S. 267–294.

Hyppolite, Jean: Genesis and Structure of Hegel's Phenomenology of Spirit, Chicago 1979.

Jameson, Frederic: Postmodernism, or The Cultural Logic of Late Capitalism, Durham (NC) 1991.

Jennings, Humphrey/Mary-Lou Jennings/Charles Madge: Pandaemonium: The Coming of the Machine as seen by Contemporary Observers, 1660–1886, New York 1985.

Kant, Immanuel: Über den Gemeinspruch: Das mag in der Theorie richtig sein, taugt aber nicht für die Praxis, Frankfurt a.M. 1977 [1793].

Kant, Immanuel: Streit der Fakultäten, Hamburg 2005 [1798].

Kates, Gary: Monsieur d'Eon ist eine Frau – Die Geschichte einer Intrige, Hamburg 1996.

Kolakowski, Leszek: Die Hauptströmungen des Marxismus. Entstehung, Entwicklung, Zerfall, 3 Bde., München/Zürich 1981.

Koselleck, Reinhart: Kritik und Krise. Eine Studie zur Pathogenese der bürgerlichen Welt, Frankfurt a.M. 1973.

Kouvelakis, Stathis: Philosophy and Revolution. From Kant to Marx, New York 2003.

Kuhn, Thomas S.: The Essential Tension: Selected Studies in Scientific Tradition and Change, Chicago 1977.

Kuhn, Thomas S.: Die Struktur wissenschaftlicher Revolutionen, Frankfurt a.M. 1986.

Lacan, Jacques: Freud, Hegel, and the machine, in: Jacques-Alain Miller (Hrsg.): The Seminar of Jacques Lacan, Bd. 2., New York 1988, S. 64–76.

Lafargue, Paul: Das Recht auf Faulheit. Widerlegung des Rechts auf Arbeit von 1848, Frankfurt a.M. 2010 [1880].

Latour, Bruno: Wir sind nie modern gewesen. Versuch einer symmetrischen Anthropologie, Berlin 1995.

Latour, Bruno: Why has critique run out of steam? From matters of fact to matters of concern. Critical Inquiry 2/2004, S. 225–248.

Laycock, Henry: Exploitation »via« labour power in Marx, in: Journal of Ethics 2/1999, S. 121–131.

Levack, Brian: Hexenjagd. Die Geschichte der Hexenverfolgungen in Europa, München 1995.

Lévi-Strauss, Claude: Das Ende des Totemismus, Frankfurt a.M. 1965.

Lévi-Strauss, Claude: Die elementaren Strukturen der Verwandtschaft, Frankfurt a.M. 1981.

Locke, John: Über die Regierung, Stuttgart 1981 [1690].

Lukács, Georg: Geschichte und Klassenbewußtsein. Studien über marxistische Dialektik, Berlin 1923.

Manne, Kate: Down Girl – The Logic of Misogyny, Oxford 2017.

Marcuse, Herbert: Einige gesellschaftliche Folgen moderner Technologie, Schriften, Bd. 3, Frankfurt a.M. 1993, S. 286–319.

Marcuse, Herbert: Triebstruktur und Gesellschaft. Ein philosophischer Beitrag zu Sigmund Freud, Schriften, Bd. 5, Frankfurt a.M. 1993.

Marcuse, Herbert: Der eindimensionale Mensch. Studien zur Ideologie der fortgeschrittenen Industriegesellschaft, Schriften, Bd. 7, Springe 2004.

Marder, Michael: On Lenin's »Usability«, Or How to Stay on the Edge, in: Rethinking Marxism 1/2007, S. 110–127.

Mayer, Arno J.: Adelsmacht und Bürgertum. Die Krise der europäischen Gesellschaft 1848–1914, München 1984.

McClintock, Anne: Imperial Leather: Race, Gender, and Sexuality in the Colonial Conquest, New York 1995.

McCracken, Jeffrey: Detroit's symbol of dysfunction: Paying employees not to work, in: The Wall Street Journal, 1.3.2006.

Mendelsohn, Everett: Revolution and reduction: The sociology of methodological and philosophical concerns in 19th century biology, in: Y. Elkana (Hrsg.): The Interaction between Science and Philosophy, Atlantic Highlands (NJ) 1974, S. 407–426.

Merchant, Carolyn: Der Tod der Natur. Ökologie, Frauen und neuzeitliche Naturwissenschaft, München 1994.

Mills, Charles: The Racial Contract, Ithaca/London 1997.

Mills, Charles: Blackness Visible: Essays on Philosophy and Race, Ithaca (NY) 1998.

Mitcham, Carl: Three Ways of Being-With Technology, in: Robert V. Scharff/Val Dusek (Hrsg.): Philosophy of Technology, the Technological Condition. An Anthology, Oxford 2003, S. 490–506.

Morus, Thomas: Utopia, Frankfurt a.M./Wien 1986 [1516].

Murray, Patrick: Marx's Theory of Scientific Knowledge, Atlantic Highlands (NJ) 1988.

Musto, Marcello: The Last Years of Karl Marx. An Intellectual Biography, Redwood City (CA) 2020.

Negri, Antonio: Time for Revolution, New York 2003.

Negri, Antonio: Über das Kapital hinaus, Berlin 2019.

Oppolzer, Alfred: Entfremdung und Industriearbeit, Köln 1974.

Pateman, Carole: The Sexual Contract, Cambridge 1988.

Patterson, Orlando: Slavery and Social Death, Cambridge (MA) 1982.

Pollack, David: The creation and repression of cybernetic man: Technological fear and the secrecy of narrative, in: Clio 18/1988, S. 1–21.

Portes, Laurent: Utopia and anti-utopia in the twentieth century, in: Roland Schaer/Gregory Claeys/Lyman Tower Sargent (Hrsg.): Utopia: The Search for the Ideal Society in the Western World, New York 2000, S. 230–248.

Postone, Moishe: Zeit, Arbeit und gesellschaftliche Herrschaft. Eine neue Interpretation der kritischen Theorie von Marx, Freiburg i. Br. 2003.

Principe, Michael A.: Marx, natural religion, and capitalism, in: Dialogos 67/1996, S. 155–164.

Rabinbach, Anson: Motor Mensch. Kraft, Ermüdung und die Ursprünge der Moderne, Wien 2001.

Rasmussen, David M.: The symbolism of Marx: From alienation to fetishism, in: Cultural Hermeneutics 3/1975, S. 41–55.

Richta, Radovan: Civilization at the Crossroads. Social and Human Implications of the Scientific and Technological Revolution, White Plains (NY) 1969.

Richta, Radovan (Hrsg.): Richta-Report. Politische Ökonomie des 20. Jahrhunderts, Frankfurt a.M. 1971

Rousseau, Jean-Jacques: Der Gesellschaftsvertrag, Berlin 2016 [1762].

Rubin, Isaak Il'ich: Essays on Marx's Theory of Value, Detroit (MI) 1972.

Saito, Kohei: Karl Marx's Ecosocialism: Capital, Nature, and the Unfinished Critique of Political Economy, New York 2017.

Sayers, Sean: Marxism and Human Nature, New York 1998.

Scarry, Elaine: Der Körper im Schmerz. Die Chiffren der Verletzlichkeit und die Erfindung der Kultur, Frankfurt a.M. 1992.

Scharff, Robert C./Val Dusek (Hrsg.): Philosophy of Technology. The Technological Condition – An Anthology, Oxford 2003.

Schatzberg, Eric: Technik comes to America. Changing meanings of Technology before 1930, in: Technology and Culture 3/2006, S. 486–512.

Scheerbart, Paul: Das Perpetuum Mobile. Die Geschichte einer Erfindung, Leipzig 1910.

Simondon, Gilbert: Die Existenzweise technischer Objekte, Zürich 2012.

Smith, Adam: Der Wohlstand der Nationen, München 1974.

Snow, Charles Percy: Die zwei Kulturen. Literarische und naturwissenschaftliche Intelligenz, Stuttgart 1967.

Sohn-Rethel, Alfred: Geistige und körperliche Arbeit. Zur Epistemologie der abendländischen Geschichte, Weinheim 1989.

Strathern, Marilyn: Reproducing the Future: Essays on Anthropology, Kinship and the New Reproductive Technologies, Manchester 1992.

Strathern, Marilyn: Property, Substance, and Effect: Anthropological Essays on Persons and Things, New Brunswick (NJ) 1999.

Swade, Doron: The Differencc Engine. Charles Babbage and the Quest to Build the First Computer, New York 2001.

Tucker, Robert C.: The Marx-Engels Reader, New York 1978.

Uchida, Hiroshi: Marx's Grundrisse and Hegel's Logik, London 1988.

Virchow, Rudolf: Sämtliche Werke, Bd. 59, Berlin/Wien 2001.

Wajcman, Judy: Feminism Confronts Technology, Cambridge 1991.

Wajcman, Judy: TechnoFeminism, Cambridge 2004.

Weber, Max: Die protestantische Ethik und der Geist des Kapitalismus, München 2010.

Wellner, Galit: A Postphenomenological Inquiry of Cell Phones: Genealogies, Meanings, and Becoming, Idaho Falls (Id) 2015.

Wendling, Amy: Technology and Science, in: Marcello Musto (Hrsg.): The Marx Revival. Key Concepts and New Interpretations, Cambridge 2020, S. 363–375.

West, Cornel: A genealogy of modern racism, in: Philomena Essed/David Theo Goldberg (Hrsg.): Race – Critical Theories, Malden (MA) 2002, S. 90–112.

White, Richard: Love's Philosophy, New York 2001.

Williams, Patricia: The Alchemy of Race and Rights. Diary of a Law Professor, Cambridge (MA) 1991.

Winnubst, Shannon: Way Too Cool. Selling out Race & Ethics, New York 2015.

Wright, Melissa: Crossing the factory frontier: Gender, place and power in a Mexican maquilladora, in: Antipode. A Journal of Radical Geography 3/1997, S. 278–302.

Wright, Melissa: Maquilladora Mestizas and feminist border politics: Revisiting Anzaldúa, in: Hypatia. A Journal of Feminist Philosophy 3/1998, S. 114–131.

Wright, Melissa: Desire and the prosthetics of supervision: A case of maquilladora flexibility, in: Cultural Anthropology 3/2001, S. 354–373.